Psicanálise, universidade e sociedade

Organizadoras:
Heloisa Caldas
Sonia Altoé

Psicanálise, universidade e sociedade

Editor
José Nazar

cia. de Freud

FAPERJ
Fundação Carlos Chagas Filho de Amparo à Pesquisa do Estado do Rio de Janeiro

Instituição de Apoio: Programa de Pós-Graduação em Psicanálise do Instituto de Psicologia da UERJ.

Organizadoras Heloisa Caldas e Sonia Altoé

PROJETO GRÁFICO E EDITORAÇÃO
FA – Editoração Eletrônica

EDITOR
José Nazar

REVISÃO
Sandra Regina Felgueiras

IMAGENS DA CAPA E CONTRACAPA
Arte do evento

CIP - BRASIL - CATALOGAÇÃO NA FONTE
SINDICATO NACIONAL DOS EDITORES DE LIVROS, RJ

Psicanálise, Universidade e Sociedade / organização Heloisa Caldas; e Sônia Altoé, Editor José Nazar. - Rio de Janeiro: Cia. de Freud : PGPSA/IP/UERJ, 2011.

Artigos resultantes dos trabalhos apresentados no VI Simpósio do Programa de Pós-Graduação em Psicanálise da Universidade do Estado do Rio de Janeiro – Psicanálise, Universidade e Sociedade, outubro de 2009.

ISBN 978-85-7724-097-5

1. Psicanálise 2.Universidade. 3. Sociedade I. Caldas, Heloisa. II. Altoé, Sônia. III. Universidade do Estado do Rio de Janeiro. Instituto de Psicologia.

07-2359. CDD: 150.195
CDU: 159.964.2

APOIO: CAPES FAPERJ Fundação Carlos Chagas Filho de Amparo à Pesquisa do Estado do Rio de Janeiro

COMPANHIA DE FREUD EDITORA
Endereço para correspondência: Rua Barão de Sertório, 48 – casa
Tel: (21) 2273-9357. (21) 2293-5863
Rio Comprido – Rio de Janeiro
E-mail: ciadefreud@gmail.com
www.ciadefreud.com.br

Sumário

APRESENTAÇÃO

A produção de um saber inédito – um saber não sabido – marcou o advento da psicanálise e revolucionou o mundo. Uma proposta como essa, inegável pelo ânimo e pela força, não poderia deixar de causar um enorme impacto na sociedade, modificando-a em múltiplos aspectos de sensível importância e duração. Produzindo essa nova forma de saber, a psicanálise atravessou o século XX, do início ao fim, chegando renovada aos dias de hoje, os de um novo século.

Apesar de Freud ter sido um grande pesquisador e estudado em alguns dos melhores centros de pesquisa de sua época na Europa, a universidade não foi o berço da psicanálise. Ele, inclusive, colocou ressalvas quanto à sua adequação à formação específica do analista. O requisito prévio universitário que, a seu ver, convinha ao analista devia ter a amplitude da *universitas litterarum*.

No entanto, ao cabo de algumas décadas, o saber da psicanálise não poderia, pela sua relevância, deixar de entrar para o rol do que se ensina na universidade. Na França, em 1969, foi criado o primeiro Departamento de Psicanálise na Université Paris-Vincennes, também chamada de Paris 8, direcionado, exclusivamente, para o ensino da teoria psicanalítica. Tratava-se de um dos três centros experimentais criados pelo estado francês, com um prazo de funcionamento determinado de 10 anos, para atender às reivindicações do movimento estudantil de maio de 1968. Nesse sentido, essa universidade, atualmente situada em Saint-Denis, nasceu mais aberta a novas possibilidades, aos trabalhadores e aos estrangeiros, particularmente quanto à exigência de diploma para nela se inscrever. Nesse mesmo período, o ensino de psicanálise também se institucionalizou na Universidade de Paris 7, Censier, atualmente denominada Paris-Diderot.

Da mesma forma, o papel da universidade na veiculação da psicanálise alcançou muitos outros países, dentre eles o Brasil. Evidentemente, trata-se de uma inserção que não pode prescindir de cuidado e reflexão. Devido às suas especificidades, o saber psicanalítico não veste bem a roupagem da ciência moderna. Além disso, como a formação do analista não dispensa o trabalho com as formações inconscientes do analista e a supervisão de sua prática, seria absurdo pensar que a universidade pudesse, isoladamente, como faz com profissionais de outros campos de saber, formar analistas. É inegável, no entanto, que ela oferece um campo fértil de trabalho institucional, extensivo ao seu ensino, assim como viabiliza a publicação de seus avanços, dos quais este livro é um testemunho. Na universidade não reina apenas o ensino do saber estabelecido. A pesquisa é também uma de suas funções mais importantes. A psicanálise, por sua vez, nutre-se da indagação que visa renovação. Assim, a pesquisa estabelece entre psicanálise e universidade uma articulação profícua.

Ressaltamos, porém, que, no âmbito da universidade, a importância do ensino e da orientação de pesquisa em psicanálise deve-se ao trabalho de professores universitários atravessados pelo discurso do analista, seja em suas análises pessoais, seja nas que dirigem. Sem isso a psicanálise não poderia avançar em campo algum.

Outro ponto a comentar e desmistificar é o julgamento de que, devido às características próprias do ensino na universidade, por se estar nela, estejamos confinados ao exercício do discurso do universitário, formulado por Lacan em comparação ao discurso do mestre, da histérica e do analista. Tal julgamento é um pensamento reducionista. Os discursos giram e seus lugares discursivos não se confundem com nomes instituídos. Não é por se estar em um consultório que o discurso do analista necessariamente vigora. Por outro lado, é notório que as condições para exercer esse discurso não encontram terreno adequado em lugares apoiados pela força da tradição e atravessados por sistemas quantitativos de avaliação.

Assim, o desafio de levar a psicanálise às instituições sociais de tratamento, dentre elas a universidade, como instituição de ensino, tem exigido muito fôlego e constitui, pelo menos em parte, o que lhe tem permitido atravessar os tempos e abrir-se para o novo século. Talvez seu horizonte não pudesse se ampliar caso a psicanálise se recusasse à universidade ou às instituições. Por outro lado, nem ela as aceita nem é por elas inteiramente integrada. É justamente nesse manejo com discursos que giram e situam a psicanálise em uma posição não-toda e êxtima que reside a fórmula de renovação que a perpetua. Quanto a isso, a invenção de saber a partir do não sabido tem lhe dado, desde seu nascimento, capacidade para enfrentar o opaco de seu tempo.

A proposta deste livro, nascida no âmbito de um Programa de Pós-Graduação da UERJ, não por acaso intitulado como de "Pesquisa e Clínica em Psicanálise", foi a de recolher alguns textos que pudessem colocar em tensão e discussão esses pontos de entrecruzamento entre a Psicanálise e a Universidade no campo mais amplo da Sociedade. Esse projeto ganhou brilho com a conferência pronunciada pela psicanalista argentina Diana Rabinovich, a convite do referido Programa, estabelecida no texto que abre este livro – "O íntimo como condição do sujeito" –, na qual ela faz uma reflexão sobre a esfera do íntimo como condição absoluta do sujeito moderno. Diferentemente do século XIX, em que Freud privilegiou o secreto, o ideal da ciência fez surgir uma forma de sujeito totalmente transparente. Como pensar então o ensino e a prática da psicanálise sob a égide da universidade sem que estes se submetam ao imperativo de um saber todo e universal? Vários textos se debruçam sobre essa questão e, dependendo do viés em que a abordam, foram separados em seis seções.

Na primeira seção, intitulada "Psicanálise e epistemologia", os autores discorrem sobre a natureza do saber psicanalítico em sua relação com a ciência e/ou outras formas de saber como a arte. O artigo que abre essa seção, por exemplo, questiona se a psicanálise, por não atender aos cânones da ciência, perde na qualidade de seu rigor e coerência. Outros textos, na esteira deste, pensam a questão por vias um pouco diferenciadas, mas que também apontam a força e o valor da transmissão da psicanálise assim como questionam a importância dada à ciência como tal.

A segunda seção, "O ensino da psicanálise e a formação do analista", foi dedicada às reflexões que demonstram como a formação do analista não pode ser jamais restringida a um ensino teórico. Encabeçam essa seção textos que comparam o saber que se constrói a partir da verdade do sujeito com o saber que se constitui como conhecimento. E, nessa via, o endereçamento do sujeito, seu ponto de mira como sujeito suposto saber joga um papel fundamental. Da mesma forma, a prática da psicanálise, nas clínicas universitárias, por exemplo, é questão de delicada reflexão sobre o alcance e o limite do ato analítico em tais condições.

A terceira seção privilegia a convergência, já mencionada aqui, entre psicanálise e pesquisa. Em "Psicanálise, pesquisa e universidade" estão reunidos alguns textos que pensam a universidade como campo da práxis ampliada que pode favorecer a investigação da psicanálise. Em outros, reflete-se sobre o psicanalista e a psicanálise na experiência universitária assim como sobre sua transmissão submetida às políticas públicas de pós-graduação e inserida nos cursos de psicologia.

A pesquisa de psicanálise que promove intervenção no campo social foi o aspecto privilegiado na reunião dos textos da quarta seção. "Psicanálise, pesquisa e intervenção no campo social" traz exemplos de como, no campo de ação social, a psicanálise se distingue pelo que funda ou modifica com seu ato consoante o discurso do analista.

A quinta seção tomou um viés não muito distante desse último. "A clínica da psicanálise no campo da saúde mental" privilegiou a clínica e a política da psicanálise na instituição de saúde mental, sua relação com a formação do analista, seu ensino sobre a imagem do corpo em contraste com o saber médico, sobre a clínica psicossomática e a psicose.

Por fim, "Psicanálise, sociedade e cultura", a sexta seção, acolheu trabalhos em que predominou o enlaçamento entre esses temas. O que a psicanálise aprendeu e ensinou sobre a obra de arte, a escrita como laço social, a assunção subjetiva da diferença sexual, o exercício da vontade de gozo nas teias da lei contempladas em tantos casos contemporâneos como abuso.

Com essa apresentação sucinta visamos encaminhar rapidamente o leitor ao conteúdo do livro e desejar que aprecie seus textos. Aproveitamos também para agradecer aos pensadores, pesquisadores, docentes e alunos que colaboraram com seus textos para a composição desse livro.

Heloisa Caldas e *Sonia Altoé*
ORGANIZADORAS

O ÍNTIMO COMO CONDIÇÃO DO SUJEITO

Diana Rabinovich

RESUMO

A autora faz uma reflexão sobre a esfera do íntimo como condição absoluta do sujeito moderno. Diferentemente do século XIX em que Freud privilegiou o secreto, o ideal da ciência fez surgir uma forma de sujeito totalmente transparente, sobre o qual a mentalidade da sociedade atual sustenta o direto a saber tudo. Isso ocorre sem que se tenha vergonha ou pudor, o que leva a pensar que, na falta dessas condições fundamentais, a transparência dissolveria o sujeito da psicanálise.

Palavras-chave: íntimo; olhar; pudor; vergonha; sujeito.

ABSTRACT

Intimacy as a condition to the subject

The author considers intimacy as an absolute condition to the modern subject. Different from what it was in the 20th twentieth century, when Freud privileged the secret, the current ideal of science has engendered a subject form that is totally submitted to transparency as a consequence of the social right to know everything. As that circumstance is not associated with shame or *pudeur*, one may conclude that in the absence of those fundamental conditions to the subject, transparency would lead to the disappearance of the psychoanalysis subject.

Key words: intimacy; gaze; *pudeur*; shame; subject.

Para abordar o tema proposto, decidi recortá-lo para articular os distintos termos entre si. Partirei de uma certa reflexão sobre o íntimo, esfera que, hoje em dia, talvez possamos considerar ameaçada. O íntimo pode ser pensado como um espaço de exclusão interna no qual o sujeito escapa à possibilidade de ser olhado. Encontra-se aí a possibilidade da presença do oculto, o que leva a pensar que a ausência desse espaço possa às vezes ser interpretada, por alguns sujeitos, como uma forma de inferno. Parece óbvio que um sujeito possa se sentir em intimidade com o grande Outro, mas isso exige uma reflexão acerca desse espaço.

O ÍNTIMO COMO CONDIÇÃO DO SUJEITO

Tomarei como base a hipótese que desenvolveu Gérard Wajcman, psicanalista e crítico de arte francês que tem um belíssimo livro intitulado *Fenêtre, chroniques du regard et de l'intime* (2004). O íntimo está situado aí na gênese do Renascimento, especificado pela crítica sobre o quadro, definido como *janela aberta* por Alberti*. Alberti, pintor e arquiteto, foi um grande teórico da arquitetura do Renascimento e quem fundou a teoria da perspectiva científica nesse período. É um autor clássico a respeito desses temas.

O importante, no entanto, é que a definição do quadro como uma janela aberta à história – entendendo história como nação – indica que, desde o quadro moderno, fundado nesse momento, ao quadro como o conhecemos atualmente, instaura-se, com um único gesto, a ideia cartesiana de que o homem teria direito a olhar o mundo, tal como Deus. Isso

* Leon Battista Alberti, arquiteto e crítico de arte italiano nascido em Gênova em 1404. Em seu tratado sobre a pintura do ano de 1435 intitulado *De pictura*, Alberti desenvolveu a perspectiva explicando que os raios de luz refletidos do objeto ao olho formam um cone. Se interceptarmos esse cone por um quadro transparente a alguma distância dos nossos olhos, poderemos delinear nele a imagem do objeto observado. Essa perspectiva linear central estudada por Alberti e pelos pintores renascentistas do século XV possui um ponto de fuga, para onde convergem todas as linhas do desenho referentes à profundidade. (NR)

define o íntimo, então, como um lugar no mundo em que o homem pode se manter separado desse mundo. Lugar de onde, através da janela, às vezes secretamente, ele pode contemplar esse mundo, longe de todo olhar. Ele pode se fechar em si mesmo.

Levando em conta que Gérard Wajcman é um bom crítico de arte, ele tem razão ao apontar, por um lado, a fonte de potência do homem que se apropria do mundo pelo olhar; por outro lado e ao mesmo tempo, o berço desse território interior no qual surge o chamado *olhar interior*. Isso é o que justamente abre uma nova época.

Podemos nos perguntar se essa época ainda é a nossa e por quanto tempo mais será nossa. O que está em jogo quando se trata do íntimo? Considero essa questão crucial porque não podemos pensar que a possibilidade de ocultar seja apenas uma conquista da evolução humana. O oculto, o íntimo é uma condição do sujeito. Uma condição absoluta do sujeito enquanto moderno.

Na época moderna, o íntimo baseado no secreto, no opaco, cercado de sombras é o lugar mais próprio ao sujeito em si mesmo. Como um território necessita de fronteiras. Fronteiras que criam problemas, na medida em que podemos pensar que estejam ameaçadas. Se há uma ameaça, é preciso que a pessoa se defenda. Há uma política do íntimo que se funda pela força. Ela se iniciou com a ideia de um espaço livre de todo olhar, o que implica uma separação com relação ao poder. A ideia é manter um território fora do poder sempre totalitário e totalizante do Outro.

A condição real do íntimo é a de conceder o direito ao segredo frente ao Outro, cuja alma ou estrutura pode ser tomada no exemplo do panóptico de Bentham* (1993). Na realidade, o panóptico assume um caráter exclusivo, invasor, inoportuno. Isso pode ser expresso com a ortografia particular do francês em que se equivoca *savoir / ça voir* (saber / ver tudo), ou do castelhano em que *saber* escreve-se com a letra *b*, mas em *sa-verlo* (sabê-lo) o verbo saber está preso, na língua, ao ver. Em português não se pode fazer esse jogo de palavras.

---

* Jeremy Bentham, filósofo e jurista inglês que concebe o panóptico como um projeto de prisão modelo. Cf. Foucault (1983: 31). (NE)

Quem põe então um limite a esse Outro panóptico mundial? Será a lei? A lei preserva o privado, protege-o, mas o íntimo é mais do que o privado, uma vez que ele se articula com a real possibilidade de um sujeito se ocultar, se calar, dando a ele, portanto, uma margem de liberdade.

Íntimo deriva do latim *intimus*. É o superlativo de *interior*. Temos então uma articulação entre o íntimo, o secreto e a margem de liberdade. No século XIX, o século de Freud, privilegiou-se o secreto. Verificamos que Freud ressaltou o estritamente pessoal, aquilo que se oculta, como tudo o que diz respeito à sexualidade e que aparecia como um núcleo opaco do íntimo. No entanto, o que acontece hoje? O ideal da ciência fez surgir uma nova forma de sujeito totalmente transparente. E essa dita transparência dissolve o sujeito da psicanálise.

A democracia caminha na via mundial da transparência. Ela pretende alcançar a transparência no que concerne aos princípios e ao poder. A democracia envolve e visa à transparência do mundo. Ela pretende ser superior à manutenção da opacidade do sujeito e deveria provocar também uma transparência do poder. Defender a inclusão do espaço democrático seria defender, também, de certa forma, a liberdade e a integridade do sujeito. A democracia, no entanto, parece animada por uma vontade oposta. O Outro tende a nos reaparecer cada vez mais opaco, ao passo que torna os sujeitos cada vez mais transparentes. Portanto, se pensamos a partir dessa perspectiva, cada vez sabemos menos sobre a máquina do poder e cada vez o poder sabe mais sobre cada um de nós.

Na articulação com a Universidade, um exemplo pertinente são os relatórios que se pede aos pesquisadores e cuja demonstração passa pelos dados mas não pela forma como foram considerados. Quanto a isso, podemos dizer que a psicanálise tem uma posição paradoxal, pois, por um lado, aponta para a elucidação; por outro, situa-se do lado do oculto justamente com relação à debilidade do sujeito frente ao poder. A psicanálise tende a fazer falar, mas se coloca ao lado do secreto. A defesa, pela psicanálise, do íntimo e do secreto em causa confronta-a com uma dimensão política, de certa forma pouco pensada, que é a de uma constante pressão para que se rompa com o sigilo profissional. Há, portanto, entre o sujeito e o Outro, uma fronteira que limita dois espaços: o lugar do sujeito e o campo do Outro.

Pensemos na inclusão do Outro na fronteira do íntimo como o temos na época da televigilância que afeta tanto os inocentes quanto os criminosos. Somos todos olhados como culpados em potencial, o que se disfarça pela palavra *prevenção*. O que, contemporaneamente, vemos do outro lado da fronteira do íntimo? Vemos pessoas que se abrem, expõem suas imagens sem o menor limite em relação ao secreto. Considera-se isso liberdade e não se abre mão do que tem de circense.

Estamos numa sociedade na qual, aparentemente, um dos princípios reinantes é a permissividade. Atualmente, o íntimo, além de ser dito, como segredo de consultório, é publicado, exposto nas telas, exibido nos museus. E isso ocorre sem que se tenha vergonha. Chega-se a tal ponto que é difícil sentir vergonha ou provocar vergonha precisamente porque – inclusive para a arte contemporânea – já não é difícil pensar em termos de grandes escândalos, em provocações ou em ultrajes.

Como todo direito, o direito à privacidade tem história. Vale acrescentar aqui uma observação irônica: há certos aparelhos de vigilância que dão uma concretude ao Outro como um *voyeur* que vê tudo. Em Londres, por exemplo, há câmeras por toda parte. Eu diria que o conceito de *flâneur*, "passeador" em português, é na realidade o de um sujeito complexo. Nos termos de Baudelaire, trata-se daquele que caminha pelas ruas pelo puro prazer de passear; aquele que caminha ociosamente por nada, pois seu caminhar não serve para nada. Pensamos que, agora, esse prazer está diante das câmeras quando há uma câmera escondida a nos olhar quando passeamos. O importante é que o anonimato do passeio está se perdendo quando se passeia. Na América Latina, ainda temos um chão para andar.

Em português chama-se o lugar do íntimo de "foro íntimo". Assinalo que "foro" é um direito. Na Espanha, o "foro" eram as primeiras leis, mas hoje em dia, com toda essa transparência trivial, surge e se difunde a ideia de que tudo pode ser mostrado, ou seja, a transparência se choca com o íntimo. Podemos ainda dizer que há, precisamente, direito ao *foro íntimo*? Em contrapartida, o público e a sociedade têm direito de saber. É a isso que respondem os *paparazzi* quando filmam alguém com objetivo televisivo. Ou seja, por um lado parecem ter ferido a privacidade das pessoas fotografadas sem que elas o saibam; por outro favorecem a mentalidade atual que sustenta que a sociedade tem direito de saber tudo. Não só cada sujeito isolado pode vir a saber tudo, mas também a sociedade como um todo.

Encontramos outro sintoma dessa transparência nos exames médicos. Nas novas formas sofisticadas de ressonância, entre outros exames, a intimidade de nosso corpo fisiológico é mostrada de forma transparente. Encontramos nisso o desejo de olhar operando em articulação com a ciência no método de ver o sujeito de forma inteiramente capturada e, portanto, previsível. Diante dessa perspectiva, a psicanálise, ao contrário, coloca-se do lado da opacidade do sujeito que ela recebe, não buscando nele a transparência.

Dizíamos que Freud era de outra época, da época vitoriana organizada em torno da repressão e do recalque do dizer com suas consequências de censura e recalcamento. Mas foi justamente nesse contexto do recalque que a psicanálise surgiu como uma liberação da fala. Essa liberação da fala e da palavra levou, no século XX, a uma mutação profunda, correlativa, paradoxalmente, ao enfraquecimento da própria psicanálise e do sagrado. O que acontece hoje? Quando avaliamos as coisas de forma um tanto superficial, parece que dizer tudo, em associação livre, triunfou. No entanto, também fracassou, pois a tendência a dizer tudo chegou, às vezes, até o ponto de eliminar a própria linguagem.

Segundo o contexto atual em que dizer tudo supõe resolver tudo, podemos pensar que o triunfo de Freud foi um fracasso. No entanto, há algo que não se pode resolver e que não se pode falar. Algo que tem a ver com a sexualidade, como bem a descobriu Freud e que Lacan reformula em termos da inexistência da relação sexual.

O ÍNTIMO ENTRE O PUDOR E A VERGONHA

Para retomar o tema de forma lógica, vou pontuar dois aspectos relacionados ao íntimo, duas fronteiras muito particulares que se tocam na psicanálise: o pudor e a vergonha.

Retomo *O Seminário, livro 5: as formações do inconsciente* (1957-1958/1999), no qual Lacan assinala, com muita precisão, como o sujeito criança passa a operar um certo corte entre ele e o Outro no momento em que se dá conta de que o Outro não lê seus pensamentos. Obviamente que assinalar isso ultrapassa a questão da idade. Trata-se de um momento clínico muito importante, porque o momento em que a criança passa a ter pensamentos secretos ocultos é o momento em que o inconsciente se fecha. É o momento em que ela pode começar a enganar o Outro, pois o Outro não lê seus pensamentos. Sabemos que, antes disso, uma criança pode ter medo de fazer alguma coisa por supor que os pais saibam disso mesmo que eles não estejam ali. Quando ela cria o objeto escondido, surge uma dimensão que introduz o oculto. A partir daí corta-se a continuidade entre o Outro e o sujeito e aparece aquilo que se pode, ou não, esconder do Outro.

Essa construção do oculto – condição para a constituição do privado – é correlativa à existência do inconsciente e do sujeito. Não pode haver "sujeito do inconsciente" sem inconsciente, se pensarmos que, para Lacan, o sujeito do inconsciente é sempre um efeito.

Para fazer uma introdução dos conceitos de pudor e vergonha é necessário, primeiramente, um esclarecimento linguístico. A diferença entre vergonha e pudor se dá a partir do fato de que a vergonha surge por influência das línguas latinas, românicas. Ou seja, em inglês e em alemão há somente uma palavra, respectivamente *shame* e *Scham*. Em francês, temos pudor, *pudeur*, mas vergonha não tem a mesma raiz que em português, italiano e castelhano. O termo em francês para vergonha, *honte*, deriva de uma raiz da antiga língua franca.

Essa diversidade entre as línguas românicas faz com que Lacan sublinhe a diferença entre vergonha e pudor, construindo através dela o particular tanto para vergonha como para pudor. Para começar, podemos ver a vergonha como sendo mais elementar para esse pensador. O desenvolvimento da vergonha com detalhes, vocês o encontram numa lição de 1970, em *O Seminário, livro 17: o avesso da psicanálise* (1969-1970/1992), no capítulo 13 intitulado O poder dos impossíveis. Em contrapartida, vejamos como Lacan a distingue do pudor. Para isso vamos recorrer ao discurso do universitário:

$$\frac{S_2}{S_1} \;\frac{\rightarrow}{/\!/}\; \frac{a}{\$}$$

No lugar da produção, à direita e abaixo, temos o sujeito barrado. O sujeito barrado é o secreto, o sujeito por excelência, o segredo do oculto. Com relação a esse sujeito barrado localiza-se tanto a vergonha quanto o pudor. A vergonha, Lacan a vai articular com a morte. E o pudor, como indica a origem do termo nas línguas românicas, remonta às partes sexuais, à sexualidade. Ou seja, ao pudor vinculado à sexualidade. E como Lacan articula a morte com a vergonha? Com uma expressão que existe em quase todas as línguas, que é o "morrer de vergonha". Então, digamos que Lacan vai articular de um modo particular esse "morrer de vergonha" com uma forma de sintoma vinculado ao sujeito barrado ($).

Trata-se de uma referência freudiana de quando Freud se refere à moralidade mencionando as três modalidades dos ditos morais: a repulsa, o nojo e a vergonha. Precisamente, o que Lacan vai dizer é que, de algum modo, a vergonha que se assume em muitas línguas com a frase "morrer de vergonha" concerne ao sujeito. Heidegger dirá que é "ser para a morte". O "ser para a morte" assume a forma de um cartão de visita. Com esse cartão de visita, o sujeito – que não é mais do que um significante que se representa frente a outro significante nunca chegará ao porto porque, ao ter como endereço a morte, ao ter a morte como semblante, em geral prefere rasgá-lo e não falar dela.

Por muito tempo calou-se sobre isso. Calou-se e matou-se. Recorro ao jogo significante do francês entre o pronome *tu*, o passado composto *s'être tu* (do verbo *taire*, calou-se) e *tué* (morto). É claro que isso não foi retirado do *Seminário 17*. Esse jogo homofônico está em *O Seminário, livro 3: as psicoses* (1995-1956/1981: 311), onde *tué* (morto) aparece quando é tomado como verbo.

No *Seminário, livro 17*, Lacan (1969-1970/1992: 172-173) aponta que falar disso abre um reduto na honestidade. Imediatamente depois, ele diz que não é somente a honestidade, senão o honesto (*l'honnête*), mostrando uma distância entre honesto e homem (*honnête homme*). Ele faz também um jogo de palavras entre honestidade (*honnêtement*) e homem honesto (*honnête homme*). O que é o honesto? É uma construção do século XVII. Em português seria "homem de bem". Então a esse homem honesto, por sê-lo, o pior que poderia acontecer seria "morrer de vergonha". Nada seria pior do que "morrer de vergonha" porque é o ponto impossível para esse sujeito. Lacan dirá ainda que não há como se esquivar do impossível, é preciso ser seu agente.

O que isso quer dizer na atualidade? O agente dos discursos é o lugar esquerdo superior das fórmulas, que reúne os significantes da parte superior do impossível. O importante é que, se o sujeito não se faz ele mesmo agente do impossível, resta-lhe uma vida de *vergonha* para viver. E Lacan diz a seus interlocutores – como já lhes havia falado antes que não pensassem que é pouca coisa "morrer de vergonha" – que a *vergonha* como tal, precisamente, se justifica. No entanto, aqueles para quem "morrer de vergonha" não é o ponto do real impossível da estrutura são não-honestos. Ou seja, os que persistem em querer não "morrer de vergonha" sustentam, com todas as suas forças, o discurso do mestre pervertido. Esse é o discurso do universitário.

Como ser honesto, então, no discurso universitário? Como fazer para não se esquecer de que não se pode "morrer de vergonha"? Justamente tendo clareza de que o mestre pode ser nosso discípulo. Para cotejar com a transparência a ordem pode ser: conservar a transparência e não preservar o íntimo. Lacan (ibid.: 174) vai dizer que "ter vergonha" e não morrer dela, não poder vê-la, levaria a outra história porque apontaria para o real. Inclusive faz um jogo de palavras quando diz *régalez-vous*, deleitem-se, desfrutem. Escreve, no entanto, com a letra "h" (*rHégele vous*), aludindo dessa forma a Hegel. Coloca um "h" que não soa e dirá: desfrutem com o grande universitário que foi Hegel! Mas saibam que se alguém quiser, de algum modo, perverter o discurso desse mestre colocando o saber no lugar de agente, como acontece no discurso do universitário, resta algo que, no entanto, não se poderá expor: a produção da *vergonha*.

Se eu quis dizer que a vergonha se articula com o sujeito barrado ($) e se há algo que pode se infiltrar no discurso universitário, isso acontece porque é precisamente ali, no discurso universitário, que a vergonha se instalará anterior à via do sujeito. Ou seja, o sujeito é o sintoma disso. Mas para que o possível sujeito, que faz sintoma, comece a trabalhar, algo dele insiste. É aí, recordando Sade, que está a impotência, que no discurso do mestre fica entre S e S barrado ($). Há aqui um ponto importante, a respeito do pudor, que dever ser sinalizado. Há uma diferença entre pudor e vergonha que deve ser analisada.

Em relação ao sujeito, a vergonha se transmite em função do Outro pela via dos sintomas. Ela faz sintomas, como já dizia Freud. Mas o pudor não foi desenvolvido por Freud. É uma noção de Lacan que marca um dado histórico muito importante porque, para Lacan, o pudor não faz sintoma. Ele faz o momento da divisão. Então, pensemos um pouco mais sobre o pudor.

Como em inglês não se tem mais do que uma palavra, *shame*, que é mais próxima da vergonha e que não alcança exatamente o sentido do pudor, os comentaristas do conceito de pudor na Grécia mantêm, em geral, a palavra grega *Aidos*. Há muitos e excelentes comentários sobre o pudor em grego. *Aidoia*, em que *Aidos* também quer dizer "genitais", tem a mesma etimologia em duas línguas: no latim e no grego. Para Lacan, no entanto, o pudor é um afeto que é correlativo da constituição do sujeito como sujeito dividido.

Sob a perspectiva da história, naquele momento estava acontecendo um debate em torno do pudor por parte dos historiadores. A questão colocada era se o pudor tem uma determinação histórica e onde ela estaria situada; e ainda se ele é atemporal. Aqueles que sustentavam que o pudor é atemporal apoiavam-se na ideia de que o pudor existe em todas as sociedades, mas sob formas diferentes. O que causaria o pudor poderia ser variável.

Em síntese, o pudor se associa com algo que, para os gregos, era a impossibilidade de se defender diante dos deuses, o desamparo diante deles. Porque aos deuses doía todo excesso de felicidade nos humanos. Tudo aquilo que para o humano fosse além de seu plano mortal provocava a ira nos deuses. Para os gregos, a *amechania* nomeia o que aparece do lado do sujeito, seu alarde do desamparo frente ao poder arbitrário dos deuses, que não podem suportar a superação de certos limites. Mas essa reflexão dos gregos é algo próprio à lei da natureza humana. Algo trabalhado muito bem por um historiador que recomendo muito. Ele é Peter Brown, que escreveu um livro sobre o *Corpo e sociedade* (1990) e outro sobre *Antiguidade tardia* (1989).

Cito Peter Brown para mostrar a mudança que se produz no momento da passagem do paganismo para o cristianismo, identificado por ele como o novo modo de pensar que começou com o cristianismo no século II e que mudou o eixo em torno do qual girava o pensamento sobre a natureza, a fertilidade humana e a sexualidade. Nesse sentido, nos gregos o pudor – apesar de sua etimologia – não se apresentava somente com uma conotação sexual, mas também aparecia fundamentalmente vinculado à honra. Tratava-se da honra em um sentido diferente da vergonha, porque não era fazer algo mau, mas – como diz com clareza um notável filósofo americano (Bernard, 2008) que tem um belo livro sobre vergonha e necessidade – ser visto de forma inapropriada por pessoas equivocadas. Não somente se está exposto, mas, em função disso, perde-se poder.

Para nós, o pudor tem outro deslocamento, é o que Lacan vai propor. Trata-se de um deslocamento, precisamente, porque Lacan, em *O Seminário, livro 21: les non-dupes errent* (1973-1974: lição de 12/03/1974), diz precisamente o seguinte: "a única virtude é o pudor na medida em que não há relação sexual". Assim, quanto à não-existência da relação sexual, o pudor leva à condição de virtude "se o bem-dizer é governado pelo pudor", ele acrescenta ao final. Esclareço o que quer dizer essa leitura de Lacan. Trata-se da forma correta da interpretação analítica do lado do não-todo pois do lado do todo fálico precisamente se situa o meio-dizer.

Então, se há virtude própria ao exercício da psicanálise, esta é a do pudor. Ele brinca, aliás, com o título do seminário *Les non-dupes errent* e *Les non-pudeur errent*, que equivalem, em português, a "Os não-tolos erram" título do seminário, e "Os não-pudorosos erram". "Errar" não só no sentido de cometer erro, mas também de errância. Lacan insiste, então, que o analista em seu exercício tem que se chocar com o pudor, mas nunca violá-lo.

Retomando o ponto inaugural em que Lacan introduz o pudor numa citação que se tornou famosa, no escrito "A significação do falo" (Lacan, 1958/1998: 699): "[...] o demônio do *Aidos* (*Scham*) surge no exato momento em que, no mistério antigo, o falo é desvelado [...]. Então se torna a barra que, pela mão desse demônio, cunha o significado, marcando-o com a progenitura bastarda de sua concatenação significante".

Por que Lacan fala de bastardo? Porque nos escudos da nobreza a barra marca a bastardia, ou seja, o caráter ilegítimo. De certo ponto, somos todos filhos bastardos do significante. Mas a bastardia que nos constitui, a barra que nos atravessa e que fará dos significados algo muito diferente da significação animal, coexiste com o pudor. Barra e pudor caminham sempre juntos. Não há constituição do sujeito sem pudor. Podemos dizer, inclusive, que há uma reaparição do pudor, em diferentes momentos da teorização de Lacan, em relação ao que se pode criar, em especial, em relação ao sadomasoquismo e ao voyeurismo sadiano.

Dizemos, de forma precisa, que a vergonha tem a ver com a moral e o pudor com a ética. Com a ética especificadamente da psicanálise, nos diz Lacan no *Seminário 21*, como a ética do bem-dizer. Não vou me deter em alguns momentos dos *Seminários* 6 e 7 nos quais Lacan também fala do pudor no exibicionismo / voyeurismo para retomar em "Kant com Sade" a importância do comentário de Lacan a respeito do sádico que como tal opera violando o limite do pudor. "O que mostra que o gozo é aquilo pelo qual se modifica a experiência sadiana. Pois ele só projeta monopolizar uma vontade ao já havê-la atravessado para se instalar no mais íntimo do sujeito que ele provoca, mais além, ao atingir seu pudor" (Lacan, 1963/1988: 783).

Quando Lacan trabalha, nesse escrito, com a fórmula da fantasia, modificando-a, mostra como o sádico pretende ir para além da divisão do sujeito inconsciente para fazê-lo um puro sujeito biológico. Reduzi-lo ao puro corpo matando o sujeito do significante. Para conseguir isso, é preciso violar o corpo.

Se pensarmos a partir da ética, segundo essa perspectiva, a televigilância é sádica. Trata-se do discurso da ciência possibilitando que nos animalizem sem que sequer o saibamos. Isso vai muito além do seu ideal de transparência, pois tenta nos constituir como sujeitos não-divididos, não-opacos, nos quais tudo pode ser visto e sabido. Trata-se de um atentado à nossa dignidade de sujeitos, embora seja um discurso baseado na defesa dos direitos humanos.

Quanto a isso, a psicanálise deve ser muito astuta para não se tornar cúmplice e não se enganar pensando que se possa ver tudo, saber tudo, não somente na impudicícia, mas também na imprudência – uma palavra remete ao pudor e a outra, à vergonha. A imprudência é o desavergonhado e a impudicícia é relativa ao que não tem pudor.

Transcrição: Viviane dos Santos
Tradução: Sonia Alberti

Referências bibliográficas

BERNARD, W. (2008). *Shame and necessity*. Los Angeles: University of California Press.

BROWN, P. (1989). *The world of late antiquity: from Marcus Aurelius to Muhammad*. Nova Iorque, 2ª ed.

————. (1990). *Corpo e sociedade: o homem, a mulher e a renúncia sexual no início do cristianismo*. Rio de Janeiro: Jorge Zahar Editor.

FOUCAULT, M. (1983). *Vigiar e punir*. Petrópolis: Vozes.

LACAN, J. (1955-1956/1981). *O Seminário, livro 3: as psicoses*. Rio de Janeiro: Jorge Zahar Editor.

————. (1957-1958/1999). *O Seminário, livro 5: as formações do inconsciente*. Rio de Janeiro: Jorge Zahar Editor.

————. (1958/1998). A significação do falo. Em *Escritos*. Rio de Janeiro: Jorge Zahar Editor.

————. (1963/1988). Kant com Sade. Em *Escritos*. Rio de Janeiro: Jorge Zahar Editor.

————. (1969-1970/1992). *O Seminário, livro 17: o avesso da psicanálise*. Rio de Janeiro: Jorge Zahar Editor.

————. (1973-1974). *O Seminário, livro 21: les non-dupes errent*. Inédito.

WAJCMAN, G. (2004). *Fenêtre, chroniques du regard et de l'intime*. Paris: Verdier.

Psicanálise e epistemologia

Por uma psicanálise desavergonhada diante da ciência

Luciano Elia

Resumo

Antiga, polêmica e aparentemente insolúvel é a questão da cientificidade da psicanálise. Muitas discussões sobre essa questão partem de premissas equivocadas, tais como aplicar à psicanálise critérios de "cientificidade" que não respeitam o estatuto próprio ao saber e à práxis psicanalíticos em relação ao estatuto da ciência. Lacan abordou inúmeras vezes a questão, justamente no sentido de tomá-la no rigor da posição discursiva a partir da qual ela pode ser corretamente formulada e respondida. Este artigo retoma alguns aspectos da questão e propõe uma psicanálise que se imponha ao universo científico – que inclui as práticas acadêmico-universitárias – já sem o acanhamento de uma posição eternamente envergonhada que se coloca em posição de permanentemente desculpar-se por suas supostas "insuficiências científicas"; ou seja, uma psicanálise altiva e que afirma seu próprio lugar no campo epistemológico, metodológico e discursivo, como saber e como experiência com estatuto próprio nesses campos.

Palavras-chave: psicanálise; cientificidade; ciência; método; epistemologia.

Abstract

For a shameless psychoanalysis in face to science

Long lasting, polemic and apparently insoluble is the issue of the scientificity of psychoanalysis. Many discussions about this question stem from fallacious premises, such as applying to psychoanalysis some criteria that don't respect the statute proper to the psychoanalytical knowledge and to psychoanalytical practice regarding science. Lacan treated this question in his works many times, precisely in order to tackle it from a strictly discursive position based on which it can be correctly formulated and answered. This paper retakes some aspects of this question and proposes a psychoanalysis that is able to impose itself to the scientific universe – which includes the academic-university practices), but without the shyness that is characteristic of an eternally ashamed position permanently apologizing for its presumed "insufficient scientificity", that is to say, a kind of psychoanalysis that affirms its own place in the epistemological field, in terms of its method and discourse, as knowledge and practice have their own statute in this field.

Key words: psychoanalysis; scientificity; science; method; epistemology.

O título deste texto é uma convocação a que nós, psicanalistas, sobretudo aqueles que dedicam parte importante de seu tempo à universidade, docentes de programas de pós-graduação, convidados, não-docentes, operadores do campo da saúde pública que praticam atividades de pesquisa, enfim, possamos estar situados em relação ao que se constitui como o campo científico de modo menos tímido, envergonhado ou orgulhosamente ludibriado pela ostentação de um lugar pretensamente independente da ciência. Esta última posição me parece a mais nefasta por estar ainda distante do enfrentamento da questão, na cegueira que todo véu narcísico promove, no caso a pretensão a um lugar que, por desprezar a relação com a ciência, faz os pactos mais obscuros com a filosofia, reduz ou procura fazer equivaler a psicanálise à arte, ou a mantém, sem perceber, como uma religião.

Paul Ricoeur (1965) caiu na armadilha de supor que a psicanálise seria uma ciência de ordem superior à própria ciência, porque teria duas dimensões, que ele chama de *energética* (a banda da psicanálise coadunável com a ciência) e de *hermenêutica*, a banda exclusivamente psicanalítica, que a ciência não compartilharia. Nessa via, muitas outras posições se colocam, dividindo o discurso psicanalítico em vertentes, bandas ou dimensões ao invés de analisá-las e de interrogar se uma energética – o mesmo aplicando-se a uma hermenêutica – se sustenta como tal à luz de uma análise mais rigorosa do que foi o passo discursivo de Freud.

Uma outra posição que situo como problemática nesse campo consiste em uma exacerbação do que seria a posição ética da psicanálise, como se, por esse viés, ela também pudesse se livrar dos embaraços de sua relação com a ciência. Ali onde o discurso científico não é suficiente para dar conta de nossa experiência, é a ética que responderia para dar conta do sujeito em sua dimensão de puro ato, como sujeito do desejo. Em que pese a importância da ética para a psicanálise – campo cuja complexidade impede que eu o trabalhe aqui e que vem exigindo de mim maior dedicação para que o debate com a ética não se reduza a mera e infrutífera polêmica –, o que aponto é que o abuso da ética (como da filosofia e da arte, que mencionei acima) é flagrante como forma de esquiva em relação à questão que proponho: qual é, afinal de contas, a posição da psicanálise em face da ciência em termos metodológicos, discursivos, isto é, em termos que possam estar à altura do estatuto próprio à psicanálise?

Lacan nos legou, quanto a essa questão, um importante arsenal de recursos. Estabeleceu o que Jean-Claude Milner (1995) chama de *Doutrinal de ciência*, que de modo algum se confunde com uma epistemologia, pois constitui um fragmento do ensino lacaniano, portanto um fragmento do saber e da doutrina psicanalíticos, algo que só pode ser formulado do interior desse campo – o que não ocorreria com uma epistemologia –, além do fato de que, caso fosse uma epistemologia, incorreria na mesma cilada de ser um argumento externo à psicanálise para responder à sua posição discursiva em face da ciência, proposta que está sendo justamente recusada nesta minha intervenção.

O doutrinal é um conjunto de proposições e enunciados que afirmam, por exemplo, que a psicanálise não seria possível antes e fora de uma linhagem científica. Dele decorrem as conhecidas posições de Lacan: a psicanálise é derivada da ciência, é um passo discursivo, de saber e de práxis, de experiência, que só se pode conceber a partir das linhas constitutivas do discurso científico tomadas como arquitetura interna e não em termos de mera sucessão histórica. O doutrinal é o que permite a leitura do *Cogito* como advento do sujeito moderno – impossível de ser feita fora do ensino lacaniano, com instrumentos fornecidos por Alexandre Koyré (1957/2006) mas nunca sem Lacan –, o que leva Lacan a afirmar que o sujeito que advém no momento do *cogito*, correlato do advento da ciência moderna, é o mesmo sobre o qual operamos em psicanálise, frase magnificamente escrita porque diz, letra por letra, que, se o sujeito é o mesmo, a operação sobre ele é exclusiva da psicanálise. O doutrinal é o que nos permite formular o sujeito como *sem qualidades*, como baliza absoluta e invariável, inessencial, invisível, abolido e recalcado, ou seja, inconsciente. E, finalmente, é na formulação do doutrinal que Lacan nos adverte do perigo de repudiarmos o cientificismo do século XIX, como se Freud tivesse *rompido* com seus mestres Helmholtz, Du-bois Reymond, Brücke, no sentido de soltar-se, tornar-se independente deles, o que me levou a conceber que, se alguma ruptura a psicanálise operou em relação à ciência, foi por esgarçar, levar longe demais, ali onde não mais eram possíveis os princípios científicos. Por radicalizar a ciência, Freud a perfurou, e é claro que a operação sobre o sujeito é a cirurgia que perpetra esse furo.

Todos os riscos de uma reapropriação humanista desse passo se colocam aí, em coro e de prontidão, como assistentes ou falaciosos instrumentadores dessa cirurgia. Por isso, em "A ciência e a verdade", principal escrito do doutrinal, Lacan adverte: "se o sujeito está aí, no cerne da diferença, toda referência humanista nela se torna supérflua, pois é ela que ele corta rente" (Lacan, 1966: 857; tradução nossa). E diz, pouco depois: "Não existem ciências do homem porque o homem da ciência não existe, mas apenas seu sujeito" (ibid.: 859; tradução nossa).

E o mais curioso, aspecto pouco comentado, é que ali onde esperaríamos que fosse pelo viés de uma discussão de teoria, de saber que pudesse ser vislumbrada a relação íntima, de derivação, de dependência da psicanálise com a ciência, surpreendemo-nos com o fato de que essa relação só seja acessível pela práxis, pela experiência. O escrito a que me referi começa com uma frase sobre a clínica. Lacan pergunta: "será que no ano passado fundamos o estatuto do sujeito?", pergunta que pressupõe o caminho teórico. Imediatamente responde: "O que fizemos foi estabelecer uma estrutura que dá conta do estado de fenda, de *Spaltung*, [repete ele em alemão], em que o psicanalista o situa em sua práxis" (ibid.: 855). Perguntando-se pelo estatuto do sujeito, a resposta vem pela práxis, e é essa a via na qual a ciência entrará como pré-condição para a psicanálise.

Mas e nós, hoje, com isso tudo? Continuaremos a dizer que somos herdeiros da ciência, com a qual fomos levados a romper por causa do sujeito? Que consequências metodológicas essa honrosa e ao mesmo tempo subversiva filiação nos traz? Podemos fazer pesquisa e reivindicar à cultura, à sociedade, à ciência e à comunidade (vou aqui além do CNPq e da CAPES, situando-as como agências da cultura, mas é a eles a quem endereço a questão) o reconhecimento dessas pesquisas como legítimas no campo científico? Sabemos que as políticas públicas de pesquisa reconhecem outros campos extracientíficos, como a *Plataforma Lattes* demonstra bem, como as atividades culturais, artísticas, técnicas diversas, etc. Mas em que campo nos situamos? Se estamos na Universidade, sempre acolhidos nos Institutos de Psicologia, porque nós psicanalistas somos psicólogos, em nossa maioria quase absoluta, hoje, isso se faz a que título? Quando queremos inscrever a nossa diferença como campo de saber em termos da estrutura universitária, nomeando-nos como departamento específico (isto é, parte delimitada, é o que quer dizer a palavra departamento), acontece um grande reboliço, e não nos devemos furtar de saber que insuficiência de elaboração de nosso estatuto é responsável por esse reboliço, que nos assinala que não é momento de concluir esse passo.

Temos uma prática concreta de pesquisa, em curso neste programa já há dez anos, mas que se iniciou antes mesmo de sua fundação, tendo-nos inclusive levado a ele – e o sucesso da empreitada o demonstra: não teríamos sido bem-sucedidos se não tivéssemos já antes uma prática de pesquisa psicanalítica em curso em nossas trajetórias.

Examinarei uma delas, por ser aquela em que estou mais engajado hoje, para concluir com algumas proposições: a pesquisa sobre o autismo e seu tratamento em rede pública de saúde mental.

O que fazemos, há doze anos, em mais de um Centro de Atenção Psicossocial (CAPSi) da rede municipal do Rio de Janeiro, é mais do que aplicação da psicanálise a uma clínica institucional, com a criação de dispositivos, recursos técnicos, modos de intervenção, etc. É pura pesquisa (mas não pesquisa pura). Somos permanentemente confrontados com questões que só podem ser até mesmo formuladas (algumas começando a ser respondidas depois de muitos anos) com os recursos da pesquisa, como por exemplo: há sujeito em um autista? Qual seu estatuto em relação ao Outro? Podemos falar em demanda, em marcas simbólicas, em efeitos do significante no corpo? Como se organiza a imagem de corpo nessas criaturas? O que fazem com os produtos de seu organismo – excrementos, por exemplo – pode ser situado em relação à polimorfia perversa da pulsão de Freud? Qual é o estatuto, a rigor, do seu erotismo? Trata-se do autoerotismo (expressão, inclusive, que não deixa de ter relações de origem com o termo autismo – autoerotismo sem Eros)? E, do lado da clínica: o que é tratar psicanaliticamente o autismo? A humanização do cuidado é tratamento? (Sabemos que a humanização de uma prática nem arranha suas condições estruturais e discursivas, veja-se o exemplo dos CTIs humanizados, em que o discurso médico continua mantendo máquinas humanas monitorizadas por outras máquinas, sem que qualquer corpo entre em cena, justamente porque o gozo não é considerado). Por falar em gozo, se a clínica do autismo pressupõe, ao menos como possibilidade de advento, o sujeito, como não tratar do gozo? Mas, indo além da condição teórica, como tratar o gozo?

Certa vez, em uma exposição em um Grupo de Trabalho no Ministério da Saúde sobre autismo, fui levado a me ver de acordo, em um ponto apenas, porém em um ponto fundamental, com um pesquisador da área comportamental e da psiquiatria organicista: expuseram-nos um filme sobre o que se fazia em um CAPSi para demonstrar o modo como se trata essas crianças. Para ir rápido nesse exemplo, direi que o filme se reduzia a uma bela mostra de práticas humanizadas e humanizadoras de cuidado. O tal pesquisador, na discussão, disse:

> Não quero que me tomem como mal-educado, mas não pagaram minha passagem até aqui para eu dizer o que não penso. O que vi nesse filme nada me diz do tratamento. Nós, em nossa pesquisa, utilizamos ratos para estudar em laboratório a capacidade gregária, aumentar as competências sociais, e aplicamos, com muito sucesso, nos autistas, os métodos que vêm dando certo com os animais. Isso pra mim é tratamento.

Disse a ele que, pelas razões mais opostas possíveis quanto à concepção do que seja um tratamento, tinha que concordar com ele em um ponto: o filme não trazia nenhum elemento sobre o que é um tratamento, mas tão somente sobre o que é um bom cuidado. Pelo que se entende o quanto duas práticas tão absolutamente opostas – a que afirma um sujeito do gozo a advir e a que aplica ao comportamento de um indivíduo procedimentos estudados para ampliar as capacidades sociais de ratos – podem convergir em um ponto: ambas recusam a humanização como tratamento.

Se trabalharmos com a psicanálise, como fazermos pesquisa sem que a função do analista entre em jogo? Por outro lado, como situar a função do analista em uma pesquisa, se a função do analista não se define pelo desejo de saber, sob pena de impedir-se a si mesma de operar como lhe é próprio? No entanto, sabemos que não é só a função analista que entra em cena na experiência psicanalítica. Na verdade, o analista é sempre uma função que procede da função sujeito, via análise. O analista é um analisante passado. E nessa expressão não evoco apenas a passagem do tempo, mas a passagem de uma posição a outra sobre um eixo comum que, no entanto, é descontínuo e, como os barcos, aderna, emborca, vira de cabeça para baixo sem deixar de flutuar. É como analisante que se ensina, que se transmite a psicanálise em seminários. Lacan diz que é nessa posição que ele está no seu ensino oral. Direi que é na posição de *analisante* que se pesquisa, o que me levou a cunhar o termo *pesquisante.*

Descuidar disso é começar mal a discussão sobre o que é pesquisa em psicanálise. Mas pode-se continuar mal, e vemos muitos analistas julgarem que devem adaptar seus métodos aos da ciência, em um franco processo de servidão discursiva que, no entanto, se apresenta e se reveste de um esforço de diálogo e de rigor "científico". Tabelas, indicadores e índices escritos sob a forma de siglas que, em vão e impotentemente, tentam formalizar a experiência clínica, como se escrever letras e siglas em vez de palavras bastasse para produzir alguma literalização. Não se trata disso. Se a ciência hoje nos exige evidências (falo, por exemplo, da medicina baseada em evidências, que a psiquiatria norte-americana não cessa de impor às práticas *psi* como condição de reconhecimento de sua dignidade científica), que estabeleçamos o que são as evidências em nosso campo ao invés de importar critérios de evidência que apenas evidenciarão a dissolução de nossa práxis.

Uma categoria importante que Lacan introduz é a de posição subjetiva. Penso que ela é importante em nosso diálogo com a ciência porque é o que há de objetivável em um sujeito. Pode-se cerni-la na experiência, pode-se delimitá-la, recortá-la no plano da realidade, ainda que para tomá-la no campo da verdade.

Lacan apresenta, como um aforismo, a frase "Freud não *déconne* pas" (1969-1970/1991: 81), não "babaqueia", literalmente não "viaja na *mayonnaise*" (estou evitando propositalmente a tradução mais óbvia de "dizer besteira" porque, sem outro sentido, é bem isso que se trata de fazer em uma análise: dizer besteira); pelo contrário, seu dizer é de tal ordem que os seus interlocutores críticos é que caem inexoravelmente na babaquice (o que nos evoca a estrutura do chiste – se respondermos a sério a um chiste maldoso ou implicante nós é que ficamos como agressivos na fita). No desdobramento dessa colocação, Lacan (ibid.: 104) chegará a dizer que isso se deve ao fato de que o inconsciente se impõe à ciência, mesmo que esta o recuse sistematicamente. Porque ambos procedem do mesmo tronco discursivo, que nesse momento ele estabelece como sendo o discurso do mestre. A diferença é que a ciência decepa, nesse discurso, a raiz mítica do sujeito, a posição do sujeito no lugar da verdade do significante S_1, que Lacan chama de mito "ultrarreduzido", justamente porque reduzido ao sujeito mesmo (não se trata da referência mítica da cultura, por exemplo). A ciência quer operar com o significante como se ele fosse decepado de sua relação com o sujeito, de sua função de representar o sujeito que, por sua vez, situa-se no lugar da verdade do discurso comandado por esse mesmo significante, o discurso do mestre. Mas isso que a ciência decepa volta à sua frente, à sua presença, e nem os ratos impedirão que o inconsciente volte, de tempos em tempos, a se impor à ciência.

Em função dessa posição da ciência, é comum ouvirmos hoje muitos psicanalistas limitarem sua referência à ciência como um campo abjeto, que faz cópula com o capitalismo na promoção de um gozo desenfreado e consumista, que só quer vender remédio e só busca o alívio rápido. Creio que, em que pese a pertinência dessas colocações, e nas dimensões em que são próprias e devem ser consideradas, elas já foram formuladas. O que talvez não se veja com a mesma clareza é que elas podem servir de pretexto para um novo e modernizado meio de resistência à própria psicanálise – e o que é pior, feito em seu nome e em sua defesa – na medida em que mantêm o rechaço e o desprezo pelas condições estruturais e discursivas da experiência psicanalítica, que não vai e não é sem uma relação importante com o campo da ciência.

Relançando a pergunta que Lacan lança à ciência, "Que ciência será capaz de comportar a psicanálise?" (1965), pela qual inverte o anseio freudiano de reconhecimento pela ciência, perguntamos: quando seremos capazes de assumir nossa posição em face da ciência, que é de intimidade discursiva, origem comum, filiação, derivação, ou como melhor denominemos esse importante vínculo que, aqui repito, envolve antes dependência discursiva do que uma arrogante independência que só reforça a servidão imaginária e obscurantista a troncos não científicos do pensamento, quando teremos uma posição desavergonhada, pesquisante, altiva, que dialoga com os outros saberes e com as demais ciências sem pedir desculpas (de resto mais verdadeiras do que o falso desprezo com que também nos dirigimos às ciências) ou sem lhes fingir indiferença?

Referências bibliográficas

KOYRÉ, A. (1957/2006). *Do mundo fechado ao universo infinito*. Rio de Janeiro: Forense Universitária.

LACAN, J. (1953-1954/1973). *Le Séminaire, livre XI: les quatre concepts fondamentaux de la psychanalyse*. Paris: Seuil.

————. (1965). Resumo para o Anuário da EFHE – École Pratique des Hautes Études, 165, retomado na quarta capa da edição de 1973 do Livro XI do Seminário de Lacan, edição original francesa.

————. (1966). *La science et la vérité*. Em *Écrits*. Paris: Seuil.

————. (1969-1970/1991). *Le seminaire, livre 17: l'envers de la psychanalyse*. Paris: Seuil.

MILNER, J.-C. (1995). *L'Œuvre claire*. Paris: Seuil.

RICŒUR, P. (1965). *De l'interprétation. Essai sur Sigmund Freud*. Paris: Seuil.

Saber e perda a caminho de Elsinore

Fernanda Costa-Moura

Resumo

O trabalho procura distinguir os modos de constituição do real e do sujeito concernidos em cada uma das três formas da *mathesis* apresentadas por Lacan como ler, escrever e perder. Considerando o reviramento efetuado sobre o saber com a conceituação do inconsciente, procura-se discernir a *mathesis* implicada na práxis psicanalítica em função de sua incidência sobre as relações do sujeito com o saber e com o ato.

Palavras-chave: psicanálise; sujeito; ato.

Abstract

Knowledge and loss on the way to Elsinore

This work discusses the tree forms of *mathesis* isolated by Lacan as "read", "write" and "lose" in terms of the outset they provide for the constitution of both the subject and the real. Considering the subversion imposed to knowledge by the concept of unconscious, it attempts to distinguish the *mathesis* implied by psychoanalytical praxis and its effects regarding the relations of the subject to knowledge and act.

Key words: psychoanalysis; subject; act.

Lacan inicia a lição de 6 de dezembro do seu seminário de 1967-1968 sobre *O ato psicanalítico* destacando três réplicas de um diálogo da comédia de Tom Stoppard (1967/1991) *Rosencrantz e Guildenstern estão mortos*, fazendo-as equivaler a três formas da apreensão douta, científica (*savante*), que ele designa pelo célebre termo greco-latino, *Mathesis* (Lacan, 1967-1968: lição de 06/12/1967).

Conexa ao teatro do absurdo de Jarry, Becket e Ionesco, a peça de Stoppard é protagonizada pelos dois personagens secundários do Hamlet de Shakespeare, a caminho do castelo de Elsinore, onde se passa o essencial da tragédia. Em Hamlet, os dois são "marionetes" (Lacan, 1967-1968: lição de 06/12/1967) manipuladas pelo rei para revelar os planos de Hamlet contra ele e, ao final, presas fáceis do príncipe, que os ludibria e se vinga, arranjando as coisas para que morram em seu lugar. Stoppard os retrata num mundo além de sua compreensão, sem constante que os afiance nem, muito menos, significação derradeira das palavras e dos eventos. Da perspectiva dos dois, a ação que se desenrola na tragédia de Hamlet, que Lacan qualifica como "a que é verdadeiramente a nossa própria" (idem), é puro *nonsense*.

O diálogo acontece quando os dois sentam-se à beira da estrada, apostando no "cara ou coroa". Guildenstern tem a bolsa quase vazia e a de Rosencrantz está quase cheia. A cada jogada de Guildenstern, Rosencrantz examina a moeda, exibe o resultado e a coloca na própria bolsa, anunciando: "cara". O processo se repete. Guildenstern lança de novo e Rosencrantz constata sempre "cara", 85 vezes seguidas. A inverossimilhança da coisa irrita Guildenstern, que finalmente interpela o amigo: "Então é assim, simplesmente? Você não fica intrigado? Nem uma sombra de dúvida?". Ao que Rosencrantz retruca meio envergonhado, segundo o autor, por levar desse modo o dinheiro do outro: "Bem, eu ganhei, não?". Mas Guildenstern insiste, preocupado não com o dinheiro, mas com as implicações do evento: "E se tivesse perdido? Se as moedas tivessem caído todas contra você, 85 vezes seguidas, uma depois da outra, assim? O que você iria pensar?" (Stoppard, 1967/1991: 11-14).

É nesse contexto que se inicia a conversa marginal que interessa a Lacan. Guildenstern pergunta: "qual é a primeira lembrança que você tem?". "Hum [...], deixe ver [...]", responde Rosencrantz: "a primeira que me vem à cabeça?". "Não", diz Guildenstern, "a primeira de que você se lembra".

"Ah [...], devo tê-la esquecido". E Guildenstern insiste: "Justamente! A primeira de que não tenha esquecido". Longa reflexão. "Esqueci a pergunta [...]", diz Rosencrantz, finalmente (ibid.: 16).

Lacan destaca do diálogo essas três réplicas e isola nelas três formas do que seria a *Mathesis* (Lacan, 1967-1968: lição de 06/12/1967), utilizando nesse contexto nada menos que o termo clássico empregado por de Cusa, da Vinci, Copérnico, Galileu e Descartes para designar o programa de uma ciência geral capaz de estabelecer uma ontologia e explicar tudo através da quantidade e da ordem, independentemente dos objetos estudados (*Mathesis Universalis*). Segundo o registro do dicionário Bailly (grego-francês), a palavra *mathesis* designa "ação de aprender", de "se instruir", mas também "desejo de se instruir" e, além disso, "conhecimento", "instrução", "ciência". *Mathesis* é ainda o "matemático", no sentido grego dessa palavra (*tá mathémata*), ou seja, o que se pode aprender e o que se pode ensinar. Mas é importante ressaltar que a apreensão concernida no sentido grego de "matemático" implica tomar conhecimento de algo que já sabemos de modo antecipado. A teoria da reminiscência de Platão diz respeito justamente a esse sentido originário de *Mathesis*, ao passo que o matemático, como o entendemos, como o campo do numérico, é um sentido tardio da palavra grega (Bailly, 2007).

O primeiro nível da *mathesis*, Lacan o cerne como "eu leio", aproximando-o da teoria da reminiscência apresentada no *Mênon* (Platão, 427-347 a.C./1996). O segundo nível, distinto do primeiro e presentificado "no tom do progresso de nossa ciência", ele o designa com "eu escrevo". Mas é num terceiro estamento, assinalado com um "eu perco", que começa o que interessa mais de perto ao analista, segundo Lacan (1967-1968: lição de 06/12/1967).

Partindo dessas (poucas) indicações de Lacan, o presente trabalho procura estabelecer a distinção entre eu leio, eu escrevo e eu perco como formas de conhecimento de modo a circunscrever os modos de constituição do real e do sujeito concernidos em cada um desses registros. Na direção desse esforço, e mantendo no horizonte o reviramento efetuado sobre a noção de saber em sua articulação com o inconsciente, procuraremos discernir a *mathesis* implicada na práxis psicanalítica pelas relações do sujeito com o saber e com o ato implicadas aí.

A SORTE ESTÁ LANÇADA...

Depois de desabafar e interpelar o companheiro diante daquela demonstração espetacular do princípio de que cada moeda jogada individualmente tem igual número de chances de cair do lado "cara" ou do lado "coroa", o personagem de Stoppard reconhece que não deveria ficar tão surpreso. A cada lance a sorte foi posta em movimento e, como ele diz, "a fortuna tem sua própria cadência – à qual estamos, por assim dizer, condenados" (Stoppard, 1967/1991: 60). Guildenstern está às voltas com um dado de estrutura que a psicanálise circunscreve: de um lance de "cara ou coroa" se pode esperar apenas cara ou coroa. Mas, não obstante, algo pode surpreender. E, paradoxalmente, surpreender com o mesmo! A cada jogada as "leis de composição" dispostas podem ser dobradas, torcidas, esticadas até um limite impensável, impossível – real. E o sujeito se constitui como efeito, aí, apenso, em carne viva, condenado de antemão a enfrentar o que virá.

Quando Guildenstern pede ao amigo que evoque a primeira coisa de que se lembra, ele supõe que Rosencrantz é um sujeito dado: um sujeito que pode arrolar um conjunto de memórias já existentes, sequenciá-las até encontrar, digamos, a "lembrança zero". Quando "eu leio", me experimento em princípio como dado e "leio" um mundo, como tal, já constituído fora de mim. Suponho mover-me num espaço e tempo familiares, homogêneos, contínuos, extensivos (de dimensões finitas) e extrínsecos à minha existência (ou presença). Vivemos assim. Experimentamos usualmente o tempo num desenrolar linear, que se estende do antes para o depois, e um espaço que, sendo plano e vazio, pode conter em si coisas. Mas eis o problema: se sou já constituído e há um mundo fora de mim, como posso chegar a conhecer o que não conheço?

É essa questão colocada a Sócrates que dá lugar à exposição da teoria da reminiscência no *Mênon*, de Platão. No Diálogo, Sócrates compara dois quadrados que existem no espírito do escravo. Um quadrado alinhado, absoluto, contemplado outrora pela alma imortal, do qual restam apenas vestígios de memória, e o outro, distorcido, não mais do que a sombra do quadrado inteligível projetada no mundo sensível, são, de qualquer modo, decalques um do outro. O escravo erra, ignora, não sabe ainda. Mas pode vir a saber. No registro da reminiscência se supõe que tudo o que pode ser aprendido é, de certa forma, lembrado, que há, já, no espírito do homem (do escravo, no caso do *Mênon*), tudo o que pode responder ao que se coloca como questão para o saber. "Eu leio": não é necessário, absolutamente, que se trate de quadrados idênticos. Mesmo quando se trata, de um lado, de um quadrado perfeitamente quadrado e, do outro, de algo retorcido, não é a correspondência ponto a ponto (a possibilidade de projeção do quadrado-quadrado sobre o outro, ou vice-versa) que organiza nossa apreensão. É isso que confere um valor de decifração à relação de um sujeito com o que se apresenta no real.

Desde os primórdios da psicanálise Freud tomou o lapso, o sonho, o chiste como fenômenos elementares do inconsciente, adivinhando nessas manifestações a expressão evidente, irrecusável – a ser lida, pode-se dizer – de um pensamento estranho à consciência e, no entanto, plenamente organizado. Pensamento que subitamente pode incidir e se dizer, subvertendo os enunciados e fazendo a verdade cintilar, brevemente, para depois ocultar-se. Essa aposta de Freud, Lacan (1953/1998: 295) a compara à de Champollion, que reabriu o acesso à leitura dos hieróglifos mais de mil anos depois que o alfabeto egípcio tinha se perdido.

Freud e Champollion nos ensinaram que para ler é preciso, antes de tudo, supor que há texto. Champollion demonstrou que a escrita hieroglífica não era meramente icônica, apesar de composta de sinais facilmente reconhecíveis (como o abutre, a coruja, o olho, o pé) e de outros estilizados (como a forma amendoada, para boca, a linha serrilhada, para água, etc.). Encontrando os cartuchos que se repetiam e atentando para seu lugar relativo nos textos grego, egípcio e demótico da Pedra de Roseta, Champollion pôde conferir aos sinais da escrita hieroglífica valores de ideogramas, como no caso da vela inflada representando o vento, por exemplo. Mas, mais que isso, ele extraiu dos sinais grafados fonogramas, ou seja, distinguiu a utilização de coisas – ou, mais precisamente, de suas imagens correspondentes – para representar sons e para representar as coisas mesmas. Como no emprego da boca, *ro* em egípcio, para representar a consoante grega ρ (*rho*) (Champollion, 1822, *apud* Eco, 1993/1995: 147-148). Dessa forma, atribuindo a cada apresentação de uma mesma instância ou imagem o mesmo som, Champollion pôde finalmente ler os nomes de Ptolomeu e Cleópatra como ícones (representação de algo por direta similaridade) ali onde outros só viram o abutre ou o touro.

Freud, por seu lado, tomando os sonhos como *rebus*, restituiu as imagens do sonho ao registro fonético e, por essa via, decifrou o texto ininteligível do inconsciente. Ao constatar a defasagem que há entre as intenções do indivíduo e os achados do sujeito, Freud supôs, como Sócrates no *Mênon*, haver de um lado a verdade expressa nos processos inconscientes e de outro o lapso, o sintoma ou o sonho como circunstâncias que autorizam sua expressão. Na incitação à rememoração, presente nos primeiros atendimentos de Freud, há a suposição da reminiscência: a busca por algo imemorial, que existe, dura indefinidamente e se apresenta através das formações do inconsciente, justamente porque não se faz ato (o ato é falho aí). Para Freud as histéricas sofrem de reminiscências e se trata de decifrar o texto do sintoma, de inferir e recolher o texto que o inconsciente tece fora do registro do signo e da consciência.

Lacan delimita nisso uma condição: "o de que se trata no discurso analítico é sempre isso: [a]o que se enuncia de significante, vocês dão sempre uma leitura outra que não o que significa" (Lacan, 1972-1973/1975: 37). Na análise o sujeito "lê" lembranças e experiências, conferindo a elas o valor de asserções de um sentido que se estabelece para além do código da língua e que será um sentido de desejo. O analista testemunha o inconsciente como texto, como a presença de um saber articulado sem sujeito, ou ainda, do qual o sujeito é apenas o efeito. "[...] No discurso analítico só se trata disso, do que se lê [...]", diz Lacan (ibid.: 29). Mas isso não significa que haja um código que possibilite ler o lapso, o chiste... O que se lê aí não encontra parâmetro no que se pode escrever na cartilha. Se um chiste se produz por síncope, equívoco, deslocamento (Freud, 1905/1976: 29-60), trata-se de ler o que só se escreve nesse movimento e não se pode escrever de todo. O que tem parte com o que "cessa de não se escrever" (Lacan, 1972-1973/1975: 132), ou seja, o contingente. O que advém do lapso, da torção, da metáfora por estrutura não pode ser previsto, calculado, antecipado de nenhum modo. Se "eu leio" meu próprio lapso, se sou atingido – juntamente com os outros à minha volta – pelo chiste que inadvertidamente produzi, é porque o inconsciente procedeu por interpretação e estou, como sujeito, em defasagem, dividido, impedido por relação a esse saber que me habita, mas provém do Outro. "Eu leio" o que do Outro não se escreve, com o que isso implica para um sujeito, que só advém aí como efeito[1].

O que torna as coisas ainda mais difíceis é que a análise concerne à operação do significante. E se a operação do significante permite e evoca a decifração, por um lado, o sujeito, por sua vez, não é algo plano como um desenho ou escrito como um texto. Ele está incluído na operação significante e incluído como efeito, determinado e inscrito como causado pelo significante (Lacan, 1967-1968: lição de 29/11/1967). Assim, embora haja de fato, no desdobramento de uma análise, uma certa colocação em sucessão de uma série de memórias ou asserções, o que importa é que no movimento dessa revisitação do que é já sabido pode acontecer que a intervenção analítica ligue de maneira distinta uma sucessão determinada, revelando a existência de uma cadeia Outra. Uma cadeia que é organizada pelo significante e não pelas intenções do falante, o qual comparece nessa cadeia representado, fora do comando. Se isso se evidenciou, a ação da interpretação pode se realizar, diz Lacan (idem). E operar um certo deslocamento do sujeito que se vê em sua condição fundamental de ser primeiro falado, antes de falar: "Qual é a sua primeira lembrança? Devo tê-la esquecido", responde Rosencrantz, atestando que o sujeito emerge sempre desde um campo que lhe é irrevogavelmente alteritário.

O PROGRESSO DA NOSSA CIÊNCIA

A segunda forma de constituição de conhecimento e do mundo, isolada como aquela que esteia o "progresso de nossa ciência" (Lacan, 1967-1968: lição de 06/12/1967), Lacan a define como "eu escrevo". Evocando o modo de a ciência se produzir em torno da letra e da escritura, Lacan

[1] Se a escrita não escreve tudo (há o que não cessa de não se escrever), "*eu* perco", como veremos adiante.

indica de saída que o que está implicado aí vai muito além do registro da escrita como instrumento para comunicação de palavras ou ideias.

Costumamos pensar a escrita em termos romanceados. Acreditamos naturalmente que a invenção dos primeiros sinais escritos respondeu a anseios de perpetuação da presença do homem, de suas lendas e costumes, mas efetivamente se sabe hoje que os primórdios da história da escrita estão ligados ao registro de contas agrícolas e notas de compra e venda num contexto de disparidade de línguas (Jean, 1987/2002: 12; 19). As chamadas "plaquetas de Uruk", as primeiras descobertas na região da Suméria, continham listas, relações de sacos de grãos, de cabeças de gado, estabelecendo uma espécie de contabilidade do grande templo da cidade de Uruk (ibid.: 13-14). É verdade que na esteira dessa escrita "cuneiforme", constituída por um sistema complexo de pictogramas, nasceram e se desenvolveram os sistemas de escrita fonéticos – segundo Jean (idem), a partir de cerca de 2900 a.C. –, que vieram mais tarde possibilitar a fixação de códigos jurídicos, tratados, narrativas e obras literárias como os conhecemos hoje. De qualquer modo é notável que a invenção e presença da escrita não possa ser dissociada dos *calculi*, as pedrinhas que continham inscrições geométricas utilizadas para contar, calcular. Hoje a escrita está presente em nossas vidas de inúmeras maneiras, que ultrapassam muito o âmbito do registro. A ciência moderna, pode-se dizer, não está mais presente nos *gadgets* com que povoou nosso mundo – objetos que são concretizações do saber formal, articulado cientificamente (Lacan, 1969-1970/1991: 184) – do que em seu escrito, aquele que constituiu nosso mundo com receitas algorítmicas que podem ser seguidas cegamente e que deram lugar, por exemplo, ao cálculo e à computação.

Na primeira lição desse mesmo seminário em que distingue as *mathesis*, Lacan tomara em consideração a demonstração de Cantor da existência do número real para ressaltar, a partir dela, a evidenciação da escrita como "atividade" através da qual o real pode se colocar. Cantor demonstra que os números reais não são contabilmente infinitos (ou, equivalentemente, não formam um conjunto infinito enumerável). Sua demonstração envolve o problema do infinito atual, ou seja, um "infinito" que pode ser atualizado como uma entidade "completa", "acabada", no qual todos os elementos podem ser pensados num ato único, como já dados (ainda que não possamos "percebê-los" simultaneamente). Lacan ressalta o que a escrita implica de suporte à prova de Cantor observando que a demonstração de Cantor não é "nada senão uma certa maneira de operar com a série dos números segundo um método [de disposição dos números] que se chama diagonal" (Lacan, 1967-1968: lição de 15/11/1967).

Por esse método, o infinito se atualiza no jogo fundamental da escrita implicado na sequenciação dos números, mas isso não quer dizer que o entendamos, que possamos contá-lo, enumerá-lo, absorvê-lo no saber. E, no entanto, pode-se escrevê-lo. Ora, a partir do momento em que "eu escrevo" esse objeto que não conheço, entro numa série de efeitos e operações através da qual posso chegar a uma ordem de coisas completamente inacessível de outro modo[2]. O que está no cerne no esquema demonstrativo de Cantor – e também no teorema de Gödel que termina por demonstrar a impossibilidade cabal de formalizar, completamente, até mesmo a "rainha" das escritas estritas, que é a aritmética (cf. Nagel e Newman: s.d.) – é justamente o fato de que a enumeração exaustiva, unívoca não só não satura seu campo extensivo como produz aquilo que o excederá desde sempre (Gray, 2000). O que a demonstração de Cantor realiza é, portanto, a evidenciação, no nível da letra, de que algo escapa, fura a possibilidade de sutura que letra e escrita operam. Prova de que as "leis de composição", prescrevendo as possibilidades do que se pode saber, não se instituem sem trazer consigo aquilo que ex-siste ao próprio significante, vale dizer: o real e o sujeito.

Lacan nos adverte de que há aí uma questão de peso, pois, no caso da diagonal de Cantor, trata-se de saber como, de uma escrita – uma combinatória que poderíamos qualificar de "cega", sem exagero –, pode se desdobrar uma dimensão de verdade, a mais autêntica, que comparece ali

[2] Para evocar a importância da escrita como suporte do real operado pela ciência, pensemos na Tabela Periódica estabelecida por Mendeleev e Meyer como forma de classificar elementos químicos figurados numa rede de relações vertical, horizontal e diagonal e, por aí, reconhecer suas propriedades. Com a tabela, Mendeleev conseguiu prever propriedades (pontos de fusão e ebulição, densidade, dureza, etc.) de elementos químicos que, embora não tivessem sido nem encontrados na natureza e nem estabilizados em laboratórios, passou-se a considerar como existentes.

antes mesmo de qualquer saber. Levando isso em conta, depois de evocar a diagonal, Lacan coloca a pergunta: "[...] a abertura dessa ordem seguramente controlável e [...] verídica, é o caso que essa ordem estivesse lá, esperando a operação de Cantor desde sempre?" (Lacan, 1967-1968: lição de 15/11/1967). É uma pergunta surpreendente, pois ela coloca essa problemática do vazio e da perda enquanto afeitas ao registro do real, ou seja, em termos daquilo que estaria lá antes do saber, ou, o que é de algum modo equivalente, de um sujeito suposto saber.

Como, sem cair num empirismo ou realismo ingênuo, colocar a questão sobre o real como condição de possibilidade? Como evocar o que estaria lá (lá onde?) desde sempre? É nesse contexto que Lacan vai situar a escrita como suporte de um real que se põe. Para ele o vazio e a perda que incidem na ordem simbólica são produzidos no próprio jogo da escrita. E, por isso mesmo, Lacan distingue o domínio em que a ciência opera da função simbólica enquanto tal, e o nomeia como "função do escrito" (1972-1973/1975: 29 e segs.). Assim, Lacan indica que para situar o real é necessária a letra. Não se chega ao real nem pelo reducionismo biofísico (que afinal limparia o real da impureza que é o sujeito e seus móveis sexuais), nem pelo apelo ao transcendental (pois, afinal, a ciência, mais do que qualquer outra formação discursiva, já tratou de derrogar o pai que suportaria o transcendental). Em nossa condição de sujeito, estamos limitados a acessar o real pela via colocada em marcha pela própria ciência, ordem dos significantes que funcionam independentes do saber que podemos tecer sobre eles. E, por outro lado, a letra, a combinatória é suficiente para marcar esse aspecto do real que não é nem aquém, nem além; que é fundamentalmente presença da estrutura.

Essa fundamentação na escrita libera a psicanálise da ontologia e situa a realização da subjetividade no campo da linguagem. Segundo foi assinalado por diversos autores (Koyré, 1962/1998; Kuhn, 1970/1998) a propósito da matematização que deu origem à ciência moderna, esta estabelece, por sua rede, um real que prescinde da semântica, remetido ao jogo sintático próprio ao cálculo e à escrita. Lacan reflete sobre isso desde seu "Seminário sobre a carta roubada" (Lacan, 1957/1998), esforçando-se por caracterizar a lógica do significante, demarcá-la da lógica clássica e buscando extrair as implicações que o advento da ciência formal matematizada introduz para a sustentação da presença do sujeito no campo do discurso (Fernandes e Costa-Moura, 2009).

A tese de Lacan é conhecida. Para ele o sujeito é um precipitado produzido (foracluído) pela operação da ciência (Lacan, 1965-1966: lição de 01/06/1966). O sujeito que resulta daí é um sujeito sem atributos definidos de antemão, sendo antes um sujeito que "acontece" no "sistema espaço-tempo"[3], o que vale dizer que habita o espaço e tempo relativos, multidimensionais, intrínsecos à escrita da ciência e apensos à sua operação. Tempo e espaço, nesse âmbito, não são mais planos, nem familiares e nem sequer físicos. Trata-se do espaço matemático e matematizado, medido por valores de velocidade e não pela métrica[4]. Se na terra peso 60 kg e tenho 20 anos, em Mercúrio tenho 22 kg e 83 anos, ao passo que em Júpiter são 122 quilos e apenas 20 meses, etc. Em circunstâncias especialmente significativas da vida posso me ver sobre um tipo de superfície möebiana, onde não há, de fato, lado de dentro e/ou lado de fora, ou onde me vejo passar de um a outro sem solução de continuidade. Se for esse o caso, terei uma experiência do espaço (e do tempo) muito diferente daquela que teria andando sobre um plano, pelo "toro", ou ainda, como apontou Mandelbrot (1967), se contornasse ao longo a costa da Grã-Bretanha mais próximo do mar.

---

[3] Na física pós-relatividade, espaço-tempo é um sistema de coordenadas composto pela articulação entre o tempo e o espaço, concebidos em conjunto, como uma única variedade de quatro dimensões. Um ponto no sistema espaço-tempo pode ser designado como um "acontecimento". Cada acontecimento tem quatro coordenadas (t, l, h, p); ou, em coordenadas angulares, t, r, θ, e φ, que dizem o local e a hora em que ocorreu, ocorre ou ocorrerá. Aqui exploramos as consequências para o sujeito de habitar um espaço onde – diferente do espaço plano da geometria euclidiana –, dado um determinado ponto, ou bem não se pode traçar nenhuma paralela a ele (espaço esférico) ou se pode traçar infinitas paralelas (espaço hiperbólico).

[4] Mandelbrot escreveu em 1967 um artigo hoje considerado clássico, argumentando que a Costa da Grã-Bretanha não tem uma extensão intrínseca, comportando-se como um fractal. Uma vez que a medição de uma linha geográfica real depende da "regra de medir" ou da escala usada para medi-la, cai-se num paradoxo: quanto menor for a extensão medida, mais a longitude medida aumentará, pelo fato de que ao medirmos pequenas extensões teremos que levar em conta mais detalhes dessa linha – como reentrâncias e lascas, por exemplo –, fazendo com que a extensão total medida aumente. A evidência empírica mostra que, ao se medir uma costa com trechos de 10 Km, o perímetro obtido será proporcionalmente significativamente menor que se a medíssemos com trechos de 1 Km.

Desamarrado do Cosmos e reduzido ao mínimo do *Cogito*, sem saber nem extensão permanentes, o sujeito da ciência desencarnou. Impossibilitado de se reconhecer em seu ato – que lhe vem sombreado pelo *pathos*, ou pela patologia – e não podendo referenciar suas ações num conjunto de valores dados –, é capaz de proezas, mas não pisa em falso. E padece a maior dificuldade para "pensar com os pés"[5] (Lacan, 1974-1975/ 2005: 44).

Colhidos agora no jogo da escrita – que governa nossos corpos e extrai de nós nossos números (em documentos, registros, contas bancárias e medições de saúde) –, somos "jogados" em nossos indefectíveis celulares que escrevem por nós, antes de nós, em websites que nos "reconhecem" e "sabem" o que vai nos interessar comprar, o que pode nos convir fazer e até o aniversário de nossos amigos. Por outro lado, em razão dessa dependência do real face ao jogo da escritura, o efeito sujeito que aparece nessa conjuntura situa uma injunção ética de assunção, em ato e nome próprio, das determinações que se colocam para um sujeito a advir, como efeito de escrita (cf. Fernandes e Costa-Moura, 2010). O que está colocado para Rosencrantz, portanto, não é diferente para todo outro sujeito. Em lugar de relembrar e de conter, trata-se para ele de submeter-se à "lei de composição" que o institui como real e que permanece sempre como pura alteridade para ele, na medida mesma em que sua substância "não cessa de não se escrever".

ONDE FOI PARAR?

Equivocando-se o tempo todo e entre si, tropeçando em evidências, sem poder discernir as implicações e a verdade que contêm, Rosencrantz e Guildenstern, como dois *clowns*, colocam em xeque a continuidade suposta em

---

[5] Constatando a dificuldade do sujeito moderno com o ato, Lacan se pergunta, na conferência "A terceira", como "tirar da cabeça" dos analistas "o emprego filosófico dos termos RSI". E para mostrar que "seria melhor que entrassem em outro lugar", sugere: "Vocês podem também pensar com os pés [...]. E é aí que eu gostaria que isso entrasse, já que afinal de contas o [enodamento entre o] imaginário, o simbólico e o real é feito para que os ajude a trilhar o caminho da análise" (Lacan, 1974-1975/2005: 44).

nossa percepção das coisas. Num dado ponto da peça de Stoppard, Guildenstern pergunta: "[...] onde foi parar o momento exato em que primeiro tivemos notícia da morte? Deve ter havido um momento, um em especial, na infância, quando pela primeira vez nos ocorreu que não duraríamos para sempre. Deve ter sido demolidor, gravado a ferro na memória. E mesmo assim, não consigo me lembrar" (Stoppard, 1967/1991: 72).

É de fato desconcertante. Quando pede a Rosencrantz que ordene suas memórias até a primeira, a lembrança zero, Guildenstern não faz senão estender ao amigo seu próprio desapontamento por não poder apropriar-se finalmente daquilo mesmo que o constitui como sujeito. Ao tentar evocar a lembrança zero, Rosencrantz encontra somente essa exclusão interna – *Urverdrägung*: "Qual é a sua primeira lembrança? Devo tê-la esquecido". Advir como sujeito interdita a incorporação do Outro, que proviria a totalização. Nenhuma origem positiva de sua vida de sujeito para Rosencrantz; o ponto onde se significaria é exterior ao campo discursivo, não pode ser acessado pela representação. Antes disso, ou por isso mesmo, ele perde o fio ("onde foi parar?"). Assim, para Rosencrantz, como para todo sujeito, trata-se sempre de uma aposta ("devo tê-la esquecido").

Há um nível da *mathesis* que concerne a esse "eu perco" colocado em jogo nessa partida radical da vida. E, talvez, a *mathesis* mais própria da psicanálise se passe exclusivamente nesse domínio, diz Lacan (1967-1968: lição de 06/12/1967). Se as três réplicas designam os modos próprios de constituição do real para o sujeito, "eu perco" remete os analistas àquilo que "entrou no mundo com os primeiros passos da análise", a saber, o campo do lapso, do tropeço, do ato falho em seu valor de atos. Ressaltando que isso constitui uma referencia essencial sem a qual não haveria nem mesmo análise possível, Lacan (ibid.) realiza, a propósito do ato sintomático, o reviramento mais notável do seminário sobre o ato psicanalítico, a meu ver. Retomando as análises sobre erros na "Psicopatologia da vida cotidiana", de Freud (1901/1976: 263 e segs.), Lacan (1967-1968: lição de 22/11/1967) deixa indicado que, independente de veicularem um sentido oculto ou intenção inconsciente, a verdadeira importância dos atos sintomáticos – tanto os lapsos de palavras quanto os que ocorrem no registro da ação cotidiana, onde se encontram os erros, os equívocos, as ações malogradas (*Vergreifung*) – reside, sobretudo, no fato de que, uma vez que a intervenção analítica tenha demarcado em cada um deles sua dimensão de ato, esse ato vai reluzir seu sentido justamente contra a nossa convicção de existência de um sentido para nossas ações, ao abrigo da falha e da equivocação.

Mostrar o ato ali onde havia a falha, a psicopatologia, o sintoma, esse foi o estatuto novo e mesmo inaudito que Freud conferiu ao ato (retirando-os da esfera das ações e da motricidade onde se encontravam abrigados até então). Para Lacan esse estatuto nos atinge no cerne narcísico que ele chama a nossa "babaquice" (*connerie*). A babaquice, que para Lacan não é uma noção, "é antes um nó" (Lacan, 1967-1968: lição de 22/11/1967), nosso núcleo duro em torno do que giramos e construímos nosso mundo alimentado pelo desconhecimento. Há sempre um ponto cego a partir do qual tudo o que se elabora de saber se constitui para o sujeito. ("Devo tê-la esquecido", diz Rosencrantz referindo-se à sua hipotética primeira lembrança). Esse ponto nos fornece uma certeza, à qual nos fixamos e identificamos. E nessa certeza nos sustentamos. O ato sintomático nos surpreende justamente porque desarticula a certeza que nos sustenta. Pois o que deixa ver e transmite é o que aí se apresenta de nossa forma própria de desconhecimento e de queda, em que só podemos reconhecer nossa babaquice (nosso ponto de gozo).

Nesse sentido, o que há de mais original na análise freudiana do ato sintomático é o que essa análise produz de abertura – "traço de luz inundante e que por muito tempo não voltará a se fechar" (Lacan, 1967-1968: lição de 22/11/1967) –, abertura que Lacan volta a evocar nesse ponto como uma "subversão do sujeito". Essa é então a natureza da mensagem que Freud ressalta. O sujeito perde o fio. "Esqueci a pergunta", verifica Rosencrantz (Stoppard, 1967/1991: 16). "Penso onde não sou e sou onde não penso", formula Lacan (1967-1968: lição de 10/01/1968), radicalizando a fratura da mestria perpetrada pela emergência do *Cogito*.

O que jaz afinal nesse registro que Shakespeare situou "entre o céu e a terra", onde há mais do que supõe "nossa vã filosofia"? O que interessa no lapso, muito mais que seu conteúdo de verdade (às vezes confessional), é a verdade Outra que ele veicula. É sua dimensão de corte que nos expõe a nós mesmos, sem perdão. Corte com o mesmo que supomos ser e até somos na repetição incessante e infindável com que nos ocupamos. Corte que expõe a presença de um sujeito ativo Outro, ignorado pelo falante. Um sujeito que apareceu com a própria locução e se eclipsou logo que a letra veio manifestá-lo. Esse sujeito, animado por um desejo, testemunha em perda algo além de mim, que pensa em meu lugar. E se dá a ouvir, operando, antes que eu possa saber, antes que eu possa dizer eu sou. Eu não penso: algo pensa em mim. Eu não sou: algo é em meu lugar. Eu não sou, "eu perco": eis-me diante do fundamento único e inconsistente de minha condição de sujeito.

Nesse sentido, perder, como *mathesis*, é o inverso da *mathesis universalis*: não há Universo do discurso (Lacan, 1968-1969/2008: 14-15); logo, "eu perco". Nenhum significante, nenhuma lembrança última chega para me garantir fazer ato em Elsinore. A potência da perda, cernida pelo discurso analítico de modo ímpar, está justamente nisso: vamos à análise para rememorar, dizia Freud, para reconstituir a ordem e a pertinência das "reminiscências" das quais sofremos, a consistência perdida do saber que nos comanda (sua lógica, suas razões de ser). Mas, no momento mesmo em que nos arriscamos a passar pelo Outro, encontramos o destino estrutural que nos lança em queda como objeto (*a*). Demandamos ao Outro que reconstitua para nós esse ponto primeiro do qual nascemos e que se separa inelutavelmente de nós. Mas só nos encontramos com o fato de que nunca cessamos de sofrer os efeitos de que isso fala, de que somos (apenas) o resto da operação que se trama no caminho do significante enquanto ele porta, nele mesmo, sempre, algo que é avesso ao saber, ao ordenamento da representação (Lacan, 1972-1973/1975).

Se a babaquice é o nosso núcleo duro, o lapso, a queda do sujeito é o corte que vem lancetá-la. A nossa babaquice, não a deixamos de bom grado. Como Rosencrantz, não podemos chegar a divisar ou nos livrar do jugo do saber que nos comanda e organiza nossas lembranças e representações. Se sou sujeito, minhas representações já não me pertencem, e sou eu que sou apenas representado nelas ("ser ou não ser?" é questão que não cede). Trata-se, portanto, para o sujeito em análise, de fazer um trabalho de dentro desse saber (saber do qual não pode simplesmente "sair" para alcançar sua "primeira lembrança"), um trabalho tal que o leve (por um lapso, ou um átimo) a cair, a perder-se, a perder. E experimentar, em queda, o que de fato o constitui e que ele trabalha ativa e incessantemente para desconhecer. Ora, isso dói. E, mais ainda, da perda que experimento quando caio como sujeito – quando caio de minhas convicções, de minhas boas intenções, de meu narcisismo e ideais – não resulta nenhum saber. Essa é a experiência da análise. Não se pode otimizar a perda. Não se pode tampouco programá-la, nem evitá-la. Entra-se aí pela operação do significante, não se sabe como. Entra-se mesmo sem pensar e está-se aí sem saber ("devo tê-la esquecido"). Resulta disso, na melhor das hipóteses, uma verdade alcançada *pas sans/passant le savoir* (Lacan, 1967-1968: lição de 10/01/1968), "verdade incurável" diz Lacan (idem), pois o sujeito é essa verdade. Lacan distingue nisso a "conversão da posição do sujeito quanto a sua relação com o saber" (Lacan, 1967-1968: lição de 22/11/1967) que está na base do ato psicanalítico: não se trata de saber, trata-se de ato. Quando perco não acedo: eu caio. E tomo lugar naquilo que eu "não sei" quando sou "achado". Elsinore é lugar e tempo do ato, do qual resto como sujeito.

Eis aí, portanto, a única certeza que a análise pode oferecer ao sujeito (Lacan, 1945/1998). Mas se trata de uma certeza que o sujeito não tem, da qual ele não se apropria. É isso o que detém Hamlet. Se, enquanto "eu leio", frequento um tempo e um espaço dados, pacificados, extrínsecos e se, enquanto "eu escrevo", constituo um espaço-tempo animado, mutável, intrínseco a essa escrita mesma, na perda a topologia é outra. Passa-se ao espaço definido pela Outra cena e à temporalidade própria do ato. Não há exterior e nem interior, não há orientação que baste, que compense essa perda que é a verdade para nós. Tudo é turbilhão e pulsa.

REFERÊNCIAS BIBLIOGRÁFICAS

BAILLY, A. (2007). *Abrégé du dictionnaire grec-français*. Paris: Hachette.

ECO, U. (1993/1995). *The search for the perfect language*. Oxford: Blackwell Publishers.

FERNANDES, F. & COSTA-MOURA, F. (2009). Lógica da ciência, formalismo e foraclusão do sujeito. Em *Psicanálise e laço social* (pp. 144-166). Rio de Janeiro: 7 Letras.

————. (2010). Quem sabia? O escrito como fundamento em ato do real. Em *Anais do III Encontro de Pesquisadores em Psicanálise e Filosofia*. Rio de Janeiro: no prelo.

FREUD, S. (1901/1976). A psicopatologia da vida cotidiana. Em *Edição standard brasileira das obras psicológicas completas de Sigmund Freud*, v. VI. Rio de Janeiro: Imago.

————. (1905/1976). Os chistes e sua relação com o inconsciente. Em *Edição standard brasileira das obras psicológicas completas de Sigmund Freud*, v. VIII. Rio de Janeiro: Imago.

GRAY, J. (2000). *The Hilbert challenge*. Oxford: Oxford University Press.

HENRY, J. (1998). *A revolução científica e as origens da ciência moderna*. Rio de Janeiro: Jorge Zahar Ed.

JEAN, G. (1987/2002). *A escrita: memória dos homens*. Rio de Janeiro: Objetiva.

KOYRÉ, A. (1962/1998). *Du monde clos à l'univers infini*. Paris: Gallimard.

KUHN, T. (1970/1998). *A estrutura das revoluções científicas*. São Paulo: Perspectiva.

LACAN, J. (1945/1998). O tempo lógico e a asserção de certeza antecipada – um novo sofisma. Em *Escritos*. Rio de Janeiro: Jorge Zahar Ed.

————. (1957/1998). Seminário sobre a carta roubada. Em *Escritos*. Rio de Janeiro: Jorge Zahar Ed.

————. (1965-1966). *L'objet de la psychanalyse*. Inédito.

————. (1967-1968). *L'acte psychanalytique*. Inédito.

————. (1968-1969/2008). *O Seminário, livro 16: de um Outro ao outro*. Rio de Janeiro: Jorge Zahar Ed.

————. (1969-1970/1991). *Le Séminaire, livre XVII: l'envers de la psychanalyse*. Paris: Seuil.

————. (1972-1973/1975). *Le Séminaire, livre XX: encore*. Paris: Seuil.

————. (1974-1975/2005). A terceira. Em *Cadernos Lacan*, v. 2, 39-71. Porto Alegre: Associação Psicanalítica de Porto Alegre.

MANDELBROT, B. (1967). "How long is the coast of Britain? Statistical self-similarity and fractional dimension". Em *Science*, nº 156, 636-638. Disponível em: <www.math.yale.edu/Mandelbrot/web_pdfs>.

NAGEL, E. & NEWMAN, J. (s.d.). *A prova de Göedel*. São Paulo: Perspectiva.

PLATÃO. (427-347 a.C./1996). *Diálogos I: Mênon, Banquete, Fedro*. Rio de Janeiro: Ediouro.

STOPPARD, T. (1967/1991). *Rosencrantz & Guildenstern are dead*. New York: Grove press.

PSICANÁLISE, SABER E TRANSMISSÃO DO OBJETO *a*

Heloisa Caldas

RESUMO

O objetivo deste artigo é pensar o saber da psicanálise e sua transmissão na universidade e na sociedade. Partimos da formulação que a psicanálise é mais uma arte, no sentido de uma práxis, que se sustenta a partir dos seus efeitos, do que uma ciência ou uma teoria do conhecimento. Na psicanálise trata-se de um saber que não pretende preencher o furo do saber que responde pela presença de objeto *a*. Ao contrário, como na arte, o saber da psicanálise avança e opera a partir do acolhimento e do uso do furo do saber.

Palavras-chave: psicanálise; ciência; arte; saber; objeto *a*.

ABSTRACT

Psychoanalysis, knowledge and object a *transmission*

This paper takes into consideration the transmission of the psychoanalytical knowledge within the university and within society. It is based on the idea that psychoanalysis, rather than a science or an epistemological theory, can be understood as an Art and the effects of its practice support that assumption. In psychoanalysis one deals with knowledge considering its limitations and holes. It does not intend to fulfill all those knowledge holes which correspond to the presence of the object *a*. On the contrary, as in Art, the psychoanalytical knowledge takes advantage of such holes and uses them to advance into the unknown.

Key words: psychoanalysis; science; art; knowledge; object *a*.

Minha contribuição para este livro pretende abordar a produção e a transmissão do saber da psicanálise comparando-as às da arte, que produz sempre um objeto inédito. Parto da seguinte formulação: a psicanálise é mais uma arte, no sentido de uma práxis que se sustenta a partir dos seus efeitos, do que uma ciência ou uma teoria do conhecimento.

Para começar trago uma referência de Freud em "Totem e tabu", quando ele comenta o tratamento dado ao saber em três instituições sociais – a religião, a filosofia e a arte –, comparando-o com o de sua classificação clínica:

> As neuroses, por um lado, apresentam pontos de concordância notáveis e de longo alcance com as grandes instituições sociais, a arte, a religião e a filosofia. Mas, por outro lado, parecem como se fossem distorções delas. Poder-se-ia sustentar que um caso de histeria é a caricatura de uma obra de arte, que uma neurose obsessiva é uma caricatura de uma religião e que um delírio paranoico é a caricatura de um sistema filosófico (Freud, 1913/1987: 95).

O cerne do que Freud comparou aqui no tratamento dado ao saber pela filosofia, leia-se também ciência, por derivação, e pela paranoia, é a posição de crença diante do saber. Ele mesmo não escapou disso. Freud tinha crença na produção de saber da ciência, ideal de seu tempo, e pretendeu dar à psicanálise o *status* de científica. Há uma teoria da ciência, em Freud, como aponta Milner (1996: 29-30), embora ela seja "sumária e simples", restrita ao "cientificismo de Freud", expresso pelo "assentimento conferido ao ideal imaginário de ciência".

Por outro lado, Freud também valorizou muito o saber dos artistas. Fez inúmeras referências à arte e considerou a literatura, privilegiadamente, a mais adequada à formação do analista, pois seu saber era próximo ao da psicanálise. Chegou a afirmar que os poetas e romancistas "estão bem adiante de nós, gente comum, no conhecimento da mente, já que se nutrem em fontes que ainda não tornamos acessíveis à ciência" (Freud, 1907/1987: 18). Lacan referenda esse comentário de Freud, ressaltando que os artistas sabem e precedem o analista e que a arte pode ensinar à psicanálise (Lacan, 1965/2003: 200).

Podemos ver nisso a relação íntima entre a produção de saber na invenção literária e a do saber inconsciente, revolução *princeps* freudiana. Em ambas temos um saber distinto do conhecimento; um saber que, em um primeiro tempo, não é sabido, mas que se dá a conhecer em um tempo posterior.

Se considerarmos a própria produção da psicanálise, também vemos que ela, em vez de ser fruto de uma investigação que descobriu algo, como se quer na ciência, foi uma invenção. Não podemos compará-la aos túmulos egípcios anteriores às descobertas arqueológicas. Ao contrário, antes de Freud não havia a psicanálise, a fala inconsciente, o desejo do sonho, a pulsão acéfala, a sexualidade como desvio. Esses conceitos, entre outros, foram construídos, articulados em uma teoria e reconhecidos ao longo do século XX.

Ainda que, em nome da ciência, Freud tenha considerado o inconsciente como uma descoberta, verificamos hoje que não é bem assim. O inconsciente não é natural nem substancial. Aprendemos com Lacan que o inconsciente é um dispositivo discursivo, uma engrenagem especial da linguagem acionada pela suposição de saber.

Lacan em seu ensino sobre a ética retoma a comparação de Freud entre religião, ciência e arte para pensar que o saber na religião institui o objeto como divino, impossível de ser alcançado pelo humano, porventura vislumbrado na revelação; a filosofia e, mais modernamente, a ciência o consideram como presente, a ser descoberto. Já na arte o objeto não preexiste nem é inacessível. A arte é justamente o processo que o produz. O objeto artístico, portanto, é invenção a partir do vazio. Ao fazer essas considerações, Lacan toma como referência *das Ding* – a Coisa impossível de nomear em Freud – para pensar a operação inconsciente em cada uma dessas formas de saber: recalque na arte, deslocamento na neurose obsessiva e foraclusão na ciência, uma vez que esta rejeita *das Ding* ao se pautar por um ideal de saber absoluto (Lacan, 1959-1960/1986: 164).

Posteriormente, em "A ciência e a verdade", essa comparação é modificada e a arte se desliga da operação do recalque. O recalque passa a ser atribuído à magia assim como a denegação, à religião. Para a ciência, Lacan mantém o mecanismo de foraclusão, sustentando que "da verdade como causa ela [a ciência] quer-saber-nada" (Lacan, 1965-1966/1998: 889).

Isso não quer dizer que Lacan desconsidere a ciência. Ao contrário, também encontramos em seu ensino indicações de uma teoria da ciência, em especial no que diz respeito à antecedência da ciência à psicanálise propiciando o advento desta. São bem conhecidas as indicações de Lacan sobre a precedência do pensamento cartesiano ao do inconsciente. No entanto, para Lacan a psicanálise como ciência não se constituiu como ideal imaginário a atingir, como a verdade sobre o real.

A posição de Lacan, ao longo de sua teorização, afina a concepção do real como impossível de saber. Logo, o saber da psicanálise lida com o furo do real e a impossibilidade de tudo saber. Em vez de tratar esse furo como impotência e sem ter a pretensão de obturá-lo, a psicanálise trabalha a partir dele, em especial porque ele é favorável ao sujeito. É justamente dessa falta que o sujeito nasce e desliza na metonímia de seu desejo, legitimando em parte um gozo. Esse furo é operativo e contemplado como causa nas formulações lacanianas sobre o sujeito e o gozo, o falasser e o corpo. Podemos, então, comparar esse furo de saber do real ao vazio pré-existente ao objeto de arte, que se revela somente depois de sua invenção.

Da mesma forma, o sujeito, resposta do real, inventa seu sintoma cuja raiz de encontro faltoso e gozo traumático verifica-se só depois. Como na conhecida metáfora do vaso e do oleiro, que Lacan (1950-1960/1986: 152) retoma de Heidegger: o vaso, uma vez criado, não pode mais ser chamado de ficção, ele é verdadeiro. Mas de que verdade foi feito? Qual era a verdade do vaso antes de ter sido feito? Era do oleiro a verdade do vaso? Ou o oleiro só encontra sua verdade depois que lhe sai das mãos o vaso? Vemos que a própria noção de verdade perde qualquer valor de anterioridade segundo essa articulação temporal. Lacan promove, assim, uma disjunção entre ciência e verdade para dar a ambos, na psicanálise, um uso novo. O ideal de ciência para Lacan é a produção de efeitos no real das paixões, do mal-estar, do gozo no corpo. Assim, as operações intituladas de psicanalíticas assemelham-se às da ciência por produzirem efeitos verificáveis no real. Em vez de verdade, passamos à verificação.

Por outro lado, o saber da ciência, em que a subjetividade é foracluída por uma verdade que a exclui, cede lugar a uma produção de saber que se dá através do sujeito, de um significante ao outro, na cadeia em que se organiza a verdade singular e ficcional da qual, no real, um corpo goza. A verdade é irmã do gozo e o gozo seu meio, lembrando a lição de Lacan sobre isso (Lacan, 1969-1970/1992: 37-50).

É bem verdade que encontramos na forma científica lacaniana de tratar seu objeto de estudo um grande esforço para dar à teoria psicanalítica um rigor digno das teorias científicas mais exatas, como a matemática, a topologia, e se valer do melhor do método estrutural da linguística e da antropologia para abordar a matéria-prima do fazer psicanalítico: a linguagem. Lacan não queria que a psicanálise não tivesse rigor em sua teorização. Assim, para alcançar, através da linguagem, o real, ele depura as ferramentas psicanalíticas de qualquer significação para atingi-lo em seu caráter absoluto de enigma. Com os matemas, ele visa à formulação matemática independente do sentido: a operação simbólica distinta da simbolização. O material simbólico restringe-se às letras, signos algébricos, fórmulas de intervenção no real. Verificamos, portanto, que a ciência não deixa de funcionar para Lacan como referência.

No entanto, ele a toma em seu aspecto mais radical. Ele convoca os praticantes da psicanálise a assentar com rigor os alicerces de sua prática: uma prática aberta à invenção, à revisão, aos contornos e às saídas inéditas, mas fiel aos seus princípios. O que pode haver nessa prática de repetição deve ser pensada como uma retomada, jamais como a repetição burocrática de conceitos ou procedimentos.

O mesmo raciocínio pode ser aplicado ao ensino e à pesquisa em psicanálise. Tanto na universidade como fora dela, o ensino e a pesquisa em psicanálise lidam com um duplo aspecto: de um lado a transmissão exotérica, de outro a esotérica, para trazer outra contribuição de Milner. "A distinção entre exotérico e esotérico", estabelecida por Aristóteles, nos explica Milner (1996), "é cristalina":

> [...] ensino exotérico dirige-se àqueles que estão fora da filosofia (exo) e que ainda não escolheram o modo de vida teórico; o ensino esotérico dirige-se àqueles que estão dentro da filosófica (eso); eles escolheram esse modo de vida próprio e já realizaram o percurso supostamente necessário (Milner, 1996: 18).

Milner mostra como esses dois tipos de ensino se apresentam na transmissão oral e escrita de Lacan. A princípio tudo levaria a crer que os *Escritos*, pelo seu caráter de linguagem escrita, dirigiam-se a um público mais amplo e heterogêneo, a sociedade em geral, digamos assim; já os Seminários, uma fala, seriam para uma audiência seleta de interessados e iniciados na psicanálise. Em suma: os *Escritos* seriam exotéricos e os Seminários esotéricos. Ele observa, contudo, que no caso de Lacan a relação se inverte (ibid.: 19). São os *Escritos* que exigem mais do leitor, pois portam inúmeros pontos opacos que convocam o leitor, como seu autor indica em sua abertura, a "colocar algo de si" (Lacan, 1966/1998: 11). Trata-se de um ensino e de uma transmissão que não permitem a mera compreensão, a duplicação burocrática do que foi lido. Há uma exigência de interpretação que leva o estudioso de Lacan a precisar explicitar os pontos obscuros com suas formulações pessoais. Ou seja, acaba-se por inventar ou construir, para usar um termo caro a Freud (1937/1987), um saber que venha a preencher as lacunas dos *Escritos*.

O OBJETO *a* NA TRANSMISSÃO

Esses pontos obscuros que despertam o desejo e promovem o gozo relacionam-se com um dos conceitos mais específicos da teoria lacaniana – o conceito de objeto *a*. É nessa mesma abertura aos *Escritos* que Lacan, evocando a frase de Buffon "o estilo é o próprio homem", acrescenta que o estilo é o homem em seu endereçamento (Lacan, 1966/1998: 9-11). Dois significantes nomeiam, na ocasião, o destino desse endereçamento: o leitor e o aluno. Ele trata, assim, a transmissão como a de um estilo que ele, por sua vez, identifica ao objeto *a*, afirmando posteriormente: "o estilo é o objeto" (Lacan, 1958/1998: 751).

A princípio, o objeto teve, na teoria, um lugar de destaque como causa de desejo por suportar um sujeito entre a verdade e o saber. No entanto, seu valor de gozo foi ganhando cada vez mais relevo no desenvolvimento da teoria. Em seu último ensino, Lacan trabalha a articulação entre o saber e a verdade como uma disjunção. Justifica o trabalho do inconsciente como, justamente, a tentativa de conectar o saber à verdade, de fazer um laço ali onde há uma ruptura. Nessa acepção a verdade é sustentada por um saber, embora não se possa dizer que o saber é a verdade.

O saber trabalha para o gozo, este sim fora da verdade, daí que o saber é o dizer que vem em socorro à falta da verdade. Há uma disjunção entre a representação como um dizer que forja o saber – o simbólico – e a verdade, o real. Dessa disjunção o objeto é a marca – o estilo. O estilo revela, portanto, o saber fazer com o fluxo significante, como na expressão "ladrar atrás da coisa" (Lacan, 1976-1977: lição de 11/01/1977). Ainda que não encontre a resposta, isso não cessa de dialogar e de tentar estabelecer uma ligação com o Outro. Um diálogo que não deixa de ser da ordem do mal-entendido em função da própria disjunção, mas que é indispensável pelo que consente ao objeto, ao vivo, nessa ligação, ao que faz transmissão. Tal é a ordem da transmissão na psicanálise.

Essa forma de transmissão é mais própria ao trabalho psicanalítico do analisando em análise, no entanto também está presente na transmissão da teoria, pois nela encontramos o sujeito que a retoma segundo seu desejo. Vemos, assim, se estabelecer um paralelo entre a produção de saber na experiência psicanalítica, comumente chamada de psicanálise em intensão, e a produção de saber sobre a teoria da psicanálise, psicanálise em extensão.

Podemos, então, retomar os atributos de exotérico e esotérico para aplicá-los ao ensino da psicanálise, articulando-os ao furo de saber onde o objeto *a* se aloja.

A transmissão do ensino exotérico se encontra na demonstração clara, explicativa, que compõe um *corpus* de saber sobre os princípios éticos e a tradição teórico-clínica. Nisso as exigências da universidade colaboram para que a psicanálise não se torne tão fechada entre aqueles que a praticam. Essa forma de transmissão se aproxima mais do estudo teórico proposto por Freud (1926/1987) como uma das três vertentes da transmissão da psicanálise e que Lacan, como comentamos acima, insiste que não se deixe cair na rotina da compreensão barata. Portanto, por mais clara que essa transmissão seja, ela não deixa de lidar com um furo no saber.

Com relação às outras duas vertentes propostas por Freud – a análise pessoal e a prática supervisionada –, a questão se torna mais aguda se levarmos em conta o fato de que ambas são, em si mesmas, a experiência com o furo no saber. Nesse caso, podemos pensar que a transmissão se dá muito mais de forma esotérica, pois toca o enigma instigante do não-sabido.

É importante ressaltar também a presença da transmissão esotérica na pesquisa em psicanálise. Não só porque a análise pessoal é uma pesquisa, mas porque também o são os tratamentos que um analista conduz, dos quais ele retira material para a pesquisa teórico-clínica. Para lidar com a clínica, não se pode apenas estudar psicanálise, ou praticá-la autorizado por diplomas, certificados, títulos institucionais. Para lidar com esse furo e o objeto *a* é preciso saber dele na carne, ou seja, em análise, e enfrentá-lo na prática clínica, sustentando essa prática na forma como Freud e Lacan indicaram: no caso a caso, em que as categorias clínicas e o saber prévio não são dispensáveis, mas não dão garantia. Essa posição diante do furo do saber pode ser sintetizada pela expressão lacaniana a respeito da douta ignorância do analista. O analista é suposto ter algum saber, todavia deve suspendê-lo para acolher o novo de cada caso.

Concluímos que ambas as formas de ensino são valiosas e importantes. De um lado, o ensino exotérico não pode deixar de existir, sob pena de a psicanálise se tornar um saber de iniciados, velado e obscuro, sustentado pela hipnose que a transferência massiva ao sujeito suposto saber pode produzir. Por outro lado o ensino esotérico é imprescindível, pelo que desloca a formação para, como Lacan sustenta, as formações do inconsciente. É precisamente o enigmático, o alusivo, o semidizer que convoca o inconsciente à produção de saber. Logo, a formação do analista é, por excelência, o resultado de sua lida com as formações do inconsciente ao redor do furo do real.

Nesse contexto o saber da psicanálise se aproxima ao saber fazer da arte. Lacan situa o inconsciente como um saber fazer da ordem do simbólico e do imaginário. O inconsciente sabe fazer com o que não cessa de não se escrever: o real. Esse fazer dá ao encontro faltoso, furado, um contorno. Ele pode ser queixa repetida e monótona como nos sintomas, mas pode ser a retomada que acolhe o inesperado, justamente porque o esperado falta.

A arte demonstra tirar partido disso, do desencontro. Logo, ela pode ser pensada, a proposta é de Lacan, como um saber fazer com esse saber fazer do inconsciente (Lacan, 1976-1977: lição de 18/01/1977).

Para concluir gostaria de refletir um pouco sobre a psicanálise como advento do desejo do analista. Terá havido analista, no futuro anterior, a cada vez que o analítico se apresentar numa prática. Atribuiremos o desejo do analista aos efeitos como causa. O desejo de analista não equivale ao desejo de ser analista nem a uma identificação imaginária ao termo. Acho importante ressaltar isso em uma publicação da universidade dirigida em especial a seus alunos. A universidade confere certificados e diplomas de estudos, mas ela não forma isoladamente um analista. Pode contribuir para sua formação, mas não a garante. O mesmo acontece na arte. Não basta querer ser artista, menos ainda se diplomar em Belas Artes. O objeto acolhido como objeto de arte é o que certifica o artista como tal. Também o analista depende dos efeitos de seu ato, a se verificar caso a caso, prática a prática. Esse é o coração da pesquisa em psicanálise e o que deve animá-la, dentro ou fora da universidade.

REFERÊNCIAS BIBLIOGRÁFICAS

FREUD, S. (1907/1987). Delírios e sonhos na "Gradiva" de Jensen. Em *Edição standard brasileira das obras psicológicas completas de Sigmund Freud*, v. IX. Rio de Janeiro: Imago.

————. (1913/1987). Totem e tabu. Em *Edição standard brasileira das obras psicológicas completas de Sigmund Freud*, v. XIII. Rio de Janeiro: Imago.

————. (1926/1987). A questão da análise leiga. Em *Edição standard brasileira das obras psicológicas completas de Sigmund Freud*, v. XX. Rio de Janeiro: Imago.

————. (1937/1987). Construções em análise. Em *Edição standard brasileira das obras psicológicas completas de Sigmund Freud*, v. XXIII. Rio de Janeiro: Imago.

LACAN, J. (1958/1998). Juventude de Gide ou a letra e o desejo. Em *Escritos*. Rio de Janeiro: Jorge Zahar Editor.

———. (1959-1960/1986). *O Seminário, livro 7: a ética da psicanálise*. Rio de Janeiro: Jorge Zahar Editor.

———. (1965/2003). Homenagem a Marguerite Duras pelo arrebatamento de Lol V. Stein. Em *Outros escritos*. Rio de Janeiro: Jorge Zahar Editor.

———. (1965-1966/1998). A ciência e a verdade. Em *Escritos*. Rio de Janeiro: Jorge Zahar Editor.

———. (1966/1998). Abertura desta coletânea. Em *Escritos*. Rio de Janeiro: Jorge Zahar Editor.

———. (1969-1970/1992). *O Seminário, livro 17: o avesso da psicanálise*. Rio de Janeiro: Jorge Zahar Editor.

———. (1976-1977). *L'insu que sait de l'une-bévue s'aile à mourre*. Seminário inédito.

MILNER, J.-C. (1996). *A obra clara*. Rio de Janeiro: Jorge Zahar Editor.

Profanação e resistência: psicanálise, pesquisa e intervenção social

Andréa Máris Campos Guerra

Resumo

Discutimos o ponto de resistência dos princípios psicanalíticos ao serem aplicados ao campo científico e à intervenção social. Temos como norte o inconsciente enquanto verdade freudiana, o objeto *a* como invenção lacaniana e a falta-a-ser enquanto orientação ética da psicanálise como formas de profanação e resistência em relação aos desvios operados pelos significantes-mestres da civilização e da ciência.

Palavras-chave: psicanálise; método clínico; pesquisa; intervenção social.

Abstract

Profanation and resistance: psychoanalysis, research and social intervention

We discuss the extent of resistance of psychoanalytical principles when applied to the scientific field and social intervention. We have the references of the unconscious as a Freudian truth, the object *a* as the Lacanian invention and the lack-of-being as psychoanalytical ethical guidance, which are forms of desecration and resistance in relation to deviations operated by the master signifiers of civilization and science.

Key words: psychoanalysis; clinical method; research; social intervention.

A psicanálise não se dissolve naquilo que propaga.
(Lacan, 1964/2003)

Há em comum entre nós, estudiosos da psicanálise, a certeza de que a psicanálise deve estar no mundo, seja como forma de resistência, de insistência, seja "politicamente incorreta" (Brousse, 2003) por contrariar os significantes-mestres da civilização e da ciência. Orientada pelo inconsciente – grande profanador das bases do mundo moderno –, a psicanálise e sua vocação social têm sido cada vez mais necessárias diante da lógica contemporânea do funcionamento social.

Agamben (2007: 65), no elogio que tece à profanação, nos ensina que sacrílego é todo ato que viola ou transgride a indisponibilidade de um objeto reservado aos deuses. Profanar é, pois, restituir à propriedade e ao uso comum dos homens os objetos sacralizados. E, dentre as formas de profanação que nos apresenta, a introdução de uma nova dimensão do *uso* do objeto é a que mais se aproxima daquilo que o inconsciente freudiano permitiu em relação ao seu tempo. Com sua experiência inicial com as histéricas, Freud profanou o uso corrente da linguagem, do sexual e das boas intenções, conferindo ao homem um novo uso de seu corpo e de suas palavras. A profanação "desativa os dispositivos de poder e devolve ao uso comum os espaços que ele havia confiscado" (ibid.: 68), diferente da secularização, que neutraliza aquilo que é sacralizado num exercício de poder.

Com a institucionalização da psicanálise pela IPA, vimos um novo tempo se instalar – tempo de nova sacralização. A abordagem do inconsciente tornou-se ritualizada em técnicas e procedimentos estanques e rígidos que paralisavam o ineditismo da proposta freudiana, sacralizando-a. Foi diante desse quadro que Lacan buscou recuperar a verdade freudiana. Seu movimento, entretanto, profanou a ordem vigente e culminou em sua excomunhão.

À profanação segue-se a excomunhão (proscrição do sujeito, tornando seus atos nulos). Nesse caso, Lacan, ao profanar os princípios da IPA, é proscrito e tem seu seminário suspenso: sua transmissão seria tornada nula e sua palavra, sem lugar. Diante, porém, da *chammata* (impossibilidade de retorno), ele dá um novo destino às consequências de seu ato. Passa a dedicar-se à crítica do modelo estandardizado e sacralizado pela IPA, constituindo um novo modo de abordar o inconsciente e pensar a formação do analista que, ao mesmo tempo, recupera os princípios freudianos. Profanar "não significa simplesmente abolir e cancelar as separações, mas aprender a fazer delas um uso novo, a brincar com elas" (ibid.: 75).

Assim, passado o tempo em que a operação clínica com o inconsciente permitiu desativar os dispositivos de controle no tempo inaugural da psicanálise com Freud – assim profanados pelo novo uso que ela permitiu –, com Lacan nos deparamos com um segundo ato profanador dentro do campo institucional da psicanálise e com consequências para além dele. A partir de então, podemos pensar em novos usos para a psicanálise em relação à pesquisa e à intervenção social. A abertura fundada por Lacan nos legou, dessa forma, a possibilidade de pensar e articular a extensão do método psicanalítico. Nada melhor, portanto, que o momento da excomunhão – separação de Lacan da IPA – para recuperar os termos dessa dimensão viva da nova profanação, que podemos entender psicanaliticamente como incidência do real sobre o simbólico, abrindo um novo campo de significação e um novo resto que lhe é correlato.

Assim, depois do ato fundador e profanador de Freud ao inventar a psicanálise no mundo vitoriano do período romântico, seguiremos com o ato de Lacan na contemporaneidade, buscando extrair dele princípios para operar com a psicanálise para além da clínica estrito senso. Ao romper com a IPA, na excomunhão de 1964, temos, nos parece, uma separação que implicava um novo uso do inconsciente. Burocratizada através de uma prática psicanalítica padronizada, Lacan (1964/2003) intenta, com o ato de fundação de sua escola, reinstituir a novidade da experiência do inconsciente freudiano como determinante da prática psicanalítica. Funda, pois, sua escola sob nova lógica, orientada pelo desejo freudiano e pela recuperação de sua verdade, profanando os rituais estandardizados da formação do analista, da clínica psicanalítica e da concepção de inconsciente ali sacralizada. Foi assim que ele designou, em seu ato de fundação, a instituição que deveria realizar seu trabalho:

> que instaure (1) a sega cortante de sua verdade [freudiana]; que (2) reconduza a práxis original que ele [Freud] instituiu sob o nome de psicanálise ao dever que lhe compete em nosso mundo; que, (3) por uma crítica assídua,

denuncie os desvios e concessões que amortecem seu progresso, degradando seu emprego. Este objetivo é indissociável de uma formação a ser dispensada nesse movimento de reconquista (ibid.: 235).

Eis as chaves, na pena de Lacan, para pensarmos a formação, a pesquisa e a produção no campo social da psicanálise. Afinal, não foi o próprio Freud quem nos ensinou a não dissociar clínica e pesquisa? Onde estão os princípios da clínica, ali também se encontram os princípios para a investigação. Sigamos com eles.

1. A SEGA CORTANTE DA VERDADE FREUDIANA

Lacan destaca, em seu *Seminário 11*, o que denomina certo pecado original da psicanálise – e é preciso mesmo que haja um em sua origem: "O verdadeiro é talvez apenas uma coisa, é o desejo do próprio Freud, isto é, o fato de que algo, em Freud, não foi jamais analisado" (Lacan, 1964/1998: 19). Posto a se demitir de sua função de analista didata, Lacan retoma seu ensino colocando em questão exatamente a origem, isto é, "por qual privilégio o desejo de Freud tinha podido encontrar, no campo da experiência que ele designa como o inconsciente, a porta de entrada. Retornar a essa origem é absolutamente essencial se queremos colocar a análise de pé" (idem). Eis que Lacan, então, apresenta a proposta de retomar os quatro conceitos fundamentais da psicanálise: o inconsciente, a repetição, a transferência e a pulsão. Assim, interrogarmo-nos pelo que é a psicanálise a partir de seus fundamentos, por aquilo que a funda como práxis, implica em "saber o que, da psicanálise, se pode, se deve esperar, e o que se deve homologar como freio, senão como impasse" (ibid.: 13). Assim, o inconsciente é nossa porta de entrada para pensar a pesquisa e a intervenção no campo social e, como veremos, a lógica contemporânea, seu freio.

Como, porém, articular os fundamentos da psicanálise à sua aplicação ao campo científico e/ou social? Diante da questão sobre se a psicanálise é uma ciência, Lacan responde em "A ciência e a verdade" (Lacan, 1965/1998) que sim, à condição de suportar a entrada do sujeito do inconsciente. A psicanálise é herdeira da ciência no sentido de que ela não seria possível sem a produção do sujeito da ciência. A psicanálise tem esse privilégio de ser a única disciplina que tem o desígnio de não renunciar a dar a palavra ao sujeito, de não renunciar àquilo que constitui sua particularidade. Ela não poderia, pois, ser uma ciência como as outras, dado seu objeto central, o inconsciente, como nos lembram Elia e Alberti no já clássico *Clínica e pesquisa em psicanálise* (2000) e Figueiredo (2001). Ela se engaja na falta central na qual o sujeito se experimenta como desejo (Lacan, 1964/1998). É desse saber não-todo constituído pelo inconsciente e para-além da representação com a pulsão que a psicanálise opera, em seus diferentes campos, a partir do desejo freudiano.

Lacan (ibid.: 15), porém, desconfia da investigação dita científica. Parafraseando Picasso, *ele não procura, acha.* Critica a hermenêutica na procura da significação sempre nova e jamais esgotada que, por isso mesmo, nunca deve ser encontrada. Para a psicanálise autorizar-se a ser uma ciência, segundo Lacan, ela deve ter seu objeto recuperado.

Mas deverá esse objeto estar definido pela experiência para se fazer ciência? Lacan se pergunta se é no nível da práxis, do campo empírico, que se acha especificado o cientista especialista da ciência moderna. Não, responde, não podemos fazer caber a experiência na ciência, nem a definirmos por ela. (O mundo não precisa do saber científico para prosseguir seu rumo). Não se define uma ciência a partir do campo que determina sua práxis. A presença do sujeito aí conta, mas enquanto falta-a-ser e não como presença empírica verificável.

> A psicanálise institui-se como uma prática que acolhe a causa real do sujeito. Sendo assim, ela não se apropria de um discurso visando instituí-lo como um discurso legislador capaz de validar e regular seu campo de intervenção. Ora, essa tese é ainda mais radical. Afinal, a psicanálise é, também, um discurso faltante, na justa medida em que ela não pode dizer a verdade sobre a verdade. O sujeito da psicanálise é, portanto, aquele que sempre falta ao lugar de onde a verdade é esperada (Souza, 2010: 190).

E, quanto à aplicação da psicanálise no campo social, encontramos a proposta de Lacan de operarmos uma junção entre a psicanálise em intensão e a psicanálise em extensão. Lacan (1967/2003: 251) define a psicanálise em extensão como o que orienta a presentificação da psicanálise no mundo, enquanto a psicanálise em intensão seria a didática, ou seja, a que prepara seus operadores. E seus pontos de junção seriam o início e o fim da psicanálise, como no xadrez. No início, estaria a transferência, sustentada pelo desejo do analista. E, no final, a passagem de analisante a analista, que "tem uma porta cuja dobradiça é o resto que constitui a divisão entre eles, porque essa divisão não é outra senão a do sujeito, da qual esse resto é a causa" (ibid.: 259). Reafirmamos, pois, o sujeito e sua divisão pelo desejo. Eis o objeto *a* como corolário da verdade inconsciente freudiana a regular nossa práxis enquanto intervenção, tal qual Lacan (1958/1998) nos lembrava em seu texto sobre a direção do tratamento. É preciso que o analista coloque o coração do seu ser (além de sua palavra e de sua pessoa), ou seja, sua causa em jogo para fazer valer a política da falta-a-ser enquanto eixo ético de orientação de sua práxis.

Da verdade freudiana, pois, extraímos três elementos de orientação lacaniana para operarmos com a psicanálise na investigação científica e na intervenção no campo social:

a) É preciso respeitar e acolher a experiência do inconsciente, tal qual descoberta por Freud;
b) Como corolário, o psicanalista opera sempre a partir da falta a ser, da causa do desejo (objeto *a*), da perspectiva que descompleta o saber, revelando sua dimensão inapreensível ou real;
c) A psicanálise opera sempre com os mesmos princípios, estejamos na clínica estrito senso ou em sua aplicação no mundo.

Passemos ao próximo tópico.

2. A PRÁXIS ORIGINAL E O DEVER QUE LHE COMPETE NO MUNDO

Ao fundar sua escola, o desejo de Lacan, que podemos dizer nem todo analisado também – qual o seria completamente? –, se esboça na constituição de três seções: a de psicanálise pura, a de psicanálise aplicada e a de recenseamento do campo freudiano (Lacan, 1964/2003). Como instrumentos da práxis psicanalítica, podemos como decorrência situar: a formação do analista, a aplicação da psicanálise no mundo e a sustentação ética de sua orientação. Freud, por seu turno, nos reporta a outras três dimensões indissociáveis de sua teorização. Para ele, a psicanálise é o nome:

> (1) De um procedimento para a investigação dos processos mentais que são quase inacessíveis de outro modo; (2) de um método (baseado nessa investigação) para o tratamento de distúrbios neuróticos e (3) de uma coleção de informações psicológicas obtidas ao longo dessas linhas e que gradualmente se acumula numa nova disciplina científica (Freud, 1923/1976: 287).

Trata-se de três dimensões indissociáveis: teoria, método clínico e método investigativo. Toda paralisia num plano acarreta uma paralisia nos outros, o que significa que isolar um nível retira a psicanálise de seus princípios legitimadores, bem como de suas condições de elaboração e de verificação (Sauret, 2003). Manter o enodamento entre esses três registros é mais do que uma questão científica, é uma questão ética.

Podemos tomar o nó borromeano como matriz para evidenciar essa relação de indissociabilidade (se se solta um aro, os outros dois caem). Nesse caso, cabe lembrar que, ao formular a articulação borromeana dos registros real, simbólico e imaginário, Lacan localiza em seu centro exatamente o objeto *a*, impossível de capturar e, portanto, ponto central a ser tratado pelos registros e suportado pelo que eles não alcançam. Assim, com essa aplicação da teoria dos nós borromeanos à nossa questão, podemos tomar as três dimensões do método psicanalítico – teoria, método clínico e método investigativo – como uma amarração lógica orientada pela causa do desejo. Na figura abaixo, teríamos a teoria em cinza claro, o método clínico em cinza escuro e o método investigativo em preto, por exemplo:

FIG. 1 — Indissociabilidade entre teoria, método clínico e método investigativo

Se nos ativermos a uma de suas dimensões, abrindo mão da outra, perderemos de vista a dimensão ética, ontológica e epistemológica que orienta a práxis do psicanalista e funda sua inserção profissional.

Sabemos, porém, que no laço social há sempre um real em jogo. Esse real se refere ao que não se deixa capturar pelo simbólico ou pelo imaginário. Não há lugar para a identificação no que há de mais singular em cada um e não tem alojamento no Outro. No real, cada um experimenta o vazio da referência, a dimensão a-social, a-normal indomesticada e intraduzível que está na fonte da constituição de cada sujeito (Barros-Brisset, 2009). E é justamente para dar conta disso que o sujeito se coloca a trabalho, buscando, a partir de sua desinserção originária, um ponto de inclusão no Outro. É por conta dessa elaboração permanente que suporta as perdas que a convivência com o outro coloca.

O laço com a vida, com o Outro, é posto em movimento justamente por esse real incessante. Esse furo de sentido é o que lança o sujeito no laço social, amarrando-se pelo discurso. Viver junto não é evidente (Guerra, Garcia & Barros, 2007). O laço social nos coloca permanentemente diante do impasse e do sentido de exclusão, pois sempre, em algum instante, o real retorna na repetição e o sujeito tem que se haver com o traumatismo de seu desamparo fundamental. Essa singular exclusão é decorrente da ausência de um saber fundamental sobre si, denominado em psicanálise de "S de A barrado". Ou seja, a relação entre os termos comporta sempre um furo, não há correspondência ponto por ponto entre eles. A satisfação de cada um não é tributária da sua relação com o Outro, mas do modo como cada um se arranjou para se virar e se satisfazer com sua própria falta no Outro. Assim, não havendo correspondência biunívoca, o único caminho que resta é a prática da linguagem em uma comunidade dada (Barros-Brisset, 2009).

Temos, pois, desse tópico, dois novos desdobramentos que podem nos orientar a pensar a psicanálise na pesquisa e na intervenção social:

a) São indissociáveis, em sua práxis, teoria, método clínico e método investigativo;
b) Partimos sempre do ponto de desinserção do sujeito no laço com Outro, desencontro a partir do qual sua exceção se escreve como verdade, condicionando a ação do analista ao campo em que ela se situe.

3. A CRÍTICA QUE DENUNCIA DESVIOS E CONCESSÕES QUE AMORTECEM SEU PROGRESSO, DEGRADANDO SEU EMPREGO

Se a psicanálise estava em toda parte e os psicanalistas, em outro lugar (Lacan, 1964/2003: 243) ao tempo da recuperação da verdade freudiana por Lacan ao fundar sua escola, podemos nos perguntar atualmente em relação a quais desvios devemos estar advertidos, já que a psicanálise continua altamente propagada no mundo contemporâneo. Ora, vivemos no tempo em que:

a) combatemos politicamente a regulamentação da profissão do psicanalista, seguindo os preceitos freudianos;
b) vivenciamos experiências de redução clínica dada a competitividade do mercado na busca de resultados rápidos e índices eficazes;
c) convivemos com soluções medicamentosas, manuais de prescrição e objetos de consumo, amortecedores do sofrimento e da responsabilização subjetivos;
d) demandam-nos operar no plano das instituições e no das políticas públicas, regidas pelo universal do "para todos", enquanto buscamos a singularidade do "cada um" (e aí devemos buscar estabelecer nosso lastro e com ele contribuir para a práxis na coisa pública e não destituir os outros saberes).
e) a psicanálise encontra-se ministrada como disciplina no ensino universitário;
f) a pesquisa, de ideal cientificista e positivista, acredita poder atingir o real e destituir o sujeito, enquanto sabemos que o real é o ponto de partida e não de chegada, por um lado, e que o sujeito não é objeto que se desconta e, sim, efeito da falta de saber originária.

São as contingências contemporâneas com as quais precisamos conviver, advertidos do risco de perdermo-nos da sega cortante do desejo freudiano e lacaniano, acrescentamos. Os convites aos desvios são muitos, mas a orientação da resposta não. Podemos extrair seu fundamento ético-estético e epistemológico da estrutura topológica da banda de Moebius, tal qual Lacan propunha para o ponto de junção entre psicanálise didática e aplicada:

FIG. 2 – Banda de Moebius

Aqui propomos prefigurar, de um lado, o inconsciente e sua lógica de funcionamento e, de outro, a vida social, pública, regida pelas regras de boa convivência – que podem desviar a psicanálise de seu fim, qual seja, buscar a exceção, a causa a partir da qual cada sujeito funda sua possibilidade de atinência e permanência no laço social. Assim, aceitamos o convite de Lacan, quando de sua excomunhão, a nos atermos ao mal-estar da psicanálise, oferecendo sua ética de orientação "não somente a um trabalho de crítica, mas à abertura do fundamento da experiência, [e] ao questionamento do estilo de vida em que ela desemboca" (Lacan, 1964/2003: 244).

A resposta a esse convite radica na noção de que toda realidade é psíquica e, portanto, inclui em seu interior um campo de impossibilidade a ser enfrentado. É essa a orientação ética e política que deduzimos do convite de Lacan (1966-1967: lição de 10/05/67): "não digo a política é o inconsciente, mas o inconsciente é a política". Quando Lacan vai dizer que o inconsciente é o social ou o inconsciente é a política é justamente para apontar que o sujeito não tem outra forma de existência a não ser resistir na tensão entre o que é do coletivo e o que é do singular.

Dada a estrutura do discurso do analista, agenciada pelo objeto causa do desejo e ponto precípuo de resistência à linguagem, a psicanálise será sempre politicamente incorreta. Se a linguagem é o que fundamenta a possibilidade do laço social, mas se a ela um campo estrutural escapa, há sempre uma não-permanência, uma exceção em seu interior. Essa é justamente a posição de inserção do psicanalista, seja na teoria, na clínica ou na investigação. Seus modos de operação com os impasses do mal-estar contemporâneo são diferentes daqueles propostos pela ciência e pelo capitalismo – discursos dominantes na atualidade.

> A psicanálise, ao se posicionar pela implicação do sujeito em seu ato, caminha em direção contrária ao que o senso comum, ditado por uma época de ciência e de religião, exige. [...] Ao verificar a inexistência de uma linguagem que dê conta de enunciar a verdade de modo integral, seja se submetendo a uma psicanálise, seja como pesquisador, resta ao sujeito seu lugar de exceção em relação aos ideais do Outro (Pinto, 2007: 15 e 17).

Assim, pode-se mudar o enquadre de aplicação da psicanálise, mas não a lógica sobre a qual ela se assenta. A instalação das coordenadas simbólicas, que permitem ao sujeito posicionar-se diante do gozo e do saber que escapam disjuntos ao campo do Outro, permanece sempre como eixo de articulação. Assim orientados, o analista como objeto nômade e a psicanálise como instalação portátil (Miller, 2008: 9), suscetíveis de se deslocarem para novos contextos e instituições, permanecem profanadores. Em outras palavras, permanece, seja na pesquisa, seja na intervenção social, um lugar analítico possível: lugar em que o falar à-toa ou os "dados" assumem a forma de questão e a própria questão, a forma de resposta na condição de saber inconsciente – elucubração em torno da falta de sentido originária recoberta pela linguagem.

Desse tópico podemos concluir que a psicanálise e, consequentemente, o psicanalista, na contramão da lógica capitalista e científica, não tomam o objeto – seja ele a mercadoria ou o saber – como o que sutura o mal-estar e a falta. Ao contrário, assentam-se na crítica a essa lógica e seus correlatos, operando enquanto resistência que profana a sacralização da mercadoria e das cifras, fetichizadas no mundo atual. Desmascaram, assim, o véu que encobre a ausência de sentido desse modelo, conferindo um novo uso à noção de objeto, articulado à causa aberta ao desejo e à implicação do sujeito em suas ações, o que recupera a dimensão essencialmente política da psicanálise. Assim, podemos deduzir dessa terceira discussão que:

a) a psicanálise ocupa uma posição de exclusão interna ao modelo social vigente, ao tomar a crítica de seu fundamento como uma das causas de sua intervenção no mundo;

b) responde à realidade introduzindo a noção de realidade psíquica a partir da torção tornada possível pelo inconsciente enquanto resposta à falta originária do sujeito.

Enfim, os trabalhadores decididos na pesquisa e na intervenção no campo social

Assim, podemos finalmente dizer que a psicanálise se interessa pelo que constitui o particular do sujeito, aquilo pelo qual ele resiste à ciência, sua condicionante. E é exatamente esse particular do sujeito aquilo que se faz mais rebelde a todo saber, em que podemos ler o real do sujeito – trata-se de seu ser de gozo, tal como é produzido ao termo de uma análise, como resto sem decifração com o qual o sujeito se identifica e aprende a lidar, a saber-fazer com isso (*savoir-y-faire*).

Sabemos, também, qual é o problema maior do sujeito e, ao mesmo tempo, da psicanálise que o acolhe: como o sujeito conseguirá localizar o mais particular de seu gozo no laço social sem que, de um lado, esse particular não seja reabsorvido no social e, por outro lado, sem que o laço social se desfaça no rochedo do particular. Como vimos, ao longo desse texto Lacan nos ofereceu algumas pistas ou princípios:

1. O inconsciente é o lapso de saber que nos permite aceder à verdade freudiana – essa consideração seria, assim, preliminar a toda abordagem do social e da ciência que venhamos a realizar;
2. Essa abordagem é marcada por esse furo central no saber, condição de circulação e produção de uma abordagem possível da verdade, sempre atingida de maneira incompleta;
3. A psicanálise está no mundo, donde guiarmo-nos pela ética da falta-a-ser como condição para operar no laço social, orientados pela impossibilidade de correspondência com o Outro social, mas, ao mesmo tempo, apostando em alguma forma de enlaçamento a partir do ponto de exceção ou desinserção que particulariza a posição subjetiva;
4. Escutar o traumático, na pesquisa e na intervenção, implica em desdobrar a dimensão ética da falta-a-ser (objeto *a*) na práxis que nos compete no mun-

do, em buscar o ponto de obstáculo ao saber e operar a partir dele, considerando-o como intrínseco a qualquer ação que envolva a psicanálise;

5. Admitir a posição politicamente incorreta da psicanálise – posição de crítica e resistência à lógica globalizada –, pois que profana e não submetida aos significantes-mestres da civilização contemporânea, sustentando-se na prática de recolhimento dos efeitos inconscientes e reais em suas diferentes manifestações;
6. Orientar-se pelo texto do sujeito e seus intervalos, na busca da produção de algo novo, um corte que relocalize o sujeito, o conhecimento ou a instituição, o que inclui um trabalho com a circulação dos significantes e com a realocação do gozo;
7. Responsabilizar-se, assim como buscar responsabilizar cada sujeito, pela resposta que constitui diante da falta originária da linguagem em recobrir o campo de sentidos inexistente em sua plenitude no Outro, seja na teoria, seja na pesquisa, seja na intervenção social;
8. Operar, portanto, a partir da relação indissociável entre teoria, método clínico e método investigativo, seja na prática clínica, na pesquisa científica ou no avanço teórico.

Lacan não esperava muitos adeptos a sua escola ao tempo da excomunhão, mas sim trabalhadores decididos (Lacan, 1964/2003: 239), como ele mesmo o era. Da mesma forma, sustentar a práxis psicanalítica no mundo contemporâneo não é tarefa simples ou fácil, nem mesmo para muitos. Exige, porém, uma tomada de posição que respeite e fortaleça os princípios da psicanálise. Nesse sentido, exige uma resposta ético-política à lógica que assola o mundo moderno, seja em suas fissuras sociais, seja no enredo acadêmico. A decisão por sustentar essa posição orienta-se pela certeza de que, se não há um saber absoluto que revele a verdade do mundo, há encontros contingentes com respostas e saberes parciais e possíveis construídos graças à ação profanadora da psicanálise sobre a vida.

REFERÊNCIAS BIBLIOGRÁFICAS

AGAMBEN, G. (2007). Elogio da profanação. Em *Profanações* (pp. 65-79). São Paulo: Boitempo.

ALBERTI, S. (2000). Psicanálise: a última flor da medicina. Em *Clínica e pesquisa em psicanálise* (pp. 37-55). Rio de Janeiro: Rios Ambiciosos.

BARROS-BRISSET, F. O. (2009). *Inserção e habitação: casos graves!* Mimeo.

BROUSSE, M. H. (2003). *O inconsciente é a política*. São Paulo: Escola Brasileira de Psicanálise.

ELIA, L. (2000). Psicanálise: clínica & pesquisa. Em *Clínica e pesquisa em psicanálise* (pp. 19-35). Rio de Janeiro: Rios Ambiciosos.

FIGUEIREDO, A. C. (org.) (2001). *Psicanálise – pesquisa e clínica*. Rio de Janeiro: IPUB-CUCA.

FREUD, S. (1923/1976). Dois verbetes de enciclopédia. Em *Edição standard brasileira das obras psicológicas completas de Sigmund Freud*, v. XVIII. Rio de Janeiro: Imago.

GUERRA, A. M. C., GARCIA, C. & BARROS, F. O. (2007). Como viver junto? Fronteiras e territórios. Em *Curinga – Revista da Escola Brasileira de Psicanálise – MG*, nº 25, 33-38. Belo Horizonte: EBP.

LACAN, J. (1958/1998). A direção do tratamento e os princípios de seu poder. Em *Escritos*. Rio de Janeiro: Jorge Zahar Ed.

———. (1964/1998). *O seminário, livro 11: os quatro conceitos fundamentais da psicanálise*. Rio de Janeiro: Jorge Zahar Ed.

———. (1964/2003). Ato de fundação. Em *Outros escritos*. Rio de Janeiro: Jorge Zahar Ed.

———. (1965/1998). A ciência e a verdade. Em *Escritos*. Rio de Janeiro: Jorge Zahar Ed.

———. (1966-1967). *O seminário, livro 14: a lógica da fantasia*. Inédito.

———. (1967/2003). Proposição de 9 de outubro de 1967 sobre o psicanalista da Escola. Em *Outros escritos*. Rio de Janeiro: Jorge Zahar Ed.

MILLER, J.-A. (2008). Rumo ao Pipol 4. Em *Correio – Revista da Escola Brasileira de Psicanálise – SP*, nº 60, 7-14. São Paulo: EBP.

PINTO, J. M. (2007). Uma política de pesquisa para a psicanálise. Em *Revista virtual Clinicaps*. Disponível em: <http://www.clinicaps.com.br/clinicaps_pdf /Rev_07/Revista%207% 20art%202.pdf>. Acessado em 22 de set. 2009.

SAURET, M.-J. (2003). A pesquisa clínica em psicanálise. Em *Psicologia USP*, ano 14, v. 3, 89-104. São Paulo: USP.

SOUZA, M. F. G. (2010). *O estatuto do sujeito em Jacques Lacan: o Cogito cartesiano, a ciência moderna e o estruturalismo como operadores nucleares para a formalização do sujeito da psicanálise*. Dissertação de Mestrado. Belo Horizonte: UFMG.

O SUJEITO NA CIÊNCIA: QUESTÕES À BIOÉTICA[1]

Maria Cristina Poli

RESUMO

Ao compartilhar de forma acrítica os mesmos preceitos da biopolítica, a bioética pode se constituir como um dispositivo legitimador de práticas científicas pautadas pela reificação do sujeito. Neste texto, percorreremos esses argumentos, buscando demonstrar a função crítica que a psicanálise pode ter em relação aos pressupostos da biopolítica e, portanto, à bioética. Trata-se de destacar, no enlace entre ciência e política, de que modo a consideração do sujeito na ciência – tal como a psicanálise propõe – permite que se abra uma via alternativa de consideração e discussão da ética na prática de pesquisa.

Palavras-chave: bioética; biopolítica; psicanálise; sujeito da ciência.

ABSTRACT

The subject in science: questions to bioethics

By noncritically sharing the same precepts with bio-politics, bioethics can become a device that will legitimate scientific practices oriented to the reification of the subject. In this paper, we will look into these arguments, making an attempt to demonstrate the critical function that psychoanalysis can have regarding the bio-political assumptions, and, consequently, bio-

[1] Uma primeira versão deste texto foi publicada em Poli, M. C. (2007). *Revista Psicologia & Sociedade*, v. 19, nº 1, 7-15.

ethics. It is a matter of highlighting the link between science and politics, so that the consideration of the subject in science – the way psychoanalysis proposes – can allow for an alternative way to consider and discuss ethics in the practice of scientific research.

Key words: bioethics; bio-politics; psychoanalysis; subject of science.

Quinze anos antes de Sófocles escrever e encenar a premiada peça "Édipo rei", havia sido aprovada em Atenas uma lei que permitia às crianças "ilegítimas" outro destino que não a morte (Soulé, 1980). O dispositivo consistia na exposição dessas crianças no *Agora*, possibilitando a sua adoção por famílias que assim o desejassem. No momento da apresentação da peça, as famílias atenienses se interrogavam sobre o destino dos pais adotivos e seus filhos. O personagem Édipo – filho adotivo que retorna às origens para realizar seu trágico destino – coloca em cena o temor suscitado pelas novas formas de estabelecimento de laços de filiação.

Na antiguidade, a prática de vender crianças e enjeitar filhos pequenos não era incomum (Barrow *apud* Arendt, 1958/2001: 95). Como a assunção das funções parentais era uma escolha de foro íntimo, o pai – figura soberana do poder familiar – decidia sobre o reconhecimento ou não da filiação. O abandono das crianças não reconhecidas não constituía crime, pois as leis tinham vigor apenas em relação aos cidadãos, isto é, àqueles inscritos em um registro de filiação. A condição da vida humana estava estritamente ligada a esse reconhecimento. Além disso, mesmo entre os filhos legítimos, o poder incondicional do pai lhe atribuía "direito de vida e de morte" sobre seus descendentes homens (Foucault, 1988; Agamben, 2002).

Essa diferença entre a vida humana desprovida de reconhecimento e cidadania e seu estatuto público é apresentada por Giorgio Agamben (2002) a partir da referência aos termos gregos *zoe* e *bios*, duas formas de designar "vida" em dimensões distintas: *zoe* referindo-se à vida como atributo genérico de todo ser vivo, *bios* designando a vida propriamente humana, que traz junto o valor simbólico que o reconhecimento público confere à pessoa. Na base da distinção o autor indica a esfera do poder soberano – representado, na Grécia Antiga, pelo *pátrio poder* –, "na qual se pode matar sem cometer homicídio e sem celebrar um sacrifício" (ibid.: 91). Uma figura antiga do direito romano, o *Homo sacer*, designa justamente aquele que é, ao mesmo tempo, matável e insacrificável. Conforme demonstra o autor, o *Homo sacer* compõe com o próprio princípio do *Soberano* – i.e., aquele que constitui a lei sem estar sujeito a ela – o elemento originário da política: o termo de exceção que, desde a sua paradoxal posição de "exclusão inclusiva" (ibid.: 29), funda o solo no qual a lei jurídica se constitui e pode ser exercida.

Trata-se para Agamben de esclarecer, através de uma retomada crítica dos fundamentos da política ocidental, a via pela qual a "vida" tornou-se o elemento central e o valor principal da cultura moderna. Não mais a "vida em comum" ou a vida qualificada pelo discurso, vigente como valor na democracia ateniense, mas a "vida nua". Sob esse termo o autor refere a sacralização da vida tal como a estrutura paradoxal da relação do soberano à lei a situa: pela inscrição política da vida natural (*zoe*) através da condição do poder de dar a morte.

Segundo o autor, essa politização da vida nua – que Foucault (1988) denominou de biopolítica – constitui o evento decisivo da modernidade. Na forma atual de democracia, a vida sacra do *Homo sacer* encontra-se despedaçada e disseminada "em cada corpo individual, fazendo dela a aposta em jogo do conflito político" (ibid.: 130). Essa via de análise permite aceder à compreensão de como acontecimentos aparentemente tão díspares, como a "Declaração dos direitos do homem e do cidadão" e a ascensão dos regimes totalitários eugenistas, possam ser resultantes de um mesmo contexto cultural e partilhar de fundamentos semelhantes. Em ambos é a sacralização da vida que confere aos "dados naturais", ao fato simples de estar vivo, um lugar político privilegiado. Conforme Agamben:

> Fascismo e nazismo são, antes de tudo, uma redefinição das relações entre o homem e o cidadão e, por mais que isso possa parecer paradoxal, eles se tornam plenamente inteligíveis somente se situados sobre o pano de fundo biopolítico inaugurado pela soberania nacional e pelas declarações de direitos (Agamben, 2002: 137).

Da mesma forma, interessa-nos aqui demonstrar de que modo a contemporânea imposição de princípios éticos à prática de pesquisa com seres humanos – a denominada bioética – pode, em sua generalização e burocratização crescentes, ter efeitos opostos àqueles que apregoa. Historicamente a bioética surge para estabelecer uma base de regulamentação para as pesquisas que ajude a preservar a dignidade humana e fazê-la coabitar com os avanços científicos. Impulsionada pelos horrores perpetrados pelos médicos nazistas em nome da ciência, ela visa propor determinados limites à lide dos pesquisadores com tudo aquilo que diga respeito à vida humana. Contudo, na prática acadêmica efetiva, percebe-se que, ao compartilhar de forma acrítica os mesmos preceitos da biopolítica, a bioética termina por constituir-se em um dispositivo legitimador de práticas científicas pautadas pela objetificação do universo humano.

É dessa forma que, no campo específico da psicologia, as pesquisas dirigidas pelo modelo cientifico clássico, cuja definição metodológica se estabelece na clara distinção entre pesquisador e pesquisado, adéquam-se facilmente aos preceitos da bioética. Por outro lado, pesquisas de cunho clínico – como as pesquisas em psicanálise, por exemplo – são inviabilizadas, na medida em que comportam concepções metodológicas diversas daquelas reconhecidas pelos pressupostos das biociências. Na psicanálise as fronteiras entre pesquisador e pesquisado se rompem, e é no espaço ternário da transferência que encontraremos os fundamentos dessa forma peculiar de investigação.

Neste texto, percorreremos esses argumentos, buscando demonstrar a função crítica que a psicanálise pode ter em relação aos pressupostos da biopolítica e, portanto, à bioética. Trata-se de destacar, no enlace entre ciência e política, de que modo a consideração do sujeito na ciência – tal como a psicanálise propõe – permite que se abra uma via alternativa de consideração e discussão da ética na prática de pesquisa.

1. O BIOPODER NA MODERNIDADE

A pesquisa desenvolvida por Agamben (2002) acerca dos fundamentos da política moderna tem como base a obra de dois autores: Hannah Arendt e Michel Foucault. Em ambos encontram-se desenvolvidos os pressupostos críticos relativos às formas de exercício de poder na modernidade em sua relação com os dispositivos científicos e tecnológicos. Curiosamente, apesar de contemporâneos, não há nenhum testemunho de encontro ou mesmo conhecimento recíproco de seus trabalhos. Agamben procura fazer esse enlace, acrescentando elementos de análise que permitam uma maior compreensão da centralização crescente da política na vida nua: a sua paulatina transformação em uma biopolítica.

Deve-se a Foucault (1988), no último capítulo do primeiro volume da *História da sexualidade*, a primeira descrição rigorosa dessa forma contemporânea de política. Segundo este autor, o "poder de vida e morte", que na antiguidade era privilégio do soberano, apresenta-se, na modernidade, "como o complemento de um poder que se exerce, positivamente, sobre a vida, que empreende sua gestão, sua majoração, sua multiplicação, o exercício, sobre ela, de controles precisos e regulações de conjunto" (ibid.: 129). Tal estado de coisas é facilmente observável pela forma como hoje, sobretudo nos EUA e na Europa, a cena pública e o jogo político foram tomados pelas discussões acerca das pesquisas do código genético, das regulamentações das novas formas de parentesco e filiação e das dificuldades relativas aos problemas da imigração (o "velho" tema, desde a origem do estado-nação, dos laços de sangue e de solo que unem o cidadão ao território).

Mais do que um fenômeno contemporâneo, ou "pós-moderno", pode-se perceber a origem dessa biopolítica nos próprios primórdios da noção moderna de Estado. Recorreremos aqui à análise de Arendt (1958/2001) que caracteriza a modernidade pela ruptura com a distinção entre as esferas pública e privada organizadora do mundo antigo. Cada vez mais, questões de foro íntimo – decisões reconhecidas pelos gregos como relativas ao domínio privado do lar – ganham espaço público. Para a autora, essa transformação da cena política é correlativa ao surgimento do que modernamente conhecemos como sociedade ou esfera social. Com a ascensão do social, tanto o público como o privado – no sentido antigo e que correspondia à cisão entre os espaços da cidade (*Polis*) e do lar (*Domus*), respectivamente – foram paulatinamente aniquilados, absorvidos pela unidade social, na qual o que rege é um "governo de ninguém", cuja forma *princeps* é a burocracia (ibid.: 54-55).

Não se trata, portanto, como assinala Arendt, "de uma mera transferência de ênfase" (ibid.: 52). Percebe-se, porém, que, efetivamente, atributos antes restritos ao domínio da casa, como a preocupação com a subsistência e manutenção da vida, assumem um lugar central na moderna organização social. A importância do trabalho (*labor*) e da economia, bem como das demais "ciências do comportamento", é indicada pela autora como participantes desse processo pelo qual a ação, ou práxis, isto é, as dimensões discursiva e simbólica do agir humano são degradadas e substituídas pela reprodução automática dos processos vitais.

Nessa passagem do antigo ao moderno, Arendt (1954/2005) situa igualmente um movimento que consiste fundamentalmente numa nova forma de relação do homem com o tempo. A diferença entre as duas inscrições da "vida" no mundo antigo – *bios* e *zoe* – é considerada pela autora também como uma forma de se referir ao limite entre a imortalidade da natureza e a mortalidade do homem. A espécie humana enquanto participante do *zoe*, da vida natural, é perene; já os homens, um a um, são perecíveis e dessa forma distinguem-se dos demais seres vivos. Tanto a narrativa histórica clássica como a científica – a historiografia – são formas de lidar com essas duas dimensões da existência humana. Na primeira, exclusiva da antiguidade, se reproduzia discursivamente a diferença entre o universal da natureza e a singularidade humana. O estilo narrativo era, indica Arendt, o da poesia e da tragédia, pela possibilidade de transmissão da tensão entre movimento cíclico que caracteriza a perenidade da natureza e o "acontecimento" disruptivo, inerente ao singular humano. Já na linguagem científica a alienação da natureza se potencializa; opera-se aí, de um lado, a produção do natural como artifício e, por outro, a exclusão da consideração pelo singular do acontecimento. A história moderna torna-se, assim, ciência, na busca pela objetividade dos fatos. A sua "reprodutibilidade técnica" – termo tornado célebre através da análise feita por Benjamim (1936a/1985) sobre a perda da aura na arte moderna –, isto é, a produção da história como cópia artificial do ciclo natural (e não mais arte narrativa), é a garantia tanto da cientificidade da disciplina quanto da positividade de seu objeto.

Como se pode notar, a expulsão do sujeito da ciência é contemporânea da naturalização da vida humana e faz parte de um movimento cultural muito mais amplo. Também nas artes literárias, a estória (do mesmo modo que a história) perde na modernidade a autoridade de um sujeito narrador que se legitima de sua própria experiência. Conforme Benjamin (1936b/1985), o romance moderno é fruto dessa perda de uma experiência única e irreplicável que ele atribui às modificações ocorridas nos meios de produção. Também Arendt (1958/2001) refere que a ascensão das artes modernas, nos séculos XVIII e XIX, é contemporânea do declínio de uma forma de expressão artística mais pública, como a arquitetura, por exemplo. Porém para essa autora – menos marxista que seu colega de Frankfurt – trata-se de uma decorrência antes cultural que econômica. O nascimento do romance – "única forma de arte inteiramente social" (ibid.: 53) – faz parte desse movimento.

Interessa-nos destacar aqui a análise de Arendt em relação à função da ciência na ascensão do social, na transposição de valores antes restritos ao domínio privado para a esfera coletiva. A crescente "alienação do mundo", estimulada pelos avanços da ciência, tem como acontecimento paradigmático o advento do telescópio e a decorrente possibilidade de considerar a "Terra desde o ponto de vista do universo" (ibid.: 312). Desde essa nova perspectiva – acrescida da desconfiança do sujeito em relação aos sentidos e que estabelece na introspecção o acesso à estrutura lógica da razão como a única base segura para o conhecimento – é a própria experiência do homem no mundo que se lhe torna alheia. Há, pois, uma dupla alienação em causa na ciência moderna: a perda do mundo pela adoção do ponto de vista arquimediano e da experiência, fruto do movimento reflexivo em direção a um mundo interior.

Paradoxalmente, nesse retorno para dentro de si mesmo, o que o sujeito da ciência moderna busca é a mesma exterioridade e universalidade que a visão do telescópio lhe confere. Com os "olhos da mente" ele pode aceder às formas ideais e universais da matemática, as mesmas que estruturam o mundo visto de fora. Essa linguagem purificada dos símbolos matemáticos adotada pela ciência destitui o valor da palavra. Se, como afirma Arendt (1958/2001: 14), "é o discurso que faz do homem um ser político", lançar o sujeito para fora da singularidade da experiência na qual se encontram as condições de significação da linguagem é um efeito indiscutivelmente político das ciências.

Nessa paulatina perda do mundo e da experiência, a autora situa a emergência da vida como bem supremo. Não mais a vida imortal assumida como valor no cristianismo, mas a vida enquanto "processo vital", isto é, como algo cuja natureza pode ser compreendida e que deve ser fabricada. Desprovida de sentido, a existência humana na era da ciência tem como objetivo único a "sobrevivência da espécie animal humana" (ibid.: 391). À dupla alienação do sujeito moderno corresponde, portanto, a redução de seu agir no mundo ao exercício de uma força natural, isto é, à reprodução dos processos biológicos que garantam a continuidade da vida. Nesse contexto a história torna-se processualidade; cabe a ciência, portanto, também engendrá-la.

Já em 1958 (2001), Arendt podia então vaticinar:

> O mesmo desejo de fugir da prisão terrena manifesta-se na tentativa de criar a vida numa proveta, no desejo de misturar, "sob microscópio, o plasma seminal congelado de pessoas comprovadamente capazes a fim de produzir seres humanos superiores" e "alterar(-lhes) o tamanho, a forma e a função"; e talvez o desejo de fugir à condição humana esteja presente na esperança de prolongar a duração da vida humana para além do limite dos cem anos. Esse homem do futuro, que segundo os cientistas será produzido em menos de um século, parece motivado por uma rebelião contra a existência humana tal como nos foi dada – um dom gratuito vindo do nada, que ele deseja trocar, por assim dizer, por algo produzido por ele mesmo (ibid.: 13).

No capítulo final de *A vontade de saber*, como já assinalamos acima, Foucault (1988) nos indica – na mesma direção de Arendt – o elo perdido na modernidade entre ciência e política. Sua análise dirige-se à pregnância da sexualidade no discurso moderno, ao estabelecimento do que ele denomina de "dispositivo da sexualidade". Nesse contexto, todas as formas de produção de saber sobre o corpo e seu funcionamento – medicina e psicanálise incluídas – são apresentadas como compondo uma forma particular de organização de poder: o poder disciplinar. Mais especificamente, porém, o autor situa criticamente uma forma específica de produção de subjetividade, que ele denomina de biopoder. "Pela primeira vez na história", escreve Foucault, "o biológico reflete-se no político" (ibid.: 135). Isso implica que a vida esteja constantemente em questão, sendo objeto de controle de saber e de intervenção de poder.

Trata-se aí, poderíamos acrescentar, da "vida nua", como denomina Agamben (2002): essa inscrição original da "vida natural" (*zoe*) na ordem política. A constrição do humano à sua existência natural, à animalidade de um corpo, exclui o valor da palavra e do *logos* público; exclui a ordem do discurso. Conforme Foucault (1988): "O homem, durante milênios, permaneceu o que era para Aristóteles: um animal vivo e, além disso, capaz de existência política; o homem moderno é um animal, em cuja política sua vida de ser vivo está em questão" (ibid.: 134). Há, pois, um embate do autor com o dispositivo propriamente moderno de poder, fundado em ruptura com a tradição. A perda de um corpo político, *bios*, é correlativa à ascensão e produção de uma vida desprovida de qualidades. O que pode ser atestado, entre outras coisas, pelo fato de "o direito à vida, à saúde, à felicidade, à satisfação das necessidades" (ibid.: 136) ter se tornado a grande utopia da modernidade.

Nesse sentido, Foucault mesmo reconhece, a psicanálise surge como ruptura. Ela se constitui como contraponto fundamental ao racismo e ao eugenismo, baseados no sistema de hereditariedade-degenerescência (ibid.: 112-113). Surge como terapêutica em uma cultura na qual a assepsia da técnica opera interditando ao corpo sexual o registro do desejo. A subversão de Freud foi propor um modelo de ciência que inclui a experiência singular, restaurando o valor da palavra. Talvez não seja mero acaso que Édipo, figura *princeps* da aura grega, tenha se tornado o representante, por extensão, da psicanálise.

Na obra de Freud encontramos a recuperação da história como poesia e tragédia; a passagem do tempo, marcada pelos acontecimentos ("traumas"), se apoia na manutenção de seus traços – índices do sujeito – de forma indelével no inconsciente. A psicanálise introduz na cultura a possibilidade de reintegração de uma tradição perdida, aquela cuja herança, conforme as palavras de René Char (*apud* Arendt, 1954/2005: 28), "nos foi deixada sem nenhum testamento".

2. PROBLEMATIZANDO A BIOÉTICA

No campo da ciência e da pesquisa, bem como das práticas terapêuticas e suas legislações, encontramos algumas das formas atuais de expressão das estratégias de saber-poder biopolíticas, indicadas por Foucault e retomadas por Agamben. Recentemente os profissionais não-médicos, trabalhadores da área de saúde, foram surpreendidos pela aprovação em primeira instância, no Senado Federal, do projeto de lei que prevê a regulamentação do ato médico. Conforme a redação inicial do projeto, é "ato privativo do profissional médico" a promoção e prevenção da saúde (Diário do Senado Federal, 2002). Os conselhos e entidades de classe dos profissionais afetados por essa resolução mobilizaram-se, nacionalmente, em oposição a tal dispositivo disciplinar que subordina suas ações à medicina. A urgência política tem dificultado, no entanto, que os princípios epistêmicos e éticos que fundamentam tal proposta possam ser esclarecidos e, assim, questionados e debatidos.

É também o caráter de urgência que nas Universidades tem dificultado o debate em torno das regras estabelecidas pela resolução 196/96 do Conselho Nacional de Saúde para todas as pesquisas que envolvam – direta ou indiretamente – seres humanos. Essa resolução estipula a observância aos princípios da bioética, prescrevendo-os como critérios normativos, de forma genérica (CNS, 1996). Sem considerar as particularidades de cada ciência e de cada método – ou seja, assumindo de modo acrítico a definição positivista de ciência –, essa resolução do CNS incorpora e impõe a todos os pesquisadores o modelo biomédico de pesquisa. O Conselho Federal de Psicologia, por sua vez, em resolução n. 16/2000, prescreveu para a categoria a adoção dessa resolução. No novo Código de Ética Profissional do Psicólogo (CFP, 2005), igualmente, pode-se ler que, em procedimentos de estudos e pesquisas, o psicólogo "garantirá a participação voluntária dos envolvidos, mediante consentimento livre e esclarecido, salvo nas situações previstas em legislação específica e respeitando os princípios deste Código" (ibid., art. 16(b): 14). A inclusão desse artigo é decorrente da referida resolução do Conselho Nacional de Saúde. Ao estabelecer as diretrizes e normas regulamentadoras de toda pesquisa que envolva seres humanos, busca-se garantir, entre outras coisas, "a autonomia dos sujeitos da pesquisa" através da assinatura de um "Termo de consentimento livre e esclarecido".

O apelo às razões históricas que legitimam tal prescrição generalizada, com a evocação dos horrores perpetrados pelos médicos-cientistas nazistas, dificulta o debate sobre a aplicação irrestrita de tais preceitos. Efetivamente, a bioética surgiu buscando estabelecer princípios que ajudassem a preservar a dignidade humana e fazê-la coabitar com os avanços técnico-científicos. Seus princípios fundamentais são: *autonomia* (preservação da capacidade de autodeterminação do sujeito), *beneficência* (promover o bem desse sujeito), *não maleficência* (evitar ao máximo os riscos e danos previsíveis), *justiça e equidade* (garantir a relevância social e a igual consideração dos interesses envolvidos) (CNS, 1996).

O "modelo principialista" da bioética – como passou a ser conhecido desde a proposição desses quatro princípios, em 1978, por dois pesquisadores, Beuchamp e Chidress (2002), vinculados ao *Kennedy Institute of Ethics* – busca contemplar a generalidade dos dilemas éticos que a pesquisa biomédica aporta (Goldim, 2003). Desde então, eles foram amplamente aceitos e utilizados, constituindo o principal modelo de referência da bioética. Ainda assim, encontram-se posições contrárias a sua adoção irrestrita dentro do próprio campo biomédico. A crítica mais importante dirigida a esse modelo principialista é sua universalidade abstrata, a desconsideração dos casos particulares e dos contextos de sua aplicação (Junges, 2003).

Efetivamente, no cotidiano do trabalho na universidade, podemos reconhecer a transformação de tais preceitos em prescrições burocráticas (Poli, 2005a). No lugar das perguntas "como poderemos preservar a autonomia dos sujeitos (o que é afinal autonomia?)?", ou "de que modo seguir o princípio da beneficência (o que é o bem para o sujeito?)?", e ainda "como realizar uma ciência justa (o que é mesmo ser justo?)?", estabelecem-se princípios abstratos. A assinatura de um "Termo de consentimento livre e esclarecido" e o preenchimento adequado de formulários parece bastar para atestar a "submissão" do pesquisador a esses preceitos.

Assim, por exemplo, se parece evidente que se deva respeitar a vontade dos indivíduos, seu consentimento manifesto de forma autônoma para a participação em pesquisas que os tenham integral ou parcialmente como objetos, isto só é válido para esse modelo de ciência. Justamente aquele no qual o ser humano é alienado da sua própria experiência, anulado enquanto autor de sua própria palavra e reificado na base de dados estatísticos da epidemiologia. Há, no entanto, todo um outro conjunto de saberes – as denominadas "ciências humanas", "do espírito" ou "da interpretação" – cujo fundamento epistemológico consiste no princípio ético da restauração do valor da palavra, na aposta na possibilidade de produzir conhecimentos sem desconsiderar a dimensão política da vida humana (Birman, 1994). Como então conceber que, a partir de uma resolução arbitrariamente imposta, toda pesquisa com seres humanos, inclusive a pesquisa em psicanálise, deva se valer de dispositivo de controle regulador de um modelo de ciência que lhe é alheio?

Entre os princípios da bioética, indicados acima, o mais problemático é também reconhecido pelos bioeticistas como o mais importante: a autonomia. Como indica Braz (1999), em artigo dedicado a esse debate, "a autonomia, aos poucos, está se transformando numa espécie de fetiche, e levantar quaisquer dúvidas a respeito dela provoca brados de revolta" (ibid.: 7). Na prática de pesquisa, tal como estabelece a resolução do Conselho Nacional de Saúde, respeitar a autonomia significa, seja no processo de pesquisa ou de tratamento, informar o paciente dos procedimentos que serão adotados e obter o seu consentimento, por escrito preferencialmente. Como indica Clotet (1995), "o consentimento informado justifica-se pelo direito da autonomia" e, além disso, conforme o Comitê Nacional de Bioética da Itália, ele "constitui a legitimação e o fundamento do ato médico". Mas o que é, afinal, autonomia? Braz nos traz, desde a perspectiva da psicanálise, os elementos para discussão:

> Do ponto de vista da bioética, sem levar em conta o conhecimento do sujeito pela psicanálise, o indivíduo poderá assumir uma das duas posições [...],

> ou seja, é totalmente autônomo e o consentimento é suficiente, ou não o é, devendo haver normas e leis para proteger a pessoa. Seja qual for a corrente bioética, temos o direito e o dever de nos interrogarmos quanto à eticidade de qualquer ato médico. Teremos o direito de, simplesmente, atender a demanda, expressa por um pedido, sem entendermos o desejo inconsciente que move o sujeito? O psicanalista vê o indivíduo de outro modo, não o julga. Ele escuta e atende para o desejo do paciente, não para sua demanda explicitada num pedido ou num consentimento (Braz, 1999: 5).

Como lidar então, na pesquisa em psicanálise, com um conceito como o de "autonomia" (literalmente: "dar-se a própria lei") sem desconhecer as determinações inconscientes, isto é, o valor da história, da cultura e das relações nas condições de produção de significação do agir humano? Na origem de um tema tão controverso encontramos um dos pontos de enlace entre ética e epistemologia na forma como esses campos se constituíram na modernidade. Não por acaso, ao buscar embasar os preceitos da bioética, os autores recorrem à filosofia kantiana e ao utilitarismo (Beauchamp e Childress, 2002; Dall'Agnol, 2004). Na filosofia kantiana, a conceitualização da "autonomia" como fundamento da moralidade; no utilitarismo, os pressupostos da forma moderna de organização social pautada pelo cálculo do bem comum a partir da consideração do bem-estar de cada indivíduo.

Os limites deste artigo não nos permitem demonstrar, de forma mais detalhada como o tema mereceria, as consequências dessas formulações. Deixaremos, assim, apenas indicado que, se a "autonomia" é o fundamento da moral para Kant, é na medida em que se trata de um atributo necessário do sujeito transcendental, do "eu penso" pressuposto a todo ato cognoscitivo. Por "sujeito transcendental" entenda-se um princípio universal e *aprioristico*, organizador da experiência, que se diferencia do "eu empírico". O sujeito autônomo é um *a priori* da Razão para Kant que, na sequência da filosofia cartesiana, estabelece os princípios da ética como resultantes da estrita distinção entre sujeito e objeto do conhecimento (Poli, 1998). Nesse contexto, a palavra "autonomia" é o atributo de um sujeito para o qual a transposição da experiência de encontro com a alteridade e com a diferença, posta pela convivência social e pelo discurso, é excluída. Assim, a ética do sujeito autônomo deve ser tão universal quanto os conhecimentos produzidos por esse modelo de ciência. Conforme postula Kant:

> A autonomia da vontade é aquela sua propriedade graças à qual ela é para si mesma a sua lei (independentemente da natureza dos objetos do querer). O princípio da autonomia é, portanto: não escolher senão de modo a que as máximas da escolha estejam incluídas simultaneamente, no querer mesmo, como lei universal (Kant, 1786/1974: 238).

Encontraremos nos fundamentos do utilitarismo a relação desses princípios com a forma moderna de política. A máxima do utilitarismo, tornado célebre por Bentham[2], *o máximo de felicidade para o maior número*, serve de orientadora de uma ética tipicamente moderna, no sentido indicado por Arendt (1958/2001: 377), pela conjugação do princípio da introspecção com uma definição genérica da natureza humana. A alienação do mundo e o esvaziamento do discurso são inerentes a essa generalização do sujeito ("o maior número") aliada a um critério de universalização pela matematização do sentido interno ("o máximo de felicidade"). Se para Aristóteles também a felicidade é a finalidade da ética, a forma como alcançá-la (as virtudes) torna-se o objeto principal de reflexão. A conformação do caráter (*ethos*) obedece não a uma utilidade social ou comunitária, mas ao ordenamento do Cosmos e é obtido através da contemplação. Não há, nesse sentido, na antiguidade, um sujeito abstrato e universal – o sujeito anônimo da burocracia – como princípio e fundamento do conhecimento e da ética; a "posição mestre" atribuída ao *Cosmos* é, pelo contrário, um elemento de união entre experiência e pensamento, natureza e cultura.

No seminário sobre a ética da psicanálise, Lacan (1959-1960/1991) retoma esses fundamentos, indicando na origem do utilitarismo moderno

---

[2] Segundo nota do tradutor francês de *O panóptico*, de Jeremy Bentham, essa fórmula foi proposta pela primeira vez por Priestley, em 1768, no livro *Essai sur les premiers principes de gouvernement*. A nota menciona ainda que esse autor era discípulo de David Hartley, um dos fundadores do associacionismo, e que tentou desenvolver as leis de uma psicologia científica e uma teoria psicológica dos fenômenos mentais (Bentham, 1787/2000: 74).

"um declínio radical da função do mestre" (ibid.: 21). Curiosamente, tal movimento histórico conduz a uma radicalização das estruturas simbólicas – a álgebra científica – que passa a operar de forma "autônoma", isto é, independente do sujeito. Há, portanto, uma *realização* do simbólico na modernidade que situa nos ideais éticos reguladores da experiência o real, *das Ding*, que a funda. Lacan indica nesse ponto o cerne da leitura freudiana acerca do "Além do princípio do prazer" (Freud, 1920/1973). O núcleo real que organiza a experiência humana e que se presentifica na compulsão à repetição é homologo ao imperativo superegoico que submete o sujeito a uma posição de gozo regulada pelo "serviço dos bens". Por esse termo, Lacan refere o circuito social de trocas na medida em que ele se constitui às expensas do desejo, isto é, da singularidade da posição do sujeito na ordem da filiação e da sexuação. Não é casual, portanto, a referência de Freud ao supereu como "imperativo categórico kantiano". Justamente, trata-se do imperativo à autonomia como recusa ao desejo e, portanto, a uma experiência orientada pelo encontro com a alteridade simbólica (que na ciência é reduzida a um ponto do Real).

A experiência clínica psicanalítica reintroduz a relação sujeito-Outro ali onde a ciência a havia excluído. Se a direção da cura visa a que o sujeito advenha "lá onde isso era", é pela via da transferência que se propõe alcançá-la. Referir a transferência como operadora central da experiência psicanalítica implica situar e incluir a relação ao Outro e ao Real (o objeto da pulsão) sem pressupô-los de forma apriorística. Não há, pois, para a psicanálise – e esse é um achado clínico – um sujeito abstrato e universal a regular a epistemologia e a ética de sua prática. O desejo que estabelece a experiência – o desejo de desejo do analista – se dá sempre em transferência, isto é, na presença do sujeito e do Outro, no campo da fala e da linguagem.

Como, então, se valer de casos clínicos na pesquisa em psicanálise devendo submeter-se ao princípio da autonomia e da beneficência? Dever-se-ia solicitar ao paciente a assinatura de um "Termo de consentimento livre e esclarecido" e comprometer-se com o máximo de benefícios e o mínimo de danos e riscos? Há, na formulação desses preceitos, um desconhecimento radical de concepções de ciência e de ética absolutamente distintas daquelas estabelecidas por esses pressupostos. A psicanálise, cujos fundamentos indicamos aqui, é um dos campos de experiência que conjugam proposições éticas e cognoscitivas de outra forma do que aquela estabelecida por esse modelo de ciência.

O que gostaríamos de deixar indicado é que, por trás de tais questões de ordem prática, desvela-se o elemento sob ação do recalque: em nome da ética e da moral opera-se a reificação que se pretendia evitar, equivalendo o valor da palavra em transferência às pesquisas sobre o DNA. Reduzido à lógica biológica, o corpo dessexualizado das biociências e da bioética (Tort, 2001) expulsa o sujeito e, consequentemente, mais uma vez, desloca de forma a tornar ilegítima a psicanálise no campo de pesquisa.

Nas ciências ditas "humanas" – que no caso específico da psicanálise preferiríamos, com Lacan, denominar de "ciência do sujeito" (1956-1957/1994: 181) ou "ciência conjectural do sujeito" (1964/1985: 46) – a pesquisa não se dirige apenas ao objeto produzido e sobre o qual operam estratégias múltiplas de poder e de saber. "O sujeito está em uma exclusão interna ao seu objeto", assevera Lacan (1966/1998: 875). Por mais que a ciência moderna busque objetivá-lo, alienando-o na reificação promovida por um saber suposto absoluto, a inefável hiância – a *Spaltung* do sujeito – permanece incólume. Como veremos a seguir, tal divisão do sujeito está posta tanto na distância infinita entre enunciado e enunciação como na irredutível separação entre saber e verdade.

3. A PSICANÁLISE E O SUJEITO DA CIÊNCIA

A pergunta sobre o que move o cientista em sua pesquisa nunca fez parte das preocupações da ciência; tampouco, até onde temos notícia, da epistemologia da ciência. No máximo, para os mais curiosos, tratou-se do tema pela via das motivações pessoais, pautadas por histórias de vida, de paixões secretas e de melhores ou piores desempenhos acadêmicos. As famosas "vida e obra" de grandes pensadores chegaram também ao âmbito da ciência, se bem que de modo bem mais modesto. De qualquer modo, referem-se aí ao cientista enquanto *personalidade*; buscam, então, seguindo a lógica do senso comum, o que levaria determinada pessoa a se ligar a determinado objeto a ponto de dedicar a vida ao seu encalço.

Quando se procura pelas motivações de Freud na aventura da descoberta do inconsciente e da invenção da psicanálise, o esquema não foge à regra. São os dados biográficos, o contexto histórico e as conjunturas sociais que se salientam. A genialidade do mestre, o apelo das histéricas, o alto nível de repressão da sexualidade são invariavelmente evocados e detalhadamente analisados em busca da razão suficiente, e mais ou menos secreta, que teria causado a psicanálise.

Na obra de Lacan encontramos a questão sobre o desejo de Freud. Não suas motivações, sua vontade ou seu querer, mas seu desejo na medida em que é este que a psicanálise como ciência reconhece como objeto. De forma análoga, na física, por exemplo, não é a natureza ou os seres naturais, mas a força ou a energia que é seu objeto e que a define enquanto ciência. Ambos, desejo e força, são termos construídos que não se dão de modo imediato na experiência, mas que tocam no seu cerne: naquele ponto onde entre um fato e o fato seguinte, entre uma palavra dita e a que lhe segue, há solução de continuidade. Nesse ponto de ruptura entre causa e efeito – lá onde a pergunta sobre a etiologia dos sintomas histéricos aponta para uma falha no saber médico, homóloga ao esquecimento do nome do autor dos afrescos de Orvieto e à falta de uma explicação suficiente para o enigma posto pelos sonhos, Freud nomeia: "desejo". No lugar do enlace não realizado, da continuidade quebrada, da antecipação não confirmada, um significante que nomina algo até então inescrutável, permitindo que, a partir de sua inscrição, novos enigmas possam ser enunciados.

É, pois, dito de forma muito direta, pela inscrição simbólica de um objeto real, que a psicanálise se introduz e participa do campo da ciência. Porém, diferentemente do que aí ocorre, essa operação de inscrição não dispensa o sujeito; pelo contrário, o produz. Dito de outro modo, "desejo" não é uma força abstrata, universal, matematizável e dedutível pela introspecção. Ele é antes o não-ser do objeto da ciência, sem lhe ser contraditório. É concreto, singular e apenas acessível por meio de uma relação mediada pela linguagem: a transferência.

No principal escrito dedicado a esse tema, "A ciência e a verdade", Lacan (1966/1998) parte da questão sobre o estatuto do sujeito em psicanálise para problematizar o que seria a especificidade desse campo. Ele procederá por diferenciações, aproximando para depois distinguir a psicanálise da ciência, da magia e da religião. Sua abordagem visa, inicialmente, situar os limites epistêmicos do sujeito na psicanálise: sua origem no ato cartesiano que reduz o saber ao mínimo de sua enunciação (*Cogito ergo sum*).

Ao longo do texto, o autor demonstra que a interface psicanálise e ciência está em causa já nesse ato originário: é o próprio sujeito que, expulso pela ciência, vai encontrar acolhida na psicanálise. Ambos os campos, devedores de "uma modificação em nossa posição de sujeito" (ibid.: 870) levada a cabo por Descartes, visam ao reestabelecimento do saber, na ciência, e à retomada da experiência de sua divisão, na psicanálise. Assim, diferentemente do campo científico, a psicanálise se estabelece no ponto de clivagem entre saber e verdade. Mais ainda: para o psicanalista a *verdade* constitui a "causa material" de seu discurso, a sua razão e a sua ética; já o *saber* interessa ao psicanalista por se situar nas antípodas da verdade. Aí ele é sujeito suposto que sustenta a hipótese do *Unbewusst* ("Inconsciente", literalmente "insabido").

A referência aristotélica às quatro causas (material, formal, eficiente e final) fundamenta para Lacan a distinção entre os campos. Psicanálise, ciência, magia e religião são, respectivamente, designadas a partir da posição na qual se situa a relação com a verdade. Atribuir à ciência a "causa formal" implica em reconhecê-la esvaziada de sujeito. Efetivamente, como indicamos acima, ele se encontra aí *Verferwerten*, foracluído. A ciência, nesse sentido, se pauta pelo exercício maquínico da "Razão pura". A pressuposição kantiana de um "Eu transcendental" – isto é, descorporificado e universal – é, pois, o exato complemento de uma ética fundada no imperativo categórico: *dever ser* que reifica o sujeito, reduzindo sua singularidade e contingência à condição de objeto a serviço do gozo do Outro (Lacan, 1963/1998).

Por outro lado, assumir na psicanálise a verdade como "causa material" implica, também, em situá-la antes no terreno da ética do que naquele da epistemologia. Como Lacan indica no seminário sobre os quatro conceitos fundamentais da psicanálise (1964/1990), o estatuto do inconsciente é ético e não ôntico. Que o analista faça a hipótese do inconsciente e sustente a posição de *sujeito suposto saber* coloca em causa uma relação com o desejo – como indicamos acima –, com o que de "não-realizado" ele comporta. Trata-se aí do objeto *a*, falta organizadora e móbile do desejo de saber – a "pulsão epistemofílica" de Freud (1905/1973) – que indica o intransponível da falta-a-ser do sujeito.

Por conta dessas considerações, a psicanálise já foi acusada de niilismo ético e moral. Como indica Birman (1994), nos históricos embates com a religião e com a medicina, a psicanálise foi (ainda é) duplamente acusada pela sua ausência de promessa. Enquanto "a medicina realiza a promessa de cura e a religião realiza a promessa de salvação" (ibid.: 85), o discurso freudiano critica, igualmente, a ilusão religiosa e científica "traçando as fronteiras do campo da ética psicanalítica, onde esta se funda no desejo" (ibid.: 84).

Como refere Lacan (1966/1998: 873): "por nossa posição de sujeito, sempre somos responsáveis". Afirmação a ser considerada, seguindo o encaminhamento de Freud, como um questionamento radical de toda forma de alienação promovida pelas ilusões acima indicadas. Abre-se aí também a possibilidade de fazer, a partir da psicanálise, uma crítica à ética da ciência contemporânea e ao modelo biomédico de pesquisa.

4. Considerações finais

Uma das questões que se colocam para a nossa cultura é por que a bioética se tornou hoje, ao mesmo tempo, a grande querela do avanço científico e da cena política. A paixão que envolve os debates em torno da legitimidade do aborto, da eutanásia, da clonagem deixa transparecer o elo perdido entre ciência e política, como assinalamos, mas também entre ciência e religião. Que a ciência moderna seja um epifenômeno do cristianismo, autores como Eliade (1963) já salientaram ao demonstrar a consonância entre o princípio da ciência, a oposição entre verdade factual e mentira mítica, com a versão cristã do complexo paterno. Também Arendt, como vimos, salienta a sacralização da vida como uma herança do cristianismo. Talvez devêssemos buscar, ainda nessa herança, os fundamentos da forma de relação sujeito-objeto estabelecidos pela biopolítica e que a bioética vem tentar regular.

Como já indicamos, no texto sobre a ciência e a verdade, Lacan (1966/1998) diferencia religião, ciência e psicanálise a partir da posição que cada uma confere à verdade. Isso implica postular uma especificidade à psicanálise que não se reduz a nenhum desses dois campos. Implica também, por outro lado, reconhecer que há um sujeito em comum sobre o qual se opera: o sujeito da ciência moderna. É na estrutura desse discurso que postula a clivagem entre saber e verdade que cada um desses campos vai se situar. Assim, também a religião é reinventada pelo discurso da ciência. É a partir deste que se pode apreender onde se inscreve, na modernidade, o lugar do antigo Soberano (que, na idade medieval foi duplicado por Deus). Isto é, o lugar daquele que ao exercer o "poder de vida e morte" sobre seus súditos se constitui como seu referente último: o fiel necessário para a valoração da existência.

Cumpre, pois, reconhecer no discurso da ciência moderna a manutenção de uma referência religiosa à verdade. Ela é foracluída do campo científico, mas permanece como sua garantia exterior. Lacan destaca essa articulação entre ciência e religião já no ato inaugural de Descartes: "Deve-se apreender no *ego* que Descartes acentua [...] o ponto em que ele fica sendo o que se apresenta como sendo: dependente do deus da religião" (ibid.: 879). É, pois, no discurso da ciência que Deus (os fundamentos da verdade) é posto como *Nome-do-pai* no Real (Poli, 2005b). Da mesma forma, o apelo a uma ética que limite o avanço das biociências, mas igualmente confirme sua hegemonia, só pode constituí-la nesse lugar: mais teologia do que deontologia.

Decorre daí a "vida nua" como elemento político fundamental: objeto de afirmação e confirmação de um poder soberano burocrático exercido pelas tecnociências da vida. A apresentação contemporânea do "corpo próprio" como objeto da ciência e da política o inscreve na dimensão do *Homo Sacer*: aquele que pode ser morto (manipulado como cadáver) pelo técnico/cientista sem que se cometa sacrifício ou sacrilégio.

Percebe-se, assim, o quão impressionante pode ser a redução do que literalmente seria o "lugar da vida pública/política" (*bios-ethos*) a um conjunto de prescrições a serem seguidas de forma burocrática (o pai no Real) e universal (um corpo sem sujeito). A exigência do "Termo de consentimento livre e esclarecido", como vimos acima, é, nesse sentido, exemplar. Lembremos novamente o que Foucault (1988) refere:

> Uma outra consequência deste desenvolvimento do biopoder é a importância crescente assumida pela atuação da norma, a expensas do sistema jurídico da lei. [...] a lei funciona cada vez mais como norma, e [...] a instituição judiciária se integra cada vez mais num contínuo de aparelhos (médicos, administrativos, etc.) cujas funções são sobretudo reguladoras. Uma sociedade normalizadora é o efeito histórico de uma tecnologia de poder centrada na vida (ibid.: 135).

Reduzir a "psique humana a um objeto de manipulação tecnológica", conforme as palavras de Zizek (2005), é um dos efeitos da manipulação biogenética. Reduzir a palavra, o sujeito e o desejo a descrições biomédicas e prescrições bioéticas pode ser ainda pior.

REFERÊNCIAS BIBLIOGRÁFICAS

AGAMBEN, G. (2002). *Homo Sacer – o poder soberano e a vida nua*. Belo Horizonte: UFMG.

ARENDT, H. (1958/2001). *A condição humana*. Lisboa: Editora Relógio D'Água.

————. (1954/2005). *Entre o passado e o futuro*. São Paulo: Perspectiva.

BEAUCHAMP, T. L. & CHILDRESS, J. F. (2002). *Princípios de ética biomédica*. São Paulo: Loyola Ed.

BENJAMIN, W. (1936a/1985). A obra de arte na era de sua reprodutibilidade técnica. Em *Magia, técnica, arte e política: ensaios sobre literatura e história da cultura*. São Paulo: Brasiliense.

————. (1936b/1985). O narrador. Considerações sobre a obra de Nikolai Leskov. Em *Magia, técnica, arte e política: ensaios sobre literatura e história da cultura*. São Paulo: Brasiliense.

BENTHAM, J. (1787/2000). *O panóptico*. Belo Horizonte: Autêntica.

BIRMAN, J. (1994). *Psicanálise, ciência e cultura*. Rio de Janeiro: Jorge Zahar Ed.

BRAZ, M. (1999). Autonomia: onde mora a vontade livre? Em *A moralidade dos atos científicos – questões emergentes dos comitês de ética em pesquisa* (pp. 91-100). Rio de Janeiro: Fiocruz.

CLOTET, J. (1995). O consentimento informado nos comitês de ética em pesquisa e na prática médica: conceituação, origens e atualidade. Em *Revista Bioética*, v. 3, nº 1. Brasília: Conselho Federal de Medicina. Disponível em <http://www.portalmedico.org.br/revista/ind1v3.htm>.

CONSELHO FEDERAL DE PSICOLOGIA. (2000). Resolução nº 16, de 20 de dezembro de 2000. Consultada no site <http://www.pol.org.br/legislacao/doc/resolucao2000_16.doc>.

————. (2005). *Código de ética profissional do psicólogo*. Brasília: CFP.

CONSELHO NACIONAL DE SAÚDE. (1996). Resolução nº 196, de 10 de outubro de 1996. Disponível em: <http://conselho.saude.gov.br/comissao/conep/resolucao.html>.

DALL'AGNOL, D. (2004). *Bioética*: princípios morais e aplicações. Rio de Janeiro: DP&A.

DIÁRIO DO SENADO FEDERAL. (28/02/2002). Projeto de Lei n. 25 de 2002. Disponível em <http://www.naoaoatomedico.com.br/paginterna/projetoslei01.cfm>.

ELIADE, M. (1963). *Aspects du mythe*. Paris: Gallimard.

FOUCAULT, M. (1988). *História da sexualidade I: a vontade de saber*. Rio de Janeiro: Edições Graal.

FREUD, S. (1905/1973). Tres ensayos para una teoría sexual. Em *Obras completas*, v. II. Madrid: Biblioteca Nueva.

————. (1920/1973). Más allá del principio del placer. Em *Obras completas*, v. III. Madrid: Biblioteca Nueva.

GOLDIM, J. R. (2003). Princípios éticos. Disponível em: <http://www.ufrgs.br/bioetica/princip.htm>.

JUNGES, J. R. (2003). Metodologia da análise ética de casos clínicos. Em *Revista Bioética*, v. 11, nº 1, pp. 33-42. Brasília: Conselho Federal de Medicina.

KANT, I. (1786/1974). Fundamentação da metafísica dos costumes. Em *Coleção Os Pensadores*, v. XXV. São Paulo: Abril Cultural.

LACAN, J. (1956-1957/1994). *Le Séminaire, livre IV: la relation d'objet*. Paris: Seuil.

———. (1959-1960/1991). *O Seminário, livro 7: a ética da psicanálise*. Rio de Janeiro: Jorge Zahar Ed.

———. (1963/1998). Kant com Sade. Em *Escritos*. Rio de Janeiro: Jorge Zahar Ed.

———. (1964/1985). *O Seminário, livro 11: os quatro conceitos fundamentais da psicanálise*. Rio de Janeiro: Jorge Zahar Ed.

———. (1966/1998). A ciência e a verdade. Em *Escritos*. Rio de Janeiro: Jorge Zahar Ed.

Poli, M. C. (1998). *O espírito como herança: as origens do sujeito contemporâneo na obra de G. W. F. Hegel*. Porto Alegre: Edipucrs.

———. (2005a). Em defesa da condição humana. Em *Entrelinhas – Jornal do Conselho Regional de Psicologia 7ª região*, p. 11. Porto Alegre: CRP.

———. (2005b). *Clínica da exclusão: a construção do fantasma e o sujeito adolescente*. São Paulo: Casa do psicólogo.

SOULÉ, M. (1980). Le fantasme du roman familial et les nouveaux modes de filiation. Em *Le nouveau roman familial ou on te le dira quand tu seras plus grand*. Paris: Les éditions ESF.

TORT, M. (2001). *O desejo frio: procriação artificial e a crise dos referenciais simbólicos*. Rio de Janeiro: Civilização Brasileira.

ZIZEK, S. (2005). A falha da bio-ética. *Jornal Folha de São Paulo*. São Paulo: Caderno Mais!, 22 de junho de 2005.

O *MATEMA* E A INSERÇÃO DA PSICANÁLISE NA UNIVERSIDADE

Ana Paula Britto

RESUMO

Haveria uma contribuição da formulação do *matema* por Lacan para a inserção da psicanálise na universidade? Sustentamos que sim, a partir de três proposições: 1) O *matema* assegura a transmissibilidade do saber; 2) O *matema* conforma-se ao paradigma matemático; 3) O *matema* deriva da letra. O *matema* privilegiaria uma transmissão de saber pela via do escrito, sem que esta dependa da fala daquele que transmite.

Palavras-chave: *matema*; transmissão da psicanálise; universidade.

ABSTRACT

The matheme *and the inclusion of psychoanalysis in the university*

Can Lacan's *matheme* formulation contribute to the inclusion of psychoanalysis in the university? We argue it can, based on three propositions: 1) The *matheme* ensures the transmissibility of knowledge; 2) The *matheme* complies with the mathematical paradigm; 3) The *matheme* derives from the letter. It would focus on feasible knowledge transmission through writing, making it independent from its transmitter's speech.

Key words: *matheme*; psychoanalysis transmission; university.

Haveria uma contribuição decisiva da formulação do *matema* por Lacan para a inserção da psicanálise na universidade? Sustentamos que sim, se partirmos de três importantes e interligadas proposições apresentadas por Milner em seu livro *A obra clara*: 1) O *matema* assegura a transmissibilidade do saber; 2) O *matema* conforma-se ao paradigma matemático; 3) O *matema* deriva da letra (Milner, 1996: 100).

Para avançarmos na primeira proposição, o *matema* assegura a transmissibilidade do saber e, por consequência, na segunda proposição, o *matema* conforma-se ao paradigma matemático, torna-se imprescindível perguntarmos o porquê de Lacan formular a categoria do *matema* frente ao ensino e à possível transmissão da psicanálise, não sem recorrer, é claro, à matemática. Sabemos que todo o ensino de Lacan é pontuado pela invenção de uma escrita formal de letras, conhecida como álgebra lacaniana. Eis algumas delas, entre outras: S_1, S_2, $\$$, *a*. Na verdade, além de dialogar com ela, a matemática é um campo de saber que Lacan chega até mesmo a subverter, fazendo com que muitos o considerassem, no sentido clássico do termo, um antimatemático (ibid.: 109).

Cabe, aqui, uma breve digressão sobre o lugar e a função da matemática na ruptura moderna, isto é, no golpe desferido na história pelo advento da ciência moderna, na medida em que é pelos pressupostos dessa mesma matemática, tomada como paradigma de uma transmissão integral do saber, que Lacan irá se interessar. Embora o tema tratado neste trabalho toque pontualmente as possíveis relações da psicanálise com a matemática, não é nosso propósito adentrar de fato nesse campo, devido a sua complexidade e ao argumento de que, se o fizéssemos, inevitavelmente teríamos que tratar da espinhosa questão da topologia no ensino de Lacan, evidentemente merecedora de outro trabalho.

Nessa direção, é preciso esclarecer que a matemática requerida pelo discurso científico é uma matemática que se pretende predominantemente *matematizada*. O que isso quer dizer? Trata-se de uma matemática diferente da matemática herdada dos gregos, da *episteme* antiga. Segundo Milner, dado seu sistema de mundo, os gregos não consideravam a ideia de infinitização como os modernos; ao contrário, realizavam a matemática como "uma ciência do mais eterno e necessário objeto" (ibid.: 39), baseada, sobretudo, no mais puro tipo de demonstração, na boa forma, cujos números e figuras compreendiam apenas uma via de acesso ao mesmo, não podendo ser outra coisa do que são.

A matemática dita *matematizada*, paradigma de toda teoria considerada científica, passa a intervir muito mais através do cálculo, da precisão, deixando de se ligar ao que é da ordem do perfeito e do eterno para apreender o empírico no que ele tem de passageiro, de contingente e de não-perfeito, na justa tentativa de apreender aquilo que nos escapa, que nos é indizível. Então, é exatamente por considerar a matemática *matematizada* como uma ciência que trata do real, na medida em que o real nomeia a função do indizível, que se constituiria a tese de que é possível transmitir um saber integralmente. Lacan (1972-1973/1985: 125), em *O seminário, livro 20: mais, ainda*, chega a nomeá-la como verdadeira ciência, já que "ela é a elaboração mais avançada que nos tem sido dado produzir da significância". Podemos dizer: uma elaboração que se dá na contramão do sentido, absoluto *non-sense*.

No final do ano de 1971, pouco antes de iniciar *O seminário, livro 20: mais, ainda*, época que também demarca um segundo e importante momento de seu ensino, Lacan, então, propõe o *matema* como uma associação combinatória de uma escrita formal de letras e como um termo que condensaria o significado de dois outros importantes termos: o *mitema* e o *mathema.* Lévi-Strauss, antropólogo estruturalista, propõe o *mitema* em seu artigo "Estrutura dos mitos", em que estabelece elementos para uma espécie de gramática dos mitos. O *mitema* seria, portanto, um elemento, parte desta mesma gramática, colocando-se como análogo ao fonema e constituindo-se como a menor unidade com sentido, essencial nas composições míticas (Lévi-Strauss, 1958/1996: 265). Já o *mathema*, palavra de origem grega, traduz-se por conhecimento.

Mas a invenção do *matema* por Lacan se liga também à questão da incompreensão matemática suscitada pela obras do matemático George Cantor, que levariam o próprio Lacan a compará-las a seu ensino e corajosamente perguntar: seria a incompreensão com que esbarra meu ensino um sintoma? Eis que Lacan se vê quase que forçado a lançar mão do recurso do *matema*, não sem considerar que esse insuportável que a incompreensão matemática evoca não poderia ser outra coisa senão o amor à verdade por si mesma, advertindo-nos, sobretudo, que "a verdade, nunca se pode dizê-la a não ser pela metade" (Lacan, 1969-1970/1992: 34). O que Lacan pretendia, então, com os *matemas*, não era tudo matematizar na psicanálise, mas tornar possível um mínimo matematizável. No *Seminário, livro 20*, Lacan reafirma que "não há metalinguagem", no entanto aponta o *matema* como recurso para o ensino e uma possível transmissão da psicanálise. Em suas palavras:

> A formalização matemática é nosso fim, nosso ideal. Por quê? Porque só ela é matema, quer dizer, capaz de transmitir integralmente. A formalização matemática é a escrita, mas que só subsiste se eu emprego, para apresentá-la, a língua que uso. Aí é que está a objeção – nenhuma formalização da língua é transmissível sem o uso da própria língua. É por meu dizer que essa formalização, ideal metalinguagem, eu a faço ex-sistir (Lacan, 1972-1973/1985: 161).

Lacan retira, portanto, da formalização matemática para a proposta do *matema* a modalidade de um cálculo literal, que opera sobre letras, sustentado na tese de se afastar ao máximo de tudo que é da ordem da dedução, da intuição, para que assim continue a existir pensamento que, no entanto, não corresponda a critérios imaginários e qualitativos do próprio pensamento. Segundo Milner (1996: 109), a doutrina do *matema* só faz evidenciar a matematicidade da matemática, digamos, em seu mais último grau. É como se agora o matemático fosse o seu próprio matemático, tornando possível isolar uma única e específica função da matemática: a precisão rigorosa do cálculo literal. O que se verifica, portanto, é que a formalização matemática requerida pelo *matema* do ensino lacaniano produz uma verdadeira subversão da tradição filosófica matemática.

Diante de todo o exposto até aqui, depreendemos a interligação entre as duas primeiras proposições sobre o *matema*, apresentadas na introdução de nosso trabalho, que poderiam ser reformuladas da seguinte forma: por conformar-se ao paradigma matemático, o *matema* asseguraria uma transmissibilidade integral.

Passemos, agora, ao exame da terceira e última proposição: a de que o *matema* deriva da letra, mais precisamente da localidade intrínseca da letra, retirada por Lacan da *Teoria dos conjuntos* de Nicolas Bourbaki, pseudônimo de um grupo de matemáticos franceses que estuda a matemática moderna avançada. Dito de outra forma:

> A teoria dos conjuntos rompe ao colocar o seguinte – falemos do Um para coisas que não tenham entre si estritamente nenhuma relação. Ponhamos juntos objetos de pensamento, como se diz, objetos do mundo, cada qual conta como um. Ajuntemos essas coisas absolutamente heteróclitas, e nos demos o direito de designar esse ajuntamento por uma letra. É assim que se exprime em seu princípio a teoria dos conjuntos, aquela, por exemplo, que da última vez coloquei com o título de Nicolas Bourbaki (Lacan, 1972-1973/1985: 65).

Partindo da assertiva de Lacan sobre os bourbakistas, qual seja, a de que a letra designa, constitui um ajuntamento de caracteres, podemos perguntar com Lacan: "para que pode servir uma letra ao designar um lugar?" (ibid.: 41). Já de saída afirmamos que a letra não é o significante e que ambos – letra e significante – se apresentam como conceitos caros à psicanálise. Em todo ensino de Lacan é possível perceber uma espécie de emergência progressiva da letra que vem estabelecer possibilidades de melhor circunscrever as relações existentes entre ela e a categoria do significante. Interessante, porque à medida que avançamos no percurso do ensino de Lacan é notável como a letra vai assumindo diferentes dimensões, o que, é preciso dizer, é bem diferente de sustentarmos a ideia de uma possível evolução linear e unívoca de seu conceito.

Por exemplo, no texto "O seminário sobre a 'A carta roubada'" (1956/1998: 29), embora Lacan já aponte duas possíveis dimensões da letra, ainda há uma preocupação maior com a questão da dimensão do significante, mas com intenções de poder avançar sobre ela. Já em "A instância da letra no inconsciente ou a razão desde Freud" (Lacan, 1957/1998), Lacan irá apresentar a letra, tendo como cerne a categoria do significante. Contudo, diferente de pensar a letra como carta, em sua dimensão significante, como em "A carta roubada", a letra aparece como letra, como um elemento tipográfico com sua estrutura fonemática a partir do campo da fala. Lacan vai tomar os fonemas não como uma variabilidade de modulações fonéticas da fala, mas como um "sistema sincrônico dos pareamentos diferenciais necessários ao discernimento dos vocábulos numa dada língua" (ibid.: 504).

Assim, se considerarmos que o significante tanto pode significar qualquer coisa quanto pode não significar nada, podemos pensar a instância da letra pela via de sua insistência em suspender o sentido na cadeia significante, tornando possível assim o trabalho da própria articulação significante. A letra seria, portanto, "a estrutura essencialmente localizada do significante" (idem); na verdade, uma dimensão significante, no entanto depurada de significado, desatrelada de seus efeitos de sentido.

Mas é em seu texto "Lituraterra" (Lacan, 1971/2003) que Lacan avança em suas elaborações contínuas em torno da letra. Para Milner (1996: 99), esse texto demarca um segundo momento no ensino de Lacan e o autor chega, por isso, a nomeá-lo como o *segundo classicismo lacaniano*, em que a importante e séria questão da transmissão da psicanálise passa a ser considerada a partir dos *matemas*. Partindo, então, da distinção dos termos *littera* – letra e *litura* – rasura, Lacan, em oposição à palavra *literatura,* introduz *lituraterra* – terra de rasuras. Nesses termos, é em "Lituraterra" que uma melhor distinção entre letra e significante nos é apresentada, tomando a categoria da letra como portadora sincronicamente de duas dimensões: uma dimensão significante e outra que denota sua materialidade esvaziada de sentido (Lacan, 1971/2003: 18).

Uma vez, então, dadas as duas dimensões da letra, como articulá-las? Para que poderia servir uma letra ao designar um lugar? Lacan também avança nessa questão em "Lituraterra" servindo-se da metáfora do "litoral", ao propor que a própria categoria da letra, além de ser um lugar, é também operador dessa possível articulação. Diferente do que se conhece como fronteira, já que esta se apresenta como uma marca simbólica entre territórios de natureza homogênea, o litoral torna possível o encontro entre dois mundos heterogêneos. Nesse sentido, pergunta Lacan: "não é a letra [...] litoral [...] figurando que um campo inteiro serve de fronteira para o outro, por serem eles estrangeiros, a ponto de não serem recíprocos?" (ibid.: 18). É no nível do litoral que Lacan irá procurar assentar a letra, continuando a perguntar sobre o seu lugar, tal como mostra essa passagem, a nosso ver paradigmática: "*a borda do furo no saber, não é isso que ela (letra) desenha?*" (idem; grifo nosso).

Em síntese, se o *matema* deriva da letra, e a letra, além de ser um lugar, um suporte, é também um operador que faz "furo no saber", arriscamo-nos a dizer que o *matema* também operaria nesse litoral entre real e simbólico. Trata-se de uma transmissão de saber pela via do escrito, fazendo com que ela independa da fala ou da figura daquele que transmite: por exemplo, a figura do mestre na antiguidade, considerado até então insubstituível. Não é sem razão que Milner vai afirmar que a doutrina do *matema* exclui a figura do mestre, o que é bem diferente da exclusão do significante do mestre. Dito de outro modo, nas palavras de Milner, "quando, sob a forma do *matema*, a letra se torna necessária e suficiente para a transmissão, não mais existe par mestre-discípulo, com seu cortejo de fidelidades e traições; os únicos acasalamentos são literais" (Milner, 1996: 103).

Nessa direção, para que haja verdadeiramente um ensino e uma possível transmissão de saber, mais decisivo, necessário e fundamental que a figura de um mestre é que a letra como escritura, "efeito de discurso" (ibid.: 52), como operador de um furo no saber, seja capaz de tratar o que é da ordem do impossível, do indizível sempre em jogo na transmissão da psicanálise. É nesse ponto que o *matema* de Lacan, ao articular a questão da mestria como pura determinação posicional, apresenta-nos também a teoria dos quatro discursos, calcada exatamente na distinção de termos e lugares. Embora tenha sido proposta cronologicamente antes da formulação do *matema* no seminário *O avesso da psicanálise* (1969-1970/1992), como o próprio Lacan diz, isso não quer dizer que tratá-la em *matema* seria absolutamente ilegítimo, já que ela "derivaria de uma injunção retroativa" (Lacan, 1972-1973/1985: 52).

A inclusão da teoria dos quatro discursos no *matema* teria, sobretudo, uma consequência política no que se refere às possíveis relações da psicanálise com a universidade. É bom lembrar que por muito tempo Lacan hesitou em se inscrever no organograma universitário, contentando-se em sustentar seu ensino "com o abrigo que esta (universidade) podia lhe consentir às suas margens" (ibid.). Curiosamente, já em 1970, Lacan muda sua posição frente à universidade e começa a apoiar seus colegas de ensino, em especial Jacques-Alain Miller, na criação de um departamento de psicanálise na Universidade de Vincennes.

Por fim, sustentamos aqui a contribuição da formulação do *matema* frente à inserção da psicanálise na universidade por Lacan. Com efeito, se a instituição universitária, lugar fecundo para o debate dos mais diversos campos de saber, repousa sobre um ato de transmissão, a legitimidade de um departamento universitário de psicanálise se assegura na proposta de que, como práxis discursiva e matematizada, a psicanálise pode sim sustentar a aposta de sua transmissibilidade.

Referências bibliográficas

LACAN, J. (1956/1998). O seminário sobre "A carta roubada". Em *Escritos*. Rio de Janeiro: Jorge Zahar Ed.

———. (1957/1998). A instância da letra no inconsciente ou a razão desde Freud. Em *Escritos*. Rio de Janeiro: Jorge Zahar Ed.

———. (1969-1970/1992). *O Seminário, livro 17: o avesso da psicanálise*. Rio de Janeiro: Jorge Zahar Ed.

———. (1971/2003). Lituraterra. Em *Outros escritos*. Rio de Janeiro: Jorge Zahar Ed.

———. (1972-1973/1985). *O Seminário, livro 20: mais, ainda*. 2ª edição. Rio de Janeiro: Jorge Zahar Ed.

LÉVI-STRAUSS, C. (1958/1996). A estrutura dos mitos. Em *Antropologia estrutural*. Rio de Janeiro: Edições Tempo Brasileiro.

MILNER, J.-C. (1996). *A obra clara: Lacan, a ciência e a filosofia*. Rio de Janeiro: Jorge Zahar Ed.

O ENSINO DA PSICANÁLISE E A FORMAÇÃO DO ANALISTA

A TENSÃO PSICANALÍTICA ESSENCIAL

Marco Antonio Coutinho Jorge

RESUMO

O artigo tematiza alguns aspectos da presença da psicanálise na universidade com foco na teoria lacaniana dos quatro discursos. O psicanalista em seu ensino circula pelos quatro discursos, mas sempre atravessado pelo discurso que sustenta a sua prática, o da psicanálise, cuja ênfase é posta no não-saber inerente ao real da estrutura.

Palavras-chave: quatro discursos; ensino; estilo; transferência de trabalho

ABSTRACT

The essential psychoanalytical tension

The article brings as a theme the presence of psychoanalysis at the university, focusing on the Lacanian theory of the four discourses. In his transmission, the psychoanalyst goes round the four discourses, but he is always pervaded by the discourse of psychoanalysis, the one that sustains his practice, which is centered on the non-knowledge inherent to the real of the structure.

Key words: the four discourses; transmission; style; transference of work; Freud; Lacan.

Já se foi o tempo em que a presença da psicanálise na universidade era alvo de uma crítica ferrenha da parte de muitos psicanalistas. O que se alegava, em tais críticas, era, grosso modo, o curto-circuito que a titulação e a hierarquia universitárias poderiam produzir em relação à formação do psicanalista, concebida desde sempre, por Freud e todos os psicanalistas, como algo que só pode ser tomado no âmbito das instituições psicanalíticas, através do tripé clássico da formação: análise pessoal, ensino teórico, supervisão clínica.

Hoje, o medo desse curto-circuito ainda persiste, embora com menos intensidade, e é até mesmo provável que esse temor não possa ser eliminado e talvez, inclusive, não deva sê-lo. Fato é que os próprios psicanalistas que ensinam na universidade se encarregaram, ao longo do tempo, de sublinhar e sustentar a diferença do âmbito universitário e do psicanalítico. No primeiro, o estudo teórico e a pesquisa podem encontrar um lugar propício e, no segundo, a formação do psicanalista encontra a elaboração dos problemas que ela coloca através de dispositivos particulares, construídos com essa finalidade.

Não faz muito tempo, publiquei um livro (Jorge, 2006), com artigos de vários autores sobre as contribuições de Lacan a cada um dos elementos do tripé da formação, para mostrar que o ensino de Lacan incidiu sobre as concepções clássicas da formação do analista, dando a elas maior rigor e atravessando-as pelas descobertas da própria psicanálise; ou seja, fazendo com que o discurso do psicanalista opere decisivamente na formação dos analistas e não seja totalmente eclipsado pelo discurso universitário e pelo discurso do mestre. Um exemplo disso: a desobrigatoriedade de supervisão, introduzida por Lacan, não significou a retirada da importância da supervisão, mas sim, ao contrário, a submissão da necessidade de supervisão a fatores analíticos e não protocolares.

Retomar essa mesma questão num novo momento é, a meu ver, o tema central proposto à nossa mesa pelos organizadores deste simpósio. Momento novo – no nosso caso, 10 anos de existência do Programa de Pesquisa e Clínica em Psicanálise –, em que as críticas à inserção da psicanálise na universidade não são mais tão frequentes como já o foram, e a psicanálise na universidade recebe um acolhimento duplo: da parte dos próprios psicanalistas, que a procuram para realizar estudos e pesquisas, e da parte da universidade, que acolhe em número cada vez maior essas produções. Nesse momento novo, proponho algumas reflexões pontuais e referentes a dimensões heterogêneas que caberia reunir sob o fio condutor representado pelo ensino de Lacan:

1. Em primeiro lugar, cabe sublinhar que a presença da psicanálise na universidade é tributária do ensino de Lacan, primeiro psicanalista a ensejar em 1969 a fundação, por seu aluno Serge Leclaire, de um departamento de psicanálise numa universidade. Tal entrada da psicanálise no âmbito acadêmico é o corolário de um ensino psicanalítico, o de Lacan, que ultrapassou as fronteiras de uma instituição ou escola de psicanálise, pois é preciso lembrar que o seminário de Lacan não estava circunscrito – mesmo fisicamente – ao quadro de ensino de sua Escola; ao contrário, ele se dirigia à *intelligentsia* de uma maneira muito ampla e geral.

Sabe-se, por outro lado, que o modo de funcionamento das sociedades psicanalíticas ligadas à IPA mantinha os analistas em seus consultórios e em suas sociedades fechadas. Essa entrada da psicanálise na universidade foi acompanhada de um voto de Lacan, voto reticente de que "talvez em Vincennes venham a se reunir os ensinamentos em que Freud formulou que o analista deveria apoiar-se, reforçando ali o que extrai de sua própria análise, isto é, saber não tanto para que ela serviu, mas de que se serviu" (Lacan, 1975/2003: 316). O voto lacaniano era nomeadamente o de renovar a experiência analítica com as ciências propagadas na universidade e em especial: a linguística, a principal delas, e também a lógica, a topologia e o que ele chama de antifilosofia.

2. É preciso não perder jamais de vista também que a presença maciça dos psicanalistas na universidade pode ser considerada como refletindo algo que faz parte de sua formação e das conquistas inerentes a sua análise pessoal: o despertar do desejo de saber no qual Lacan centrou um dos elementos primordiais inerentes à experiência da análise, e até mesmo de seu fim, nos dois sentidos do termo – de término e de finalidade. Constata-se assim que há emergência de um legítimo desejo de saber quando há uma perda de gozo como a que ocorre na experiência analítica, veiculada em sua essência pela posição de não-saber própria ao psicanalista.

Dito de outro modo, a numerosa presença dos analistas na universidade pode ser considerada como efeito do empuxo ao estudo e à pesquisa inerentes à própria experiência psicanalítica. Se dermos ênfase, como já o fizemos anteriormente (Jorge, 2006a), ao desejo de saber como sendo o que propicia o mais genuíno laço entre os analistas, a universidade pode contar como um lugar que só favorece esse laço.

3. A ampliação da transferência de trabalho entre analistas no âmbito acadêmico favorece o aprimoramento da psicanálise. Não se pode pensar que, presentificando-se com rigor na universidade, a psicanálise reforça a transferência com a própria psicanálise e permite que se ultrapassem minimamente, ou pelo menos se suspendam positivamente, as rivalidades entre psicanalistas de diferentes escolas? E que a psicanálise ganha muito no que os psicanalistas aparecem mais claramente em sua diversidade discursiva, embora apontando para um horizonte transferencial comum?

Porque não se pode esquecer que antes da transferência que um analisando faz com um analista existe a transferência com a psicanálise enquanto tal, que vigora – ou não – no seio de uma determinada cultura. E que os analistas são igualmente responsáveis por esta transferência com a psicanálise em seu sentido mais amplo, antes de serem responsáveis pela transferência de seus analisandos nas análises que conduzem.

Talvez essa seja uma das traduções práticas possíveis da articulação entre saber e verdade que especifica a forma de comparecimento do saber no discurso psicanalítico: não um saber sabido e coagulado, mas um saber dinâmico (Maurano, 2009: 148). Trata-se de um saber renovado constantemente pela emergência da verdade, o que Lacan, ao comentar o diálogo *Mênon*, de Platão, denominou de verdade em seu estado nascente e da qual falou nos seguintes termos: "Há em todo saber, uma vez constituído, uma dimensão de erro, que consiste em esquecer a função criadora da verdade em sua forma nascente. [...] Mas nós, analistas, que trabalhamos na dimensão desta verdade em estado nascente, não podemos esquecê-la" (Lacan, 1954-1955/1985: 30).

Esse saber conjugado à verdade tem a característica principal de jamais poder ser fechado, já que a verdade – sempre parcial, sempre não-toda, como formulou Lacan (1974/1993) – barra a aspiração a qualquer completude do saber. Isso já fora apontado por Freud, que já enfatizara que no ensino da psicanálise não se dá o mesmo encobrimento das dificuldades e imperfeições que ocorre em outras formas de ensino (Freud, 1919/1996: 127). A severa crítica que Lacan estabeleceu em relação a IPA dizia respeito igualmente ao ensino de um "saber pré-digerido" (Lacan, 1955/1998) que era promovido nos institutos de formação. Moustapha Safouan, por sua vez, comenta que, nesses casos, o ensino engana a ignorância ao invés de dela se servir (Safouan, 1985: 43). Foi precisamente nessa direção que Lacan cunhou o sintagma *ignorância douta* para se referir ao lugar do psicanalista.

Por outro lado, a presença dos psicanalistas na universidade e a decorrente proliferação de referências de mestrias diversas no campo psicanalítico só faz corroborar a ênfase, posta pela experiência da análise, no real enquanto verdadeiro mestre para o psicanalista em sua prática, conforme formulou certa vez Alain Didier-Weill.

Comparando-se as fórmulas dos discursos do psicanalista e do universitário, pode-se dizer que, no caso do discurso universitário, o saber pretende se apoderar do real e, por isso, Diana Rabinovich chama atenção para o fato de que o saber, a dominante do discurso universitário, nele se inscreve como totalidade (Rabinovich,1999: 22). Tal palavra – totalidade – sublinha ela igualmente, está ausente da obra de Freud, exceto no contexto do narcisismo (ibid.: 27). Assim, se no discurso da universidade o saber pretende se apoderar do real ($S_2 \rightarrow a$), no discurso do psicanalista, ao contrário, o saber está submetido ao real, ao que escapa a toda e qualquer forma de saber (a/S_2) e que é, portanto, continuamente atravessado pelo não-saber.

D. do psicanalista

$$\frac{a}{S_2} \rightarrow \frac{\$}{S_1}$$

D. do universitário

$$\frac{S_2}{S_1} \rightarrow \frac{a}{\$}$$

4. No âmbito acadêmico, o confronto discursivo entre analistas de diferentes escolas pode ser salutar ao pulverizar o escudo protetor invisível que na maioria das vezes funciona dentro das instituições protegendo-os das críticas que, de outro modo, são inevitáveis. Ensinar no âmbito uni-

versitário – ou no âmbito de outras instituições ou escolas de psicanálise em que ocorra efeito semelhante – favorece o engajamento do sujeito na experiência de transmissão, uma vez que ele não está ali falando o jargão comum a todos os colegas que o ouvem, mas sim um discurso que exige que ele coloque algo de singular[1].

Dito de outro modo, na universidade o cinturão discursivo imaginário que reúne os analistas numa mesma sociedade está sujeito a uma interrogação simbólica constante, posto que o analista não fala ali apenas para seus pares. A psicanálise ganha com isso, ela ganha ao ter seu saber interrogado. Lacan postulou que a psicanálise é a manutenção viva da questão: "O que é a psicanálise?".

Dito de outro modo, a universidade pode contribuir, com novas formas de transferência de trabalho, para o psicanalista expandir a sua travessia da teoria[2] mais além do âmbito de sua escola:

Analisando → Trabalho de transferência (ou travessia da fantasia)

Analista → Transferência de trabalho (ou travessia da teoria) → Escola → Universidade

5. Em decorrência, pode-se conceber que há formas distintas de ensinar psicanálise: há um estilo dogmático, no qual o saber de cunho universitário não admite brechas na assim chamada "ortodoxia" lacaniana. Há também um estilo de questionamento (Didier-Weill, 2002: 84), no qual o saber é atravessado pelos enigmas que a experiência apresenta. E, mesmo quando se trata de abordar algo já estabelecido com rigor pelo saber psicanalítico – porque há inegavelmente um saber psicanalítico estabelecido –, cabe ao analista inventar a sua forma pessoal de fazer a transmissão daquele elemento teórico, com seus exemplos, sua experiência, suas pesquisas e suas próprias interrogações.

---

[1] Já desenvolvi em outro texto (Jorge, 2006b: 100) que considero que a transmissão se dá quando um analista ensina a psicanálise movido essencialmente pela experiência de sua própria análise assim como pela travessia da teoria que a travessia analítica da fantasia lhe impõe.

[2] O fato de haver transferências positivas e negativas entre os psicanalistas na universidade é efeito de estrutura, mas não é exclusivo a ela.

6. Considerando-se a formação do psicanalista como permanente e sempre inacabada, poder-se-ia incluir a presença da psicanálise na universidade, em seus diferentes níveis, como uma expressão das possibilidades inerentes a esse inacabamento? O risco que surge aí é o de incluir o grau universitário no âmbito da formação do psicanalista, heterogêneo a ele. E considerar que a universidade pode preencher as condições inerentes a esse "... e alguns outros" aos quais Lacan se refere quanto à autorização do psicanalista, fornecendo um pseudoacabamento doutoral a esse inacabamento estrutural. A universidade estaria, nesse caso, a serviço da impostura.

Mas há na universidade distintos níveis de ensino: em primeiro lugar, para o aluno de graduação (em psicologia e em medicina), o ensino realiza a tarefa proposta por Freud em seu artigo "Deve-se ensinar a psicanálise na universidade?", qual seja, a de introduzir, sensibilizar e evocar a dimensão do inconsciente que a psicanálise descobriu. Percebe-se, com frequência, o fascínio dos alunos de graduação em psicologia quando confrontados com formulações psicanalíticas cuja consistência teórica abre para eles as portas de uma forma nova de reflexão e compreensão da clínica. No caso de estudos mais avançados, temos igualmente condições para depreender as formas de favorecimento que a universidade aporta ao discurso da psicanálise.

8. Finalizo aqui: posto que os discursos postulados por Lacan não correspondem a lugares geográficos, a psicanálise só tem a ganhar com a sua presença na universidade, desde que o psicanalista não abra mão do discurso que lhe é próprio e que, a cada vez que lhe for necessário ocupar outras posições discursivas (sabemos que o sujeito muda de discurso), faça sempre incidir sobre ele o real em jogo na psicanálise. Assim, ele barrará: 1. a posição de dominação acéfala e arrogante própria ao discurso do mestre que pode se insinuar – inclusive nele mesmo – pela própria potência inebriante inerente ao saber psicanalítico; 2. a fascinação imaginária do discurso do universitário pela obra do mestre que o faz operar para transmitir a sua ordem, fascinação da qual ele também não está totalmente livre.

O analista poderá, por outro lado, se nutrir frequentemente em seu ensino do discurso da histérica, através do que ele pode rememorar e ressignificantizar a experiência de busca da verdade de seu desejo efetuada em sua experiência analítica. Através do discurso da histérica, torna-se patente o *gap* existente entre o saber produzido e o real em jogo na verdade que sustenta o desejo do sujeito: $a//S_2$. Pois, como formula Lacan em sua "Alocução sobre o ensino", "ao se oferecer ao ensino, o discurso psicanalítico leva o psicanalista à posição do analisando, isto é, a não produzir nada que se possa dominar, malgrado a aparência, a não ser a título de sintoma" (Lacan, 1970/2003: 310).

Nesse sentido, a articulação entre os quatro discursos de Lacan pode ser ilustrativa de certa dinâmica que eles mantêm entre si. Considerando-se as dominantes discursivas, situadas por Lacan no lugar do agente de cada discurso, podemos destacar que cada uma delas se dirige a um outro em particular, o que se pode considerar como aquilo que define o laço social de cada discurso: o mestre se dirige ao universitário ($S_1 \rightarrow S_2$), a histérica se dirige ao mestre ($\$ \rightarrow S_1$), o psicanalista se dirige à histérica ($a \rightarrow \$$) e o universitário se dirige ao psicanalista ($S_2 \rightarrow a$).

Muitas inferências interessantes podem ser retiradas desses laços específicos, espécie de eleições primordiais de cada discurso em relação a outro. Por exemplo, o laço discursivo estabelecido pelo mestre é estritamente linguageiro, o que permitiu a Lacan situá-lo como o discurso de fundação do sujeito do inconsciente. O laço discursivo instaurado pelo psicanalista, ao contrário, é essencialmente tributário da fantasia que une o sujeito ao objeto causa do desejo. Lacan fala do discurso do mestre como o avesso da psicanálise por essa radical antítese existente entre eles: o primeiro aciona o simbólico na relação com o outro, ao passo que o segundo aciona o real. Ambos concentram, contudo, uma radicalidade discursiva. A histérica, por sua vez, questiona a radicalidade do mestre em almejar recalcar o real em jogo em sua divisão subjetiva, e o universitário questiona a radicalidade do psicanalista em pretender colocar em cena um real indomável pelo saber. Vê-se por que o par constituído pela histérica e pelo psicanalista é, no fundo, correlativo ao par analisando e analista. Ainda que pareça fazer par com o mestre, a histérica no fundo está transferida com o psicanalista.

Tomei meu título emprestado do breve e luminoso artigo de Thomas Kuhn "A tensão essencial" (KUHN, 1989: 276)[3] no qual ele desenvolve a necessidade de uma tensão constante entre os chamados pensamentos divergente e convergente para possibilitar a criação de algo novo no campo da ciência. Aquilo que Kuhn formula como sendo o *modus operandi* do cientista em sua busca de produzir saber sobre o real é, a meu ver, precisamente o que qualifica a posição do psicanalista em cada uma das sessões de análise que ele conduz: a tensão psicanalítica essencial entre saber verdadeiro e saber constituído. Como Freud formulou muitas vezes, na psicanálise o tratamento e a pesquisa coincidem.

REFERÊNCIAS BIBLIOGRÁFICAS

DIDIER-WEILL, A. (2002) Discussion. Em Mouvement du Coût Freudien. *Lacan, psychanalyste – Colloque à l'Hôpital de la Salpétrière, 27 et 28 mars 1999* (pp. 79-87). Marseille: Éditions du Hasard.

FREUD, S. (1919/1996). ¿Debe enseñarse el psicoanálisis en la universidad?. *Obras completas*, v. XVII. Buenos Aires: Amorrortu.

JORGE, M. A. C. (org.). (2006). *Lacan e a formação do psicanalista.* Rio de Janeiro: Contra Capa.

————. (2006a). O desejo de saber como laço entre analistas – um comentário sobre "Nota italiana". Em JORGE, M. A. C. (org.). *Lacan e a formação do psicanalista* (pp. 249-252). Rio de Janeiro: Contra Capa.

————. (2006b). Lacan e a estrutura da formação psicanalítica. Em JORGE, M. A. C. (org.). *Lacan e a formação do psicanalista* (pp. 85-104). Rio de Janeiro: Contra Capa.

KUHN, T. S. (1989). A tensão essencial: tradição e inovação na investigação científica. Em *A tensão essencial* (pp. 275-291). Lisboa: Edições 70.

LACAN, J. (1954-1955/1985). *O seminário, livro 2: o eu na teoria de Freud e na técnica da psicanálise.* Rio de Janeiro: Jorge Zahar.

[3] Esse trabalho foi significativamente apresentado num colóquio realizado em Utah, em 1959, dedicado a investigar as condições inerentes ao talento na investigação científica.

———. (1955/1998). Variantes do tratamento-padrão. *Escritos*. Rio de Janeiro: Jorge Zahar.

———. (1970/2003). Alocução sobre o ensino. *Outros escritos*, Jorge Zahar.

———. (1975/2003). Talvez em Vincennes... *Outros escritos*. Rio de Janeiro: Jorge Zahar, 2003.

———. (1974/1903). *Televisão*. Rio de Janeiro: Jorge Zahar, 1993.

MAURANO, D. (2009). A psicanálise na universidade. Em ALBERTI, S. AMENDOEIRA, W.; LANNES, E.; LOPES, A & ROCHA, E. (orgs.). *O ofício do psicanalista – formação versus regulamentação*. São Paulo: Casa do Psicólogo.

RABINOVICH, D. (1999). O psicanalista entre o mestre e o pedagogo. In *Dizer*, 20-29. Rio de Janeiro: Escola Lacaniana de Psicanálise.

SAFOUAN, M. (1985). *Lacan e a questão da formação dos analistas*. Porto Alegre: Artes Médicas.

Formação do analista e universidade: algumas dissimetrias

Marcia Mello de Lima

Resumo

O artigo discute a dissimetria entre o discurso do psicanalista e o discurso universitário. O texto prioriza alguns conceitos lacanianos concernentes ao ato psicanalítico, ao sujeito suposto saber e ao semblante. O objetivo é apontar a diferença entre a formação do analista vinculado a uma Escola de Psicanálise e a que ocorre na Universidade.

Palavras-chave: discurso do analista; discurso universitário; sujeito suposto saber; ato psicanalítico; semblante.

Abstract

Psychoanalyst formation and university: dissymmetrical aspects

This paper discusses the asymmetrical relations between the psychoanalytic and university discourses. The text privileges some Lacanian concepts concerning the psychoanalytic act, the subject supposed to know and the semblant. Its main purpose is to point out the difference between the psychoanalysts' formation in a School of psychoanalysis and the process at the university.

Key words: psychoanalytic discourse; university discourse; subject supposed knowledge; psychoanalytic act; *semblant*.

Este artigo foi motivado pela pergunta corrente entre aqueles que ensinam e estudam psicanálise na universidade: "por que a universidade jamais poderá formar um psicanalista?". A indagação contém uma certeza antecipada. No entanto, algumas articulações podem ser bem-vindas no sentido de confirmar a dissimetria intransponível entre a formação do psicanalista vinculado a uma Escola de Psicanálise, uma formação por assim dizer permanente, e a formação acadêmica que se obtém na universidade em programas de pós-graduação cujas linhas de pesquisa concentram-se na psicanálise. A intenção é incluir alguns conceitos lacanianos – discurso, semblante, ato psicanalítico e sujeito suposto saber – com o intuito de articular questões relacionadas ao conteúdo da pergunta.

As proposições lacanianas de *O Seminário, livro 17: o avesso da psicanálise* (1969-1970/1992) esclarecem o descompasso que existe entre os discursos do analista e o da universidade, visto que revelam um antagonismo entre os modos de saber exigidos em ambos. O lado esquerdo da fórmula do discurso universitário mostra que o saber validado pela universidade contém uma modalidade de laço social dominada pelo saber do Outro, S_2, apoiado no significante-mestre por excelência, o S_1. Desloca-se na direção de um tudo saber e aciona a tirania do *magister dixit*, uma das versões do mestre contemporâneo e, por que não dizer, uma pedagogia comandada pelo estilo humanista de formação. Do outro lado da fórmula o sujeito se situa na posição de escravo: como aluno ele zela pelo saber do Outro enquanto objeto *a*; porém, em sua própria posição de sujeito que visa o gozo, ele se encarrega da produção e/ou perda, conforme define Lacan quando estabelece os lugares, as letras e as funções nos discursos. Assim o operador fundamental do discurso universitário traz a insígnia de um saber que se dirige ao objeto causa de gozo: $S_2 \rightarrow a$.

Além disso, o discurso universitário é um discurso que responde à essência da burocracia: a produção de saber exige competência comprovada e avaliação, bem como a interpretação pautada na citação, na referência e, invariavelmente, na interpretação do *magister dixit*. Esse tipo de orientação calcada em um Outro que efetivamente comanda talvez explique o vazio que muitos experimentam quando concluem suas dissertações e teses, questão que Lacan pontuou no seminário *A angústia* quando quis se referir ao sujeito em situação de impasse diante de um desejo realizado. Recentemente um pós-graduando, após ter obtido o título de mestre, disse-me: "Deu um vazio! Antes eu sabia o que queria, havia um trabalho para terminar, e agora, o que faço?".

Que responder quando é impossível tornar o *unheimlich* freudiano apaziguador? Certamente, diante do vazio é preciso inventar outra coisa. Se há um furo no saber – que, em síntese, refere-se à inexistência da relação sexual –, então só resta inventar um gozo na tentativa de preenchê-lo. Na "Nota italiana", Lacan (1973/2003: 315) insiste nesse ponto: não há verdade toda, ela não serve para nada, só denuncia o saber que é preciso inventar. E propõe uma metáfora deliciosa: o saber funciona como se fosse um forno e a verdade é a lenha que o aquece, então cada um aquece o forno a seu jeito.

Em determinado momento de seu ensino, precisamente a partir de *O Seminário, livro 18: de um discurso que não fosse semblante* (1971/2009), Lacan passa a utilizar os termos *discurso* e *semblante* em um contexto específico, introduzindo formulações que vinham sendo utilizadas de forma indireta no seminário anterior. O semblante é um fato de estrutura que converge para uma economia que engloba os registros do simbólico e do imaginário. Todo discurso é semblante e só existe fato enunciado se é fato de discurso. Portanto, a verdade não se opõe ao semblante; ao contrário, ela o sustenta e fornece a função primária da verdade do "eu falo" (ibid.: 25-26).

Isso traz consequências importantes ao dispositivo analítico, pois o ponto crucial consiste em fazer girar a práxis em duas direções e indagar, no caso a caso da experiência, o que faz semblante no sintoma e como o real do gozo se expressa em cada um. Os agentes dos quatro discursos – o S_1 do discurso do amo, o S_2 do discurso da universidade, o $\$$ do discurso da histeria e o objeto *a* do discurso do analista – são incluídos por Lacan no funcionamento de um discurso aparelhado pelos semblantes. Ele aí insere todos os demais significantes, inclusive o Nome-do-Pai, A mulher, o falo, o objeto *a* e outros que vão sendo justificados na sequência do seminário. Em termos clínicos isso quer dizer que eles se inserem na estrutura e protegem o sujeito face aos inevitáveis encontros com o real, ou seja, "quando os semblantes vacilam". Jacques-Alain Miller (2000) usou a expressão ao considerar que os dois termos – semblante e real – caminham juntos, bastando que o primeiro vacile para que apareça o segundo.

Quanto ao conceito de *ato psicanalítico*, ele não existia, Lacan o inventou e dedicou ao tema os anos de 1967-1968 de seu *Seminário*. Ele fornece novos dados para pensar a distância que separa os dois discursos: o do analista e o da universidade. Na aula de 6 de dezembro de 1967 sublinha que o ensino de psicanálise na universidade não é um ato psicanalítico. Pode ser uma tese, um saber defendido que supõe dialética e antítese, mesmo que nessa última possa haver um ato qualquer que precipite a posição do sujeito – mas não aciona a equivalência com o discurso do analista. O discurso universitário coloca o saber em posição de semblante.

Uma semana depois, na conferência proferida no Instituto Francês de Nápoles, em 14 de dezembro de 1967, portanto contemporânea ao Seminário sobre *O ato psicanalítico* em curso, Lacan menciona o idealismo de defender a equivalência da Escola com a Universidade. Na conferência, publicada com o título de "O engano do sujeito suposto saber" (1967b/2003), Lacan assinala que o inconsciente descoberto por Freud não recai na representação imaginária: pensar assim é "criancice analítica" (ibid.: 330). Referindo-se à equivocação do sujeito suposto saber, critica que "certa obscenidade universitária, que se denomina hermenêutica, encontra seu creme na psicanálise" (ibid.: 335). Valoriza o ato falho como paradigmático para a psicanálise. Por isso afirma que há toda uma parte do seu ensino que "não é ato analítico, mas tese, e polêmica inerente a ela, sobre as condições que redobram o engano próprio do ato com um fracasso em sua recaída" (ibid.: 340). Ao ultrapassar o sentido, o engano "promove um nada que se afirma e se impõe pelo fato de sua própria negação apontá-lo para a confirmação de seu efeito, que não faltará na sequência" (ibid.: 337).

Para ir direto ao ponto que motiva o psicanalista em seu ato, recorro a uma breve intervenção de Lacan feita na Escola Freudiana de Paris, em 3 de novembro de 1973, publicada nas *Lettres de l'École Freudienne de Paris*, à frase radical com que ele define a formação dos analistas: "Não há formação analítica, só há formações do inconsciente". Ele prioriza a relação do sujeito com um saber que o ultrapassa, ou seja, algo que existe sem que ele o saiba, um saber que só aparece no engano do sujeito, um saber que só existe por exclusão, tal como no recalque.

Na época dessa intervenção Lacan estava envolvido com a insatisfação dos membros em aceitar alguns pontos da "Proposição de 9 de outubro de 1967 sobre o psicanalista da Escola". Nela Lacan focaliza os três elos que se entrelaçam borromeanamente – o epistêmico, o clínico e o político – e a necessidade de cada membro dar o testemunho de sua passagem como sujeito pela experiência analítica. Trata-se da experiência do passe como modo de transmissão de saber: "o resultado é algo totalmente novo" (ibid.: 193), diz Lacan na "Proposição". Após o congresso de 1978 da Escola Freudiana de Paris cujo tema era "A transmissão", Lacan conclui que a psicanálise é intransmissível e que cada analista é forçado a reinventá-la pelo passe (Lacan *apud* Briole, 2002: 4-5).

Quanto ao sujeito suposto saber, ele não é exclusivo da psicanálise nem da universidade. É comum vê-lo presente nas identificações que promovem os laços sociais, nas relações amorosas, nas atividades profissionais, nos rituais religiosos e outros. Porém no dispositivo analítico ele funciona numa ordem distinta. É um operador na condução do tratamento sustentado pela transferência e se apresenta pluralizado. O primeiro deles é o analisante, o sujeito ativo na experiência que é suposto saber interpretar seu próprio ato sintomático, o ato falho, a insuportável interferência que causa equívoco, mas que desvela no lapso a fala exitosa. O segundo é o analista como parceiro-sintoma: ele é suposto saber interpretar a fala do paciente, mas, de acordo com os princípios da prática, se faz de *tabula rasa*, animado pela paixão da ignorância (Lacan, 1955/1998: 360-364). Essa anulação do saber é o que permite dar lugar à mutação subjetiva do paciente. O terceiro é o inconsciente-intérprete, "uma potência de cifração [...] que opacifica a intenção de dizer ao mesmo tempo que a desdobra" (Miller, 2006: 12).

Para concatenar esse apanhado de conceitos aqui incluídos, convém mencionar a virada teórica processada por Lacan em seu ensino, inclusive para veicular de modo mais transparente o reposicionamento dos conceitos de ato psicanalítico e sujeito suposto saber. No inicio, a formulação do inconsciente-mensagem mantém analogia com o inconsciente-saber que decifra as formações do inconsciente, e com o sintoma operado a partir da clínica do Nome-do-Pai. Ela se identifica com o desejo do Outro que tiraniza o objeto *a*, sempre fugidio. Então nesse momento trata-se de afirmar que "Há o Outro" enquanto sujeito suposto saber.

O movimento do segundo ensino caminha em outra direção. Apela para o corpo pulsional, para a extração do objeto como resíduo de Um-corpo. Em outras palavras, para o isolamento de pequenas fatias do real que, ao mesmo tempo que sinalizam os furos no saber e no corpo, respondem à nomeação do falasser pelo *sinthoma*. Trata-se mais de uma clínica da desidentificação com o desejo do Outro, uma forma de operar o ato analítico para além do pai, com a condição de se servir dele. Assim, a afirmativa se assenta do lado do "Há um corpo" e do sintoma como acontecimento corporal.

O *sinthoma* é um conceito único que supera as clivagens anteriores, anula as fronteiras entre o sintoma e a fantasia, acede ao real e o determina de uma nova forma. No final de análise ele se articula sobre os restos sintomáticos, ou seja, os núcleos do sintoma e da fantasia que não variam. Se a fantasia significa para cada sujeito a fórmula de saber na qual ele é capaz de perceber o que deve ultrapassar, o falasser deve, no final de sua análise, proceder à invenção de um significante novo em sua existência.

Todo *terminus* tem relação com o início, por isso retorno ao que motivou este artigo. O que podemos esperar de um discurso – o universitário – que é o único que se encontra fora da clínica psicanalítica? O que ele pode inventar se a essência do ensino que ali se processa consiste em recobrir o S_1 pelo S_2 fornecendo mais consistência ao que já era arbitrário? Além disso, se esse recobrimento já se instala no campo da dominância absoluta do saber, como incluir no discurso universitário o espaço de um lapso? Não é o lapso que lhe causa horror?

O ato psicanalítico propõe uma subversão do saber. A anulação do saber é o que permite deixar lugar ao imprevisto para que, no sem-sentido, haja um franqueamento, uma invenção. De forma que, operando com o equívoco, o ato do analista permite que o falasser encontre uma invenção que só é compreendida por ele mesmo, algo referido ao incurável do sintoma. Uma lógica do tratamento analítico que conclui num signo, numa cifra, uma fórmula de parada, um final de análise a partir de um gozo que satisfaz cujos efeitos de verdade se inscrevem no lugar vazio deixado pelo sujeito suposto saber. Afinal, Pierre-Gilles Guéguen (2007) já havia apontado o lado inessencial do sujeito suposto saber, tal como Lacan afirmara quando propôs à sua Escola o dispositivo do passe, que revela o "des-ser" – um estado de desidentificação – e, além disso, o "inessencial do sujeito suposto saber" (Lacan, 1967a/2003: 259).

A psicanálise é intransmissível enquanto saber, somente no dispositivo analítico se acede ao mesmo. Se, enquanto docentes que lidamos no discurso universitário com a busca da verdade, só a encontramos pela via do semblante, então só nos cabe, como psicanalistas, seguir a fala de Lacan na "Nota italiana": apostar numa nova pulsação, a Escola de Psicanálise, e fazer dela, a Escola, um novo amor.

Referências bibliográficas

AFLALO, A. (2009). L'acte analytique, huit remarques. Em *La Cause freudienne – Nouvelle revue de psychanalyse. Au-delà de la clinique*, 71, 103-110. Paris: Navarin Éditeur.

BRIOLE, M.-H. (2002). Editorial. Em *La Cause freudienne – Revue de psychanalyse. Réinventer la psychanalyse*, 50, 4-5. Paris: Seuil.

GUÉGUEN, P.-G. (2007). Sobre o inessencial do sujeito suposto saber. Em *Curinga – Revista da Escola Brasileira de Psicanálise – MG. A variedade da prática psicanalítica*, 25, 27-31. Belo Horizonte: EBP.

LACAN, J. (1955/1998). Variantes do tratamento-padrão. Em *Escritos*. Rio de Janeiro: Jorge Zahar Ed.

———. (1960-1961/1992). *O Seminário, livro 8: a transferência*. Rio de Janeiro: Jorge Zahar Ed.

———. (1967a/2003). Proposição de 9 de outubro de 1967 sobre o psicanalista da Escola. Em *Outros escritos*. Rio de Janeiro: Jorge Zahar Ed.

———. (1967b/2003). O engano do sujeito suposto saber. Em *Outros escritos*. Rio de Janeiro: Jorge Zahar Ed.

———. (1967-1968). *O Seminário, livro 15: o ato psicanalítico*. Inédito.

———. (1969-1970/1992). *O Seminário, livro 17: o avesso da psicanálise*. Rio de Janeiro: Jorge Zahar Ed.

————. (1971/2009). *O Seminário, livro 18: de um discurso que não fosse semblante*. Rio de Janeiro: Jorge Zahar Ed.

————. (1973). Intervention à l'EFP, le 3 novembre 1973. Em *Lettres de l'École Freudienne de Paris*, 15. Inédito.

MILLER, J.-A. (2000). Quand les semblants vacillent. Em *La Cause freudienne – Revue de psychanalyse. Les semblants et le réel*, 47, 7-18. Paris: Navarin Seuil.

————. (2001/2008). Le débroussaillage de la formation analytique. Em *La Cause freudienne – Revue de psychanalyse. Notre sujet supposé savoir*, 68, 94-134. Paris: Navarin Seuil.

————. (2006). Nosso sujeito suposto saber. Em *Opção lacaniana – Revista Brasileira Internacional de Psicanálise*, 47, 11-14. São Paulo: Edições Eólia.

PSICANÁLISE E UNIVERSIDADE: CONEXÕES POSSÍVEIS

André Lopes

RESUMO

Em *O Seminário, livro 17: o avesso da psicanálise*, Lacan trabalha os discursos da forma como se apresentam no laço social, distinguindo discurso de organização social. Interrogamos o que a conexão entre a universidade e a psicanálise pode nos instruir acerca do discurso e das manifestações subjetivas de nosso tempo fazendo "avançar" a psicanálise, o que nos permite lançar alguma luz sobre a manutenção, no seio da psicanálise, do rigor quanto aos seus conceitos e pressupostos e à introdução neles do real da experiência clínica. Nosso trabalho de pesquisa gira em torno da conexão entre a psicanálise e a arte cinematográfica, mais precisamente a *Estética da violência no cinema contemporâneo*.

Palavras-chave: discurso; cinema; violência; estética.

ABSTRACT

Psychoanalysis and university: possible connections

In *The seminar of Jacques Lacan, book 17: the reverse side of psychoanalysis*, Lacan deals with the discourses the way they emerge in the social bonds by distinguishing the discourse from social organization. We then inquire what the connection between the university and psychoanalysis can teach us about current discourse and subjective manifestations which may enable psychoanalysis to advance as well as preserve the compliance, in the core of psychoanalysis, to the strictness of its concepts and assumptions concerning the introduction of the "real" in the clinic experience. Our work approaches the connection between psychoanalysis and the cinematographic art, more precisely, the *Aesthetics of violence in contemporary cinema.*

Key words: discourse; cinema; violence; aesthetics.

Em *O Seminário, livro 17: o avesso da psicanálise* (Lacan, 1969-1970/1992), Lacan trabalha os discursos da forma como se apresentam no laço social. Uma elaboração que permite pensar para-além da nomeação recebida por cada um deles – do mestre, da histérica, do universitário e o psicanalítico –, ensejando, assim, o que diz respeito ao discurso enquanto laço social e não como uma rotulação que o reserve a um determinado contexto de organização em grupo a que nomeie. Com isso, ao tomá-lo tendo como viés o laço social, não há garantias, por exemplo, de que o discurso universitário reine sozinho naquela que recebe o seu nome, isto é, na universidade, bem como que o discurso analítico seja propriedade exclusiva das Escolas de Psicanálise.

Pensamos que, ao enveredarmos por uma articulação que põe em questão o tripé Psicanálise, Universidade e Sociedade, é necessário lançar mão de uma interrogação sobre o lugar do psicanalista na universidade, isto é, sobre o que a conexão entre a universidade e a psicanálise pode nos instruir acerca do discurso e das manifestações subjetivas de nosso tempo, fazendo "avançar" a psicanálise. Melhor dizendo, nos permitindo avançar sobre as possibilidades de manter vivo, no seio da psicanálise, o rigor quanto aos seus conceitos e pressupostos, para neles reintroduzir o real da experiência clínica.

Trata-se, sem dúvida, de uma tarefa árdua e constante que jamais poderá ser estabelecida e fixada, pois resulta do incessante questionamento e imisção do real da experiência clínica na teoria psicanalítica, preservando o vigor da veia freudiana, inaugurada pela transferência, na particularidade de cada caso. É uma recomendação ofertada pelo próprio Freud, atestando o fracasso de qualquer tentativa de aplicação da teoria na clínica. Mais precisamente, não é a teoria que determina a intervenção ou o modo desta sobre o objeto; antes, isso se dá no campo daquilo que se estabelece e pode ser emoldurado a partir da transferência em análise – viés pelo qual se delimitam as relações particulares de cada sujeito com o gozo. Tal empreendimento nos ensina que uma conexão possível é aquela que não cessa de fazer com que a clínica não seja o campo de aplicação das teorizações, tal como ocorre no campo das ciências. E isso implica para nós, psicanalistas, a presença de uma força constante, mais precisamente a introdução do pulsional no naturalmente instituído, revelando assim que a "presença" não cede a vez ao "lugar" do psicanalista na universidade, nem a ele fica submetida. Antes, lhe faz pressão, interroga-o!

É assim que nos reportamos ao que Lacan diz na "Proposição de 9 de outubro de 1967 sobre o psicanalista da Escola":

> [...] nenhum ensino fala do que é a psicanálise. Em outros lugares, e de maneira declarada, cuida-se apenas de que ela seja conforme [...].
> É esse o efeito que lança sua sombra sobre a prática da psicanálise [...].
> Remediar isso, entre nós, deve ser feito pela constatação da falha que registro, longe de pensar em encobri-la.
> Mas para colher nessa falha a articulação que falta (Lacan, 1967/2003: 250-251).

Uma pós-graduação, *lato ou strictu senso*, quer porte em seu título significantes caros ao discurso analítico tais como clínica, práxis e/ou teoria psicanalítica, não oferece resposta ao que se põe em jogo com um título conferido de mestre ou doutor em, por exemplo, teoria e clínica psicanalíticas.

É claro que isso fica expresso quando pensamos o lugar da psicanálise na universidade: a universidade permite que se trabalhem os conceitos psicanalíticos, mas não é garante de uma formação psicanalítica e da consequente autorização para alguém clinicar, ainda que esse significante seja escrito na titulação: mestre ou doutor em teoria e/ou clínica psicanalíticas. Trata-se de algo que nos foi ensinado pelo próprio Freud no texto "A questão da análise leiga: conversações com uma pessoa imparcial" (Freud, 1926/1969). É um texto publicado em 1926 em consequência do processo sofrido por Theodor Reik, membro não-médico da Sociedade Psicanalítica de Viena, acusado de "charlatanismo" ao violar uma lei austríaca que proibia o tratamento de pacientes por alguém que não possuísse uma formação médica. Freud é contundente a esse respeito:

> Quando ministramos aos nossos alunos instrução teórica em psicanálise, podemos ver quão pouca impressão lhes estamos causando, para começar. Eles absorvem as teorias da análise tão friamente quanto outras abstrações com as quais são alimentados. [...] Mas também exigimos que todo aquele que quiser praticar a análise em outras pessoas se submeta ele próprio a uma análise. É somente no curso dessa "autoanálise" (como é confusamente denominada), quando eles realmente têm a experiência de que sua própria pessoa é afetada – ou antes, sua própria mente – pelos processos afirmados pela análise, que adquirem as convicções pelas quais são ulteriormente orientados como analistas (ibid.: 226).

Freud ainda completa com uma interrogação acerca do convencimento dessa pessoa imparcial dizendo: "*Como então poderia esperar convencê-lo*, a pessoa imparcial, *da correção das nossas teorias, quando só posso pôr diante do senhor um relato abreviado e portanto, ininteligível das mesmas, sem confirmá-las pelas próprias experiências do senhor?*" (idem; grifos meus).

A interrogação de Freud nos permite pensar que, no âmbito social, talvez não seja tão claro assim que uma pós-graduação em teoria e clínica psicanalítica não substitui uma formação pessoal, ou mesmo não é autorização ou garantia para que alguém se coloque em posição de escutar um outro que lhe traz seus sofrimentos.

A psicanálise está e sempre esteve em íntima relação com os acontecimentos da civilização, com o mal-estar na cultura imposto ao homem pelo processo civilizatório, tal como Freud o descreveu. Portanto, é importante questionar a pertinência de um ensino da psicanálise em qualquer lugar em que o mesmo seja buscado. Seria esse o objetivo ou aquilo que se pretende de um lugar da psicanálise na universidade? Acreditamos que essa questão pode ser melhor trabalhada quando fazemos incidir sobre ela a transferência. Certamente, este, que é um conceito fundamental da psicanálise, nos serve de indicativo e norteador, na medida em que podemos afirmá-lo enquanto vetor básico e fundador do sujeito do inconsciente. Portanto, a transferência na intensão, tal como Lacan a postulou, encontra sua continuidade na extensão; portanto, no laço social no qual julgamos necessário o acréscimo de um quarto elemento ao nosso tripé inicial, a saber, a formação pessoal.

Interrogar o lugar da psicanálise na universidade é, pensamos, a possibilidade de pôr em evidência o que a sociedade restitui acerca dessa presença em seu seio. Ou seja, na medida em que o significante privilegiado no âmbito de uma pós-graduação é a pesquisa, em que medida fazer pesquisa na universidade pode se articular com a pesquisa em psicanálise? Trata-se de um viés que inclui, precisamente, aquilo que Freud nos indica no já mencionado texto intitulado "A questão da análise leiga", a saber, a conexão com outros campos do saber. Tomemos seu texto:

> Se – o que pode parecer fantástico hoje em dia – alguém tivesse de fundar uma faculdade de psicanálise, nesta teria de ser ensinado muito do que já é lecionado pela escola de medicina [...] Por outro lado, *a instrução analítica abrangeria ramos de conhecimento distantes da medicina e que o médico não encontra em sua clínica: a história da civilização, a mitologia, a psicologia da religião e a ciência da literatura. A menos que esteja bem familiarizado nessas matérias, um analista nada pode fazer de uma grande massa de seu material* (Freud, 1926/1969: 278-279; grifos meus).

Lembramos que não enfocamos neste texto um ensino da psicanálise em uma faculdade, o que diria respeito a uma graduação, mas antes o laço psicanálise, universidade e sociedade. As palavras de Freud nos deixam entrever, precisamente, o que essa presença na universidade poderia engendrar de conexões com diferentes ramos do conhecimento: "a instrução analítica abrangeria ramos de conhecimento distantes da medicina" (idem).

Se o texto freudiano incide sobre uma discussão acerca de uma formação específica para o psicanalista, em distinção àquela que é oferecida pelo saber médico, pelo discurso da ciência, ressaltamos que essa se faz na articulação com as produções da cultura.

Entendemos que a psicanálise, seja na universidade, seja em escola, não se faz sem a sua articulação pelo viés de uma pesquisa engendrada nas conexões com outros campos. A pesquisa em psicanálise, sem dúvida alguma, não é a mesma coisa que a pesquisa quantitativa ou qualitativa que visa em seus resultados uma formalização. Ela põe em jogo o saber, deslocando-o. Funda-se, portanto, naquilo que o discurso analítico faz que retorne sobre a própria psicanálise e, consequentemente, sobre o psicanalista, constituindo-se como um trabalho que se efetua na e sobre a prática, ou seja, um trabalho que permite uma articulação que retira do isolamento a teoria e a prática – não para lançá-las em uma relação dual e sem furos, mas, antes, sempre as remetendo à sua dimensão real.

Com isso, se nos questionarmos sobre o lugar da pesquisa para a formação de um psicanalista, o que dizer do incessante trabalho desenvolvido por Lacan com a linguística, a topologia, a matemática, os nós, a filosofia, etc.? O que dizer do que Freud nos ensina quando nos alerta para tomar cada caso em sua singularidade, indicando uma não-referência a experiências anteriores, a constructos teóricos ou formulações "aprendidas" de outras análises? Uma aposta na surpresa que deve reger o trabalho do psicanalista, uma aposta em um trabalho, por que não dizer, de investigação que leva em conta fundamentalmente o discurso, na medida em que na condução de uma análise, antes de qualquer saber aprendido, espera-se justamente a ignorância.

Acreditamos que a articulação entre psicanálise, universidade e sociedade não se dá sem o acréscimo da formação do psicanalista, isto é, sem a articulação a um outro tripé: análise pessoal, supervisão e formação em escola. Esta última não simplesmente por força de uma formalização, mas por colocar em questão aquilo que Lacan assinala na "Proposição de 9 de outubro de 1967" (Lacan, 1967/2003), a saber, um laço social pautado no *gradus*, em diferença a uma graduação, a uma hierarquia.

De forma diferente do que ocorre no campo científico, o recalcado não é sem efeitos sobre a pesquisa psicanalítica; ao contrário, é propriamente o seu campo de investigação. Pois enquanto a ciência estabelecia as suas interrogações sobre a natureza, e seu campo de investigação invadia a cena do século XVII, o *cogito* cartesiano instaurava a dúvida pondo em outro lugar um saber que Freud encontrou e estabeleceu enquanto inconsciente. Se na ciência o saber a ser pesquisado deixa de fora a enunciação de quem empreende a pesquisa, a psicanálise, em sua inserção no social, coloca o sujeito em posição de agenciar esse discurso e, portanto, de uma enunciação que só pode dizer respeito à sua verdade inconsciente, à causa de desejo, promovendo assim a produção de algum saber que restitui, no campo psicanalítico, um trabalho que não é sem sujeito.

NOSSA PESQUISA: ESTÉTICA DA VIOLÊNCIA NO CINEMA CONTEMPORÂNEO

Nosso trabalho de pesquisa gira em torno da conexão entre a psicanálise e a arte cinematográfica; mais precisamente, nosso tema é *Estética da violência no cinema contemporâneo*. Trata-se de um empreendimento que teve seu início há alguns anos quando, em 2002, defendemos nossa dissertação de mestrado centrando as pesquisas na questão da violência e da sublimação do artista (Lopes, 2002). Durante os anos que se seguiram, nos dedicamos a outros trabalhos, sempre na conexão da psicanálise com outros campos do saber tais como a medicina, o direito e o cinema.

Neste momento, nossos questionamentos incidem sobre as produções cinematográficas atuais e o que elas nos permitem pensar acerca das manifestações subjetivas de nosso tempo e cultura.

Consideramos que o cinema passou e passa constantemente por uma evolução que se associa, e muito, aos avanços tecnológicos e, ao mesmo tempo, não está apartado e até mesmo origina-se vinculado ao mercado, não escapando das transformações capitalistas e neoliberais. O cinema não acontece sem a possibilidade de pôr a fotografia em movimento, sem que o homem pretenda pôr em movimento o retrato da realidade. Retratar a realidade sempre esteve presente no cinema. Este, não por acaso, surge no mesmo final de século em que Freud anuncia a descoberta do inconsciente e publica a "Interpretação dos sonhos".

Enquanto o cinema buscava retratar a realidade, registrando-a, Freud anunciava a realidade psíquica, evidenciando que, no que diz respeito à subjetividade, é sempre posta em jogo uma outra cena, inconsciente.

Todas as transformações sofridas pelo cinema, nesse sentido, não deixaram de acompanhar as modificações e manifestações da cultura. O cinema dos irmãos Lumière retratava o dia-a-dia, aproximando-se daquilo que hoje nos permite, a qualquer momento, lançar mão das câmeras portáteis que se tornaram os nossos telefones móveis para registrar determinado momento. A dramatização, o romance só mais tarde chegarão ao cinema, fornecendo o enredo para histórias inicialmente representadas sem o som, que só posteriormente foi a elas incorporado.

Hoje nos interessa investigar a forma como, após os diversos caminhos pelos quais passou o cinema, são realizados filmes que mesclam cenas dirigidas pelos mais diversos cineastas e interpretadas por atores profissionais com vídeos postados no youtube ou filmados por câmeras que denominaremos amadoras, ou até mesmo utilizando aquelas que se prestam ao monitoramento do tráfego das grandes cidades.

Como diz Lipovetsky (2009), chegamos ao tempo da tela global, temos telas em todos os lugares. Interessa-nos destacar, ao tomarmos de empréstimo o termo tela global cunhado pelo autor, que o cinema, em sua grande tela expositora de um retrato da realidade, serviu e serve de enquadre àquela cena que interessa à psicanálise na medida em que se constitui enquanto fantasia.

Com isso, se as telas se multiplicam incessantemente, para além do questionamento acerca dos "efeitos dessa proliferação de telas em matéria de relação com o mundo e os outros, com o corpo e as sensações?" (ibid.: 12), qual é o enquadre que elas possibilitam à subjetividade em nosso tempo e cultura? Se o cinema ao longo do tempo foi incorporando à "cena da realidade" uma narrativa romanceada, por que, de certa forma, retornamos hoje a um privilégio das imagens supostas reais? O que essa busca por uma "mostração da cena da realidade" nos permite investigar acerca das questões subjetivas presentes na outra cena?

É nesse sentido que na nossa tese de doutorado, ao pesquisar a violência no cinema contemporâneo, não nos ocupamos de filmes violentos que portam explosões fantásticas ou cenas de agressão ao outro, mas daqueles que, mesmo sem apresentar ou expor tais cenas, provocam no expectador certo horror.

Os diversos episódios de violência aos quais somos expostos na mídia ou na experiência e que se tornam parte do discurso vigente, dizemos, nos causam horror. E como lembra Charles Melman: "[...] o horror, está no fundo de todo desejo. É isso que é horrível" (Melman, 2003: 76). Dessa forma, nos perguntamos de que maneira os atos violentos que nos horrorizam se inserem e servem à organização social de nosso tempo. Quando nos referimos a atos violentos não estamos apenas falando de nossos "marginais" assaltantes, traficantes. Falamos também daqueles que assaltando os cofres públicos engendram uma exposição midiática de morte e sofrimento nas filas dos hospitais, de epidemias, por falta de presença do poder público, etc. Imagens que se repetem insistentemente.

Pensamos que o horror diante das cenas de violência retratadas pelo cinema contemporâneo mediante um realismo da cena que horroriza, mais do que um retrato da realidade, nos permite lançar a interrogação acerca da relação do espectador com a fruição da cena exposta. Como lembra Melman, não é a cena de horror o máximo de gozo, na medida em que nela está implicada a realização do fantasma?

Para concluir, trazemos uma pequena passagem do diálogo de uma criança e sua mãe que presenciamos à época da morte da menina Isabela, tão repetida e explorada pela mídia:

> Menino [olhando para um edifício]: – Mamãe, ali é muito alto.
> Diz a mãe: – É mesmo, esse prédio é muito alto.
> E o menino completa: – É, tem que subir muito pra chegar lá em cima, não é, mamãe?
> A mãe responde: É muito alto sim. Tem que subir bastante.
> Diz o menino: Nossa, já pensou uma criança caindo lá de cima?

REFERÊNCIAS BIBLIOGRÁFICAS

FREUD, S. (1926/1969). A questão da análise leiga: conversações com uma pessoa imparcial. Em *Edição standard brasileira das obras psicológicas completas de Sigmund Freud*, v. XX. Rio de Janeiro: Imago.

————. (1912/1969). A dinâmica da transferência. Em *Edição standard brasileira das obras psicológicas completas de Sigmund Freud*, v. XII. Rio de Janeiro: Imago.

LACAN, J. (1959-1960/1991). *O Seminário, livro 7: a ética da psicanálise*. Rio de Janeiro: Jorge Zahar Ed.

————. (1964/1993). *O Seminário, livro 11: os quatro conceitos fundamentais da psicanálise*. Rio de Janeiro: Jorge Zahar Ed.

————. (1966-1967). *O Seminário, livro 14: a lógica da fantasia*. Inédito.

————. (1967/2003). Proposição de 9 de outubro de 1967 sobre o psicanalista da Escola. Em *Escritos*. Rio de Janeiro: Jorge Zahar Ed.

————. (1969-1970/1992). *O Seminário, livro 17: o avesso da psicanálise*. Rio de Janeiro: Jorge Zahar Ed.

LIPOVETSKY, G. (2004). *Os tempos hipermodernos*. São Paulo: Barcarolla Ed.

————. (2009). *A tela global: mídias culturais e cinema na era hipermoderna*. Porto Alegre: Sulina.

LOPES, A. (2002). *Quentin Tarantino e a violência: um estudo sobre a sublimação do artista*. Dissertação de Mestrado. Niterói: UFF.

MELMAN, C. (2003). *Novas formas clínicas no início do terceiro milênio*. Curitiba: CMC Editora.

ŽIŽEK S. (2003). *Bem-vindo ao deserto do real: cinco ensaios sobre o 11 de setembro e datas relacionadas*. São Paulo: Boitempo.

A TÍTULO DE SINTOMA: O ENSINO DA PSICANÁLISE NA UNIVERSIDADE

Caio Mattos Filho

RESUMO

Partindo da teoria dos discursos de Lacan e das posições do saber (S_2) neles, discutimos o descompasso entre o saber no lugar da verdade no discurso do analista e o saber como acúmulo burocrático do conhecimento no ensino e no discurso universitário. Com isso, interrogamo-nos sobre as condições da presença da Psicanálise na Universidade.

Palavras-chave: psicanálise; ensino; universidade.

ABSTRACT

The degree of the symptom: the teaching of psychoanalysis at the university

Starting from Lacan's theory of discourses, and focusing on its positions of the Knowledge (S_2), we discuss the mismatch between knowledge at the place of truth in the psychoanalyst's discourse and knowledge as the bureaucratic accumulation of information in university learning and discourse. Therefore, we interrogate about the possibilities of psychoanalysis at universities.

Key words: psychoanalysis; teaching; university.

> *Ao se oferecer ao ensino, o discurso psicanalítico leva o psicanalista à posição do psicanalisante, isto é, a não produzir nada que se possa dominar, malgrado a aparência, a não ser a título de sintoma.*
> (Lacan, 1970/2003)

Não é sem muito debate que se fala em ensino e transmissão da psicanálise. Isso decorre, sobretudo, da natureza do saber e da aprendizagem implicados na prática que o psicanalista suporta. Nos "Artigos sobre técnica", Freud (1892-1899/1996) advertiu a todos, mas especialmente aos seus opositores, que a apreciação e a crítica da psicanálise se mostravam prejudicadas quando sequer se fez a experiência da análise. Que razão haveria para Freud afirmar isso? Seria apenas uma forma de desqualificar seus opositores que, sabia ele, não se submeteriam à experiência da análise, já que dela falavam, aliás, com despeito e desconfiança?

Absolutamente, a franqueza intelectual com que Freud sempre expôs suas proposições e seus métodos de trabalho não nos permite levar muito adiante a ideia de esquiva da crítica. De fato, muitas consequências devem ser colhidas da postulação freudiana do inconsciente – não como um conjunto de ideias isoladas da consciência por certo tempo, mas como uma estrutura de discurso que é regida por leis próprias no campo da linguagem, implicando a articulação de um saber inconsciente que comanda os atos e os pensamentos das pessoas. Afinal, em psicanálise, estamos diante de uma prática cuja teoria e cujos métodos consideram a experiência da divisão subjetiva, do reconhecimento e da responsabilidade do sujeito por seus sintomas, sonhos, atos falhos e chistes, que não lhe ocorrem sem a suposição de um saber inconsciente que lhe concerne. Freud tem clareza de que essa suposição de saber ao inconsciente, a que se contrapõe a desconfiança dos críticos, não tem a força de uma verdade, se ela for apenas cogitada intelectualmente.

Para que alguém se veja implicado pelo saber inconsciente nos seus atos, pensamentos e repetições, não se exigem a simpatia com a teoria psicanalítica, a admiração por seu engenho, nem a vontade esclarecida e temperada de se conhecer melhor. O inconsciente não é a via de um saber que afaga o narcisismo do sujeito. E alguma disponibilidade cotidiana de distinguir nossos atos falhos, de acreditar que os sonhos são interpretáveis, ou de que nossos sintomas são decifráveis pode não passar de gracejos intelectuais resultantes da vulgarização da psicanálise, mas que são estéreis psicanaliticamente, na medida em que o sujeito não se implica no *nonsense* desconcertante que uma formação do inconsciente produz.

O saber inconsciente, de fato, tem consequências no seio do laço transferencial, ou seja, no âmbito de uma análise. E o lugar que Freud atribuiu ao psicanalista, em sua prática clínica, subverteu os destinos conferidos, até então, ao que ele denominou de transferência. Antes da psicanálise, os médicos, os curandeiros, os padres, os professores, indistintamente todos os personagens aos quais se atribuiu na história o poder de instruir, curar e amparar as queixas humanas, sempre encarnaram o mestre que diagnostica, aconselha e dirige o destino das pessoas, normalmente sugestionáveis quando alijadas do "suposto saber adequado": ou seja, aquele saber cuja falta provocaria as trevas da ignorância, o sofrimento de sintomas enigmáticos e o sentimento de ser perseguido pelo azar ou por um espírito maligno. Freud, ao contrário, aprendeu com as histéricas que era preciso dar a palavra ao paciente, em livre associação, tomando-a como via do saber inconsciente do analisante. Quer dizer, ao invés de encarnar pessoalmente a sede do saber, Freud o situou em uma outra cena, em um lugar terceiro que ele denominou de inconsciente.

Nesse movimento freudiano, a operacionalidade da transferência foi o gérmen da promoção da diferença radical do que está em jogo numa análise, ou seja, os princípios do seu poder. A transferência é um fenômeno que, em termos gerais, consiste na outorga de um poder especial (de um suposto saber) a alguém, que se torna amado e capaz de exercer influência sobre a opinião, o comportamento e a vida das pessoas que nele reconhecem tal poder. Ao observar os efeitos do que ele denominou de amor de transferência na clínica, Freud (1911-1915/1996) não o fez sem perceber também a sua presença na cultura em geral, sustentando os laços de mestria e dominação vigentes por toda parte, na política, na medicina, na religião, na família, nas rodas de amizade e onde mais o amor engendrasse poder, e o poder suscitasse amor. Por isso, Lacan nos adverte que: "Mesmo se devemos considerar a transferência como um produto da situação analítica, podemos dizer que esta situação não poderia criar o fenômeno todo, e que, para produzi-lo, é preciso que haja, fora dela, possibilidades já presentes às quais ela dará composição, talvez única" (Lacan, 1964/1998: 120).

Acontece que essa "composição única" fez da psicanálise não só um novo método de tratamento, mas uma nova discursividade. Rigorosamente, a prerrogativa psicanalítica do conceito de transferência é indissociável da condição de novo laço social que o discurso do analista comporta. Nesse sentido, Lacan (1969-1970/1992) sustentou que Freud teria instituído um novo discurso ou modalidade de laço social – o discurso do analista –, no qual o psicanalista, oferecendo-se no lugar de semblante de objeto (*a*), possibilita a atualização da fantasia inconsciente do analisante ($a \lozenge \$$),

$$\frac{a}{S_2} \rightarrow \frac{\$}{S_1} \quad \text{(Discurso do Analista)}$$

$$S_2 \; // \; S_1$$

interroga-o em sua condição de sujeito dividido ($) e o faz produzir, na livre associação, significantes-mestres (S_1) que o representam. Mas o que aqui merece destaque é o lugar conferido pelo discurso do analista ao saber (S_2): recalcado, sob a barra, ele está no lugar da verdade, como um enigma, e só pode ser dito pela metade. Nesse contexto discursivo, não se trata da verdade metafísica, nem de um conceito teórico, mas da verdade que diz respeito ao sujeito e que, como irmã de gozo, opera no limite do sem sentido do sintoma (Lacan, 1969-1970/1992). Por isso, não é à-toa que o enigma do sofrimento do sintoma, que se repete para o analisante, tenha autoridade na direção do tratamento.

Pensar que o saber inconsciente, no discurso do analista, não é sem a implicação do sujeito com sua verdade mais íntima, em irmandade com o gozo que ele obtém de sua posição subjetiva na vida, nos faz pensar na peculiaridade da formação e do ensino em psicanálise. Sabemos que Freud constituiu um tripé para dar conta da complexidade da formação do analista: análise própria, supervisão dos tratamentos que conduz e estudo teórico. Também sabemos que a psicanálise propõe um tratamento que faz supor um saber inconsciente no curso da fala em livre associação. Por isso, tornar-se analista implica ter passado por uma análise, ter experimentado seus efeitos. Mas o que dizer das bases do ensino da psicanálise? Que particularidades tem o ensino da psicanálise? E o ensino da psicanálise na universidade?

*

No século XVIII, a razão iluminista consagrou a ideia do progresso humano a partir do esclarecimento e da crença firme no poder da razão para dirigir a vida. Os ideais do século das luzes podem ser bem representados pelo otimismo de Voltaire, que definia a consciência como o elemento capaz de, pela Razão soberana, conduzir o homem ao discernimento de seus acertos e torpezas, à elucidação das verdades, ou das causas reais dos fenômenos aparentes. Na França, em particular, Napoleão Bonaparte instituiu a universalização do ensino nas escolas normais em torno dos ideais de racionalizar e disciplinar. Tratava-se, como assinalou Foucault (1979/1992), do advento moderno da docilização e distribuição dos corpos no espaço sob a égide das técnicas emergentes de poder.

O fortalecimento da concepção de uma razão que se desenvolve com a experiência, ao invés de com a razão e o talento inatos, muito defendidos no século XVII (Mora, 2001), contribuiu para o incremento de políticas pedagógicas. Ao lado do par médico-paciente, universalizou-se o moderno laço social professor-aluno, que se caracterizou pelo desenvolvimento da razão e pela retirada do aluno das trevas da ignorância através da instrução, da transmissão de saber que o professor realizaria pelo ensino. Dessa forma, como num movimento pendular do ensinante (ativo) ao ensinado (passivo), o saber se transferiria do professor ao aluno.

Evidentemente, muitos projetos pedagógicos se desenvolveram sob esse princípio durante muito tempo; e outros tantos também se constituíram posteriormente, criticando esse modelo racionalista de ensino assentado no que Paulo Freire chamou de visão "bancária" da educação, em que o detentor do saber "deposita" o conhecimento no aluno desprovido dele. Assim, projetos pedagógicos foram concebidos tendo em vista a necessidade de inserir o estudante como participante ativo na construção do conhecimento, no esforço de reduzir a visão polarizante entre o ativo professor-iluminado e o passivo aluno (*alumno* – sem luz).

Entretanto, no século XX, para além desse debate pedagógico dos modelos educacionais, a consolidação da psicanálise como uma prática clínica e, consequentemente, como um campo de saber pôs em xeque as bases e os limites da razão cartesiana, destronando a consciência esclarecida e iluminista de sua condição de agente absoluto da transmissão de um saber ensinável. Diante da concepção freudiana do inconsciente, ou de um saber que não se sabe que se sabe, a epistemologia clássica encontrou um limite, irredutível caso não se assuma uma reformulação subversiva da concepção de sujeito.

A consciência se revelou sede de um saber alienante, e o conhecimento, ao lado da personalidade e de tudo o mais que corresponde ao eu, foi caracterizado por Lacan como estruturalmente paranoico – em oposição ao saber inconsciente privilegiado pela pesquisa freudiana das neuroses. Na empreitada psicanalítica, Freud provocou uma fissura na tradição iluminista não só pela apreensão teórica de causas inconscientes, sobredeterminantes, que animam o ser – no que ele evidenciou a cisão subjetiva na produção de nossos atos (de pensar, de produzir sintomas, de sonhar, de repetir experiências de desprazer) –, mas também pelo empenho clínico de reconhecer que o saber inconsciente no lugar da verdade do sujeito não podia ser revelado pela mestria do médico, *ex-cathedra*, ao paciente. Por isso, foi a este que passou a ser dada a palavra, encadeada na fala em livre associação, na qual se articula a verdade do sujeito.

Como indicamos acima, Lacan situou a psicanálise como uma discursividade que funda uma nova modalidade de laço social: um dos quatro discursos radicais existentes na modernidade. Sua preocupação maior foi a de matemizar a diferença discursiva que funda e separa o discurso do analista dos outros três: o do mestre, o do histérico e o do universitário. Nesses termos, com a psicanálise o saber adquiriu um novo estatuto que conduziu Lacan a se opor à evidência de que o ensino seria uma inequívoca transmissão do saber. Ao contrário, enfatizou o descompasso e o equívoco entre ambos. Não apenas afirmou que "um ensino não significa que com ele vocês tenham aprendido alguma coisa, que dele resulte um saber" (Lacan, 1970/2003: 302), mas asseverou que "pode ser que o ensino seja feito para estabelecer uma barreira ao saber" (ibid.: 303).

Desse contundente descompasso entre saber e ensino que o discurso do analista realça devemos avaliar, minimamente, alguns desdobramentos. A matemização lacaniana dessa modalidade de laço social – a do discurso do analista – possibilitou, literalmente, a *revolução* do significante-saber (S_2) numa engrenagem discursiva quadrípode em que cada discurso tem valor pela diferença que inscreve em relação aos outros. Dessa forma, o saber não se reduz ao projeto de unidade do conhecimento do mestre e do universitário. Ao contrário, o saber alarga suas bases e é posicionado também, inconscientemente, sob a barra, pelos laços sociais do histérico e do analista, no lugar da produção e da verdade respectivamente.

(D. do Universitário)	(D. do Mestre)	(D. do Histérico)	(D. do Analista)
$\dfrac{S_2}{S_1} \begin{matrix}\rightarrow \\ // \end{matrix} \dfrac{a}{\$}$	$\dfrac{S_1}{\$} \begin{matrix}\rightarrow \\ // \end{matrix} \dfrac{S_2}{a}$	$\dfrac{\$}{a} \begin{matrix}\rightarrow \\ // \end{matrix} \dfrac{S_1}{S_2}$	$\dfrac{a}{S_2} \begin{matrix}\rightarrow \\ // \end{matrix} \dfrac{\$}{S_1}$

$$\frac{\text{Agente}}{\text{Verdade}} \begin{matrix}\rightarrow \\ // \end{matrix} \frac{\text{Outro}}{\text{Produção}}$$

No interior da universidade, pouco ecoa a advertência de Lacan em “Alocução sobre o ensino”: o ensino seria a descaracterização do saber pelo lugar de onde este intervém no discurso do universitário. Entretanto, a despeito dessa descaracterização, Lacan não deixa de asseverar que, “para chegar ao ensino, o saber deve, por algum aspecto, ser um saber de mestre, ter algum significante-mestre que constitua sua verdade” (Lacan, 1970/2003: 307). Isso nos leva a considerar que o problema do encaminhamento universitário não reside, por princípio, em fazer passar sua verdade por um mestre, mas em fazer desse apoio um álibi para o corporativismo, cristalizando o saber universitário como assunto de burocracia, na qual se é intimado a comprovar, de maneira protocolar, a força de convicção do que se expressa.

Em contrapartida, no discurso do analista a torção que sofre o discurso universitário – paradigma do ensino porquanto o saber é seu agente e o mestre seu garante – desloca o S_2 para o lugar da verdade, e isso faz toda a diferença. O analista convoca o sujeito em ato a produzir significantes-mestres que, nos percalços de sua associação livre, o representam. Acontece que essa produção de S_1 não é ensinável, nem existe quem a assegure de antemão.

Com isso, talvez se tornasse uma consequência natural simplesmente separar o ensino como coisa de universitário e reconhecer ao analista a lide com o saber no lugar da verdade como uma ficção do sujeito. Isso pareceria justificar o antagonismo postulado por Lacan. Entretanto, ao mesmo tempo que, no dispositivo analítico, não é franqueada ao analista a *cathedra* de ensinante, não se avança em psicanálise sem teorizar sobre a relação entre saber, gozo e verdade, nem sem um ensino que lhe seja correspondente. E isso se resolve "pelos caminhos da ciência, isto é, do saber do mestre. É nisso que a maneira como a verdade se formaliza na ciência, ou seja, a lógica formal, é para nós um ponto visado, por termos que estendê-la à estrutura da linguagem" (ibid.: 308).

Em razão do esforço necessário de formalizar a prática em teoria e de fazer circular a teoria psicanalítica no circuito das escolas, surge o desafio de articular o que se faz quando se exerce a psicanálise em extensão, para além da clínica. Ora, enredamo-nos nas malhas do ensino. Mas com que concepção dele? Para responder a essa interrogação, as conjecturas de Lacan a respeito do que faz um professor auxiliam.

O professor é o sujeito dividido; e ser um professor serve para ele próprio se instruir. Dessa forma, o ensinante, ao contrário da visão clássica de transmissor de um conhecimento, ocupa o lugar de agente do discurso histérico, que toma a palavra, debate-se com ela e diz mais ou menos o que pretendia dizer, seguindo a metonímia do desejo na fala. Por isso, Lacan assevera que, "ao se oferecer ao ensino, o discurso psicanalítico leva o psicanalista à posição do psicanalisante, isto é, a não produzir nada que se possa dominar, malgrado a aparência, a não ser a título de sintoma" (ibid.: 310).

A título de sintoma também, porque tomando a palavra na condição de histérico, na sua deriva metonímica, o psicanalista valoriza o ponto de falta de saber, de incompletude que toda articulação comporta. Sem jogar obsessivamente com o engodo da coerência absoluta de um sistema fechado de conhecimento, o psicanalista não se propõe a ser o mestre-prestidigitador que esconde a parcialidade do semidizer a verdade. Em psicanálise, ao contrário, haver-se com o ensino tendo em conta a questão do saber inconsciente é prestigiar os destinos e as razões do equívoco no seio da questão do verdadeiro ou falso.

E o que há de equívoco no que se ensina? Nada muito além do que há de equívoco no ato sexual. Afinal o ato humano é, por excelência, o ato falho. E, no ensino, o ato falho é o elemento surpresa regente: do mal-entendido onde se esperava o êxito da transmissão de um ensino, mas também do encontro exitoso onde não se o aguardava. Isso nos lembra da ocasião em que Lacan provocou o auditório de seu seminário *O saber do psicanalista*, em Sainte-Anne, dizendo que se sentia falando para as paredes, para os muros ("Je parle aux murs"). Pois bem, Lacan (1971-1972/1997: 45) aproveitou a oportunidade desse sentimento de desencontro com o auditório para comentar a respeito da nossa condição de seres falantes na linguagem, sujeitos a tagarelar inocuamente com "uns", quando intencionamos atingir "outrem" alhures, ao mesmo tempo que aquele que nos ouve recorta-nos a fala a partir do seu ponto de vista. Sem reservas, no ensino também nos chocamos com o *amuro*, insígnia do desencontro, do mal-entendido das expectativas, dos fracassos nas satisfações das exigências de cada parte e da perda do objeto *a* no choque contra o muro da linguagem (Lacan, 1972-1973/1985: 13).

Ademais, não somente as aulas e os seminários de um mestre, mas também seus escritos não podem desconsiderar, em psicanálise, o comprometimento do ensino com a subversão da razão freudiana. Daquilo que nos dispomos a ler cada um apreende e concebe no lance da precipitação subjetiva da certeza antecipada (Lacan, 1945/1998), que limita o poder da habilidade de um professor tornar algo compreensível. Por isso, em alguns momentos de sua obra, Lacan fala do tempo que é necessário para que seu discurso sirva ao que se prestou.

Em certa medida, podemos interpretar nesse sentido o estilo hermético do texto lacaniano como marca de um propósito de transmissão que não é a iluminação ou o esclarecimento. Não à-toa, Lacan afirmou que "o escrito distingue-se, como efeito, por uma prevalência do *texto* [...] – o que permite a concisão que, a meu ver, não deve deixar ao leitor outra saída senão a entrada nele, que *prefiro difícil*" (Lacan, 1957/1998: 496; grifo nosso). Coerente com essa declaração de Lacan, quando interrogado a respeito do hermetismo do psicanalista francês, Foucault respondeu o seguinte:

> Penso que o hermetismo de Lacan é devido ao fato de ele querer que a leitura de seus textos não fosse simplesmente uma "tomada de consciência" de suas ideias. Ele queria que o leitor se descobrisse, ele próprio, como sujeito de desejo através dessa leitura. Lacan queria que a obscuridade de seus *Escritos* fosse a própria complexidade do sujeito e que o trabalho necessário para compreendê-lo fosse um trabalho a ser realizado sobre si mesmo (Foucault, 1981/1999: 299).

Isso sugere tomar o texto lacaniano como o registro de um ensino que respeita as vicissitudes da razão desde Freud com a promessa de uma transmissão que, ao contrário de foracluir o sujeito, convoca permanentemente o desejo.

*

Enfim, avancemos com a reflexão acerca da presença da psicanálise na universidade servindo-nos da teoria dos discursos de Lacan, que nos apresenta um engenhoso artefato de quatro lugares (agente, Outro, produção e verdade), nos quais as quatro letrinhas $S_{1,}$ $S_{2,}$ $\$$, *a* do seu repertório trocam de lugar numa rotatividade circular, levógira ou destrógira, de ponteiro de relógio. Já fizemos alusão à estrutura discursiva do analista e à séria consequência de o saber (S_2) se posicionar no lugar da verdade, recalcado, sob a barra. Entre outras coisas, de partida essa posição do saber o põe em disjunção com o conhecimento com o qual os acadêmicos lidam.

E o discurso do universitário, o que podemos falar dele? Pois bem: primeiramente ele consiste num quarto de volta à direita em relação ao discurso do analista. Com isso, uma nova estrutura se organiza, e a natureza do laço social se altera inteiramente. O saber (S_2) se desloca para o lugar do agente e, no agenciamento, o saber é conhecimento organizado e cumulativo, respaldado pelo mestre. E mais:

> Além disso, é um discurso que se capacita a dar títulos, a dar importância ao autor ou mesmo a preservar esse saber que está sempre acompanhado do nome de um autor. Isso quer dizer que aquele que detém o Saber nessa

"agência" torna-se capacitado a ensinar, a tornar-se ensinante daqueles que ocupam a posição do "outro" (Souza, 2003: 126).

$$\frac{S_2}{S_1} \rightarrow \frac{a}{\$} \quad \text{(Discurso do Universitário)}$$

$$S_1 \quad // \quad \$$$

Como todo agente de uma organização burocrática que se preze, o saber (S_2) não quer contar com a novidade, ou seja, exclui o desejo de saber através do suporte do mestre. Afinal, "o ensino é o saber que é descaracterizado, em suma, pelo lugar de onde ele impera" (Lacan, 1970/2003: 306). Inclusive, não podemos deixar de atentar para o fato de que o discurso da histérica é justamente o antípoda do universitário, haja vista ele ser aquele que é agenciado pelo sujeito dividido e que produz saber. Por isso, na via discursiva do histérico na qual o saber se produz legitimamente, Lacan situa a posição do psicanalista no ensino. Ou seja, o psicanalista ensinante é antiburocrático por princípio, coisa que questiona a condição da sua presença na universidade.

Na universidade, os psicanalistas, na melhor hipótese, são os guardiães de um discurso que tem lugar alhures. Afinal, enquanto o universitário, estritamente, conjuga o ensino com o saber autoral, o psicanalista traz consigo o legado do ato que articula o saber com a verdade. Por isso, no descompasso entre discurso do analista e discurso universitário, oxalá reste ao psicanalista, na universidade, alguma tirada espirituosa e a saída pelo equívoco de teses que sejam ensaios. Assim, a universidade pode ser uma trincheira avançada em cuja cena se deposite o que cada um faz da psicanálise que experimenta.

Naquilo que a universidade oferece de possibilidades de pesquisa, ensino e extensão, precisamos, entretanto – advertidos acerca da lógica discursiva que organiza essa instituição –, conservar algumas coisas no horizonte contra certos movimentos antipsicanalíticos. Primeiro e antes de tudo, é a partir das próprias análises que os analisantes passam a analistas: os analistas não se tornam analistas na universidade, não se tornam analistas em cursos de duração preconcebida, e a universidade não substitui a associação entre psicanalistas em Escolas de psicanálise, onde, por excelência, o analista faz seu testemunho de se autorizar analista por ele mesmo, entre outros psicanalistas, num espaço em que, ao invés da meritocracia dos títulos e das notas dirigir a cena sob a batuta das políticas educacionais do Estado e das agências de fomentos, é a transferência de trabalho e o interminável da análise de cada um que sustenta a psicanálise em extensão.

Por isso, além de respaldar, no dispositivo analítico, os atendimentos dos ambulatórios e enfermarias dos Serviços de Psicologia, dos Hospitais e Centros de Saúde ligados à universidade, o melhor que fazemos na universidade são as pesquisas, o ensino, as dissertações e as teses não apenas a título de mestria ou de douto saber, mas, sobretudo, a título de sintomas.

Referências bibliográficas

FOUCAULT, M. (1979/1992). *Microfísica do poder*. Rio de Janeiro: Edições Graal.

———. (1981/1999). Lacan, o libertador da psicanálise. Em *Ditos e escritos. Michel Focault e a problematização do sujeito: psicologia, psiquiatria e psicanálise*, v. 1. Rio de Janeiro: Forense Universitária.

FREUD, S. (1892-1899/1996) Artigos sobre técnica. Em *Edição standard brasileira das obras psicológicas completas de Sigmund Freud*, v. XII. Rio de Janeiro: Imago.

LACAN, J. (1945/1998). O tempo lógico e a asserção de certeza antecipada. Em *Escritos*. Rio de Janeiro: Jorge Zahar Ed.

———. (1957/1998). A instância da letra no inconsciente ou a razão desde Freud. Em *Escritos*. Rio de Janeiro: Jorge Zahar Ed.

———. (1964/1998). *O Seminário, livro 11: os quatro conceitos fundamentais da psicanálise*. Rio de Janeiro: Jorge Zahar Ed.

———. (1969-1970/1992). *O Seminário, livro 17: o avesso da psicanálise*. Rio de Janeiro: Jorge Zahar Ed.

———. (1970/2003). Alocução sobre o ensino. Em *Outros escritos*. Rio de Janeiro: Jorge Zahar Ed.

————. (1971-1972/1997). *O saber do psicanalista.* Publicação para circulação interna da Associação Freudiana Internacional. Recife: Centro de Estudos Freudianos do Recife.

————. (1972-1973/1985). *O Seminário, livro 20: mais, ainda.* Rio de Janeiro: Jorge Zahar Ed.

MORA, F. (2001). *Dicionário de Filosofia,* tomo II. São Paulo: Edições Loyola.

SOUZA, A. (2003). *Os discursos na psicanálise.* Rio de Janeiro: Companhia de Freud.

Psicanálise na clínica da universidade: questão ética

Vinicius Darriba e Nadja Pinheiro

Resumo

A discussão acerca da relação entre psicanálise e universidade é retomada em relação aos impasses referentes à formação para a prática clínica. A partir da experiência como supervisores de estágio curricular em psicologia, orientamos o trabalho pelo princípio de que o psicanalista não pode, nesse lugar, recuar da pergunta acerca das possibilidades de operar aí a partir da ética que é própria à psicanálise.

Palavras-chave: psicanálise; universidade; clínica psicanalítica.

Abstract

Psychoanalysis in the university clinic: ethical discussion

This paper raises a question on the relations between psychoanalysis and university, considering the impasses regarding clinical practice. From our experience as supervisors of curricular stage at psychology undergraduate courses, we guide our work based on the principle that the analyst cannot fail to reply to the questions about the possibilities psychoanalytical clinic has to operate in such circumstances by complying with its specific ethical principles.

Key words: psychoanalysis; university; psychoanalytical clinic.

Dentre os diferentes eixos em torno dos quais se dá a discussão acerca da relação entre a psicanálise e a universidade incluem-se os âmbitos do ensino da psicanálise, da pesquisa em psicanálise e da formação para a prática clínica. Privilegiaremos aqui este último, o que não significa que as reflexões correlatas não digam respeito aos demais, visto Freud (1923 [1922]/1990) afirmar recorrentemente que, na psicanálise, a pesquisa e o tratamento coincidem. Entendemos, portanto, que a problematização das questões da clínica, da pesquisa e do ensino da psicanálise na universidade se implicam.

Nos cursos de graduação em psicologia, dentre as opções ofertadas ao estudante para o cumprimento do requisito curricular do estágio, figura, via de regra, a opção de uma prática clínica supervisionada designada como psicanalítica. Essa designação pretende se sustentar tão somente no fato de que o docente que exerce a função de supervisor se designa, igualmente, como psicanalista. Essa autodesignação implica, no entanto, por conta dos fundamentos da psicanálise que ela convoca, que a nomeação de um psicanalista para a função de supervisor não garante que haja nem prática clínica nem supervisão psicanalíticas. Se pensamos em um psicanalista, pensamos em alguém que não pode recuar da pergunta sobre a possibilidade de operar na universidade a partir da ética que é própria à psicanálise. Aliás, a sustentação dessa pergunta já seria aí uma primeira incidência ética da psicanálise.

Tendo por base justamente a experiência como docentes, pesquisadores e supervisores de estágio na universidade, buscamos: (1) retomar a questão dos impasses relativos à inserção da psicanálise na universidade, (2) verificar como esses impasses se atualizam na "clínica do estágio" – expressão que propomos para sintetizar a ideia de um campo clínico associado à realização dos estágios em clínicas vinculadas à própria instituição de ensino – e (3) interrogar qual é, nesse contexto, a clínica possível a partir da psicanálise. Entendemos se fazer necessária esta última interrogação porque, mesmo não havendo formação de analistas, formação para a clínica psicanalítica na universidade, não deixamos de estar inseridos em uma clínica, recebendo pacientes e compromissados com um trabalho de supervisão. Contra prognósticos negativos mais imediatos, que se resumem na ideia de que não há um possível da psicanálise na universidade, insistimos com a interrogação, porque a experiência nos mostra que o trabalho não é sem consequência para pacientes, estagiários e supervisores. Trata-se de tentar contribuir para a formalização disso, tanto em um sentido retrospectivo quanto na via de se comprometer com uma direção para o trabalho. A questão a se ter em conta é como, ao não recuar desse campo clínico, também não ser complacente com outro discurso a ponto de ceder quanto à posição ética da psicanálise.

Quanto ao que potencialmente constitui impasse à psicanálise na universidade, podemos listar o que segue. De saída, a prática clínica e a supervisão encontram-se alocadas entre as atividades formativas exigidas para a obtenção de um título de graduação. Estão, portanto, referenciadas pelo cumprimento de carga horária mínima obrigatória e pela consecução de desempenho acadêmico. Além disso, trata-se de uma atividade curricular que não tem a análise pessoal como pré-requisito, o que implica que se chega à clínica e à supervisão na condição de estudante e não de analisante. Correlativamente, o supervisor é tomado na condição de docente. É claro que o supervisor pode tentar ir além das exigências acadêmicas e que o estagiário pode, por decisão própria, já ter iniciado ou vir a iniciar uma análise. Entendemos, no entanto, que tais iniciativas não suprimem os efeitos de se estar inserido na estrutura de formação da universidade.

Com relação à observável pregnância dessa estrutura, vale ainda ressaltar, como terreno em que a diferença do que está em jogo na experiência da psicanálise se torna mais evidente, o lugar do saber. O apoio nas demarcações estabelecidas por Lacan (1969-1970/1992) com relação ao discurso universitário (que não se restringe, mas inclui o que se faz entre os muros da universidade) contrasta com a impotência do estudante diante de um saber sempre ainda não suficientemente acumulado, o impossível do saber a que a psicanálise se dirige. É um contraste importante porque a possibilidade de o trabalho clínico se orientar pela ética da psicanálise depende de se ter em conta essa dimensão do impossível. A própria atribuição que a supervisão recebe no âmbito da formação universitária – ensinar a analisar – renega o impossível, a rigor o impossível à segunda potência, a nos valermos das indicações de Freud (1937/1990). Se sustentarmos que a ética da psicanálise inclui o impossível, consentir nessa atribuição resulta em impostura.

A localização dos impasses à experiência analítica a partir do que é efeito do discurso universitário serve de baliza ao desdobramento da seguinte questão: o quanto na "clínica do estágio" esses impasses dizem respeito mais especificamente aos limites da análise de cada um e o quanto podem ser atribuídos mais genericamente ao próprio contexto universitário em que estamos todos inseridos? É da investigação dessa questão que poderá advir outra: qual é a clínica possível, no âmbito da universidade, a partir da psicanálise? Comecemos, então, pela incidência, na "clínica do estágio", dos impasses à psicanálise na universidade.

Os impasses

Uma primeira interrogação: o quanto a exploração do campo do inconsciente é possível no âmbito dessa clínica inserida na formação universitária? É claro que a resposta poderia ser: depende da análise de cada um. Mas tendo em vista que o praticante nessa clínica sempre chegará na condição de estudante, é o caso de interrogar se isso por si só não faz impasse à abertura do inconsciente. Afinal, a psicanálise depende de que o saber não exclua o sujeito dividido – enquanto que no discurso universitário, como Lacan indica, o sujeito dividido renuncia a seu lugar.

Lacan assevera que o discurso da psicanálise não pode ser o da transmissão de um saber (Lacan, 1969-1970/1992: 188). Ele deve consistir antes no questionamento da função de um certo saber na sociedade. Cabe à psicanálise discutir "a relação do sujeito com o saber e a relação do sujeito com a dimensão da vida que escapa ao saber, ponto limite do sentido" (Maurano, 2006: 209). No discurso universitário, por sua vez, o sujeito dividido renuncia a seu lugar. Diante do mandamento do "Vai, continua. Não para. Continua a saber sempre mais" (Lacan, 1969-1970/1992: 98), a tomada da palavra é postergada para quando chegar o momento derradeiro da aquisição do saber, momento que nunca chega.

É do lugar de comando ocupado pelo saber no contexto universitário "que surge a inequívoca promessa de, em um movimento progressivo inesgotável, tudo situar sob a sua égide e de tudo se apropriar" (Lo Bianco, 2006:

7). Isso é o que se apresenta ao estudante e o que ele espera encontrar ao fim do percurso. O que faz, igualmente, com que a psicanálise porte, na universidade, a marca de um estranhamento, já que, "ao contrário, reconhece sempre algo de irredutível ao saber" (idem). Sempre aquém da realização da promessa contida no discurso universitário, o trabalho do estudante faz com que esse lugar do impossível ganhe contornos de impotência: o que tem o sentido de uma insuficiência para o estudante, orientado pelo discurso universitário, fala na psicanálise do impossível ao qual o saber se dirige.

Não se trata de recobrir com um mais de saber ao qual o estudante é convocado o que se toma na via de uma impotência, mas de incluí-lo como impossível mesmo, cujo manejo não se faz do lugar do saber: um desafio igualmente para o supervisor em relação aos limites dessa clínica. Mas a formalização da experiência analítica só avança quando dirigida a esse impossível.

O mesmo vale para o ensino da psicanálise (no caso, a possibilidade de que haja alguma transmissão) e para a pesquisa em psicanálise (no caso, para que possa haver algo que faça jus a levar esse nome). É o desejo de que algo disso, do impossível do saber como operador, encontre, na práxis do estágio, possibilidade de transmissão que faça com que nela nos incluamos como supervisores.

Para tal, é preciso ter em conta que o que se mascara no discurso universitário é que o saber (S_2) opera do lugar de agente porque porta a ordem do mestre (S_1), que ocupa o lugar da verdade. Segundo Lacan, "pelo fato de o signo do mestre ocupar esse lugar, toda pergunta sobre a verdade é, falando propriamente, esmagada, silenciada" (Lacan, 1969-1970/1992: 98). Mas há um mestre velado no lugar da verdade que define o conjunto dos saberes, ou, mais propriamente, que define que os saberes sejam postos em conjunto. Sendo os estudantes impelidos a assumirem a suposição da existência de um saber que se oferece à acumulação e à possibilidade de anteceder a condução do fazer prático, o desafio é impedir que a psicanálise se reduza a um saber a ser agregado ao conjunto.

Essas reflexões são importantes na medida em que constatamos que, para que haja psicanálise na clínica da universidade, alguma passagem da impotência ao impossível se faz necessária. Para que algo se produza, para que se chegue a algum lugar em seus atendimentos, a relação com o saber do estudante terá que ser minimamente desestabilizada. Quando pensamos na própria conclusão dos atendimentos, todos os jargões da instituição já revelam do que se trata. "Encaminhamento", "fechamento", uma terminologia que faz circular a ideia de que o saber devidamente aplicado resulta em uma operação sem perda, em que não há resto. Em nome disso, o estagiário, o praticante, se põe a trabalhar pelo paciente, contra a orientação "escandalosa" da psicanálise de que é este último quem trabalha. É daí que o estudante terá que se extrair para que se possa começar a falar em psicanálise. O que implica suportar responder de um lugar que o saber não informa, que só se sustenta nos termos de uma ética que inclui essa dimensão do impossível, repudiada pelo saber universitário e pela técnica, que se prestam justamente a obturá-la.

Se já vimos que, no discurso universitário, o saber tem o lugar de agente, o signo do mestre ocupa o lugar da verdade e o sujeito é o que essa engrenagem promete produzir, resta ainda o lugar de quem trabalha sob a tirania do saber: o estudante. No discurso universitário pensado por Lacan, ele aparece como objeto de gozo, ou seja, já é em si mesmo um produto. Nesse sentido, gostaríamos de deixar ainda algumas indicações acerca do refinamento que, observamos hoje, esse produto – o estudante em formação – vem sofrendo, em uma direção avessa ao discurso psicanalítico. Poderíamos afirmar haver hoje, a partir do que observamos, um "a mais" relativo à questão da eficácia, em uma formação voltada exaustivamente, na clínica, ao "para todo mundo"? Ou um "a mais" relativo à demanda de responder para que serve, em que o profissional liberal se torna o prestador de serviço, na via de um "como todo mundo"?

Indicados os impasses, passemos ao trabalho dos quais estes têm sido causa.

O TRABALHO

No âmbito do estágio clínico, a observação de que, no momento formal da supervisão, algumas questões ultrapassam o campo específico da condução dos casos em atendimento foi motivo para que buscássemos a criação de um espaço no qual pudéssemos refletir sobre elas. Implantamos, então, o que denominamos sessões clínicas. Nestas, os estagiários e supervisores referidos à psicanálise se reúnem semanalmente. A cada encontro um dos componentes se responsabiliza por dar início às reflexões, apresentando uma questão que tenha surgido no espaço da supervisão, mas que remeta ao campo da clínica de modo mais amplo. O que define "estar em análise", o que define seu "término", o que se "repete" na clínica, qual o "limite" de cada analista, a questão do dinheiro, o final do estágio e a clínica, a dimensão terapêutica da psicanálise, a distinção entre os planos da moral e da ética na psicanálise foram alguns dos temas levantados e discutidos pelo grupo.

Nossa intenção nessas discussões é de não estarmos inteiramente atrelados ao lugar de supervisor ou de orientador, daquele que detém um suposto saber, o qual, no âmbito da universidade, limita-se a uma busca de respostas relativas à compreensão e à condução da clínica. Ao contrário, nas sessões clínicas as dúvidas e questões são lançadas e endereçadas a todos que dela participam objetivando a própria circulação das mesmas. Não há, portanto, nenhuma preocupação com alcançar respostas ou produzir um saber acadêmico, mas única e exclusivamente com a possibilidade de abertura de um movimento que nos implique, a todos, no fazer da clínica em relação à teoria que a sustenta e à pesquisa que ela suscita.

Foi no interior desse projeto que a reflexão que apresentamos aqui tomou corpo. Não temos a ilusão ingênua de que com a criação das *sessões clínicas* ultrapassamos todos os impasses. Uma relação assimétrica entre professores e alunos permanece. Igualmente, um certo tipo de relação ao saber universitário também. Porém as discussões efetivadas nos indicam a ocorrência de um movimento interessante que nos parece assinalar que há aí a instauração de uma relação específica com a psicanálise e seu modo característico de operar: aquele que convoca cada sujeito a se responsabilizar por seus atos não apenas em sua vida pessoal como, e principalmente, na condução do trabalho clínico. Quer seja ele um profissional graduado ou um estudante em formação. Dessa constatação um desdobramento sobre a inserção da psicanálise na universidade se tornou presente, dada a observação de todos os atravessamentos institucionais que sobre ela pesam. Principalmente em relação a dois elementos já destacados anteriormente: a posição de cada um em relação ao saber acadêmico e ao saber sobre seu próprio inconsciente. Uma torção difícil de ser efetivada no campo universitário? Certamente. Porém, acreditamos, a ser mantida no horizonte.

Dessa forma, a questão com que constantemente nos deparamos no interior das sessões clínicas se refere, em última instância, à possibilidade ou impossibilidade de a psicanálise operar no contexto clínico da universidade. A despeito das indicações em contrário, nossas discussões nos mostraram uma via de entendimento que indica não haver respostas prontas em nenhum dos dois sentidos, o que resultou na construção da questão aqui especificada sobre qual seria, então, a clínica possível, a partir da psicanálise, na universidade. Não temos a pretensão de responder definitivamente essa questão, mas é ela que tem nos orientado quanto ao desejo de operar e fazer operar, na universidade, desde o lugar ético da psicanálise.

REFERÊNCIAS BIBLIOGRÁFICAS

FREUD, S. (1923 [1922]/1990). Dois verbetes de enciclopédia. Em *Edição standard brasileira das obras psicológicas completas de Sigmund Freud*, v. XVIII. Rio de Janeiro: Imago.

————. (1937/1990). Análise terminável e interminável. Em *Edição standard brasileira das obras psicológicas completas de Sigmund Freud*, v. XXIII. Rio de Janeiro: Imago.

LACAN, J. (1969-1970/1992). *O Seminário, livro 17: o avesso da psicanálise*. Rio de Janeiro: Jorge Zahar Ed.

LO BIANCO, A. C. (2006). Apresentação. Em *Freud não explica: a psicanálise nas universidades* (pp. 7-8). Rio de Janeiro: Contra Capa.

MAURANO, D. (2006). Um estranho no ninho ou a psicanálise na universidade. Em *Lacan e a formação do psicanalista* (pp. 209-227). Rio de Janeiro: Contra Capa.

Psicanálise, pesquisa e universidade

Universidade: práxis ampliada da psicanálise

Ademir Pacelli

Resumo

Neste texto, partimos da ideia de que a história das práticas da psicanálise nas últimas décadas no Brasil constituiu a universidade como campo de sua práxis. Tomamos o adjetivo *ampliado*, que surgiu há três décadas, para designar as práticas orientadas pela psicanálise nas instituições de saúde, seja no sentido da ampliação social de sua ação, seja para diferenciá-las do modelo tradicional de consultório com divã e várias sessões semanais. A partir de texto de Freud e de outros autores sobre o ensino da psicanálise na universidade, desenvolvem-se várias considerações sobre a relevância e realidade desse ensino, principalmente ao retomar alguns elementos de sua história no Brasil.

Palavras-chave: universidade; psicanálise; ensino; práxis.

Abstract

University: amplified psychoanalysis practice

In this paper, we start from the idea that the history of the practice of psychoanalysis in recent decades in Brazil has developed university into a field of its praxis. We extended the adjective *amplified*, which emerged three decades ago, to describe the practices targeted by psychoanalysis in health institutions, either in terms of the expansion of its social action or in its differentiation from the traditional office with couch and several weekly sessions. Considering the text of Freud and other authors on the teaching of psychoanalysis in the university, several considerations are developed on the relevance and reality of this teaching, especially when we return to some elements of its history in Brazil.

Key words: university; psychology; education; praxis.

I

Neste texto, partimos da ideia de que a história das práticas da psicanálise nas últimas décadas no Brasil constituiu a universidade como campo de sua práxis. Tomamos o adjetivo *ampliado*, que surgiu há três décadas, para designar as práticas orientadas pela psicanálise nas instituições de saúde, seja no sentido da ampliação social de sua ação, seja para diferenciá-las do modelo tradicional de consultório com divã e várias sessões semanais. Além destes elementos, inclui-se nessas práticas uma clientela bastante diversificada em termos de condições econômicas, sociais, diversidades culturais e de tipos de demanda clínica.

Ao intervir na discussão sobre a pertinência do ensino da psicanálise na universidade, em 1918, referindo-se principalmente ao ensino médico, Freud (1918/1976) afirmou que, em relação ao psicanalista, este poderia prescindir complemente da universidade sem qualquer prejuízo para si mesmo, já que em matéria de teoria ele dispunha de literatura especializada da qual podia lançar mão e, também, dos encontros científicos promovidos pelas sociedades psicanalíticas. Além disso, em relação à formação prática, disporia da própria análise e da supervisão dos tratamentos por ele conduzidos.

Ele acrescenta ainda que a forma como a psicanálise se organizou decorreu da sua própria exclusão das universidades e que tal organização deveria continuar enquanto persistisse tal exclusão.

Em segundo lugar, no que se refere à universidade, esta deveria definir o valor atribuído à psicanálise na formação de médicos e de cientistas e descobrir como incorporá-la à estrutura de seu ensino. Para tal, Freud indicou algumas deficiências do ensino universitário e apontou para a importância da psicanálise na *suplementação* da formação médica e acadêmica em geral. Em sua crítica, pontua os seguintes elementos:

a) O treinamento biologista do estudante em anatomia, física e química, faltando esclarecimentos sobre os fatores mentais presentes nas diferentes funções vitais, bem como nas doenças e em seu tratamento. Isso acarretaria o desinteresse dos estudantes pelos problemas mais absorventes da vida humana, tais como a relação entre saúde e doença, o que os tornaria inábeis para o tratamento dos pacientes, *perdendo até mesmo para os charlatães e curandeiros.*

A psicologia médica, que foi incluída no currículo universitário do início do século XX, era academicista e experimental e não respondia às necessidades da formação médica. Já a psicanálise teria condições de responder a essas exigências do ensino universitário. Para tal, Freud propôs um programa mínimo através de um curso introdutório sobre as relações entre a vida mental e a vida física – que seria a base de todas as psicoterapias – e também sobre a história dos métodos psicoterápicos.

b) Em termos específicos quanto ao preparo para o estudo da psiquiatria, a psicanálise ajudaria a tirar a psiquiatria de seu caráter puramente descritivo, pois esse referencial não ofereceria a menor compreensão dos fatos observados, e estes poderiam ganhar uma maior compreensão com uma *psicologia profunda.*

Sua proposta de programa de ensino teria duas etapas: um curso elementar, destinado a todos os alunos de medicina, e um especializado para psiquiatras, que teria como conteúdo considerações sobre o método psicanalítico e suas contribuições em várias áreas do conhecimento, tais como arte, filosofia e religião. Para ele, esse curso traria efeitos *fecundadores* na moldagem de uma ligação mais estreita entre ciência médica e os ramos do saber que se encontram dentro da esfera da filosofia e das artes.

Quanto à metodologia, o curso seria ministrado de forma dogmática e crítica através de aulas teóricas apenas. Portanto, restrito em termos de demonstração prática. Nesse sentido, para incluir a pesquisa seria necessária a existência de ambulatório para atendimento de pacientes *neuróticos* e, para a formação psiquiátrica, disponibilidade de setor de pacientes internos. Essa modalidade não se caracterizaria como uma formação estrito senso, mas como uma *maneira de o aluno aprender algo sobre psicanálise e algo a partir da psicanálise.*

II

Vou retomar aqui a apresentação do Prof. Rassial (2003), no VII Encontro Científico da AUPPF, na qual ele analisou a situação da psicanálise na universidade francesa. Podemos encontrar em sua análise alguns pontos comuns em comparação com a realidade brasileira, até porque, no Brasil, a relação mais intensa da psicanálise com a universidade veio em função da formação do chamado psicólogo clínico, que ganhou visibilidade e autoridade principalmente a partir das concepções de Lagache, Zazo e Anzieu. Já na medicina, as propostas de Balint e as produções da psicossomática foram mais decisivas na década de setenta e oitenta.

A partir daí, os psicólogos que recebiam formação clínica foram sendo absorvidos pelas faculdades de psicologia para ensinar as disciplinas de técnicas psicoterápicas, personalidade, técnicas avaliativas e psicodiagnósticas e mesmo psicopatologia – que geralmente era dada por psiquiatras –, além da supervisão clínica. Desde então, nossas faculdades formam o profissional psicólogo. O lugar de supervisor geralmente era ocupado por um especialista com vínculo técnico e não de professor. Se a psicologia foi reconhecida como profissão na década de sessenta, ela teve nessa época o predomínio dos psicólogos educacionais, sociais e experimentais, derivando especialistas principalmente para as áreas de recursos humanos e educação. A partir da década de setenta, a clínica ganhou ênfase com a divulgação das psicoterapias de influência psicanalítica, que foram sendo incorporadas pela sociedade através dos meios de comunicação.

Por uma questão ideológica, a década de setenta foi considerada psicologista. Russo (2002) atribui o encantamento e a grande difusão da psicanálise e das técnicas *psi* na década de setenta ao avanço de uma sociedade moderna que se contrapunha ao modelo tradicional. Na perspectiva moderna, o sujeito seria remetido para dentro de si mesmo, para uma busca, através de suas próprias escolhas, do caminho que o levaria a uma vida mais plena e realizada (ibid.: 9). Essa nova perspectiva subjetivista teria encontrado na psicanálise um espelhamento.

Com a ditadura, a sociologia e a política tiveram sua circulação cerceada na universidade, enquanto a psicologia foi convocada a dar conta dos problemas sociais, ou seja, o psicologismo teria função ideológica de camuflar os conflitos sociais. As camadas médias e intelectuais alijadas da participação política encontraram na psicanálise uma visão de mundo psi, ou seja, uma nova possibilidade de dar conta de si e dos outros. Ao entrar nas faculdades de psicologia, os estudantes já demonstravam seu interesse predominante pela área clínica. Ser clínico ou psicoterapeuta era a representação dominante no imaginário daqueles que buscavam as faculdades de psicologia, nas quais o trabalho de consultório surgia como o ideal supervalorizado da prática liberal.

Tal como na França, a psicologia surgiu aqui em algumas faculdades dentro do ensino clássico da filosofia e letras, mas logo adquiriu independência e autonomia. As faculdades rapidamente seguiram a tradição médica de formação de profissionais. Com a expansão da indústria e do ensino privado, o ensino técnico, ou formação profissional, tornou-se prioritário e dezenas de faculdades de psicologia foram sendo criadas e multiplicadas. Seguindo o preceito da importância da análise pessoal na formação clínica, os alunos de psicologia, em sua maior parte vindos das camadas sociais médias, passaram a representar a maior parte da clientela dos psicanalistas.

A entrada da psicanálise no Rio de Janeiro e em São Paulo teve a mediação dos grandes psiquiatras, que foram os presidentes das primeiras sociedades psicanalíticas. Juliano Moreira no Rio (1929) e Franco da Rocha em São Paulo (1927), conviveram bem com o eugenismo da década de trinta e transmitiram a sua tradição conservadora e corporativa durante várias décadas.

Se as sociedades brasileiras de psicanálise foram durante muito tempo restritivas e corporativas, pois a formação privilegiava e mesmo exigia a formação médica, a partir da década de setenta os psicólogos que buscavam suas análises pessoais passaram a reivindicar igual lugar na formação e no direito de exercer a psicanálise. Em 1971, no Rio de Janeiro, foi inclusive criada uma sociedade de psicanálise só para psicólogos, a Sociedade de Psicologia Clínica, mais tarde (1987) transformada em Sociedade de Psicanálise da Cidade do Rio de Janeiro (Russo, 2002).

Muitos desses psicólogos já se encontravam nas faculdades lecionando ou realizando supervisões clínicas. Dessa forma, foram se tornando psicanalistas e, para garantir um lugar de maior relevância na universidade, a maioria buscou formação acadêmica de pós-graduação – mestrado e doutorado. Também como na França, depois da década de noventa, ocorreram mudanças nessa situação: vários psicanalistas realizaram mestrados e doutorados em cursos no Brasil e no exterior, principalmente na França, onde a psicanálise havia adquirido seu *status* universitário. Com apoio dos programas de fixação de doutores, puderam ingressar nas universidades e realizar concursos, efetivando-se como professores. A partir dessa posição, hoje podem afirmar e sustentar a psicanálise em nome próprio na universidade. Essa é a experiência, por exemplo, da maioria dos colegas que compõem o corpo docente do Instituto de Psicologia da UERJ.

Retomando o texto de Rassial (2003): ele deixou algumas questões que vou recolocar aqui para enriquecer nossas análises e discussões. São elas:

– De que modo fazer valer, no terreno universitário, a heurística clínica da psicanálise, isto é, o processo da descoberta, do achado, que não obedece estritamente a uma iniciativa de pesquisa, mas que produz efeitos de verdade?

– De que modo legitimar a função dos psicanalistas na universidade, já que aquilo que consideram como essencial é a análise pessoal e didática na formação dos analistas e não o ensino formal; e ainda;

– Qual seria o estilo de transmissão que não poderia regular-se pelos efeitos da transferência nem limitar-se a um objetivismo positivista?

Entendemos que a psicanálise poderá se sustentar dentro da universidade – nos institutos de psicologia ou não – com sua autonomia de ensino e pesquisa e conviver com outros paradigmas psicológicos. Sua contribuição continua sendo de grande valor para o aprofundamento da análise do ensino *psi* na universidade ao contrapor-se ao reducionismo e principalmente à tendência hegemônica do biotecnicismo com seu mapa cerebral das regiões focais onde estariam marcados os nossos destinos subjetivos. Tendência que reduz o *pathos* às concentrações e circulações neuroquímicas e tornam desnecessário o aprofundamento dos estudos de psicopatologia e de uma teoria da subjetividade na formação do psiquiatra e do psicólogo. Ou seja, como afirmou Miller (1997), contra o saber desabitado do desejo a psicanálise na universidade deve contribuir para a instigação do desejo de saber.

Como demonstra a professora Ana Rudge (2003) na análise de sua longa experiência na PUC, a presença da psicanálise na universidade vem contribuindo para o vigor da própria psicanálise, na medida em que promove a pesquisa, a elaboração teórica mais rigorosa e a exposição à interlocução não apenas com outros campos de saber, mas com posições diversas dentro do próprio campo psicanalítico.

Não foi somente em sua experiência na universidade de Viena, desde 1887 (Professor Auxiliar e Assistente a partir de 1902), que Freud exercitou o ensino universitário, primeiro da neurologia e depois da psicanálise, pois ele sempre buscou esse lugar universal para a psicanálise e trouxe importante contribuição para o campo das artes e das ciências em geral.

Em 1932 (Freud, 1932/1976), impossibilitado fisicamente de proferir suas *conferências* em fórum universitário, ele as preparou dirigindo-se a um público imaginário. Como desbravador, penetrava nas regiões desconhecidas, observava e registrava o que o instigava e esperava *até que uma centelha iluminasse* os dados. Vinha então a público comunicar a sua descoberta. Ou seja, a psicanálise é fundada nessa tríplice aliança: prática, saber e transmissão.

Portanto, o ensino se aliou desde sempre com a clínica e a pesquisa na práxis freudiana. A mesa que compomos para o VI Evento tem a participação dos professores do Instituto de Psicologia da UERJ que integram o programa de pós-graduação em Pesquisa e Clínica em Psicanálise. A partir da realidade dessa inserção, que abrange o ensino, a pesquisa e a extensão, com alunos de graduação e pós-graduação, pensamos aqui discutir a realidade da práxis psicanalítica na universidade. São depoimentos e elaborações que ilustram um tempo e algumas experiências dessa práxis.

REFERÊNCIAS BIBLIOGRÁFICAS

FREUD, S. (1918/1976). Sobre o ensino da psicanálise nas universidades. Em *Edição standard brasileira das obras completas de Sigmund Freud*, v. XVII. Rio de Janeiro: Imago.

———. (1932/1976). Novas conferências introdutórias sobre psicanálise. Em *Edição standard brasileira das obras completas de Sigmund Freud*, v. XXII. Rio de Janeiro: Imago.

MILLER, J.-A. (1997). *Lacan elucidado*. Rio de Janeiro: Jorge Zahar Ed.

RASSIAL, J.-J. (2003). *Situação da psicanálise na universidade em 2003*. Texto de circulação digital para os participantes do VII Encontro Científico da AUPPF. Petrópolis: AUPPF.

RUDGE, A. M. (2003). Psicanálise e universidade: uma experiência. Em *Revista da Escola Letra Freudiana*, XXII, 157-166. Rio de Janeiro: ELF.

RUSSO, J. (2002). *O mundo psi no Brasil*. Rio de Janeiro: Jorge Zahar Ed.

Psicanálise e saúde mental: a pesquisa na universidade

Doris Rinaldi

Resumo

As questões que se pretende discutir neste trabalho situam-se no cruzamento de três campos: psicanálise, saúde mental e universidade. O significante *pesquisa* será o fio condutor por meio do qual se pretende fazer algumas articulações entre esses campos, buscando refletir tanto sobre a função da pesquisa em psicanálise, primordialmente aliada à clínica, quanto sobre a sua contribuição à clínica pública em saúde mental.

Palavras-chave: psicanálise; saúde mental; universidade.

Abstract

Psychoanalysis and mental health: university research

The issues discussed in this paper are located at the intersection of three fields: psychoanalysis, mental health and university. The significant *research* will be the guiding principle by which it intends to make some connections between those fields, in an attempt to reflect both on the role of research in psychoanalysis, primarily allied to the clinic, and on its contribution to public mental health clinic.

Key words: psychoanalysis; mental health; university.

As questões que pretendemos discutir neste trabalho situam-se no cruzamento de três campos: psicanálise, saúde mental e universidade. O significante *pesquisa* será o fio condutor por meio do qual procuraremos fazer algumas articulações entre esses campos, buscando refletir tanto sobre a função da pesquisa em psicanálise, primordialmente aliada à clínica, quanto sobre a sua contribuição à clínica pública em saúde mental. Inserimo-nos, assim, em uma linhagem inaugurada por Freud no Congresso de Budapeste em 1918, quando recomendou que a prática da psicanálise fosse estendida às camadas mais pobres da população pelo trabalho de psicanalistas em clínicas e instituições públicas (Freud, 1919a/2005).

Nesse ano, em Budapeste, provavelmente durante o mesmo Congresso, Freud (1919b/2006) escreveu um breve artigo sobre o ensino da psicanálise na universidade, cujo título é uma pergunta: "Deve-se ensinar psicanálise na universidade?". Não se trata de mera coincidência de datas, mas das circunstâncias que cercavam a psicanálise naquele momento, pouco antes do final da Primeira Guerra Mundial, quando, diante do real insuportável trazido pela violência da guerra, os psicanalistas de algum modo foram convocados a se posicionar. Os traumas e as neuroses de guerra constituirão material importante para os avanços teóricos empreendidos por Freud em 1920, com a formulação do conceito de pulsão de morte, mas também chamarão a sua atenção para a necessidade de expandir a psicanálise para além dos consultórios privados, inserindo-a no espaço das instituições públicas e adaptando-a às novas condições.

Nessa mesma direção, face aos novos problemas trazidos pela guerra, que envolviam fatores de ordem psíquica, e diante da precariedade da formação médica e universitária, os estudantes de medicina demandavam que a psicanálise fosse incluída no currículo da universidade. É isso que Freud debaterá nesse pequeno ensaio, avaliando as vantagens e desvantagens da inclusão da psicanálise na universidade. Essa era uma questão importante já naquela época e, em março de 1919, durante o período em que os bolcheviques assumiram temporariamente o governo da Hungria, Sandor Ferenczi foi nomeado professor de psicanálise na universidade (ibid.).

Estão aí colocados, portanto, na experiência de Freud e nos anos iniciais da psicanálise, os três campos cujas intersecções pretendemos discutir. Hoje, porém, diversamente daquele momento, os psicanalistas têm maior presença no espaço público. Eles estão na cidade: nas universidades, nas instituições públicas de saúde, de saúde mental, de reabilitação, de educação, nas varas de justiça, nos estabelecimentos prisionais, etc. Se é possível dizer que a promessa de Freud vem sendo cumprida, isso não significa, como poderia parecer, que a psicanálise tenha tido sucesso – o que, de certo modo, a preserva da extinção. Como bem lembrou Lacan, se a psicanálise tiver sucesso, ela se reduzirá a um sintoma esquecido. Por isso é preciso que a psicanálise fracasse, pois "tudo depende de que o real insista" (Lacan, 1974/1986).

É essa insistência do real, que retorna de modos diversos de acordo com as contingências simbólico-imaginárias que o cercam, que faz a psicanálise avançar. Tanto Freud quanto Lacan chamaram a atenção para o fato de que o analista deve estar à altura das questões que o seu tempo lhe coloca. Nos dias de hoje, nos quais o tempo para compreender está extremamente comprimido, na rapidez da Internet ou do mercado financeiro, as depressões, as síndromes do pânico e outras "síndromes", assim como as catástrofes financeiras, se propagam com extrema rapidez em escala mundial. Hoje, os psicanalistas são inevitavelmente convocados a responder a essas questões não apenas na sua clínica particular ou nos debates públicos para os quais são chamados, mas também no seu trabalho nas instituições públicas.

A inserção da psicanálise na universidade, por sua vez, a coloca no palco do debate dos novos desafios que se apresentam na clínica de cada sujeito, na interseção com os campos da cultura, da política, da ciência e da arte. Freud não deixou de assinalar a importância desse aspecto no texto acima citado, quando afirmou que o método psicanalítico não se restringe às funções psíquicas patológicas, ou seja, não se resume à terapêutica, pois estende-se aos problemas da arte, da filosofia e da religião, podendo contribuir para o estudo dessas áreas no sentido de uma *universitas literarum* (Freud, 1919b/2005:171).

Ele ressalvou, contudo, que a formação do psicanalista não depende da Universidade, uma vez que ela é efeito da conjunção de alguns fatores, dos quais o mais importante é a análise pessoal do candidato a analista aliada à prática clínica supervisionada por analistas mais experientes e aos estudos teóricos, que podem ser feitos nas associações psicanalíticas. Não se pode esquecer que o campo de saber fundado por Freud não apenas colocava em questão os paradigmas da ciência médica de sua época, sustentados no espaço da universidade e na formação que ela oferecia, pois, a partir da hipótese do inconsciente, questionava a própria relação ao saber ali vigente. Não é por acaso que ele se refere à exclusão de que a psicanálise foi objeto por parte da universidade, o que justificaria a necessidade das associações psicanalíticas, pois a nova relação ao saber advinda com a descoberta do inconsciente não se enquadrava nos parâmetros do saber universitário.

O que Freud descobre na clínica da histeria é que há saber no inconsciente, saber não-sabido, que só se elabora na experiência analítica a partir da transferência. Esse saber não é da mesma natureza do saber teórico, científico ou filosófico, transmitido nos bancos acadêmicos, pois deve ser produzido nessa experiência que é, para o psicanalista, formadora. Isso não significa, entretanto, que a psicanálise não deva ser ensinada na universidade: é o que Freud conclui nesse pequeno ensaio. Ao contrário, ele recomenda o seu ensino, resguardando o fato de que esse ensino não é suficiente para formar analistas. Recomenda-o porque, como uma psicologia profunda, ele poderia oferecer aos médicos uma compreensão dos fenômenos psíquicos, além de contribuir para a compreensão de problemas no campo da cultura.

Um pouco mais tarde, em 1926, no texto sobre a análise leiga, reafirma que a psicanálise não é uma especialidade da medicina e que a universidade, entendida como escola de medicina, não tem muito a oferecer à formação do analista. Aproxima novamente a psicanálise da psicologia – não da psicologia médica ou da psicologia dos processos patológicos, mas simplesmente da psicologia, considerando-se a sua infraestrutura e "talvez, sobretudo, o seu fundamento" (Freud, 1927/2009). Podemos ler nisso uma referência ao saber inconsciente.

O que nos interessa destacar nesse texto é a sua afirmação de que a clínica não se limita à psicoterapia, devendo ser tomada na dimensão da descoberta (ibid.: 174). Com isso reafirma a conjunção entre clínica e pesquisa, já formulada nos "Artigos sobre a técnica" (Freud, 1911-1915), nos quais sustenta que a clínica é o solo da pesquisa em psicanálise: "A coincidência de investigação e tratamento no trabalho analítico é sem dúvida um dos títulos de glória deste último" (Freud, 1912/2005: 114; tradução nossa).

Ora, o significante *pesquisa* é fundamental no espaço da universidade, principalmente no que diz respeito à pós-graduação, pois a universidade não é apenas lugar de ensino e de reprodução do conhecimento, pois é, essencialmente, lugar de sua produção. A pesquisa é o instrumento para que a produção científica se torne possível.

Se hoje a psicanálise está na universidade, o que significa fazer pesquisa nesse espaço? Não se pode esquecer de que, no campo da psicanálise, se trata primordialmente da pesquisa do inconsciente que envolve a clínica de cada sujeito, como Freud assinalou. Esse é o lugar privilegiado de produção de saber. Qual é o ensinamento que Freud recolhe ao ouvir as histéricas? Como já dito, é o descobrimento pela via do inconsciente, ou seja, de que há saber no inconsciente que se põe a trabalhar em uma experiência de análise.

Pois bem, se essa é a principal via de pesquisa para a psicanálise, devemos lembrar, contudo, as advertências éticas de Freud, que bem situam a posição da psicanálise, de certa forma estrangeira em relação à ciência, quando afirma que a técnica do tratamento se contrapõe, até certo ponto, aos objetivos científicos. O interesse científico sobre um determinado caso exigiria acompanhá-lo passo a passo, "compor sua estrutura, pretender prever sua marcha, estabelecer de tempos em tempos suposições sobre o seu estado presente" (idem). Ao contrário, na análise deve-se proceder sem qualquer intuito em vista, sem pressupostos, deixando-se surpreender por suas reviravoltas. Freud recomendava que apenas os casos já terminados fossem objeto de estudos científicos, já que as expectativas oriundas desses estudos poderiam comprometer a boa condução da análise.

Mesmo quando não se toma a própria clínica como campo de pesquisa, isto é, quando se se debruça sobre outros campos de saber, como as artes, a filosofia e outros campos da cultura, não se podem desconsiderar essas advertências, que indicam o método próprio à pesquisa em psicanálise. Ao contrário de aplicar o saber psicanalítico sobre esses outros campos de saber, trata-se de deixar que esses saberes "trabalhem" em nós, no sentido inconsciente, não os tomando apenas no nível acadêmico da discussão das ideias e da interlocução teórica. Isso é essencial para que se possa produzir um saber que passe por uma subjetivação e que não se situe meramente como reprodução de conhecimento. A interlocução com o campo das artes é especialmente favorável a tal procedimento, pois, como Freud e Lacan não se cansaram de dizer, o artista está sempre à frente do psicanalista. É preciso recolher os seus ensinamentos.

Em relação à clínica propriamente dita, lócus privilegiado da pesquisa em psicanálise, trata-se também de aprender com ela, e a expressão de Zenoni (2000) "aprendizes da clínica" é particularmente feliz para dizer do trabalho do psicanalista na clínica. Nela lidamos com o que é particular, com o singular do sujeito a cada caso, o que impõe determinada orientação ética à pesquisa. A recomendação de Freud de que cada caso deve ser tomado como se fosse o primeiro nos indica que a práxis analítica, ao mesmo tempo clínica e teórica, ao articular-se estruturalmente ao inconsciente, efetiva-se inevitavelmente na dimensão da pesquisa, queira o psicanalista reconhecê-lo ou não, uma vez que depende dessa abertura ao imprevisível que o conceito de inconsciente comporta.

A presença da psicanálise na universidade vem favorecendo o reconhecimento dessa dimensão essencial da práxis psicanalítica, o que tem sido bastante frutífero na conexão com vários campos clínicos, entre eles o campo da saúde mental. Por sua vez, nas associações psicanalíticas, a clínica como pesquisa assume também uma dimensão fundamental que é a da formação do psicanalista. Ao refletirmos sobre o trabalho do psicanalista no campo das instituições públicas, não podemos, portanto, desconsiderar essa dupla inserção da psicanálise na universidade e nas associações de psicanálise.

As formulações de Lacan sobre as estruturas discursivas que sustentam o laço social[1] vêm em nosso auxílio quando pensamos a presença da psicanálise nesses dois espaços. A princípio, na universidade temos a preva-

---

[1] Refiro-me às quatro estruturas discursivas apresentadas por Lacan: o discurso do mestre, o discurso da histérica, o discurso universitário e o discurso do analista em *O Seminário, livro 17: o avesso da psicanálise.*

lência do *discurso universitário*, uma vez que no ensino o que está em jogo é a transmissão de conhecimento acumulado. Entretanto, esse discurso, que tem a "pretensão insensata" de produzir um sujeito como ser pensante separado de suas marcas sintomáticas (Lacan, 1969-1970/1992: 166), não é o único que se pode frequentar no espaço institucional da universidade, ainda que não se possa, de modo algum, descartá-lo. Quando falamos em estruturas discursivas, estamos no domínio da lógica simbólica e não nos restringimos às configurações imaginárias de espaço e organização institucional. Se a psicanálise está na universidade, isso não significa que esteja exclusivamente submetida ao *discurso universitário*, da mesma forma que nas associações de psicanálise ela não está unicamente sob a vigência do *discurso analítico*. Na dimensão da pesquisa estamos no *discurso da histérica*, como sujeitos divididos, questionando o mestre, movidos pelo desejo de saber.

Em "Televisão" (1974/2003), Lacan reafirma a ligação estreita entre o discurso analítico e o discurso da histérica, pois, se é o discurso analítico que confere *ex-sistência* ao inconsciente freudiano, isso só é claramente atestado no *discurso da histérica*. O dilaceramento sintomático da histérica, pois é *o objeto a* no lugar da verdade que a faz agir, desafia o mestre e o coloca em posição de trabalho. Não se pode negar a fecundidade da interrogação histérica na construção da psicanálise. Não foi o enigma da histeria que suscitou o desejo de Freud? É o real que insiste, sob a máscara do sintoma, questionando o saber constituído. Como pesquisadores, portanto, estamos no *discurso da histérica*. Além disso, é com o *discurso da histérica* que se tece o *discurso do psicanalista*.

Na universidade, a pesquisa no campo da saúde mental vem se realizando a partir de uma direção ética que não a reduz à simples curiosidade científica de conhecer como a clínica psicanalítica se desenvolve no espaço institucional, pois é guiada pelo interesse de verificar e sustentar a sua intervenção nesse âmbito. Pode-se perceber a fecundidade desse campo quando se toma como causas para a pesquisa as demandas da população com grave sofrimento psíquico que chega às instituições públicas, assim como as demandas e os impasses dos trabalhadores da saúde na condução do trabalho assistencial e clínico. As discussões suscitadas pela prática da clínica-pesquisa nas instituições de saúde mental vêm possibilitando a reflexão sobre o instrumental teórico-clínico da psicanálise e, também, abrindo espaço para redirecionamentos das práticas clínicas nas instituições. A articulação entre clínica publica em saúde mental e pesquisa na universidade no campo da psicanálise tem se revelado, assim, bastante frutífera.

Nessas instituições, que acolhem predominantemente psicóticos, o psicanalista é, de um lado, acossado pelo real da psicose através de casos bastante graves de desamparo psíquico, aos quais se soma o desamparo socioeconômico; de outro, ele enfrenta as dificuldades do próprio trabalho na instituição, fundamentalmente coletivo, que coloca em questão a prática tradicional do psicanalista habituado à solidão de seu consultório. Na instituição ele está entre muitos "técnicos" e não se trata de fazer valer ali a sua especialidade, tomando a instituição como sala de espera de seu consultório, mas de sustentar uma prática fundada em uma ética que coloque o sujeito, sua fala e seus atos como eixo do trabalho clínico. Não são instituições compostas somente por analistas e o trabalho do analista, ainda que tenha a sua especificidade, não existe sem os demais, sendo no âmbito da equipe, com suas múltiplas intervenções, que ele pode se realizar.

Ao se tomar a transferência como o dispositivo fundamental que sustenta a prática analítica, deve-se levar em conta que nesses serviços a transferência é muitas vezes dispersa, sendo dirigida de forma plural a vários "técnicos" e não apenas a um que pudesse sustentar a função de analista. Não se pode, portanto, trabalhar sozinho, ainda que a experiência seja sempre de cada um, que deve se responsabilizar solitariamente pelo seu ato. Como partilhar essa experiência? Como transmiti-la? Transmitir não é comunicar, nem apenas ensinar, ainda que o ensino contenha uma dimensão de transmissão, desde que haja transferência. A noção de "transferência de trabalho" (Lacan, 1971/2003) é particularmente útil para pensar a transmissão da psicanálise no contexto do trabalho em equipe, uma vez que supõe a possibilidade de transmissão não de um saber, mas de um vazio de saber, que abre espaço para o trabalho de construção de novos saberes, sempre não-todos. A referência a esse vazio enquanto não-saber que orienta o trabalho é particularmente benéfico para o trabalho em equipe, porque coloca todos os seus participantes em uma posição de humildade em relação à clínica; melhor dizendo, em uma posição de aprendizado e de pesquisa em relação à clínica (Zenoni, 2000), tal como Freud se colocou em relação à histeria e Lacan em relação à psicose. Pode ser, também, uma oportunidade ímpar para a transmissão da operação freudiana na clínica através da sustentação do desejo do analista, pois é esse vazio de saber que possibilita que cada um se responsabilize pelos atos que o trabalho comporta, na solidão de cada intervenção que não é, contudo, sem os demais.

Na clínica institucional, os saberes da equipe são constantemente furados pelo que vem do real, trazido pelos próprios pacientes. Os chamados casos difíceis, ou considerados intratáveis, que mobilizam e angustiam a todos, são exemplares para movimentar a equipe porque colocam em questão a suposta suficiência ou competência. É nos impasses, nas dificuldades de conduzir o trabalho com determinados sujeitos que uma abertura se instaura, o que é especialmente importante para impedir a rotinização e a burocratização das práticas e o imobilismo tão frequentes nas instituições. Para o psicanalista essa prática clínica, que é sempre de pesquisa, pode ser também formadora, porque é diante do real que ele deve sustentar a sua função, a partir de uma ética do desejo que não reduza a clínica à terapêutica, inventando um saber fazer ali, ou melhor, um estilo próprio, seja diretamente na clínica com cada sujeito ou no trabalho com a equipe.

Isso nos conduz a destacar o papel que tem a pesquisa na formação dos analistas, tarefa que deve ser tomada pelas associações psicanalíticas, e a reforçar, mais uma vez, a importância da pesquisa orientada pela ética da psicanálise na universidade para que a práxis psicanalítica no campo da saúde mental pública possa prosseguir na via indicada por Freud em 1918, no Congresso de Budapeste.

Referências bibliográficas

FREUD, S. (1912/2005). Consejos al médico sobre el tratamiento psicoanalítico. Trabajos sobre técnica psicoanalítica. Em *Obras completas*, v. XII. Buenos Aires: Amorrortu editores.

———. (1919a/2005). Nuevos caminos de la terapia psicoanalítica. *Obras completas*, v. XVII. Buenos Aires: Amorrortu editores.

———. (1919b/2005). ¿Debe enseñarse el psicoanálisis en la universidad? *Obras completas*, v. XVII. Buenos Aires: Amorrortu editores.

———. (1926/2005). ¿Pueden los legos ejercer el análisis? *Obras completas*, v. XX. Buenos Aires: Amorrortu editores.

———. (1927/2009). Pós-escrito de A psicanálise leiga. Em *Ofício do psicanalista: formação vs. Regulamentação.* São Paulo: Casa do Psicólogo.

LACAN, J. (1969-1970/1992). *O Seminário, livro 17: o avesso da psicanálise.* Rio de Janeiro: Jorge Zahar Ed.

———. (1971/2003). Ato de fundação. *Outros escritos.* Rio de Janeiro: Jorge Zahar Ed.

———. (1974/1986). A terceira. Em *Che vuoi?*, ano 1, nº 0. Porto Alegre: Cooperativa Cultural Jacques Lacan.

———. (1974/2003). Televisão. *Outros escritos.* Rio de Janeiro: Jorge Zahar Ed.

ZENONI, A. (2000). *Psicanálise e instituição. A segunda clínica de Lacan.* Belo Horizonte: Abrecampos.

O PSICANALISTA NA EXPERIÊNCIA UNIVERSITÁRIA

Ana Cristina Figueiredo

RESUMO

O texto apresenta uma discussão sobre a experiência universitária dos psicanalistas tanto em sua função de docentes e pesquisadores, como de alunos de pós-graduação, quando produzem suas teses como resultado de uma elaboração de saber. O argumento central sustenta que é através do trabalho na universidade que a psicanálise pode ter um enfrentamento das questões tanto da ciência, eixo da vida acadêmica, quanto das demandas sociais e da saúde pública.

Palavras-chave: psicanálise; universidade; elaboração de saber; pesquisa psicanalítica.

ABSTRACT

The psychoanalyst in the university experience

This paper presents a discussion on the psychoanalysts' experience at the university not only as faculty members and researchers but also as graduate students, where they produce their theses as a result of working-through knowledge. The main argument sustains that it is through the work at the university that psychoanalysis can face scientific issues, axis not only of academic life but of social demands and public health issues as well.

Key words: psychoanalysis; university; working-through knowledge; psychoanalytic research.

A partir do título, podemos formular a primeira questão que se apresenta do seguinte modo: a que e a quem serve a psicanálise na universidade, ou o que faz um psicanalista na universidade?

Uma possível resposta se desdobra de início em duas outras questões que, apesar de não serem diretamente relacionadas e remeterem a problemas aparentemente distintos, guardam uma aproximação crucial com o ponto que queremos enfatizar: 1) O que leva hoje um psicanalista a procurar ser um profissional de carreira na universidade? 2) Qual o poder de ação da psicanálise para além do tradicional dispositivo do consultório?

Comecemos pela primeira questão: Freud (1919/1986) já disse claramente em seu famoso texto "Pode-se ensinar psicanálise nas universidades?" que a psicanálise prescinde da universidade para se estabelecer na cultura, para formar analistas e exercer a sua prática. Entretanto, supunha que a universidade poderia se beneficiar da psicanálise principalmente na formação dos médicos, em particular dos psiquiatras, mas para isso seria preciso que a psicanálise fosse aceita nas universidades, que os princípios do funcionamento psíquico pudessem ser levados em conta como fatores importantes na origem e no tratamento das mais variadas doenças, principalmente na psiquiatria. Quanto à ciência, a psicanálise para Freud deveria se constituir ao modo da ciência, particularmente da ciência natural, não a reboque da experimentação – que não cabe à psicanálise –, mas sim no estudo sistemático e exaustivo de seu objeto. E, acima de tudo, mantendo seu compromisso com a verdade, ponto crucial que será retomado por Lacan (1966/1998) em "A ciência e a verdade".

Em seu famoso texto "A questão de uma *Weltanschauung*", Freud (1933a/1986) sustenta para a psicanálise a *Weltanschauung* da ciência justo por ser um saber com traços negativos, um saber limitado em seu alcance por ser específico, e ainda por seu compromisso de submissão à verdade e à rejeição das ilusões. O que temos hoje na ciência seria uma inversão? O cientificismo como a nova ilusão? A ciência explicando tudo, cada vez mais ocupando a mídia na banalização de sua verdade?

O que houve nestes cem anos? Uma inversão de valores e instituições? O cientificismo sempre assombrou as práticas menos ortodoxas. Mas hoje cada vez mais o padrão-ciência, que tem na universidade seu lócus privilegiado, expele a psicanálise do campo dos saberes reconhecidamente científicos e, então, julga e exclui seu potencial clínico e transformador e seu lugar social. O *universitas literarum* a que se referiu Freud (1919/1986), ou o *tout savoir* destacado por Lacan (1969-1970/1992) expurgam de vez a psicanálise de seus rituais de produção de saber?

Freud teve uma relação pouco sustentada com a universidade como *privat dozent* e não se propôs a seguir a carreira universitária. Lacan, de modo não muito diferente, foi convidado por colegas intelectuais admiradores da psicanálise como Louis Althusser, Roland Barthes e outros para dar suas lições na École Normale Supérieure ou no Collège de France e se apoiou em Serge Leclaire para a criação de um departamento de psicanálise na Universidade de Paris VIII, mas nunca seguiu a carreira universitária. Estamos, portanto, nos lançando, enquanto psicanalistas praticantes, ao desafio de fazer valer a psicanálise em terreno não muito fértil para seu trabalho e com as adversidades da burocracia universitária imposta cada vez mais pelos protocolos de pesquisa e por cânones científicos reducionistas e pouco permeáveis a novos métodos de conhecimento.

Bem, disso tudo já sabemos, e parece que nesse caminho não chegamos a lugar algum. O que nos interessa em primeiro lugar é assumir alguns pontos importantes na situação atual da relação dos psicanalistas com a universidade através do ensino, da pesquisa e da discussão científica.

Retomando a primeira questão apresentada: o que faz um psicanalista na universidade, ao submeter-se a um concurso público para professor, seguir a carreira docente, engajar-se no ensino de graduação, em geral em psicologia, mas também em outros cursos, e ainda pleitear o ensino de pós-graduação? E mais, se propor a um trabalho de pesquisa sistemática no campo acadêmico por excelência, buscando e, mesmo, disputando apoio das agências de fomento como bolsas de produtividade e/ou grandes editais de pesquisa para estabelecer e ter reconhecido o seu trabalho no campo dos saberes acadêmicos em geral? Mais do que o *tout savoir*, que sabemos não ser o que concerne à psicanálise, o *universitas literarum* que aí está em jogo estaria realmente a serviço da psicanálise e de seu avanço no mundo ou se perderia nos meandros das demandas acadêmicas? Qual o ponto de interseção que nos interessa? De que inserção estamos falando?

A resposta está em curso. Por um lado, é claro, diriam uns: a psicanálise deve ser reconhecida no campo científico e na universidade. Ainda que seus métodos e fundamentos epistêmicos não sigam, e nem devam seguir, os cânones da ciência positiva e seus congêneres e, por isso mesmo, devem estar na ordem do dia com suas propostas de ensino e pesquisa para além do campo de formação dos psicanalistas. Por outro, se se diz que não, mantém-se a posição também defendida por Freud de que a psicanálise ainda prescinde da universidade para se estabelecer como método de tratamento e investigação e na cultura em geral. Seja como for, o que nos parece inegável é que a psicanálise já se implantou nos meios universitários, principalmente na França, na América Latina, em especial na Argentina e no Brasil e em alguns outros países. Agora nos resta avançar nesse desafio.

Retomando a segunda questão sobre o poder de ação da psicanálise para além do consultório, o que vem acontecendo neste início do século XXI – de modo geral nos países anglo-saxões como movimento atual significativo em relação à psicanálise e aos psicanalistas – é uma sistemática desqualificação de seu poder em termos de eficácia terapêutica comprovável. A mídia, que se pretende muitas vezes arauto da ciência, junto a corporações de psicólogos e pesquisadores bem instalados na universidade, tende a desconhecer um trabalho já estabelecido dos psicanalistas na clínica para além dos consultórios e na universidade e fazer retornar o psicanalista a seus grupos e associações de origem, não-universitários e não-estabelecidos na saúde pública. Dessa vez, não para qualificar seu saber e suas práticas como exclusivas, mas antes como signo de uma prática clínica extremamente longa, cara e elitista, pouco demonstrável, ainda menos científica e de efeitos terapêuticos duvidosos, sem condições de se exercer frente aos reais problemas sociais e de saúde mental a serem enfrentados na esfera pública. Eis o problema maior. Um caminho sem volta?

Paradoxalmente, o que podemos constatar é que na verdade a relação da psicanálise com a universidade ainda é a maior chance para os psicanalistas de reverter essa estratégia de exclusão de seu trabalho. E digo não só em relação às pesquisas e ao mundo acadêmico, mas principalmente, e esse ponto é de extrema importância, em relação às demais práticas clínicas com ênfase nas psicoterapias e na saúde pública em geral. Creio que países como os EUA, Canadá, Inglaterra, Alemanha e outros têm uma visão muito estreita, certa ignorância do potencial clínico, mesmo terapêutico, mas principalmente de transformação subjetiva, de outros modos de laço social, e ainda de produção de saber sobre o problema das doenças mentais, das toxicomanias, das populações em situação precária e de exclusão social como as crianças psicóticas ou autistas, os adolescentes em situação de risco e violência crescente, os adultos com graves sofrimentos psíquicos etc. Por isso mesmo consideram cada vez mais a psicanálise um saber hermético ou iniciático, e os psicanalistas profissionais não aparelhados ou capacitados para lidar com as questões cruciais da sociedade contemporânea. E, de modo correlato, a presença dos psicanalistas na saúde pública nesses países tem sido bastante escassa, e mesmo no campo acadêmico em geral, no qual se alojam melhor na literatura ou na filosofia. É como se os psicanalistas ditos "ortodoxos" estivessem completamente fora do mundo e de seus problemas reais.

Nosso desafio, e me refiro agora ao caso brasileiro, está cada vez mais claro: não recuar diante das crescentes demandas sociais de abordagem e tratamento das populações com incidência de transtornos graves e situar nosso campo de pesquisa justo onde podemos aplicar essas demandas a nossas pesquisas, ao modo como Lacan nos advertiu, por exemplo, de aplicar a psicose à psicanálise e não ao contrário.

Na América Latina temos um campo extremamente fértil para isso com a formação de psicanalistas se dando a partir da saúde pública com demandas à universidade para elaborar e desenvolver melhor sua experiência através dos cursos de especialização ou de mestrados e doutorados em que seus estudos avancem no sentido de assumir mais uma autoria, um trabalho através da experiência acadêmica, orientados e acompanhados por psicanalistas que se mantêm na universidade.

Formulados esses dois pontos, podemos ser mais propositivos e articular nossa inserção na universidade a essas demandas sociais que surgem para melhor situar nossos estudos e pesquisas, nossa capacidade de intervenção e de formação de novos profissionais orientados pela psicanálise. Estes poderão levar adiante sua formação de psicanalistas para além da universidade e, através dela, ampliar seu trabalho e ainda se beneficiar do chamado *universitas literarum*, hoje bem mais plural em nosso campo.

PSICANÁLISE E ENSINO: A EXPERIÊNCIA COM O ALUNO

Na experiência universitária com a psicanálise, temos diferentes inserções no ensino. Nos cursos de graduação, só é possível um saber *sobre* a psicanálise, como nos advertiu Freud (1919/1986), não há como alterar isso. O que se pode fazer é recolher os efeitos de um primeiro contato com a psicanálise para cada um. Um psicanalista que se encontra na função de ensinar estará marcado pelo que a psicanálise nos ensina e, portanto, pode recolher os efeitos desse ensino ao invés de reduzir os alunos a unidades de valor com suas notas e seus deveres de casa (Lacan 1969-1970/1992), ainda que façam parte do trabalho. A passagem pelo discurso universitário é inevitável e, mesmo, necessária, desde que não se cristalize nessa função.

Na pós-graduação, temos uma situação bem mais complexa. O psicanalista que procura um curso de mestrado ou doutorado pode bem querer apenas tornar-se professor, seguir a "carreira" universitária, ou seja, ser tomado pelo semblante de saber. Mas pode também, e isso acontece com mais frequência hoje, querer elaborar algo de seu percurso na psicanálise que não é da ordem nem de uma análise pessoal (certamente contém seus efeitos) nem de uma demanda à instituição psicanalítica onde fez sua formação. Sua demanda ao saber universitário o remete ao desafio de ele próprio ter que dar uma resposta.

A psicanálise se difunde através do ensino universitário nesses diferentes níveis de atuação. Desde os cursos de graduação que mantêm em seu currículo várias disciplinas com o tema da psicanálise até cursos de pós-graduação tanto em nível profissionalizante, como as especializações, que proliferaram nas últimas décadas, quanto em nível de mestrado e doutorado, incluindo aí um dado novo: a pesquisa. Esta é o cerne do trabalho universitário com suas regras, seus métodos estritos, mas é preciso pensar seu lugar e função para a psicanálise. É paradoxalmente aí que pode se inscrever uma outra relação com o saber que não se restrinja ao discurso universitário. Como situar a psicanálise nesse quadro? Do saber como agente ou semblante ao saber em sua relação com a verdade há um longo caminho a se percorrer.

Para além da sala de aula, temos, por exemplo, na prática dos cursos de especialização e mesmo nos estágios de graduação, um espaço possível de transmissão da psicanálise através da supervisão e do acompanhamento do trabalho clínico dos alunos. Desse modo é possível fazer furo no saber como semblante que marca o discurso universitário e acolher a dimensão do real da clínica que se apresenta inevitavelmente para cada um em cada caso ou situação. Aqui temos um exemplo do maior desafio ao ensino: transformar um saber sobre a psicanálise em saber psicanalítico a partir do que é endereçado ao supervisor pelo aluno que, nesse momento, se encontra em posição de sujeito dividido diante do que recolhe de sua própria experiência clínica (Figueiredo & Vieira, 1997).

PÓS-GRADUAÇÃO SENSO ESTRITO: O SENTIDO DO *DURCHARBEITUNG*

Qual o sentido de um mestrado ou doutorado para um psicanalista? A ideia central é que ali se faz um professor e/ou um pesquisador universitário, jamais um psicanalista. Quanto a isso não há duvida. Mas tem sido cada vez maior a procura de psicanalistas por uma pós-graduação senso estrito. Podemos dizer que se trata de uma nova expansão do mercado de trabalho no ensino da psicanálise, uma inevitável retomada da universidade. O que pode tornar essa empreitada mais interessante é constatar que um psicanalista pode se valer dessa experiência de um modo particular, o que não é prerrogativa exclusiva sua, pois depende de uma determinada posição subjetiva muitas vezes difícil de atingir, análoga à posição do analisando no trabalho analítico. Há um desafio inerente à exigência de trabalho na produção de uma tese que coloca em cena o sujeito como “autor”. E dessa vez não é o autor de sua própria história, mas sim de algo a ser sustentado como trabalho próprio, principalmente no caso do doutorado. Mas ainda permanece a questão: de que saber se trata para a psicanálise na universidade?

Na universidade o *tout savoir* está presente, é inevitável. Mas, como barreira a esse tudo saber, temos a produção de cada um que, além de contar como unidade de valor, retorna para o sujeito trazendo algo de sua verdade que se articula com um saber. Aqui comparece o discurso analítico recolocando o saber no lugar da verdade do sujeito. Dessa vez não é como resultante de uma análise, mas como resultante de uma elaboração, de um "trabalho através", *Durcharbeitung* que se faz na tessitura de uma tese, de um escrito que porta uma resposta à questão inicial de pesquisa.

O que diferencia o trabalho do psicanalista na universidade como aluno, no caso de um mestrado ou doutorado, ao produzir uma tese, é que a relação transferencial com o objeto de estudo, marcado por determinados significantes, é decisiva. A elaboração põe em jogo a relação do sujeito/autor com a verdade em todo o percurso. Mas qual a diferença ao se levar em conta uma determinação inconsciente? Pode-se falar "sobre" o inconsciente, "sobre" a psicanálise, como "sobre" qualquer outra teoria. Ao se teorizar sobre isso voltamos à mesma posição do "teórico". O efeito de zerar um saber sabido e retomá-lo para assumir uma autoria é diferente, é uma tomada de posição que serve como fundamento do trabalho.

Quanto ao orientador, o psicanalista que responde por sua função docente na universidade, ele deve operar ao modo do cartel, sustentando a transferência de trabalho como o Mais Um. Isto é, o que garante e sustenta a feitura do produto que é do sujeito, de sua autoria, e pode envolver transferências diversas com outros autores, desde que seus princípios sejam partilhados com o orientador. Há um partilhar o saber nesse movimento e não uma imposição do saber que divide o sujeito (discurso universitário). Uma tese não deixa de ser produto da divisão do sujeito, mas há um sujeito em ato, que se afirma em sua autoria, até podemos dizer numa certeza antecipada, com sua "tese" – o que funda o trabalho, não o texto em si. Do lado do orientador se dá o giro retrógrado do discurso universitário para o discurso do analista, deixando a histerização (discurso histérico) como um primeiro momento do orientando para chegar à elaboração, produzir seu texto como S_2 e "cuspir" o S_1 que o move, que vem desde o lugar da verdade no discurso universitário até o lugar do produto / resto no discurso do analista. Aí a tese tem o seu final, seu destino, que não é a gaveta como resto, nem apenas a biblioteca como arquivo "morto" a ser vivificado por novas pesquisas e sim o que representa o sujeito (autor) para os significantes do mundo S_n. O próprio ato de dar um título, o nome da tese, é um indicador importante disso e opera como S_1. E muitas vezes só aparece no final do trabalho conferindo sua marca.

Nem todas as teses de psicanálise passam por essa "operação", e outras, com outros temas, podem ter esse percurso, mas tanto para o autor quanto para o orientador, em se tratando de psicanalistas, esse desafio é fundante, é condição de trabalho e dá uma outra dimensão à questão da reprodução do saber no discurso universitário.

Na proposta de uma pesquisa, o sujeito extrai de seu percurso na psicanálise ou de sua experiência clínica a questão de estudo que porta uma dimensão enigmática, na maioria das vezes sem se dar conta disso. Muitas pesquisas decorrem de um desafio maior de elaborar uma tese que deve ser "defendida". Mas, mesmo seguindo os cânones acadêmicos na formatação, o sujeito aí está, não pode ser totalmente elidido pelo saber. Portanto, põe algo de si nesse trabalho, um estilo, um modo de dizer que visa um ponto de basta, um término não da análise, mas de um percurso. O trabalho de elaboração em uma tese se impõe até sua assunção em ato, uma operação de dizer em ato e sustentar o que foi escrito, afirmando uma autoria. Essa autoria é o diferencial pelo qual cada um faz seu trabalho, cada um põe algo de si, como disse Lacan na abertura de seus *Escritos*. E esse algo é seu estilo (Lacan, 1966/1998).

Caminhemos um pouco mais nessa via. Se o estilo é o melhor destino do sintoma para o sujeito, como sustentá-lo? Em outras palavras, como o sujeito sustenta seu estilo no laço social? E que relação se pode estabelecer entre o estilo e o saber?

Retomando nossa questão sobre o saber, o que podemos formular disso é justamente o que nos orienta para o ensino: o ensino como limite ou barreira ao saber Lacan (1970/2003). Podemos mesmo pensar em qualquer ensino e não só no da psicanálise. Nada garante que do ensino resulte um saber. O que se pode transmitir do que se ensina é um desejo de saber.

O desejo de cada sujeito em direção ao saber pode tomar diferentes vias. Pode ser em relação à falta de saber que segue na direção do saber semblante (tudo saber) para colmatar essa falta; ou ainda na direção do saber do Outro, que também é o lugar do saber inconsciente, saber como ficção, a ficção dos textos etc. Mas pode ser na direção do saber como falta, no lugar da verdade, o que falta ao Outro. O desejo de saber que tem a marca da psicanálise se inscreve nesse ponto.

O que verdadeiramente se transmite em última instância é sempre uma falta. Falta esta que deve operar como causa de desejo. Na universidade, nossa tarefa primordial é transmitir esse desejo de saber como falta no saber para que cada um recolha os elementos do que lhe provocou alguma diferença e faça deles sua produção, marcando seu estilo. Eis o que podemos fazer para além do discurso universitário, entre o discurso histérico e o analítico.

Como alunos, os psicanalistas na universidade podem dar provas de sua elaboração de saber. O produto, a tese, pode ser uma boa oportunidade para a dissolução da transferência em sua dimensão de sujeição ao ideal de saber e a apropriação de um saber para sustentar a transmissão, que é singular. A passagem pelo exame da banca, a chamada "defesa" de tese, deveria ir nessa mesma direção, isto é, escapar ao discurso universitário como mera demonstração de saber – prova de saber para fazer reinar o S_2 – para pôr à prova a elaboração de saber. Aí temos uma autoria a partir da psicanálise, do percurso de cada um, caso a caso, marcando seu estilo. Esse processo culmina com um ato de afirmação de um dizer e de uma escrita. Esse deve ser o sentido da apresentação pública de uma tese.

Os cânones universitários permitem isso. A tecnologia acadêmica tem suas regras formais, mas a formalização do saber pode e deve se dar a partir da elaboração do sujeito em sua autoria, por sua conta e risco, causado pelo objeto que o põe a trabalhar e caucionado pelo orientador. Função simbólica por excelência. É para isso que temos psicanalistas como professores e alunos na pós-graduação. Senão, tudo não passa de uma acumulação de saber para cair na malha burocrática dos currículos e titulações e das disputas pelo mercado das pesquisas. Aqui chegamos ao ponto crucial de nosso argumento.

SOBRE A PESQUISA E A PRODUÇÃO DE SABER

Quanto ao trabalho de pesquisa, avançando a discussão epistemológica e a controvérsia da psicanálise na ciência hoje, quanto a seus métodos e provas empíricas, já há uma literatura significativa dos psicanalistas envolvidos com essa questão. Para citar alguns autores brasileiros: Alberti & Elia, 2000; Figueiredo, 2001; Figueiredo & Vieira, 2002; Prudente & Ribeiro, 2005; Calazans, 2006. O que importa destacar é que a pesquisa segue na via do pesquisador interrogando o instituído para produzir um saber que só pode ser contingente, exploratório, provisório. Um saber barrado, mas nem por isso menos formalizado. O matema é um bom exemplo do que deve ser formalizado na pesquisa psicanalítica, mas não o único. As pesquisas clínicas podem e devem ser mais sistematizadas na própria experiência do pesquisador. O método de formalização do caso pode ser demonstrado seja pela construção, um método específico, ou pela narrativa, ou ainda pelo matema. Estudos que localizam o sujeito, suas viradas subjetivas, as escansões do caso no percurso seja de uma análise ou de um tratamento em equipe, na saúde pública, nos serviços de saúde mental podem ser demonstrados. Enfim, as possibilidades são diversas, mas o ponto comum é a necessidade de se estabelecerem propostas metodológicas *a partir* da psicanálise e não *sobre* a psicanálise.

Assim podemos trabalhar sobre determinadas dicotomias que podem se desfazer ou se esclarecer a partir da posição da psicanálise e serem demonstradas publicamente em suas diferenças, tais como: efetividade x eficácia; retificações subjetivas x adaptações padronizadas; relação lógica com o tempo x resultados imediatos; descoberta de novas possibilidades de laço social x desempenho social preestabelecido; pesquisas que podem gerar métodos específicos x protocolos de método de pesquisa *a priori*. As possibilidades estão em aberto, e cabe a nós, psicanalistas na universidade, ocuparmos esse espaço.

E, *last but not least*, devemos estar bem advertidos do que queremos de fato com nosso trabalho universitário, no qual a ciência *tout court* impera mais como norma do que como campo de saber, e as políticas públicas nem sempre são favoráveis. Portanto, a chamada é a nós, pares, que trabalhemos mais em parcerias, que utilizemos mais dispositivos como os GTs, os projetos interinstitucionais, as parcerias internacionais para sustentar a nossa prática de ensino e pesquisa que atravessa e é atravessada pela prática clínica em suas diferentes modalidades, visando direta ou indiretamente responder a partir da psicanálise a essas insistentes demandas políticas que visam restringir, numa espécie de reserva de mercado, tanto a ampliação da produção de conhecimento acadêmico quanto o escopo das respostas às demandas sociais das populações e dos serviços principalmente no campo da saúde, da educação e da assistência social. A chamada intersetorialidade tão cara às atuais políticas públicas pode se beneficiar de mais esse atravessamento da psicanálise em suas aplicações a partir das pesquisas que se dão em suas próprias intervenções. Elas estão interligadas. A nossa política se mantém no desejo, mas deve ser praticada no que podemos evidenciar, considerando que o sujeito nunca é ou será uma evidência, mas suas produções, sua relação ao objeto, seu sintoma, seu modo de estar no laço social são nosso campo de tratamento e investigação. Eis o legado maior de Freud.

REFERÊNCIAS BIBLIOGRÁFICAS

ALBERTI, S. & ELIA, L. (orgs.). (2000). *Clínica e pesquisa em psicanálise*. Rio de Janeiro: Contra Capa Editora.

CALAZANS, R. (2006). Psicanálise e ciência. Em *Ágora – Estudos em Teoria Psicanalítica*, v. 9, nº 2, 273-283. Rio de Janeiro: UFRJ.

FIGUEIREDO, A. C. (org.). (2001). *Psicanálise, pesquisa e clínica*. Rio de Janeiro: Coleções IPUB.

FIGUEIREDO, A. C. & VIEIRA, M. A. (1997). A supervisão: do saber sobre a psicanálise ao saber psicanalítico. Em *Cadernos do IPUB*, nº 9, 87-95. Rio de Janeiro: IPUB/UFRJ.

FIGUEIREDO, A. C. & VIEIRA, M. A. (2002). Psicanálise e ciência: uma questão de método. Em *Psicanálise, pesquisa e universidade* (pp. 13-31). Rio de Janeiro: Contra Capa Editora.

FIGUEIREDO, A. C. (2005). A psicanálise na universidade: entre o ensino e a transmissão. Em *Questões cruciais para a psicanálise*. Salvador: EDUFBA.

FREUD, S. (1919/1986). Sobre o ensino da psicanálise nas universidades. Em *Obras completas*, v. XVII. Buenos Aires: Amorrortu editores.

———. (1933a/1986). Conferência XXXV: a questão de uma *Weltanschauung*. Em *Obras completas*, v. XXII. Buenos Aires: Amorrortu editores.

———. (1933b/1986). Conferência XXXIV: explicações, aplicações e orientações. Em *Obras completas*, v. XXII. Buenos Aires: Amorrortu editores.

LACAN, J. (1957/1998). A psicanálise e seu ensino. Em *Escritos*. Rio de Janeiro: Jorge Zahar Ed.

———. (1966/1998). A ciência e a verdade. Em *Escritos*. Rio de Janeiro: Jorge Zahar Ed.

———. (1969-1970/1992). *O Seminário, livro 17: o avesso da psicanálise*. Rio de Janeiro: Jorge Zahar Ed.

———. (1970/2003). Alocução sobre o ensino. Em *Outros escritos*. Rio de Janeiro: Jorge Zahar Ed.

PRUDENTE, R. C. A. C. & RIBEIRO, M. A. C. (2005). Psicanálise e ciência. Em *Psicologia: Ciência e Profissão*, v. 25, nº 1, 58-69. Brasília: Conselho Federal de Psicologia.

Psicanálise e políticas públicas de pós-graduação

Angélica Bastos

Resumo

O artigo tem por temática as políticas públicas de pós-graduação do ponto de vista dos cursos de pós-graduação engajados no ensino, na pesquisa e na extensão da psicanálise. Traça uma breve retrospectiva da implantação dos programas de mestrado e doutorado comprometidos com o campo da psicanálise na universidade brasileira, verificando suas respostas às políticas públicas e suas contribuições às políticas sociais.

Palavras-chave: psicanálise; pós-graduação; políticas públicas; universidade.

Abstract

Psychoanalysis and public policies for post-graduate schools

The theme of this article is focused on public policies for post-graduate schools and the engagement of their programs in teaching, research and extension of psychoanalysis. It outlines a brief retrospective of the implementation of master's and doctoral programs committed to the field of psychoanalysis in the Brazilian university, establishing their responses to public policies and their contributions to social policies.

Key words: psychoanalysis; post-graduation; public policies; university.

O presente trabalho aborda as políticas públicas de pós-graduação no Brasil do ponto de vista dos cursos de pós-graduação engajados no ensino, na pesquisa e na extensão da psicanálise. Fazemos dessa ocasião o momento oportuno para traçarmos uma breve retrospectiva da implantação dos programas de mestrado e doutorado comprometidos com o campo da psicanálise na universidade brasileira e, assim, verificarmos nossa resposta a tais políticas bem como nossa participação nas políticas públicas sociais, de ensino e de saúde, uma vez que temos algo a dizer sobre elas a partir de nossa experiência de psicanalistas que trabalham como docentes e pesquisadores na universidade.

No Brasil dos anos 70 e 80 do século passado, a psicanálise difundida na universidade encontrava-se subsumida como corrente dentro da Psicologia Geral, do Desenvolvimento ou da Personalidade. Coube ao Programa de Pós-Graduação em Teoria Psicanalítica da UFRJ o esforço de, nos anos 80, com o significante "teoria", demarcar o campo da psicanálise, promovendo assim um retorno ao texto, à letra de Freud e Lacan para em um segundo tempo ser acrescentado, como disse Freud (1924/1979), o verde da experiência ao cinzento da teoria: coube ao Programa da UERJ marcar no final dos anos 90 com o termo "clínica" sua dimensão de experiência. A ele prestamos nossa homenagem por esse empreendimento e, no meu entender, por essa parceria que tanto contribuiu para, através da universidade e da pós-graduação, com os demais programas de mestrado e doutorado possuidores de linhas de pesquisa e áreas de concentração em psicanálise, além de cursos de especialização *lato sensu*, presentificar esta última na cidade do Rio de Janeiro e em nossa cultura.

Essa circunstância festiva convida-nos a um retrospecto de nossa trajetória, permitindo-nos apreender o caráter contingente, histórico e desejado, ao menos por alguns, desse momento. Em uma carta a Binswanger, Freud (1911/1995) exprimiu sua incerteza quanto ao futuro da psicanálise, afirmando que não havia nada na estrutura do homem que o dispusesse a ocupar-se dela. Embora não considerasse a inclusão da psicanálise nos currículos e programas universitários necessária à formação do analista, Freud (1919/1979) admitiu de bom grado a presença da psicanálise na universidade. Se estamos hoje aqui reunidos, numerosos, isso se deve à marcha discursiva, ao movimento que trouxe até nossos dias a universidade surgida na idade média, e que a trouxe com o concurso da ciência. Se a universidade contemporânea agrega a psicanálise à área das ciências humanas e, no caso brasileiro, da psicologia, é porque a psicanálise possui certa vocação cultural para retomar, interrogar e subverter os saberes instituídos e para, não sem a efetividade do desejo, não sem impasses, não sem impossibilidades, assumir uma posição na universidade e na cultura. Posto que ciência, discurso universitário e desejo do psicanalista não se coordenam de modo complementar, é preciso não só reconhecer a divisão aí envolvida como também não recuar diante dela (Laurent, 2001).

Dentro desse amplo contexto, destacam-se vários pontos de reflexão para aqueles que visam delimitar um lugar para a psicanálise na universidade, na pós-graduação e na sociedade: a regulação de nossas atividades pelas políticas públicas de pós-graduação e nossa contribuição às políticas públicas em geral.

Os discursos implicam direta, mas nem sempre explicitamente, uma política, não havendo, por conseguinte, prática discursiva que possa expurgar-se da política em ato nos laços sociais. Se pretendemos ensinar na universidade o que a psicanálise nos ensina, trata-se de considerar a política do psicanalista em relação às políticas de produção de conhecimento, políticas científicas, que sabemos atreladas às políticas da tecnociência, portadoras de ideais de universalização e exigentes de resultados passíveis de serem objetivamente aferidos e quantificados.

Sabemos que os Planos Nacionais de Pós-Graduação (PNPG) dispõem as linhas mestras das políticas públicas que concernem a nossos programas de mestrado e doutorado. Nesse momento, encontra-se em elaboração o PNPG para o período 2011-2020 e espera-se que as universidades, através de suas pró-reitorias, recolham entre os docentes subsídios para seu delineamento. O ensino de pós-graduação e a pesquisa em psicanálise realizados na universidade brasileira situam-se no âmbito das diretrizes do PNPG e no escopo do Sistema Nacional de Pós-Graduação (SNPG), do qual participam as universidades, os Ministérios de Educação, de Ciência e Tecnologia, com suas agências de fomento, além das fundações estaduais de apoio à pesquisa.

Alguns pontos das políticas de pós-graduação parecem cruciais para a psicanálise. Tendo em vista a missão que a universidade teria de valorizar diferentes modos e campos de produção de conhecimento, nossa palavra, nossa intervenção nas políticas públicas deve incidir na pouca margem de manobra para considerar diferenças e defletir os universais estabelecidos pela ciência, submetendo ao debate a normatização da pós-graduação com modelos gerais hegemônicos e variáveis mensuráveis oriundos das áreas científicas e tecnológicas sem aptidão para uniformizar todos os campos de saber ou tornar homogêneas as práxis cujo saber mobilizado entretém, como é o caso da psicanálise, relação com a ciência.

O processo de avaliação é uma etapa que marca a relação dos programas de pós-graduação com a CAPES (Coordenação de Aperfeiçoamento de Pessoal de Nível Superior) do Ministério da Educação, que não apenas avalia, mas autoriza a abertura de novos cursos e os financia através de seus programas de bolsas e auxílios. Com ela, representantes da comunidade científica brasileira em geral e representantes da comunidade da área da Psicologia em particular, com o Conselho Nacional de Desenvolvimento Científico e Tecnológico (CNPq), do Ministério de Ciência e Tecnologia, além das fundações estaduais de apoio à pesquisa, as FAPS – em nosso caso a FAPERJ – contribuem para definir e implementar as políticas de Estado para o ensino e a pesquisa na pós-graduação.

A internacionalização de nossas ações na pós-graduação é uma meta definida pelas políticas de pós-graduação e um critério estipulado como desejável para a boa avaliação dos programas, mas que, a nosso ver, não deveria ser um fim em si mesma. Esse aspecto de internacionalização está presente em todo programa de pós-graduação ou linha de pesquisa em psicanálise sob a forma de convênios de cooperação, pós-doutorado, doutorado-sanduíche, participação e organização de eventos internacionais, missões e visitas científicas a laboratórios de pesquisa, dentre várias outras atividades.

A psicanálise tem uma história de internacionalização, desde seu surgimento, desde Viena, fim do século XIX, início do XX. O ato fundador de Freud se inscreve como corte e resposta às interrogações sobre a etiologia e o tratamento das neuroses que mobilizavam a comunidade científica europeia – internacional, portanto – principalmente na Áustria, na Alemanha, na França e na Suíça. A Freud reuniram-se discípulos e adeptos da psicanálise de vários países e nacionalidades, que cedo se institucionalizaram em uma associação internacional e, ao longo de décadas, ingressaram nas universidades de vários continentes. Essa internacionalização, nós a sabemos diferente da propagação de um conhecimento universal e anônimo. Ao internacionalizar-se, a psicanálise chega ao Brasil e nós, nos programas de pós, refazemos esses passos nem sempre na mesma direção, às vezes em novas direções. Em nosso movimento de internacionalização seguimos vetores transferenciais, somos animados por parcerias de trabalho com psicanalistas que não fazem um todo, não configuram um universo científico e, eventualmente, não estão nas universidades de outros países. O que se deposita em textos e artigos a partir desses encontros nem sempre se integra facilmente aos periódicos indexados nas bases de dados internacionais inscritas na tradição acadêmica. Afirmar a pertinência, a ética dessa diferença que não pode ser subsumida no Um, no todo unificado, me parece um exercício político a ser sustentado.

Outro ponto que gostaria de destacar concerne à produção científica e à sua concretização em artigos publicados em periódicos, os periódicos reconhecidos pela comunidade da área da psicologia e de áreas afins, que acabam por ser numerosos e mesmo crescentes, pois a psicanálise não deixa de interpelar os agrupamentos e classificações dos saberes admitidos na universidade, incidindo em várias áreas de conhecimento; de modo substancial ou mais pontual nas ciências humanas, mas também nas artes, nas letras, na filosofia e nas ciências médicas e da saúde.

Invertendo com Lacan (1957/1998) o dito segundo o qual os escritos ficam e as palavras voam, os escritos produzidos na academia e consignados nos periódicos voam e, no caminho rumo a sua destinação, ou a meio caminho de seus destinatários, são avaliados. Uma forma de avaliação de um periódico científico é dada pelo fator de impacto, um índice que considera o número de citações que um periódico atinge e que se define pelo número de citações de um periódico dividido pelo número de artigos publicados pelo periódico em um período de tempo determinado. Esse índice, utilizado em algumas áreas e mesmo defendidos por alguns como aplicável não apenas às publicações de um periódico, mas também à produção de um pesquisador, merece reflexão.

Nos anos imediatamente seguintes a sua publicação, os artigos de Freud foram pouco citados. Algum tempo foi necessário para que alcançassem um lugar proeminente, lugar que, aliás, eles não perderam, porque a psicanálise tem memória. Algo dessa ordem se produz com o ensino de Lacan. Mesmo entre pesquisadores comprometidos com o discurso da ciência, esse índice é considerado como portador de importantes fragilidades, "porque o impacto de citação é função de muitas variáveis que não o mérito científico" (Boor, 1982: 976.), ou, como dizemos aqui, que não a qualidade do periódico. Ele representa resistência à publicação de novos autores, é imediatista, mecânico, não concedendo o tempo necessário à subjetivação do saber, à transmissão da psicanálise, que não cumpre os ritmos instantâneos e automáticos do conhecimento dessubjetivado da veloz globalização da informação, do acesso a esta através da internet, que não deveria ser confundido com a experiência de produção de saber.

Tanto o endereçamento de interrogações aos textos quanto a escuta clínica dependem de elaboração, de prazos não antecipáveis, que exigem de cada um trabalho sobre si mesmo a fim de que seja exequível a apropriação dos conceitos e o posicionamento do pesquisador. A exemplo da apreciação a cada caso da validade dos conceitos psicanalíticos, também leva tempo a construção de parcerias entre pesquisadores e programas. Por isso, o debate precisa avançar sobre a natureza da produção, tendo em vista o *modus operandi* da pesquisa no campo da psicanálise, que requer a problematização da concepção de produto científico ou acadêmico no sentido de considerar a posição *sui generis* da psicanálise e o rigor que lhe é próprio em suas intervenções nos dispositivos de saúde, na inclusão escolar e na formalização das ditas "tecnologias sociais", para mencionar apenas alguns casos.

No quesito inserção social é preciso dizer que a inserção de um programa no tecido social não deve ser considerada apenas em função dos egressos que encontram um lugar nas universidades públicas e privadas ou nos institutos de pesquisa. A inserção social parece o terreno em que mais os programas de pós-graduação em psicanálise ou as áreas de concentração e linhas de pesquisa em psicanálise dentro dos programas de psicologia podem atestar o que nosso campo tem de singular, quando acolhe como projeto de dissertação ou tese as questões com que se defrontam psicanalistas em seu trabalho clínico de pesquisa e tratamento, ou quando, através de pesquisas e extensão universitária, levam a psicanálise ao campo da saúde mental, da educação, do direito, viabilizando a presença na sociedade do clínico que se orienta pela psicanálise.

Nessa direção, as residências e eventualmente outros tipos de especialização e aperfeiçoamento se beneficiariam com o estreitamento das trocas entre, de um lado, o ensino e a pesquisa empreendida na universidade e, de outro, a prática clínica em hospitais, dispositivos da rede pública, escolas, ONGs. A universidade poderia proporcionar, por exemplo, uma parceria mais efetiva, porque alguma cooperação já existe, entre a pós-graduação nos grandes centros e as equipes de prática clínica e institucional que operam fora dos polos mais importantes, atuando na redução de dissimetrias inter e intrarregionais.

O encontro da psicanálise com os circuitos científicos, universitário, institucionais e sociais revela-se profícuo, propiciando que pontos essenciais de sua posição, de sua ética e de sua racionalidade sejam sustentados na formulação e execução de políticas públicas para a educação em geral, para a saúde, a saúde mental, o direito, o desenvolvimento social, etc. É aí que as políticas de pós-graduação, as políticas públicas em geral e a política da psicanálise se encontram e se questionam no laço social.

Esse movimento, que não poderia ser aferido simplesmente através de um algoritmo, vivifica o saber que circula na universidade e, em última instância, no laço social. A psicanálise é experimentada antes de tudo no próprio corpo, que com o ato de Freud retorna do exílio em relação à subjetividade, contra a concepção de pensamento depurado da corporeidade que teria seu apoio no cérebro ou no sistema nervoso. Nesse sentido, encontramos na psicanálise uma prática capaz de chamar o pensamento à vida, de dar vida à universidade, de dar corpo ao laço social.

REFERÊNCIAS BIBLIOGRÁFICAS

BOOR, M. (1982). The citation impact factor: another dubious index of journal quality. Em *American Psychologist*, nº 37-38, 975-977.

FREUD, S. (1911/1995). *Sigmund Freud – Ludwig Binswanger. Correspondance* 1908-1938. Paris: Calman-Lévy.

————. (1919/1979). ¿Debe enseñarse el psicoanálisis en la universidad? Em *Obras completas*, v. XVII. Buenos Aires: Amorrortu.

————. (1924/1979). Neurosis y psicosis. Em *Obras completas*, v. XIX. Buenos Aires: Amorrortu.

LACAN, J. (1957/1998). O seminário sobre "A carta roubada". Em *Escritos*. Rio de Janeiro: Jorge Zahar Ed.

LAURENT, E. (2001). Refléxions sur la forme actuelle de l'impossible à enseigner. Em *Lettre Mensuelle*, nº 196, 14-16. Paris: ECF.

A INSERÇÃO DA PSICANÁLISE NOS CURSOS DE PSICOLOGIA

Roseane Freitas Nicolau

Resumo

O artigo articula a história da psicologia no Brasil com o avanço da psicanálise na universidade, destacando questões relativas à transmissão e ao ensino nos cursos de psicologia. Parte da ideia de que os psicanalistas que atuam como professores na universidade mantêm a psicanálise viva, promovendo pesquisas na graduação e na pós-graduação, fazendo avançar a produção e fazendo circular o discurso psicanalítico.

Palavras-chave: psicanálise; transmissão; universidade.

Abstract

Insertion of psychoanalysis in psychology courses

This article articulates the psychology's history in Brazil with the advancement of psychoanalysis at the university, highlighting issues related to its transmission and teaching in the psychology courses. It stems from the idea that psychoanalysts who work as faculty members at the university keep psychoanalysis alive, carrying out researches at the undergraduate and postgraduate programs, advancing the production and circulating the psychoanalytic discourse.

Key words: psychoanalysis; transmission; university.

Como psicanalista que ocupa também o lugar de professora de um curso de psicologia ao longo de 18 anos na universidade e de um Programa de Pós-Graduação em Psicologia Clínica, penso que a inserção da psicanálise nas faculdades de psicologia tem se constituído como um importante meio de divulgação e transmissão da psicanálise na universidade. Transmissão que obviamente se diferencia daquela que praticamos na clínica e nas atividades das instituições psicanalíticas, mas nem por isso menos valiosa. A mim e a muitos psicanalistas que estão na universidade se impõe estabelecer essa diferença, o que tem resultado em inúmeros trabalhos a respeito da temática do ensino e da transmissão da psicanálise na universidade[1]. O fato é que os psicanalistas que atuam como professores mantêm a psicanálise viva, promovendo pesquisas na graduação e na pós-graduação, fazendo avançar a produção do saber psicanalítico.

Convidada a falar sobre as questões e avanços da psicanálise nas universidades brasileiras, pensei em destacar a presença da psicanálise pela via dos cursos de psicologia, que no Brasil é onde mais fortemente a psicanálise tem avançado. Os cursos de pós-graduação em psicanálise atestam isso, na medida em que, no âmbito institucional, estão ligados às faculdades ou institutos de psicologia. Se tomarmos como parâmetro de avanço os cursos de pós-graduação, criados justamente para desenvolver atividades de pesquisa, de elaboração teórica rigorosa e de interlocução com outros campos de saber, podemos afirmar que no Brasil a psicologia tem um importante papel na circulação do saber psicanalítico na universidade, como pode ser confirmado na produção dos programas de pós-graduação. Assim, embora em outros cursos das chamadas Ciências Humanas a psicanálise também se faça presente, o fato de não existirem cursos de mestrado ou doutorado em psicanálise a eles vinculados diminui consideravelmente a atividade de pesquisa em psicanálise e, portanto, sua divulgação.

Conforme destaca Luciano Elia (2000: 19), "A pesquisa é uma dimensão essencial da práxis analítica, em função de sua articulação intrínseca, e não circunstancial, com o inconsciente". Sabemos com Freud (1912/1980) que, em psicanálise, tratamento e investigação coincidem e

[1] Nicolau (2006); Nicolau e Alberti (2009); Alberti (2000, 2002, 2003); Rosa (2001); Penna (2003); Ribeiro (2005); Vidal (2003); Castro (2006); Mezan (1995); Santos (2005); Sousa (2003).

que a psicanálise avança a partir da clínica. Esse aspecto clínico é outro fator que confere ao curso de psicologia uma maior possibilidade de fazer avançar a pesquisa no âmbito da universidade. Temos assistido nos programas de pós-graduação a um movimento de busca de formalização de saber a partir de questões nascidas na prática de muitos analistas, questões que brotam da experiência de cada um e que são trazidas à universidade.

Entretanto, não é apenas na pós-graduação que a psicologia tem servido ao avanço da psicanálise na universidade, mas principalmente nos cursos de graduação, nos quais a presença de analistas lecionando ou dando supervisão clínica tem fomentado transferência de trabalho e aguçado o interesse dos alunos pela psicanálise. A proliferação da teoria psicanalítica nos currículos que se destinam ao *ensino* da psicanálise faz circular o discurso da psicanálise nos cursos de psicologia, propiciando o contato de muitos alunos com esta. Esse contato pode, de um lado, fomentar a pesquisa teórica e, de outro, operar como uma abertura ao desejo de saber. E isso tem efeitos, pois aí muitos são tocados pela psicanálise.

A despeito de a transmissão da psicanálise na universidade não ter nenhum caráter de formação, muitos são "mordidos" por esse saber na universidade, iniciando daí um percurso rumo à formação em psicanálise, como observou Safra (2001). Conforme tenho constatado em minha experiência, no percurso de muitos psicanalistas o encontro com a psicanálise ocorreu na universidade, em uma faculdade de psicologia, a partir da qual procuraram análise. Além disso, na medida em que os cursos de psicologia oferecem a possibilidade de se iniciar uma escuta clínica, muitas vezes se constituem como o primeiro passo na busca de formação em psicanálise. Retomando a história da psicologia clínica, é possível observar que a psicanálise esteve presente desde a fundação das Clínicas Psicológicas e dos Departamentos de Psicologia Clínica nas universidades brasileiras. Desde então, psicanalistas sempre estiveram presentes no quadro de professores desses departamentos, contribuindo tanto nas atividades clínicas, quanto nos projetos de pesquisas.

Vale lembrar que muitos pensadores – filósofos e historiadores, etc. – se interessaram pela psicanálise, mesmo aqueles que nunca se tornaram psicanalistas, trazendo contribuições importantes no campo teórico, como o trabalho exegético dos textos psicanalíticos elaborado por Garcia-Roza, por exemplo, que influenciou a leitura da metapsicologia freudiana. Por outro lado, sabemos da dependência da teoria psicanalítica da prática clínica, campo da descoberta que coloca frequentemente a teoria em questão. E essas questões são trazidas à universidade pelos psicanalistas que nela ingressam, demonstrando um especial interesse em pesquisa e apreço pelo rigor conceitual, vindo para os cursos de pós-graduação visando desenvolver suas ideias com maior precisão.

É o grande leque de possibilidades de introdução da psicanálise nos cursos de psicologia que nos leva a afirmar que eles contribuem de forma importante para com o movimento de entrada da psicanálise na universidade brasileira, que, de acordo com a historiadora Elizabeth Roudinesco (1998), é muito forte no Brasil. Se Freud (1919 [1918]/1980) recomendou a presença da psicanálise nos cursos de Medicina, acreditando que ela auxiliaria na formação médica, no Brasil essa resposta veio através dos cursos de psicologia, nos quais a psicanálise veio se instalar da forma como ele pensou. E isso tem fundamentos históricos e intrínsecos ao próprio momento em que a psicanálise chegou ao Brasil. É o que pretendo mostrar neste artigo, no qual pontuo algumas questões relativas ao modo de transmissão da psicanálise no espaço da academia pela vertente da psicologia.

PSICANÁLISE E UNIVERSIDADE: IMPASSES

Há algumas décadas os psicanalistas se voltaram para a universidade, lecionando, fazendo pós-graduação, mestrado ou doutorado nos Programas de Psicologia, Filosofia, Sociologia ou Teoria Psicanalítica. A universidade abriga hoje psicanalistas de diversas formações, criando, nesse movimento de entrada, um interessante espaço de discussão entre os psicanalistas e destes com outros campos do saber.

A inserção da psicanálise na universidade era um desejo de Freud (1919/1980), pois ele acreditava no efeito fertilizante que o pensamento psicanalítico poderia ter sobre outras disciplinas e que sua teoria psicológica do funcionamento psíquico viria contribuir com um a mais para a formação de médicos e psiquiatras na compreensão da natureza dos fenômenos psíquicos, das psicopatologias e seus respectivos tratamentos, devendo ser incluída nos currículos dos cursos. Para ele "A inclusão da psicanálise no currículo universitário deve ser sem dúvida olhada com satisfação por todo psicanalista" (ibid.: 217). Tal satisfação relacionava-se à possibilidade de incluir a psicanálise no meio acadêmico, realizando o sonho de vê-la entre outras ciências, de difundir sua teoria e de poder contribuir na pesquisa das doenças nervosas.

Entretanto, advertia para o fato de que o saber alcançado por meio do ensino da teoria psicanalítica não corresponderia jamais ao saber próprio da psicanálise presente na experiência analítica, apontando ser este um saber inconsciente, que não é transmitido do mesmo modo como são transmitidos os saberes do meio científico e acadêmico. A universidade segue um modelo de ciência em seu sentido moderno, veiculando um saber que pode vir a ser dominado, apreendido e distribuído universalmente pela via da exposição, enquadrando o ensino no registro do mestre. Como disse Miller (1997), na universidade ensina-se em nome de um saber ligado por uma coerência e por relações que comportam uma certa estabilidade. Na psicanálise, a experiência é fundada sobre um imperativo diverso, que é a exclusão do saber (ibid.: 114). Aqui o sujeito se coloca de outra forma quanto ao saber, em busca de uma verdade transitória, que se opõe ao saber constituído. A psicanálise não é, portanto, um simples objeto de estudo, sendo antes uma práxis que trata o real pelo simbólico, levando à consequência de que o sujeito precisa colocar algo de si em sua apreensão. Não é, portanto, de uma exposição que se trata quando ali transmitimos algo da psicanálise, mas de uma produção.

Podemos dizer então que, se de um lado a psicanálise contribui para o saber psicológico, por outro não deve ser confundida com ele. Aliás, é o atrito entre os discursos psicanalítico e universitário, no caso o da psicologia, que pode ser fecundo. Por isso, a psicanálise não pode deixar de ser o que é: um saber marginal. Porque, na medida em que o deixa de ser, o preço que paga é deixar de ser psicanálise. E isso pode ocorrer quando se pensa que ela é parte da psicologia, por exemplo.

Voltemos a Freud. Ao mesmo tempo que a inserção da psicanálise na universidade lhe trazia satisfação, causava-lhe certa preocupação e até pessimismo pelo fato de a psicanálise, ao estar na universidade, possibilitar o mal-entendido de que no âmbito acadêmico pudessem se formar psicanalistas. Isso o leva a afirmar que, na universidade, aprende-se "sobre e a partir da psicanálise", jamais a psicanálise propriamente dita (Freud, 1919/1980: 219-220). Adverte que esse ensino não prepara os médicos para a prática da psicanálise, embora se mostre simpático à ideia de que cursos de psicanálise sejam oferecidos visando à divulgação do saber psicanalítico.

Ante a complexidade da relação entre a psicanálise e a universidade, Freud oscilou entre a confiança de que a universidade daria à psicanálise um reconhecimento oficial, acreditando que esta contribuiria na formação universitária, até um inteiro descrédito relativo à forma como poderia ser feita essa formação. Mas ele sabia que a transmissão da psicanálise jamais poderia se transformar numa espécie de ensino acadêmico, sob o risco de comprometer a própria concepção de formação psicanalítica. Por isso, do lugar daquele que ensina, estamos sempre nos indagando sobre a real possibilidade de transmissão psicanalítica por meio de ensinos que se caracterizem como desvinculados da dimensão intensiva – dimensão esta que, sabemos, fundamenta a formação do analista. Principalmente em se tratando do ensino universitário da psicanálise que, sendo uma extensão da psicanálise ao coletivo, não possui vínculo direto com a intensão e, por isso, não tem por objetivo a formação do analista.

Portanto, tendo sido a psicanálise muito acolhida pela universidade, com todos os impasses que disso resultaram em função da forma diversa de ensino, justifica-se interrogar a possibilidade de transmissão da psicanálise nessa instituição, pois sabemos que a transmissão em psicanálise implica uma noção de verdade que determina um impossível de saber e supõe a dimensão transferencial apontada por Lacan (1964/1973: 242) ao afirmar que o ensino da psicanálise "[...] só pode transmitir-se de um sujeito para o outro pelas vias de uma transferência de trabalho".

Apesar dos impasses, desde a criação, na Hungria, em 1919, da primeira cátedra de psicanálise na universidade, passando pelo Departamento de Psicanálise em Vincennes em 1968, até a criação, por Lacan, em 1969, do Departamento de Psicanálise na Universidade de Paris VIII, a presença da psicanálise é cada vez mais forte nas universidades. Hoje podemos dizer que a psicanálise foi adotada pela universidade para ser veiculada por ela e, na medida em que passa a ser veiculada como um dos saberes que a universidade acolhe, ela se vê também aí renovada e interrogada, tendo a chance de ter o valor de suas proposições teóricas examinado e reconstruído.

Entretanto, lembramos a partir dos ensinamentos de Lacan que a psicanálise não constitui simplesmente um saber a mais, entre outros. A psicanálise não integra o campo científico, pois resulta exatamente da subversão desse campo. O saber da psicanálise é um saber fundamentalmente distinto "da ideia imaginária do todo" (Lacan, 1969-1970/1998: 29) que configura as promessas da razão ou os acúmulos do conhecimento. Tal distinção encontra-se especialmente demarcada por Freud quando diz:

> A psicanálise não é um sistema como os filosóficos, que partem de alguns conceitos básicos definidos com precisão e procuram apreender com eles todo o universo, onde não resta espaço para novos descobrimentos e melhores considerações [...] A psicanálise se atém aos fatos de seu campo de trabalho, procura resolver os problemas imediatos da observação, segue tateando na experiência, sempre inacabada e sempre disposta a corrigir ou variar suas doutrinas (Freud, 1923 [1922]/1980: 249).

Com isso, vislumbramos que o ensino da psicanálise na universidade se apoia na função de sustentar o ponto limite ao imperativo da investigação, à hipertrofia da especulação, fazendo bascular o mandamento: "continua a saber sempre mais". Penso que os psicanalistas que estão na universidade e operam com o desejo de saber demonstram, através do rigor de suas pesquisas, que podem fazer avançar o trabalho da psicanálise, na medida em que o campo de pesquisa do analista é a clínica como acesso ao sujeito do inconsciente. Nesse sentido, a pesquisa em psicanálise é clínica porque o saber aí produzido obedece à lógica do saber inconsciente, implicando a transferência.

A psicanálise nos cursos de psicologia

A dissertação de mestrado de Eveline Mourão de Araujo (2009) que orientei traz um panorama da inserção da psicanálise nas universidades brasileiras mostrando que não fugiu à regra do que aconteceu em outros países. Ela foi introduzida no Brasil na década de 1920 por importantes nomes da psiquiatria brasileira. Inicialmente, as universidades acolheram timidamente a psicanálise nos cursos de medicina e psiquiatria nos anos 1920, mesma época em que foram implantadas as primeiras sociedades de psicanálise. Nos cursos de psicologia, a psicanálise surgiu na década de 1960 e foi mais amplamente difundida nos anos 1970. Da década de 1980 em diante a transmissão da psicanálise no meio acadêmico se intensificou, passando a ser realizada de formas diferentes no curso de psicologia: no ensino da teoria psicanalítica, na supervisão dos atendimentos da Clínica-Escola e na pesquisa clínico-teórica, tanto nos cursos de graduação quanto nos de pós-graduação.

A criação dos cursos de psicologia no Brasil é quase tão recente quanto a inserção da psicanálise no meio acadêmico. A década de 1950 corresponde a um marco na história do ensino da psicologia no Brasil, pois foi justamente nessa época que despontaram as primeiras faculdades. Antes desse período, a psicologia apenas se fazia presente nas disciplinas sobre as teorias psicológicas dos cursos de graduação em Filosofia, Medicina e Educação.

Analisando a história da criação dos cursos de psicologia no Brasil, percebemos que a conquista de um lugar entre as ciências humanas foi adquirido após longo período de lutas e reivindicações feitas pelos próprios universitários ao exigirem a criação de um lugar para a psicologia, assim como havia ocorrido na Europa e Estados Unidos. Coube aos estudantes universitários, mediante seus questionamentos, a autoria do movimento de reivindicação da autonomia da psicologia nas universidades, não importando se o viés psicológico estivesse ligado ao discurso científico, educacional ou à prática clínica vigente.

Foi em meio a um cenário de lutas políticas que a universidade se transformou num palco de grandes conflitos, lugar onde os estudantes de psicologia no Brasil passaram a se identificar cada vez mais com a psicanálise e suas ideias "subversivas", como se estas pudessem trazer subsídios para a solução dos problemas sociais que vigoravam naquele momento. Nesse contexto, o ensino da teoria psicanalítica foi gradativamente ganhando espaço.

Entretanto, a relação mais intensa da psicanálise com o meio universitário se constituiu em função da formação do psicólogo clínico, para a qual o professor tinha como função "[...] ensinar as disciplinas de técnicas psicoterápicas, personalidade, técnicas avaliativas e psicodiagnósticas, além da supervisão clínica" (Ferreira, 2006: 3).

A profissão de psicólogo clínico surgiu na década de 1970. Em virtude da propagação da psicologia clínica, a década de 1970 é considerada como a *década psicologista* na história da psicologia no Brasil (idem). Nesse momento houve também o aumento do interesse da psicologia clínica pela psicanálise, acarretando, por sua vez, a criação de mais disciplinas voltadas para o ensino da teoria psicanalítica e de psicoterapias de influência psicanalítica, que passaram a ser assimiladas pela sociedade e também pelos meios de comunicação.

Nesse ponto vale assinalar as mudanças teóricas e técnicas que muitos imprimiram em nome de uma adaptação que minava as fundações teóricas e clínicas da psicanálise. Foi para se contrapor a distorções dessa natureza que Lacan (1955/1998) propôs seu retorno a Freud, criticando a maneira deturpada como o ensino da psicanálise vinha se desenvolvendo e os conceitos freudianos vinham se afinando aos psicologismos trazidos pela *Ego Psychology*.

Mas retomemos nosso viés histórico. Contextualizando o fenômeno de assimilação da psicanálise pelos estudantes de psicologia, Ferreira (2006) aponta como um dos fatores determinantes a ideia de que *todo psicólogo em formação clínica deve se submeter à análise pessoal ou à psicoterapia*. Seguindo esse ideal, muitos estudantes passaram a representar grande parte da clientela dos consultórios de psicanalistas no início dos anos 1970. Nessa mesma época, os estudantes de psicologia que realizavam análises pessoais passaram a questionar e reivindicar formação psicanalítica também para psicólogos, pois, no Brasil, até meados da década de 1970, as sociedades de psicanálise eram todas filiadas à IPA, instituição que restringia a formação psicanalítica apenas àqueles que tivessem formação médica.

Esses questionamentos e reivindicações sobre a formação psicanalítica eram fruto das influências do pensamento de Lacan. Esses mesmos estudantes tanto se rebelaram que no ano de 1971 foi criada no Rio de Janeiro a primeira sociedade de psicanálise restrita aos psicólogos, a então denominada *Sociedade de Psicologia Clínica* (SPC), que, anos depois, em 1987, passou a ser denominada por *Sociedade de Psicanálise da Cidade do Rio de Janeiro* (SPCRJ).

Analisando esses contextos, podemos dizer que muitos fatores contribuíram para que a psicologia, por intermédio da Psicologia Clínica, pudesse servir à psicanálise na universidade. E podemos dizer, ainda, que, embora a inserção da psicanálise nos cursos de psicologia tenha acontecido muitos anos após sua entrada no meio acadêmico, foi pelas faculdades de psicologia que a psicanálise marcou sua presença na transmissão da teoria e da pesquisa psicanalíticas.

No que diz respeito ao ensino da psicanálise, as relações entre as sociedades de psicanálise e o meio acadêmico tornaram-se tensas e provocaram reações a favor e contra a presença de psicanalistas na universidade. No meio acadêmico, sempre houve uma intolerância ao reconhecimento do caráter cientifico da psicanálise como um método de pesquisa legítimo na produção de conhecimento. Sobre essa situação e a respeito da posição de alguns psicanalistas que atuavam como professores nas faculdades de psicologia, Safra (2001) tece o seguinte comentário:

> Os professores-pesquisadores tinham a preocupação de que seus trabalhos pudessem ser reconhecidos como pesquisas científicas, utilizando-se de metodologias que pudessem ter um maior reconhecimento e empregavam a teoria psicanalítica como referente na interpretação de seus dados (Safra, 2001: 2).

Por outro lado, houve nas sociedades de psicanálise um movimento contra o trabalho de psicanalistas que atuavam como professores de psicanálise na universidade, reprovando o ensino da psicanálise no meio acadêmico e ameaçando expulsar os que insistissem no exercício do ensino na universidade.

Mesmo diante desses movimentos antagônicos, vários psicanalistas se arriscaram e continuaram a atuar nas universidades como professores e pesquisadores, favorecendo o desenvolvimento da transmissão da psicanálise em extensão. Tais atitudes tomadas por alguns psicanalistas na universidade impulsionaram o surgimento de longos debates sobre questões relativas ao papel do psicanalista na academia e o lugar da formação do psicanalista.

Foram discussões que, de algum modo, possibilitaram o gradativo desenvolvimento do ensino da teoria psicanalítica na academia amparado pelas propostas lacanianas sobre a transmissão da psicanálise.

Ao analisar o desenvolvimento desse ensino no Brasil, do ponto de vista diacrônico, Mezan (1995) considera que este pode ser classificado em dois tempos distintos. O primeiro tempo tem sua origem na década de 1970, momento em que a psicanálise já estava presente nos cursos de licenciatura em psicologia na *Universidade de São Paulo* (USP) e no *Instituto Sedes Sapientiae*[2], da *Pontifícia Universidade Católica de São Paulo* (PUC/SP). Nessas instituições, os cursos proporcionavam aos estudantes de psicologia o primeiro contato com a teoria psicanalítica, estimulando-os a procurar formação e análise pessoal junto às instituições de psicanálise.

O segundo tempo aconteceu na década de 1980, período em que a psicanálise passou a ser introduzida nas pós-graduações em psicologia, o que, a princípio, demonstrou ser um movimento restrito às Universidades Católicas do Rio de Janeiro e de São Paulo, esta última no *Instituto Sedes Sapientiae*.

Sobre o aumento da demanda de cursos de pós-graduação em psicanálise realizados a partir dos cursos de psicologia, Rodrigues (2005:1) comenta: "Nos últimos anos vem-se ampliando a oferta de estudo e in-

---

[2] Instituto Sedes Sapientiae: instituição ligada à Pontifícia Universidade Católica de São Paulo criada em 1979 com proposta de trabalho em formação nas áreas de Saúde Mental, Educação e Filosofia.

vestigação em Psicanálise nos cursos de especialização (pós-graduação *latu senso*) em Psicanálise e pela criação dos cursos de Mestrado e Doutoramento em diversos pontos do país".

Em meados da década de 1970 e início da década de 1980 havia nas universidades brasileiras psicólogos pesquisando, lecionando ou exercendo a função de supervisor clínico na clínica-escola dos *Serviços de Psicologia Aplicada* (SPA) das faculdades de psicologia. A presença desses profissionais na universidade possibilitou o surgimento de uma demanda a essas profissões, o que, de certa forma, impulsionou a busca por formação psicanalítica com propósitos de atuar tanto na clínica psicanalítica quanto no ensino e na pesquisa em psicanálise na universidade. Assim, muitos psicólogos optaram por dar continuidade a sua formação acadêmica, adquirindo título de especialização, mestrado e doutorado. Sobre a grande procura por cursos de pós-graduação em teoria psicanalítica a partir dos anos noventa, Safra (2001) analisa:

> Gradualmente surgiram cada vez mais nos programas de pós-graduação trabalhos que realmente utilizavam não só a teoria psicanalítica, mas *o método psicanalítico* na produção de conhecimento dentro das universidades. Apareceram profissionais com sólida formação em psicanálise e competentes em metodologia e epistemologia em pesquisa que passaram a pesquisar, orientar trabalhos e a produzir textos de excelente qualidade, que facilitaram a legitimação da psicanálise na produção de conhecimento na academia (Safra, 2001: 2).

No que diz respeito a essa busca de psicanalistas por cursos de pós-graduação em psicanálise, movimento semelhante ocorreu na história da psicanálise na França, como se observa na comparação de Ferreira (2006: 4): "Também como na França, depois da década de noventa, ocorreram mudanças nesta situação, vários psicanalistas realizaram mestrados e doutorados em cursos no Brasil e no exterior, principalmente na França, onde a psicanálise havia adquirido seu *status* universitário".

Assim, diferentemente do Brasil, na França a psicanálise adquiriu *status* universitário: há nas universidades departamentos de psicanálise independentes de qualquer curso universitário. Esse espaço conquistado pelos psicanalistas nas universidades francesas foi possibilitado pelo trabalho incessante de grandes psicanalistas, como Jean Laplanche[3] e Lacan, que levaram a psicanálise para longe das instituições psicanalíticas. Jean Laplanche desenvolveu seus seminários de psicanálise em duas instituições acadêmicas francesas: a *École Normale Supérieure* (ENS) e o *Departamento de Ciências Humanas da Universidade de Paris VII*; Lacan, em 1964, a convite de Louis Althusser[4], passou a ministrar seus seminários na ENS. De acordo com o exposto, a introdução da psicanálise nas universidades francesas se orientou numa situação bem diversa da trajetória do ensino da psicanálise nas universidades brasileiras, pois nestas a psicanálise ainda permanece como estrangeira, abrigada em outros cursos como o de psicologia.

A ascensão da psicanálise no meio acadêmico no Brasil, porém, só foi possível porque psicanalistas comprometidos com a causa freudiana puderam, enquanto professores, pesquisadores e supervisores, transmitir aos seus alunos, além da teoria, algo que eles aprenderam nas suas análises e na transferência com seus pares, colegas de instituições psicanalíticas.

Na história da presença da psicanálise nos cursos de psicologia no Brasil, não há como deixar de destacar nomes como o do psicanalista Luiz Carlos Nogueira, que "[...] passou para a história da luta de psicanalistas brasileiros, para transmitir a causa freudiana dentro de nossas universidades" (Alberti, 2000: 55); assim como seu estilo de transmissão, "[...] sua verdadeira relação com a descoberta freudiana deixou um lastro para nós todos, professores de psicanálise nas universidades brasileiras, que, nem sempre sabedores deste lastro, da alguma forma tiveram com ele uma relação" (ibid.: 57).

O trabalho de Luiz Carlos Nogueira como psicanalista e professor universitário constitui exemplo para pensar a possibilidade de transmissão da psicanálise na universidade. Isso foi possível porque esse psicanalista tinha noção da importância da transferência de trabalho para o entendi-

---

[3] Jean Laplanche (1924): filósofo e psiquiatra francês pertencente à terceira geração de psicanalistas da França (Wikipédia: a enciclopédia livre, 2008).

[4] Louis Althusser (1918-1990): filósofo birmanês que foi professor titular da École Normale Supérieure de Paris (idem).

mento não apenas da teoria psicanalítica, mas também da transmissão da psicanálise e das possibilidades discursivas que podem circular no âmbito acadêmico em determinados momentos do ensino. Vale destacar que o referido psicanalista também foi um dos fundadores do *Centro de Estudos Freudianos* (CEF), primeira instituição de psicanálise dedicada ao estudo de Freud e Lacan em nosso país. O CEF foi criado por grandes nomes da psicanálise: Durval Checchinato[5], em Campinas, Jacques Laberge[6] e Ivan Correa[7], no Recife, e Luiz Carlos Nogueira, em São Paulo.

A psicanálise no Brasil deve muito à coragem e ao pioneirismo dessas grandes personalidades que, com suas valiosas contribuições a sua transmissão, estabeleceram em solo brasileiro o compromisso com a causa freudiana. Em todos os trabalhos desenvolvidos pelos pioneiros da psicanálise no Brasil, seja nas instituições psicanalíticas ou nas universidades, podemos avaliar o esforço por fazer valer uma transmissão calcada no estudo da obra de Freud e no compromisso ético dessa transmissão.

Atualmente, nas faculdades de psicologia, a psicanálise se apresenta como um modelo de teoria psicológica, bem como uma abordagem clínica: o aluno no final do curso pode fazer estágio na clínica-escola, oportunidade em que realiza atendimentos clínicos sob supervisão de um psicanalista/professor. Os psicanalistas/professores, além de divulgarem o saber psicanalítico, propiciam o primeiro passo de muitos que se tornam analistas. Isso prova que é possível haver transmissão e é nisso que apostamos.

Nós, psicanalistas que estamos na universidade, procuramos manter o rigor necessário ao conceito de *transmissão* articulado por Lacan à dimensão da *suposição* e somos convocados a refletir sempre a nossa prática: como transmitimos do lugar de quem ensina mantendo o rigor necessário ao conceito de transmissão articulado por Lacan à dimensão da suposição de saber? É essa pergunta que nos acompanha e nos mantém alinhados à invenção de Freud.

[5] Durval Checchinato (1936): psicanalista brasileiro, escritor, foi membro da EFP.

[6] Jacques Laberge: psicanalista e escritor canadense radicado no Recife (Jornal do Comércio do Recife, 2008).

[7] Ivan Correa (1927): psicanalista e escritor cearense radicado no Recife.

Referências bibliográficas

ALBERTI, S. (2000). Psicanálise: a última flor da medicina. Em ALBERTI, S. & ELIA, L. (orgs.). *Clínica e pesquisa em psicanálise* (pp. 37-56). Rio de Janeiro: Rios Ambiciosos.

———. (2002). Psicanálise e universidade e a instauração de discursividades. Em RINALDI, D. & COUTINHO JORGE, M. A. (orgs.). *Saber, verdade e gozo: leituras de O Seminário, livro 17, de Jacques Lacan* (pp. 43-52). Rio de Janeiro: Rios Ambiciosos.

———. (2003). *Crepúsculo da alma: a psicologia no século XIX.* Rio de Janeiro: Contra Capa.

ARAÚJO, E. M. (2009). *Transmissão da psicanálise e universidade: a formulação de um saber mediante o dispositivo do ensinante de Lacan.* Dissertação de Mestrado. Fortaleza: UFC.

CASTRO, J. E. (2006). *Consequências éticas da teoria lacaniana dos discursos no ensino da psicanálise.* Tese de Doutorado. Rio de Janeiro: UFRJ.

ELIA, L. (2000). Psicanálise: clínica & pesquisa. Em ALBERTI, S. & ELIA, L. (orgs.). *Clínica e pesquisa em psicanálise* (pp. 19-35). Rio de Janeiro: Rios Ambiciosos.

FERREIRA, A, P. (2006). Psicanálise e universidade: uma inclusão possível? Em *Anais do Congresso de Psicopatologia Fundamental.* Disponível em: <www.fundamentalpsychopatholy.org/anais2006/4>.

FREUD, S. (1912/1980). Recomendações aos médicos que exercem a psicanálise. Em *Edição standard das obras psicológicas completas de Sigmund Freud,* v. XII. Rio de Janeiro: Imago.

———. (1919 [1918]/1980). Sobre o ensino da psicanálise na universidade. Em *Edição standard das obras psicológicas completas de Sigmund Freud,* v. XVII. Rio de Janeiro: Imago.

———. (1923 [1922]/1980. Dois verbetes de enciclopédia. Em *Edição standard das obras psicológicas completas de Sigmund Freud,* v. XVIII. Rio de Janeiro: Imago.

———. (1925/1980). Por ocasião da inauguração da Universidade Hebraica. Em *Edição standard das obras psicológicas completas de Sigmund Freud,* v. XIX. Rio de Janeiro: Imago.

LACAN, J. (1955/1998). A coisa freudiana ou sentido do retorno a Freud em psicanálise. Em *Escritos.* Rio de Janeiro: Jorge Zahar Ed.

————. (1964/1973). *O Seminário, livro 11: os quatro conceitos fundamentais da psicanálise*. Rio de Janeiro: Jorge Zahar Ed.

————. (1967/2003). Proposição de 9 de outubro de 1967 sobre o psicanalista da Escola. Em *Outros escritos*. Rio de Janeiro: Jorge Zahar Ed.

————. (1969-1970/1998). *O Seminário, livro 17: o avesso da psicanálise*. Rio de Janeiro: Jorge Zahar Ed.

————. (1970/2003). Alocução sobre o ensino. Em *Outros escritos*. Rio de Janeiro: Jorge Zahar Ed.

MEZAN, R. (1995). Pode-se ensinar psicanaliticamente a psicanálise? Em *A vingança da esfinge: ensaios de psicanálise*. São Paulo: Brasiliense.

MILLER, J.-A. (1997). A psicanálise na universidade. Em *Lacan elucidado, palestras no Brasil*. Rio de Janeiro: Jorge Zahar Ed.

NICOLAU, R. F. (2006). Psicanálise e universidade: supervisão e transmissão. Em *IV Jornada do Suposto – A formação do analista*. Fortaleza: Associação Psicanalítica.

NICOLAU, R. F. & ALBERTI, S. (2009). Transmissão na universidade, saber e desejo do analista. Em *Pulsional – Revista de Psicanálise*, ano XXII, nº 2, 98-109. São Paulo: Escuta.

PENNA, L. M. D. (2003). *Psicanálise e universidade: há transmissão sem clínica?* Belo Horizonte: Autêntica.

RIBEIRO, M. A. C. (2005). O ensino da psicanálise segundo Jacques Lacan. Rio de Janeiro. Disponível em: <http://www.gradiva.com.br/site/ccripts/manitaa>.

RINALDI, D. & COUTINHO JORGE, M. A. (orgs.). (2002). *Saber, verdade e gozo: leituras de O Seminário, livro 17, de Jacques Lacan*. Rio de Janeiro: Rios Ambiciosos.

RODRIGUES, S. C. (2005). Ensino universitário da psicanálise no Brasil. Em *Anais do 2º Encontro Sobre o Ensino da Psicanálise da Universidade Lusófona de Humanidades e Tecnologia*. Lisboa. Disponível em: <http://afreudite.ulusofona.pt/arquivo/afreudite_2/.htm>.

ROSA, M. D. (2001). Psicanálise na universidade: considerações sobre o ensino de psicanálise nos cursos de psicologia. Em *Revista de Psicologia da USP*, v. XII, nº 2. São Paulo. Disponível em: <http://www.scielo.br/scielo.php?pid=S010-65642001000200016&script=sci_arttext&tlng>.

ROUDINESCO, E. (1988). *História da psicanálise na França: a batalha dos cem anos*, v. II. Rio de Janeiro: Jorge Zahar Ed.

SAFRA, G. (2001). Investigação em psicanálise na universidade. Em *Revista de Psicologia da USP*, v. XII, nº 2. São Paulo. Disponível em: <http://www.scielo.br/scielo.php?pid=S0103-65642001000200014&script=sci_arttext>.

SANTOS, T. C. (2005). A ciência e a verdade na formação do psicanalista lacaniano. Em *Revista Psicoanálisis y Cultura*, nº XXII. Disponível em: <www.acheronta.com.org>. Acesso em: 02 dez. 2008.

SOUSA, A. (2003). *Os discursos na psicanálise*. Rio de Janeiro: Companhia de Freud.

VIDAL, E. (2003). A análise leiga. Uma questão crucial para a psicanálise. Em *Revista Letra Freudiana – Escola, Psicanálise e Transmissão*, ano XXII, nº 32. Rio de Janeiro: Letra Freudiana.

PSICANÁLISE, PESQUISA E INTERVENÇÃO NO CAMPO SOCIAL

Psicanálise e intervenção no social: um exemplo

Sonia Alberti

Resumo

Partindo da articulação entre psicanálise, universidade e prática no campo da saúde mental, o texto inicia com uma verificação de como a interseção entre os três se dá a partir da função do psicanalista determinada pela Escola de Lacan. Para exemplificar o dito inicial, retoma um dos produtos de tal interseção, apresentado em Paris em 2008.

Palavras-chave: psicanalista; ensino; adolescência; violência; sintoma.

Abstract

Psychoanalysis and social practice: an example

Based on the relations between psychoanalysis, university and practice in mental health, this paper begins with an examination of how their intersection takes place in the psychoanalyst's role as determined by the School of Lacan. To develop the initial idea, the text takes as an example one of the products of such intersection, originally presented in Paris in 2008.

Key words: psychoanalysis; teaching; adolescence; violence; symptom.

Condições necessárias para uma intervenção no social

Originalmente, eu visava articular o investimento realizado esses últimos dez anos e que consolidou o Programa de Pós-graduação em Psicanálise da

UERJ, cuja primeira coordenadora tive a honra de ser, com o que experimentei como pesquisadora no contexto deste Programa (Alberti & Rinaldi, 2009), a prática no campo da saúde mental em instituições públicas de que pude participar diretamente, algumas observações sobre o Grupo de Trabalho "Dispositivos clínicos em saúde mental" da ANPEPP – que coordeno no momento – e, finalmente, o seminário "Psicanálise e instituição" que ofereço mensalmente há nove anos ininterruptos na Escola de Psicanálise dos Fóruns do Campo Lacaniano.

Há uma conexão possível entre a universidade e o trabalho que desenvolvemos numa Escola de Psicanálise; esse trabalho se situa na terceira sessão da Escola definida por Lacan no Ato de Fundação de 1964. Como membro de uma Escola de psicanálise, ou, mais ainda, como Analista Membro de Escola, para além de sustentar a psicanálise pura – primeira sessão da Escola – e de velar pela psicanálise aplicada na interseção com a clínica em seus diversos âmbitos – a segunda sessão –, é minha função, ou mesmo responsabilidade, garantir um lugar para a psicanálise no mundo, na articulação com outros discursos, saberes e práticas, e a universidade certamente é o lugar onde isso melhor se verifica. As referências a isso tanto de Freud (1919/1999) – em particular em sua carta aos estudantes de medicina de Budapeste – quanto de Lacan (1953/1966) – particularmente em seu texto "Função e campo da fala e da linguagem" – são conhecidas.

Freud escreve que todo analista valora positivamente a inserção da psicanálise no currículo acadêmico. Isso, no entanto, não queria dizer para ele que o analista seja de alguma forma dependente da universidade.

> Ao contrário: ele adquire seus conhecimentos teóricos do estudo da literatura analítica e os aprofunda durante as sessões científicas das associações psicanalíticas no debate conceitual (*im Gedankentausch*) com seus membros. Ele aprende o manuseio prático da técnica analítica em parte na análise de sua própria pessoa, em outra parte na análise de pacientes sob supervisão de colegas mais experimentados (Freud, 1919/1999: 700).

O que Freud observa aqui, é preciso explicitá-lo, é que o analista, enquanto tal, não é produto da universidade, por isso ele não é dependente dela. Um analista nem mesmo se forma, enquanto analista, pela universidade, por mais que a universidade possa formar profissionais, já que o psicanalista é, por definição, produto de sua própria análise. O que demonstra, por um lado, que não houve qualquer originalidade em Lacan ao observá-lo – a proposta é freudiana –, senão a de explicitá-lo nestes termos e afinar a proposta: "o analista só se autoriza de si mesmo" (Lacan, 1967/2001: 15), a partir de sua própria análise e a partir da possibilidade de se tornar psicanalista de sua própria experiência, âmbito assegurado pelo dispositivo por ele proposto, o passe. Por outro lado, essa assertiva freudiana também demonstra que a psicanálise não só não equivale às profissões de formação universitária, como tampouco é dela debitária. Finalmente que, para haver analista, é preciso a formação do analista e, portanto, uma estrutura tal que garanta a formação. Essa estrutura é dada, em princípio, por uma instituição psicanalítica, mesmo quando há analistas – importantes e de reconhecimento, algumas vezes – que não se inserem como membros de uma instituição psicanalítica, pois, como também observa Freud nesse parágrafo, a formação do analista se dá no tripé: formação continuada (debates científicos entre os pares nas associações psicanalíticas), análise pessoal e supervisão de casos clínicos. Há um lugar para os debates científicos entre pares, desde esse texto de 1919: as associações psicanalíticas. Assim, não vejo como não levá-las em conta no debate da psicanálise com a universidade e não vejo como não fazer referência a meu trabalho em minha "Escola" psicanalítica nessa mesa em que articulo pesquisa e intervenção no campo social.

O primeiro livro do Programa de Pós-graduação em Pesquisa e clínica em psicanálise, da UERJ, foi *Clínica e pesquisa em psicanálise* na medida em que entendemos que a psicanálise nasce da clínica e que toda pesquisa em psicanálise é clínica. Mas clínica no sentido amplo do termo, que vai desde a sessão de psicanálise pura de uma Escola até a clínica implicada na teorização, no sentido de que toda teoria em psicanálise, inclusive o que tange à metapsicologia, é voltada para o sujeito, voltada para fazer valer o sujeito dividido em função de o real, o simbólico e o imaginário – que constituem sua realidade que Freud quis psíquica – só serem consistências furadas uma pela outra. Então, mesmo quando se estuda a topologia, mesmo quando se articula a física e a filosofia no estudo das conexões da psicanálise, mesmo quando frequentamos as outras *Wissenschaften* (os outros saberes), ou seja, em qualquer campo das conexões da psicanálise, é preciso que isso se amarre, e eu diria, borromeanamente, com as outras duas sessões da Escola, a da psicanálise pura e a da psicanálise aplicada. O que quer dizer que não havendo uma articulação do que fazemos no campo das conexões da psicanálise no campo social com a psicanálise pura, ou com a aplicada, então já não estaremos fazendo psicanálise, pois, como sói acontecer no contexto do nó borromeano, basta desamarrar um para que todos partam para o espaço!

Tudo isso para dizer que não vejo como eu poderia desenvolver o trabalho que desenvolvo de pesquisa e intervenção no campo social se esse trabalho não estivesse articulado com aquele que faço na minha Escola de psicanálise que *me* garante – e aqui é uma particular, no sentido aristotélico do termo – minha relação com a causa freudiana.

Quando me dei conta disso, não pude deixar de pensar que o trabalho que fazemos em nosso Programa na UERJ é uma extensão do trabalho de uma Escola de psicanálise, em função da relação de cada um de nós com o conceito de Escola que nos atravessa a partir da especificidade do Programa: sua particularidade, a psicanálise de Freud com Lacan, acolhendo, em seu seio, o que se articula nessa lógica!

Do vasto memorial que articula assim minha vida acadêmica retiro um único exemplo com o objetivo de demonstrá-lo: o trabalho apresentado em outubro de 2009, durante o *3ème Colloque Psychologie et psychopathologie de l enfant à l'adolescence*, organizado pela Universidade de Paris 13, intitulado: "Le symptôme de la violence à l'adolescence". O tema do colóquio e o tema específico de meu trabalho articulam a prática clínica na segunda sessão da Escola – de Psicanálise aplicada ao trabalho que desenvolvo no Núcleo de Estudos da Saúde do Adolescente no Hospital Universitário Pedro Ernesto, da UERJ, desde que iniciei minhas pesquisas nessa Universidade – com o estudo teórico que se orienta a partir de minha relação com a causa freudiana decorrente de minha própria formação e com o tema da intervenção que podemos fazer no campo social, no âmbito das conexões da psicanálise – a sessão três, da Escola.

Podemos ler no texto que Lacan identifica como seu "segundo discurso em Roma" que a reforma do entendimento[1] à qual Lacan se dedicou impõe "uma tarefa na qual há um ato de engajar os outros". É porque algo falha nessa tarefa que o verdadeiro psicanalisado é o psicanalista "como ele perceberá tão certo quanto esteja mais perto de estar à altura da tarefa" (Lacan, 1967a). Destarte, necessariamente o saber veiculado a partir de todas essas experiências que articulam o trabalho do psicanalista a partir das três sessões da Escola o coloca, ele mesmo, a trabalho. O que segue é um exemplo disso. Seria esse exemplo um sintoma, produto do que pode amarrar de alguma maneira essas três sessões?

EXEMPLO DE UM PRODUTO DO EXERCÍCIO DO PSICANALISTA NA UNIVERSIDADE: O ESTUDO DA VIOLÊNCIA COMO SINTOMA

O inventor do sintoma, tal como este vale para a psicanálise, foi Karl Marx, segundo Lacan. É interessante observar que isso se associa, antes de mais nada, a um pequeno texto do ainda jovem economista, no qual ele faz uma análise justamente do suicídio, tema com o qual iniciei minha pesquisa sobre a adolescência, há vinte e cinco anos atrás!

A violência à qual assistimos hoje, nos laços sociais cotidianos, é sintoma de alguma coisa que, nesses mesmos laços sociais, "não anda, é uma pedra no meio do caminho, bem mais, é o que não cessa de se repetir para entravar a marcha" (Lacan, 1974)[2].

Parto dessa acepção do sintoma, desenvolvida particularmente por Jacques Lacan em seu terceiro discurso em Roma.

---

[1] A palavra em francês é *entendement*, traduzida para o inglês como *understanding* e para o português, no campo da filosofia, como "mentendimento" (Ferrater-Mora, 1994/2001, v. 2).

[2] A versão aqui utilizada da tradução de "A terceira", de Jacques Lacan, se encontra no *site* da Association Lacanienne Internationale: <http://www.freud-lacan.com/articles/article.php?url_article=jlacan031105_2>. Note-se que a referência à pedra no meio do caminho é uma forma bem brasileira, inspirada em nosso imortal e genial poeta Carlos Drummond de Andrade, de conotar a expressão francesa: "ce qui se met en croix dans ce charroi", que aparece no original.

Em sua genealogia do sintoma, o que Lacan visa é a relação do sintoma com os discursos, as relações de poder enquanto promotoras de gozo, na mesma via que Freud havia aberto originalmente, com seu "Mal-estar na cultura", quando escrevia que a cultura produz culpabilidade que é "angústia da perda do amor, angústia 'social' [*'soziale' Angst*]" (1930/1972: 251). Essa tese decorria da seguinte constatação de Freud: a partir da experiência, observa-se que o Bem e o Mal nada têm a ver com o que seria bom ou mau para o sujeito – no sentido de que alguma coisa possa fazer bem ou mal. A origem do Bem e do Mal está alhures. Freud a encontra nas figuras da autoridade – inicialmente os pais e seus substitutos, depois o supereu, que é herdeiro daquelas autoridades (ibid.: 251-253). É das figuras de autoridade que depende o amor que o sujeito espera – e demanda – do Outro. Associando-o com o texto sobre a "Psicologia das massas" (Freud, 1921/1972), isso ratifica que toda psicologia individual é também uma psicologia social, o que justifica a "angústia 'social'". É a angústia da perda do amor do Outro social que faz um sujeito tomar para si os parâmetros que nada têm que ver com o que lhe faria bem ou mal, mas quanto mais o sujeito renuncia ao que é bom para ele, mais ele é culpado, pois menor a dialetização do que dele exigem as figuras de autoridade.

Em 1905, Freud escrevia que o trabalho mais importante da puberdade consiste na separação, no corte da autoridade dos pais. Toda adolescência é um trabalho de elaboração da falta do Outro. Elaboração de sua própria castração, quando o sujeito se dá conta de suas próprias impossibilidades, mas, sobretudo, da castração do Outro, dos pais e seus substitutos. Assim, a separação em questão não quer somente dizer a separação da presença e da vigilância dos pais, mas, sobretudo, dos paradigmas de acordo com os quais a criança era o objeto dos pais.

O jovem sofre de todo jeito: como objeto, quando a sociedade quer impor novos limites – por exemplo, uma nova ordem para o acesso às universidades, o que limitará as possibilidades de ascensão para os jovens, ou impondo a lei do silêncio, por exemplo, nos bailes *funk* –; ou como sujeito, pois mesmo quando ele dirige sua agressividade para os pais ou substitutos, para atingi-los ali onde são mais frágeis, mesmo então o jovem não deixa também de atingir-se a si mesmo, nos ideais que eram seus.

Aliás, desde sempre o discurso do mestre identifica os jovens como o grupo que "é uma pedra no meio do caminho [...], é o que não cessa de se repetir para entravar [...] que as coisas andem, no sentido de que elas dão conta de si mesmas de maneira satisfatória [...] ao menos para o mestre" (Lacan, 1974), e isso em toda e qualquer cultura! Justamente porque os jovens denunciam a castração do Outro. Há adolescentes que chegam a se desembaraçar disso, outros têm mais dificuldades, mas todos experimentam o encontro com o real que o adolescente denuncia, basta para isso que exista.

Como pudemos retomar no Simpósio "O sujeito e a sexualidade na aurora do século XXI", realizado por este Programa em 2007 (Alberti, 2008), antes mesmo de sua "Interpretação dos sonhos" (Freud, 1900/1972), Freud já observava dois reais que valem para a psicanálise: o sexo e a morte.

A adolescência é o momento em que o sujeito se confrontará com esses dois impossíveis de uma maneira nova. *Antes* ele ainda acreditava nos pais que lhe permitiam velar a falta no Outro. Ou, com Freud, é somente na adolescência que o sujeito não pode mais crer na capacidade dos pais de defendê-lo dos encontros com o real.

Ao longo da infância, o sujeito construiu as referências identificatórias. Elas o sustentam. Para a criança foram necessárias, inscreveram-se, como ocorre com os mitos, as histórias infantis, a cultura de uma forma geral. Podemos dizer que esse necessário insiste, ele não cessa de se escrever.

Com a quebra das idealizações infantis que tornavam possível uma porção de coisas – por exemplo, a crença infantil de que entre mamãe e papai haveria relação sexual –, uma mudança está prestes a acontecer! Caso ela ocorra como nos *Irmãos Karamazov*, de Dostoievsky, via destruição do pai ou dos ideais, então já mais nada é possível. Mas isso é bem diferente do impossível. Quando já mais nada é possível, então também não é possível a adolescência como travessia – de um túnel pelos dois lados (Freud, 1905/1972).

Ao contrário, quando o pai simbólico pode metaforizar o pai morto, as referências das quais a criança tanto precisava dão lugar aos questionamentos e, em consequência, à necessidade de buscar novas referências. Nesse momento, o adolescente se vê lançado do possível (onde ele estava, onde acreditava nos pais) para o impossível! As experiências se sucedem e podem levar o sujeito a situações em que os encontros com o real se impõem cada vez mais. Ao contrário do necessário, o impossível é o que não cessa de não se escrever. Propus então uma hipótese: escrever, na adolescência, é uma tentativa de fazer cessar o que não cessa de não se escrever. Como não poderei desenvolver todo meu raciocínio, retomo somente um dos exemplos que o verificam.

A VIOLÊNCIA NA CONTEMPORANEIDADE: HELL, O INFERNO

O romance de Lolita Pille, que descobri porque era uma referência para uma adolescente que vinha me ver há alguns anos, não escapa à mesma orientação: é através de sua escrita que a autora pode atravessar o momento em que arriscava sua própria morte, dessa vez em razão da facilidade de acesso às drogas, por ser uma moça da elite parisiense, para quem nada parece impossível. A personagem *Hell* cai, com efeito, mas Lolita, como o jovem Goethe (Alberti, 2007), escapa! Da mesma forma, me parece: ali onde ela era, surge a escritora! O que nos permite retomar a máxima freudiana: onde isso era, devo advir[3].

A história de *Hell* é tão autobiográfica quanto a de Werther. A diferença entre Goethe e Pille é que aquele parou de fazer autobiografia, Lolita Pille continua. Ano passado, publicou seu terceiro livro e, falando dele, permanece na identificação, chegando a dizer que seu livro é sua alma: "o livro constitui a mim mesma"[4], ou quando, em entrevista, se pede a ela que não fale de sua alma e sim de seu livro, responde: "mas é a mesma coisa!".

Lolita Pille tem hoje 26 anos, e chega a dizer com todas as palavras: "se eu não tivesse escrito, eu estaria, talvez, morta". Com uma linguagem que ela aproxima daquela das histórias em quadrinho – diz: "falo o contemporâneo" –, Lolita se descreve como tendo algo de "extenuada, alcoolista, re-

---

[3] *Wo Es war soll Ich warden* (Freud, 1932/1969: 516).

[4] Todas as falas de Lolita Pille aqui são minha tradução livre da entrevista que a autora deu ao programa de televisão de Laurent Ruquier, dia 24 de maio de 2008. Cf.: <http://www.dailymotion.com/relevance/search/lolita/video/x5jv4i_lolita-pille-chez-ruquier-24-mai-2_news>.

voltada, insubmissa", descrevendo bastante bem a situação do atual jovem na cultura ocidental, que já não sabe como se separar dos paradigmas – que o objetalizam – porque eles estão pulverizados e, mesmo atingindo alguns deles, outros tantos restarão!

Diz viver "na nostalgia de uma revolução" em função da fragilidade do direito individual nos dias de hoje, pois o discurso do mestre contemporâneo se traduz por um regime ditatorial bem maquiado que, como vimos, em 1974 Lacan já chamava de discurso do mestre contemporâneo, o discurso do capitalista. Observa:

> [...] não agirei, não lutarei. Não sei que revolução poderíamos fazer, tampouco o que mudar, estou decepcionada, desenganada, no fim das minhas forças [...], e tudo o que posso fazer é escrever romances que misturam meu desespero pessoal, minha angústia pessoal com a literatura, em que sempre há uma história de amor impossível (Pille, 2008).

Mas a jovem também é suficientemente crítica quanto ao fato de que tudo isso não é novo:

> [...] isso tem dois mil anos, é tão velho como o homem [...], sua travessia por esse mundo cruel, sua vontade de possuir sua própria morte quando ainda está vivo [...]. Vejo a sociedade, os discursos políticos e não compreendo nada! Afinal das contas, isso nem é feito para ser compreendido! [Meu último livro] é sobre minha perplexidade política (ibid.).

Após ter sofrido bastante ao escrevê-lo – o *Crepúsculo de cidade* levou quatro anos para ser terminado –, a autora de *Hell*[5], Lolita Pille, como na aurora do romantismo, faz com que, apesar de tudo, isso chegue a cessar de não se escrever, ao escrevê-lo. Como já o observava Stanley Hall em 1904:

[5] *Hell* é a estória de uma jovem que vivia no bairro chique de Paris onde, como Lolita, sofria "de uma existência sem perigo", como diz Lolitta Pille na entrevista de televisão, após se ter colocado realmente em perigo muitas vezes, com outros tantos jovens da alta burguesia parisiense, de carro, com drogas, nas excentricidades.

a adolescência equivale ao movimento literário *Sturm und Drang* que precedeu o romantismo alemão, movimento do qual Goethe saía quando escreveu o *Werther*. Nos dois últimos séculos, a violência dessa tempestade e dessa pressão, do que não cessa de não se escrever, essa experiência da adolescência que nasce em um momento histórico preciso, depois do Iluminismo, encontra no escrito uma simbolização que, nos melhores casos, pode ser contingente, possível em outros, mas desde o *Werther* de Goethe é sintoma do que não anda e que se coloca como pedra no caminho. Sintoma do que não cessa de se escrever do real.

REFERÊNCIAS BIBLIOGRÁFICAS

ALBERTI, S. (2007). Sobre o lugar de Goethe no texto freudiano. Em *Escrita e psicanálise* (pp. 15-24). Rio de Janeiro: Cia de Freud.

————. (org.). (2008). *A sexualidade na aurora do século XXI*. Rio de Janeiro: Cia. de Freud.

ALBERTI, S. & RINALDI, D. (2009). Psicanálise, saúde mental e universidade. Em *Estudos e pesquisa em psicologia*. Rio de janeiro: UERJ. Disponível em: <www.revispsi.uerj.br/v9n2/artigos/pdf/v9n2a18.pdf>. *Acesso em 10 de abril de 2011.*

FERRATER-MORA, J. (1994/2001). *Dicionário de filosofia*. São Paulo: Edições Loyola.

FREUD, S. (1900/1972). Die Traumdeutung. Em *Studienausgabe*, v. II. Frankfurt a.M.: S. Fischer.

————. (1905/1972). Drei Abhandlungen zur Sexualtheorie. Em *Studienausgabe*, v. V. Frankfurt a.M.: S. Fischer.

————. (1919/1999). Soll die Psychoanalyse an den Universitäten gelehrt werden? Em *Gesammelte Werke*. Frankfurt a.M.: Fischer Taschenbuch. Nachtragsband.

————. (1921/1972). Massenpsychologie und Ich-Analyse. Em *Studienausgabe*, v. X. Frankfurt a.M.: S. Fischer.

————. (1930/1972). Das Unbehagen in der Kultur. Em *Studienausgabe*, v. IX. Frankfurt a.M.: S. Fischer.

————. (1932/1969). Vorlesung 31: Die Zerlegung der psychischen Persönlichkeit. Em *Studienausgabe*, v. I. Frankfurt a.M.: S. Fischer.

HALL, G. S. (1904). *Adolescence*, v. 1. New York: Appleton.

LACAN, J. (1953/1966). Fonction et champ de la parole et du langage. Em *Écrits*. Paris: Seuil.

————. (1964/2001). Acte de fondation. Em *Autres écrits*. Paris: Seuil.

————. (1967/2001). Allocution sur les psychoses de l'enfant. Em *Autres écrits*. Paris: Seuil.

————. (1967a). De Rome 53 à Rome 67: la psychanalyse. Raison d'un échec. Disponível em: *<www.ecole-lacanienne.net/documents/1967-12-15.doc>*.

————. (1974). A terceira. Em *Association Lacanienne Internationale*. Disponível em: <http://www.freud-lacan.com/articles/article.php?url_article=jlacan031105_2>.

————. (1974-1975). La troisième. Em *Lettres de l'Ecole freudienne*, nº 16, 177-203.

PILLE, L. (2006). *Hell*. Paris: Grasset.

Sobre o saber na pesquisa e intervenção no campo social

Ana Costa

Resumo

Neste artigo se retoma a leitura proposta por Lacan no seminário sobre o saber do psicanalista como suporte de pensamento para a intervenção do psicanalista no campo social. Situa-se, ali, o paradoxo do lugar dessa intervenção, na medida em que a proposição das clínicas sociais traz uma referência ao "cuidado", ao amparo que responde em espelho às demandas de atendimento ali buscadas.

Palavras-chaves: saber do psicanalista; inconsciente; clínica social.

Abstract

Knowledge in research and intervention in the social field

This article takes the reading proposed by Lacan in the seminar about the knowledge of the psychoanalyst as support to thinking the psychoanalyst's work in the social field. That is where the paradox of the place of this intervention lies, as the social clinics offer a reference to "caretaking", protection, which provides a mirror reply to the demands of the service sought there.

Key words: knowledge of the psychoanalyst; unconscious; social clinic.

No período de novembro de 1971 a junho de 1972, Lacan (1971-1972/inédito) desenvolveu em Saint Anne um seminário no qual se propôs trabalhar o tema do saber do psicanalista. Foi um seminário originalmente endereçado aos psiquiatras, situando ali um retorno de marcas do início de seu trabalho: tanto aquelas que implicaram sua entrada no campo da psicanálise, a partir do momento em que – ao estar realizando sua tese na construção do caso Aimeé – iniciou sua análise pessoal, quanto as da influência do trabalho com a psiquiatria no rumo mesmo de suas elaborações.

Destacarei algumas linhas propostas por Lacan nesse seminário que podem ajudar no tema que tratarei. Trago como proposição transitar por algumas referências ao saber, tema inevitável de abordar ao estarmos numa universidade. No entanto, indicarei uma especificidade nesse caminho, pois se trata aqui das intervenções no campo social. Também por essa razão escolhi o seminário mencionado como suporte de pensamento, na medida em que, nesse contexto, Lacan dirige-se aos psiquiatras plantonistas do hospital. Pode-se dizer que esse campo social que hoje nos caracteriza, e no qual estamos na reforma psiquiátrica, constituía ali um outro momento.

Nesse seminário Lacan fundamenta suas colocações retomando os quatro discursos. O primeiro assinalamento que nos serve situa os quatro discursos como uma estrutura, o que implica dizer que o emprego do termo "progresso" refere-se à função de um quarto de volta, ou seja, um giro a indicar uma mudança de discurso, mas que não implica que se saia da estrutura. Esse sentido é retomado por Lacan quando ironiza que uma revolução é o retorno ao ponto de partida; que não seria ali que se daria o efeito de uma mudança de discurso. Termo crítico no qual situa também a antipsiquiatria como uma liberação – não do louco – do psiquiatra. É sensível, nesse sentido, tudo o que se possa conceber em relação ao trabalho com a loucura no seu efeito de exclusão. Retomando indicações de Foucault (2000), Lacan situa que o psiquiatra faz um serviço social, o que o coloca tendo que arcar com o fardo do escravo.

Uma das consequências principais dessas colocações diz respeito a que o psicanalista tenha de tomar posição em relação ao que designarei como a política do "cuidado". É preciso, aqui, considerar alguns elementos que estão em causa em clínicas que tentam dar conta de uma demanda social. Ou seja, clínicas nas quais a demanda de atendimento não parte necessariamente do indivíduo, também nas quais o lugar do sujeito se confunde com o do excluído, ou com o do desamparado. Essa demanda se estabelece em instituições do Estado, as quais – muitas vezes – tentam responder a partir de uma suplência ao lugar da família. Essa questão requer considerações bastante complexas, na medida em que são demandas que encontram bordas discursivas não muito evidentes e que reúnem toda uma série de especialistas sob a mesma égide do "social". Não é suficiente atender a essa demanda suprindo somente necessidades básicas, aquelas que se ocupariam do amparo do corpo, como se este fosse somente biológico, ou mesmo que se denomine "trabalho psíquico" considerações que dispensam o corpo, produzindo a clássica clivagem mente/corpo com que a psicanálise há muito rompeu. Há uma intricada rede de relações entre os suportes corporais e o lugar do sujeito. Elas estão na base das diferenciações primárias, tão bem situadas por Freud (1925/1973) na sua abordagem da função psíquica do registro da negação.

Assim, torna-se necessário repensar os pressupostos que temos em relação ao corpo. Nossa forma de pensá-lo toma por base uma ciência que se crê ter franqueado os limites de nossa natureza. Ou seja, uma ciência que pensa ter dispensado o sujeito. É nesse sentido também que Lacan convoca o psicanalista ao falar "aos muros" do então hospital Saint Anne. Mais adiante me deterei nessa questão. Destaco, neste momento, um assinalamento de Lacan ao dizer que o psicanalista não parece ter mudado nada num determinado assentamento do saber. A forma como propõe ali o saber do psicanalista ainda hoje tem, nesse sentido, toda sua importância.

Partindo de Freud, Lacan vai além nessas questões sobre o registro da negação, desenvolvendo tanto proposições da lógica quanto a abordagem das condições de enunciação. Desdobrando esse tema, coloca: "não há o não saber". Para Lacan a ignorância está do lado do saber, tomando emprestada a expressão "douta ignorância", usada por Nicolau de Cusa. Se não há o não saber, isso significa que Lacan dá ao saber inconsciente uma positividade, propondo-o como o "insabido". Ou seja, o "insabido" é a própria natureza do saber inconsciente, que é efetivo e positivo nessa dimensão. Não é um saber a ser buscado, cuja negatividade poderia ser positivada como na passagem de enunciados do tipo: "antes eu não sabia, agora eu sei", na clássica "luz no fim do túnel". É aqui que podemos diferenciar o saber do conhecimento. Inspirado em Freud, Lacan propõe o conhecimento como uma metáfora do sexual, aliás uma colocação freudiana bem conhecida através de seu estudo sobre as teorias sexuais infantis.

Ao se atribuir uma dimensão positiva ao saber inconsciente (como "insabido"), a negatividade é deslocada para os operadores lógicos: "*não* todo" e "*não há* relação sexual", por exemplo. Estes implicam em alguns exercícios nos quais vamos encontrar a relação com o tema da verdade. Nesse ponto é possível diferenciar esse exercício daqueles que dizem respeito a uma crença. É no exercício da função da fala que se colocam dimensões distintas da referência temporal, o que implica a relação com essa lógica do "não todo". O exercício da função da fala – ponto fundamental da clínica psicanalítica – põe em causa a temporalidade do *a posteriori*, dizendo respeito a que a verdade *não toda* coloca-se nesse exercício mesmo, no qual, ao falar, o sujeito é também *falado*. Nesse sentido é possível diferenciar o que se institucionaliza como saber daquilo que diz respeito ao sujeito da experiência.

O trabalho do *não*, tratado por Freud no excepcional texto sobre a negação já citado, ainda nos serve de referência. Ele situa a base das diferenciações primárias como um trabalho desse *não* que serve à criança para produzir representantes do "dentro" e do "fora" a partir do mecanismo de expulsão e afirmação. Em termos sociais podem-se encontrar repercussões desse mecanismo nas dimensões de sacrifícios, cujo sítio se faz presente tanto em pequenos sintomas do sujeito quanto em expressões grupais. Apesar de não evidente, é algo insistente ao longo do tempo e em diferentes culturas. No que concerne à constituição de laços institucionais pode-se pensar na dimensão do sacrifício como algo da ordem da nomeação do excluído, situando ali o retorno e a encarnação de um gozo que havia sido colocado fora de circulação. É importante ser sublinhada a dimensão do retorno. Muitas vezes a injúria vai cumprir essa função. A injúria implica numa função de borda entre um real que insiste e uma interpelação no sentido de dar um nome à coisa.

Essas questões nos trazem uma série de elementos para pensarmos na forma como normalmente se organizam as diferenciações para constituição de laços – esses de que dependemos na construção de nossas instituições.

Eles implicam na produção de um *dentro* e um *fora*. Os mecanismos originários responsáveis pela constituição dessas diferenciações foram analisados por Freud, como já apontamos anteriormente. Ele os propôs a partir da construção da negação e podemos reconhecer que esses mecanismos têm incidências importantes nas representações coletivas. No juízo de existência, por exemplo, a incidência da negação se dá com base num "sistema de crenças", num circuito representacional compartilhado se sobrepondo como uma base moral instituída a partir de valores estabelecidos pelo sistema. Trata-se, portanto, da transição do "bom" ou "mau" (na constituição do dentro/fora a partir do prazer/desprazer) para "o bem" ou "o mal".

A partir desses elementos é possível situar uma especificidade na constituição de um sistema de crenças. Do lado do inconsciente, o pulsional busca expressão. A colocação lacaniana a propósito do inconsciente como um saber que se constitui como insabido sublinha essa questão. A desnaturação do corpo pela linguagem não implica num funcionamento "desorientado". O que dirige esse funcionamento é a insistência de uma repetição como inscrição mesma do movimento pulsional. O saber, ali, fica regido por uma gramática pulsional que, ao longo da vida, busca sua representação por meio da fantasia. Do lado da crença encontraremos as condições de inscrição coletiva de uma representação no lugar em que se apresenta um "furo" no saber. Assim, no lugar do furo no saber, as instituições organizam seus sistemas de crenças e investiduras fálicas.

Os temas da *exclusão* e da *injúria* podem ser pensados a partir dos registros constituídos pela negação. Poderíamos propor que o "excluído" é aquele que fica fora dos circuitos instituídos, "fora", portanto, de qualquer movimento de apropriação de um saber. O que "se sabe" estaria sempre do lado do Outro e ali permaneceria como um gozo inacessível. Já o injuriado padece do retorno de um significante que representa – coletivamente – um excesso no lugar do saber. Ele encarna, em um determinado sistema de crenças e de investiduras fálicas, uma figuração do mal. Ambos situam, nos circuitos instituintes, formas de inscrição que denotam a inclusão do corpo na linguagem. São, portanto, excedentes pulsionais que cumprem uma função na economia das instituições. Se pensarmos nos termos freudianos (Freud, 1912-1913/1973) propostos no texto em que ele investiga sobre totem e tabu, constituiriam dimensões do *sagrado*: do que instaura o sacrifício do corpo no coletivo.

Aqui as referências temporais adquirem toda sua importância. Elas estão mesmo nas expressões de nosso cotidiano, em que o olhar toma o centro da cena numa especificidade de economia do tempo. Tomemos, por exemplo, a palavra "evidência", que ocupa grande parte da rede de comunicações que nos constitui como efeito do que a mídia denomina "informação". A "evidência" coloca o tema do olhar cumprindo uma função oposta ao que pretende sustentar. Ela institui um curto-circuito no tempo, soldando olhar e saber ao instante de ver, dispensando a dúvida do tempo de compreender. Essa última é constituinte do sujeito dividido pela implicação na experiência do insabido do inconsciente, naquilo que o olhar veicula de vazio. Assim, pela dispensa do insabido, a "evidência", paradoxalmente, constitui nosso sistema de crenças. A evidência: "eu vejo, eu sei" – institucionalização do saber ao instante da informação, constituição das crenças que dirigem nosso cotidiano e que nos dispensam da implicação.

O outro tema a ser destacado, nesse elenco de elementos que colocam em causa a referência ao saber, diz respeito à questão da ficção. Também ali vamos encontrar o paradoxo na forma como Lacan (1964/1985) a liga ao tema da verdade, propondo que esta tem a estrutura de uma ficção. A clínica psicanalítica nos mostra que uma verdade é um exercício de construção, o que significa – por ser uma construção – que ela não é absoluta: é não toda. Ao depender da constituição de uma ficção compartilhada para sustentar uma verdade, reconhecemos que desse lado estamos no campo da falta, do não todo, pois aí dependemos do exercício da fala. É nesse sentido que ali vemos surgir a referência à ética, na medida em que a construção ficcional que sustenta o sujeito na vida implica seu desejo, instituindo a direção de sua experiência. Assim, na construção desse campo ficcional para sustentação do desejo, a ficção tem a estrutura de uma verdade.

Aqui, retomo a expressão "eu falo aos muros", citada no início deste artigo. Como se sabe, nesta Lacan joga com derivações da palavra "muro" em francês, exercendo justamente essa função da fala da verdade não toda:

mur – amur – muroir – amour. Os desdobramentos dessa expressão – *eu falo aos muros* – trazem uma dupla implicação. Por um lado, o que ressoa: a voz como objeto. De outro lado, as marcas no muro, que são da ordem da escrita. Lacan faz aqui uma equivalência entre muro e corpo. Essa dimensão da escrita é importante, pois é na medida em que se situa a função da fala que entra em causa gozar do corpo: ressoa e, ao mesmo tempo, diz. A escrita é correlativa desse efeito da função da fala, constituinte da proposta lacaniana da carta de amor. Detenhamo-nos um instante nessa questão.

Lacan utilizou-se algumas vezes de uma poesia de Antoine Tudal, dando-lhe diferentes versões em dois de seus trabalhos. No *Seminário* sobre o saber do psicanalista (Lacan, 1971-1972/inédito) aparece como segue:

> Entre o homem e a mulher
> Há o amor
> Entre o homem e o amor
> Há um mundo
> Entre o homem e o mundo,
> Há um muro

No entanto, na epigrafe do item III, As ressonâncias da interpretação e o tempo do sujeito na técnica psicanalítica, do escrito "Função e campo da fala e da linguagem em psicanálise" (Lacan, 1953/1998: 290), a poesia consta como segue:

> Entre o homem e o amor
> Há a mulher
> Entre o homem e a mulher
> Há um mundo
> Entre o homem e o mundo
> Há um muro.

Neste último texto, Lacan tratava dos impasses da comunicação e da importância da função da fala como efeito de enunciação e não somente como via do sentido. Ou seja, tratava da crítica à clínica fundamentada na interpretação do ego e jogava com os efeitos do inconsciente na função da fala. Nesse sentido, essa versão da poesia faz passar tanto a expressão do "muro da linguagem", referido aos impasses da comunicação, quanto pode ligar-se a uma construção do amor cortês. "Entre o homem e o amor..." indica que a questão do homem é o amor – como na idealização do amor cortês –, sendo que a mulher é um meio para atingi-lo. Lacan trabalha com fundamentos do amor cortês em seu seminário sobre a ética da psicanálise (Lacan, 1959-1960/1997), no qual o tema do objeto o ocupa pela via da arte. A produção do objeto na arte implica em contornar um vazio criado pela própria produção, como faz o oleiro construindo um vaso. No caso, o discurso do amor cortês contém – de alguma forma – um volteio no vazio que implica a referência à mulher. As construções sobre a Dama fazem parte, basicamente, do discurso produzido no lugar de um vazio.

Já na segunda proposição da poesia (no seminário sobre o saber do psicanalista), a mulher vai surgir no lugar mesmo do enigma, como o que intervém como ruptura – no *entre* – do discurso amoroso ("*entre* o homem e a mulher..."). Lacan retoma essas questões no seminário *Mais, ainda...* (Lacan, 1972-1973/1985), no qual vai trazer o amor como o que vem no lugar da não-relação sexual. Na aula em que propõe as fórmulas da sexuação (ibid.: 113), na indicação das posições masculina e feminina, ele conjuga o verbo *amar* (*aimer*) como uma proposição da alma (*âme*). Na tradução foi necessário criar o neologismo *almar* para que fosse possível passar o trabalho lacaniano com as palavras, na sua fala em seminário, a uma proposição conceitual.

As formulações lacanianas sobre a escrita seguem as categorias modais aristotélicas, jogando novamente com a negação em cada uma das posições. No caso, o desenvolvimento das fórmulas da sexuação diz respeito a uma escrita na qual as letras situam posições dos sujeitos implicados numa relação aos gozos. É também nesse sentido que Lacan propõe a relação entre amor e alma. Ou seja, tomar as proposições modais aristotélicas, situando-as por relação a uma escrita, implica também em tomar essa escrita estabelecendo-a a partir de um discurso. Ali ele relembra o discurso do amor cortês, como este veio no lugar de tentar produzir uma letra/carta de amor em substituição à relação sexual que não se escreve. Também é uma forma de propor que a letra precisa de inscrição num discurso. O que, por outro lado, lança o sujeito do lado do *assexuado*, do lado da *alma*. Assim, como se vê, situa-se dessa forma o paradoxo da inscrição dos sexos: ao se tentar produzir relação, mais ainda se reforçam as distâncias, tal qual o paradoxo de Zenão e a tartaruga.

No final da aula de 13 de março de 1973, Lacan desdobra a relação entre a escrita e o saber: a produção de um significante corre ao par da suposição de saber. Ele transita pela referência ao gozo feminino, enunciado na frase: "Ao final da conferência de hoje me encontro [...] na borda do que polariza meu tema, ou seja, se se pode fazer a pergunta do que a mulher sabe [...]" (Lacan, 1972-1973/1985: 119). Assim, há sempre o motor da suposição de saber no lugar de uma inscrição significante, lá onde a abertura de gozo – do que seria o feminino – arrisca cair no mutismo. É nesse sentido que a análise se constrói em transferência, nessa em que se endereça a pergunta sobre um saber que ultrapassa o sujeito. É ali, nessa letra/carta em transferência, que se indaga sobre o saber.

Finalizando este breve percurso em questões que merecem muitos outros desdobramentos, retomamos a colocação sobre intervenções no campo social. Como acompanhamos, Lacan trabalha sempre com paradoxos, direção que pode nos orientar nessas questões. Parece inevitável que a referência ao saber, quando institucionalizado, provoque exclusão. Por outro lado, para a psicanálise o trabalho da letra se dá em transferência, a partir da experiência do inconsciente, numa inscrição singular. Como, então, intervir no campo social? De um lado, pode-se pensar que se está sempre nele, mesmo quando o psicanalista parece estar restrito ao seu consultório. Assim, tomando a questão do paradoxo, mas sem resolvê-la, é na produção de giros no discurso, pela consideração de cada caso singular que algo do discurso do analista pode operar. Sublinhemos: operar sem pretender resolver. Não com o sentido heroico da revolução (retorno ao ponto de partida, como um saber entre outros no campo dos saberes), mas incluindo a consideração do *não todo* num laço discursivo.

REFERÊNCIAS BIBLIOGRÁFICAS

FOUCAULT, M. (2000). *História da loucura*. São Paulo: Perspectiva.

FREUD, S. (1912-1913/1973). Tótem y tabú. Em *Obras completas*. Madrid: Biblioteca Nueva.

———. (1925/1973). La negación. Em *Obras completas*. Madrid: Biblioteca Nueva.

LACAN, J. (1945/1998). O tempo lógico e a asserção de certeza antecipada. Em *Escritos*. Rio de Janeiro: Jorge Zahar Ed.

———. (1953/1998). Função e campo da fala e da linguagem em psicanálise. Em *Escritos*. Rio de Janeiro: Jorge Zahar Ed.

———. (1959-1960/1997). *O Seminário, livro 7: a ética da psicanálise*. Rio de Janeiro: Jorge Zahar Ed.

———. (1964/1985). *O Seminário, livro 11: os quatro conceitos fundamentais em psicanálise*. Rio de Janeiro: Jorge Zahar Ed.

———. (1971-1972). *O saber do psicanalista*. Inédito.

———. (1972-1973/1985). *O Seminário, livro 20: mais, ainda*. Rio de Janeiro: Jorge Zahar Ed.

Algumas questões da clínica com crianças e adolescentes

Sônia Altoé e Magali Milene

Resumo

O artigo discute as especificidades da clínica com crianças e adolescentes residentes em abrigos públicos e apresenta alguns resultados de trabalho dessa pesquisa, ressaltando a importância de evitar um rótulo para essa experiência clínica. É apontada a relevância da realidade social no trabalho clínico e do trabalho em conjunto com a equipe do abrigo e do judiciário.

Palavras-chave: clínica; abrigamento; psicanálise.

Abstract

Some questions in clinical work with children and adolescents

This article aims to discuss some peculiarities of the clinical work with children and adolescents living in public shelters and presents some results of this research work, highlighting the importance of avoiding a label for that clinical experience. Besides, it aims to point out the relevance of the social reality in clinical work as well as the importance of working as a team with the staff at the shelter and at the justice system.

Key words: clinic; sheltering; psychoanalysis.

Pretendemos abordar algumas questões suscitadas pela experiência clínica relacionada à pesquisa intitulada "Criança e adolescente em situação de vulnerabilidade social: um estudo sobre o desamparo, a angústia e os processos identificatórios"[1]. Essa pesquisa se insere dentro da proposta do Programa de Pós-Graduação em Psicanálise, demonstrando, em suas linhas e projetos de pesquisa, o interesse pelas questões sociais.

Nossa pesquisa envolve cotidianamente o entrelaçamento da clínica, da pesquisa e do engajamento social, evocando uma reflexão constante acerca da ética que sustenta o trabalho analítico. É um trabalho de intervenção no campo social que envolve pelo menos três instituições: o abrigo, o judiciário e a universidade.

Iniciamos em agosto de 2006, no SPA/UERJ (Serviço de Psicologia Aplicada da Universidade do Estado do Rio de Janeiro), um atendimento clínico psicanalítico com crianças e adolescentes que residem em abrigo da prefeitura do Rio de Janeiro. O motivo do abrigamento engloba muitas situações que causam grande sofrimento: o fato de crianças e adolescentes residirem nas ruas, sofrerem maus-tratos e violências, serem abusados sexualmente, não contarem mais com cuidados familiares. A recorrência dessas situações e o fato de se encontrarem separados de sua família e vivendo em um abrigo nos levou a perguntar se haveria uma clínica específica para atender as particularidades dessa clientela. Buscaremos apresentar e discutir o que consideramos como especificidade dessa clínica – dando ênfase à psicanálise com crianças – e nos perguntarmos se essa especificidade requer uma nomeação.

Inicialmente, não podemos deixar de lembrar a importância das recomendações de Freud em um texto de 1919: uma apresentação de congresso que visava discutir o futuro da psicanálise. Nessa apresentação, Freud prevê que a psicanálise se dedicaria ao trabalho com as classes sociais menos favorecidas, afirmando que deveria ser de encargo público e chamando a atenção para o seguinte: "[...] qualquer que seja a forma que essa psicoterapia para o povo possa assumir, quaisquer que sejam os elementos dos quais se componha, os seus ingredientes mais efetivos e mais importantes continuarão a ser, certamente, aqueles tomados à psicanálise estrita e não tendenciosa" (Freud, 1919/1996: 181).

---

[1] Desenvolvida pela professora Sônia Altoé em vinculação com o Programa Pró-Ciência, 2008-2011 – IP/UERJ.

Uma primeira característica de nosso trabalho é o atendimento dentro de um serviço público (SPA/UERJ) junto a outro serviço público (abrigo da prefeitura do RJ), não havendo pagamento direto pelo tratamento nem pela criança, nem pela instituição de tutela.

Quanto aos elementos que compõem "essa psicoterapia para o povo" (Freud, 1912/1996), vamos chamar atenção para a regra fundamental colocada pelo fundador da psicanálise. Nesse artigo que se intitula "Recomendações aos médicos que exercem a psicanálise", Freud deixa claro que a associação livre é regra imprescindível ao trabalho analítico. Pedir ao paciente que fale para que, então, uma intervenção possa ser proposta implica que o saber sobre o sujeito em análise não é prévio, se dá na prática clínica. Essa concepção do tratamento implica que toda clínica é pesquisa. O próprio Freud (1913/1996) nos diz isso, ao afirmar que, na prática psicanalítica, tratamento e investigação coincidem. Entrelaçamento crucial entre pesquisa e clínica, norteado por uma ética que concerne à emergência do sujeito, sendo essa assertiva a base de nossa prática clínica.

A aposta de Freud no inconsciente implica que o falar pode revelar algo para além do que se diz. A regra da associação livre nos diz que algo do sujeito, tal como será formulado por Lacan, é evocado desde os primórdios da psicanálise, pois essa regra requer que se fale sem qualificar o que se está falando (Elia, 2007; Teixeira, 2000). A partir de uma fala concreta pode emergir o sujeito do inconsciente – entre o dito e o dizer, nunca resumido a um atributo. A técnica psicanalítica evoca o sujeito para que se possa operar sobre ele, pois supõe que há um saber do lado do sujeito que ultrapassa a qualificação consciente. No atendimento às crianças, oferecemos alguns brinquedos, jogos, lápis, papel, cola, massinha, o que permite, através do livre brincar, a expressão dos seus conflitos inconscientes.

As crianças e adolescentes que atendemos se encontram em situação de grande vulnerabilidade social e, por isso, foram residir no abrigo. Isso implica que instituições (privadas, como a família, e públicas, como creche, escola etc.) não conseguiram garantir seu cuidado e proteção, sendo a história deles atravessada por diversas separações e rupturas.

Vejamos as características do abrigo que fica situado próximo à UERJ. As crianças residem num conjunto de casas separadas por faixa etária[2], os adolescentes do sexo feminino e masculino residem em outras casas no mesmo terreno e as jovens mães e seus filhos em pequenos quartos individuais. Eles podem permanecer no abrigo até os 18 anos. Há uma assistente social responsável pelas crianças ou adolescentes de cada casa. São elas que buscam o atendimento para a clientela que, segundo o olhar delas, mais precisam de acompanhamento[3].

Os educadores são os responsáveis diretos pelos cuidados diários, cabendo a eles a organização e acompanhamento da rotina dentro e fora do estabelecimento. As crianças são trazidas ao SPA pelos educadores e os adolescentes vêm sozinhos. Há um número pequeno de educadores em relação ao número de crianças e uma alta rotatividade, em parte devido ao baixo salário (salário mínimo) e, em parte, devido às dificuldades que o trabalho apresenta. Não é exigida dos educadores nenhuma formação além do segundo grau completo[4]. Trata-se de abrigo de grande porte, na medida em que atende mais de 100 crianças e adolescentes.

A situação de abrigamento visa ser transitória, oferecendo ao abrigado um período de apoio para que sua situação de vida se reorganize, ou seja, que a criança ou adolescente possa voltar a morar com a família de origem ou ser encaminhado para outra família. No caso de adolescentes, temos, ainda, a possibilidade de ele se engajar em atividades profissionais, via estágio remunerado, visando a gerir sua vida sozinho e poder morar com amigos, namorado(a) ou num albergue para adultos. É frequente, entretanto, que essas crianças e adolescentes fiquem longos períodos abrigados, sendo comum também que a mudança de local de moradia ocorra repentinamente, sem que se tenha conversado com eles anteriormente a respeito dessa mudança. Também acontece de alguns jovens não se des-

---

[2] As crianças não têm roupas, brinquedos ou objetos pessoais.

[3] O atendimento se iniciou devido ao pedido de assistentes sociais junto à coordenação do mestrado e doutorado em psicanálise, em agosto de 2006, tendo sua demanda aceita pela Profª. Drª. Sonia Altoé.

[4] Os educadores são contratados por uma ONG, portanto não fazem parte do quadro de funcionários da prefeitura como os outros profissionais.

vincularem do abrigo, sendo convidados a se tornarem funcionários nesse estabelecimento.

A partir dessas considerações, podemos apontar um elemento que caracteriza essa clínica: o tempo de permanência no tratamento. Este pode ser interrompido porque a pessoa não deseja continuar, mas também porque ela sai e não volta mais para o abrigo, porque a mãe resolve levá-la para casa, porque é transferida para outro abrigo e, ainda, quando encaminhada para família acolhedora ou adotiva. Mesmo que saibamos que algo está para acontecer, é difícil ter uma previsão clara de quando isso vai acontecer – significa que se podem esperar meses ou o fato novo pode acontecer repentinamente. Buscamos nos manter informados para trabalhar com nosso paciente o novo acontecimento e asseguramos nossa disponibilidade para continuação do atendimento mesmo após a saída do abrigo. Isso acontece raramente.

Podemos dar como exemplo dessa dificuldade de continuidade na análise um garoto que, na primeira consulta, tinha 12 anos; ficou em tratamento vários meses e foi, posteriormente, encaminhado para uma família acolhedora[5], inclusive devido ao seu pedido insistente: "quero ter uma família normal que o pai e a mãe deem carinho ao filho e conversem com ele". Tentamos que continuasse o tratamento, mas não foi possível, apesar do contato com a família acolhedora. Através das assistentes sociais tomamos conhecimento de que, depois de fazer alguma arte, o menino, assustado, fugiu da família, indo para outro abrigo. Após muito tempo compareceu em horário de atendimento acompanhado de uma psicóloga que se apresentou dizendo que ele havia insistido tanto em ver "sua psicóloga da UERJ" que ela o trouxera, pois ele alegava preferir ser atendido ali, mesmo que ela pudesse oferecer atendimento onde ele estava. Na consulta ele diz que não gostava de ser atendido no abrigo e lembrava que falando com esta analista "ficava menos agressivo". Foi somente duas vezes. Um tempo depois uma outra assistente social buscou tratamento para um jovem com

[5] Família que recebe a criança ou adolescente mediante pagamento da prefeitura. Essa situação acontece quando se observam possibilidades de que a criança volte para sua família de origem.

o mesmo nome. Conferimos nossas anotações, era o mesmo garoto, agora com 16 anos. O pedido foi aceito e a analista conversou com ele por telefone; ele hesitou, dizendo "já parei tantas vezes...". Dessa vez, ele disse que foi obrigado a ir para poder conseguir o estágio remunerado que tanto queria. É convidado a vir algumas vezes para falar sobre isso. A analista afirmou que não poderia aceitá-lo por ele ser obrigado a ir, seria preciso uma decisão dele. Após hesitações, ele retornou algumas vezes, verbalizando sua aceitação de que a analista entrasse em contato com seus pais. Através de conversa telefônica, a mãe foi chamada para ir três vezes, mas faltou; a assistente social estava em busca de contato com o pai (um ex-presidiário). Sinalizado que o contato com a mãe continuaria a ser buscado, ele diz: "não adianta, ela não vem mesmo", o que de fato aconteceu. Infelizmente, a analista teve que se ausentar por motivos de saúde e, na volta, o jovem disse que não queria continuar. A analista assegurou que poderia recebê-lo novamente, caso ele desejasse.

Então, queremos dizer que, apesar de buscarmos a constância no atendimento (inclusive em período de férias e greve universitária), há fatores que são específicos do contexto em que essa clientela vive. Trata-se de uma dificuldade a mais para o trabalho analítico. A continuidade do tratamento ultrapassa a relação do analista com o paciente e, quando o tratamento é interrompido, temos de lidar com isso e estar sempre atentos ao movimento da instituição, ao momento da vida de cada um desses adolescentes e crianças, à transferência repetindo as rupturas.

Consideramos que a vivência de desamparo dessas crianças está relacionada à desestruturação social de suas famílias. Em nome do "interesse da criança" e de sua proteção, elas sofrem a ação do Estado, que repete de maneira dramática a desestruturação social (já vivida pela criança) no atendimento institucional precário que lhes é oferecido. Talvez não possamos generalizar, mas é fato que falta na cidade do Rio de Janeiro uma ação efetiva e objetiva – que ofereça acolhimento e cuidados contínuos – para atenuar o sofrimento das crianças e adolescentes, motivo alegado pelo Conselho Tutelar e instâncias do judiciário para interná-los em abrigo, separando-os de seus familiares. Uma vez separados, cria-se outro problema importante que pudemos observar e que é mencionado por outros autores: "quando as crianças são separadas de seus pais os mais intensos sentidos são despertados. É preciso levar em conta", escreve Winnicott (1939/2002: 38). Uma vez separadas de seus filhos, as mães sofrem e, se essa separação for longa, elas acabam por se desligar deles buscando outros interesses e alegrias na vida. Bolzinger, psicanalista francês, também afirma que, "quando os pais são destituídos de seu papel tutelar, eles acabam por se desinteressar pela criança. Sobretudo se são pequenas [...]. Eles são despojados de seus lugares de pais, desvalorizados, ou mesmo depreciados" (Bolzinger, 1993: 295).

A questão do tempo nos leva também a fazer algumas considerações sobre a questão da demanda de análise. Em geral, a criança não demanda análise – por sua própria condição de dependência e não por ser incapaz de fazê-lo. Em análise, a criança pode ou não formular uma demanda como sua (Mougin-Lemerle, 1993). Na clínica com crianças, em consultório particular, a demanda é sempre feita por um outro, um adulto, em geral seus pais. Nas publicações sobre psicanálise com crianças é enfatizada a importância das entrevistas com os pais – o que os pais têm a dizer sobre a criança –, colocando essas entrevistas como imprescindíveis. Essa característica, entre outras, nos leva a dizer que essa clínica não segue alguns padrões que se apregoam como necessários para que aconteça o tratamento analítico com crianças[6]. Na experiência que relatamos, o encontro do analista com os pais é uma possibilidade remota pelas dificuldades inerentes à situação da criança abrigada, pois o laço familiar já se encontra bastante tênue e esgarçado.

A demanda de tratamento é sempre feita pela assistente social, que é recebida pela equipe. Tomamos conhecimento do motivo do pedido de atendimento, ouvimos o relato sobre a criança ou adolescente e recebemos seu relatório social. Os motivos mais frequentes são: criança muito agitada e agressiva no abrigo, na escola ou mesmo quando vai para a casa da mãe; criança internada por negligência e abuso sexual, manipula o corpo de colegas, briga muito, faz brincadeiras sexuais; criança muito triste, não come bem, não se relaciona com os outros. Quanto aos adolescentes te-

[6] Entre outros, podemos citar: Mougin-Lemerle, R., 1993; Petri, R., 2008.

mos: maltrata seu filho, é negligente com seu bebê, depressão com risco de suicídio, faz muita confusão entre colegas e funcionários, inventa histórias; há suspeita de ser homossexual, adolescente que usa drogas, adolescente que não se dá bem com a mãe e esta quer que ele volte para casa.

Em outro momento, a criança ou adolescente é recebido(a) pelo seu analista; falamos com ele(a) sobre sua vinda, sobre as considerações da assistente social a seu respeito, sobre o que é o tratamento. Oferecemos a possibilidade de algumas entrevistas para que possa tomar sua decisão, o que não caracterizamos como entrevistas preliminares – e nem temos como objetivo fazer um diagnóstico. Mas consideramos importante que a criança ou adolescente tenha a oportunidade de conversar sobre esse encaminhamento feito pela assistente social e possa ou não formular uma demanda como sua. Em geral, aqueles que são indicados ficam no tratamento – uma a duas vezes por semana –, mas alguns, depois de algumas vezes, não querem mais ir às consultas. Nesses casos pedimos à assistente social que volte a conversar com quem ela encaminhou e convidamos que venha conversar conosco junto com a criança ou adolescente, o que às vezes possibilita a continuidade.

Pensamos que, algumas vezes, é importante na consulta a presença da assistente social ou do educador que convive com a criança, mas não fazemos disso uma regra. Consideramos, portanto, que temos que estar muito atentos à escuta da criança para desvincular seu tratamento de um pedido da assistente social, de ser uma obrigação da qual ela não pode fugir uma vez que se encontra em situação de tutelada. Nesse sentido, lembramos a ela e ao educador (quando nos é dito que a criança não quis ir, que fez pirraça) que ela não é obrigada a ir (que pode faltar uma consulta ou outra, ou mesmo interromper o tratamento, lembrando que é importante falar conosco diretamente). Percebemos a utilidade de falarmos mais de uma vez sobre o contrato, sobre a regra de falar tudo que quiser sobre si, suas lembranças, seus sonhos, sobre o que se passa na escola, no abrigo, ou em relação ao que se passa no atendimento, enfatizando que o que se fala ali é segredo entre a criança/adolescente e o analista, que nada será comentado com a assistente social, juiz ou outro adulto como sua mãe ou educador.

É fundamental sublinhar que, na situação de trabalho que se apresenta, não é nada fácil sustentar o lugar de analista – levando em conta os poucos dados que temos sobre a criança, a situação instável de suas vidas, o encaminhamento possível de volta para casa ou para adoção que não tem prazo para se resolver, sabendo que tudo depende também do trabalho das assistentes sociais, da burocracia do judiciário e da decisão do juiz[7]. Tudo isso lembrando que diversos autores colocam que o sintoma da criança não é só dela. Lacan (1969/2003) diz que o sintoma da criança responde ao sintoma do casal parental. Podemos dizer que no caso das crianças abrigadas se relaciona também com a qualidade do acolhimento da instituição que a abriga[8].

De maneira sucinta, podemos dizer que a inconstância pela troca dos educadores, a inconstância do comparecimento às sessões, as incertezas e demoras no encaminhamento das vidas desses adolescentes e crianças aliadas a uma história entrecortada por rupturas, separações e situações traumáticas fazem parte do contexto que essas crianças enfrentam[9].

Considerando que nossa escuta clínica é atravessada por esse contexto e pelas características da clientela, fizemos uma pesquisa bibliográfica e encontramos alguns trabalhos publicados e uma variedade de estilos e de abordagem teórica. Entre eles, alguns autores, na tentativa de caracterizar a clínica realizada em contextos sociais específicos, formularam nomeações: clínica da exclusão (Poli, 2005), clínica do território (Vilhena, 2002), clínica nas trincheiras (Maranhão, 2009). A partir dessas leituras, uma questão importante se colocou para nossa equipe: deveríamos nomear nossa clínica? Que implicações essa nomeação poderia ter?

---

[7] Ver Altoé, S. e Silva, M. M. "Crianças desabrigadas e a questão do desamparo". Em *Psicologia jurídica: ética, transmissão e polícia*. Petrópolis: Imago. No prelo.

[8] Importante atentar para as diferenças no acolhimento não só dentro de estado do Rio de Janeiro como em relação a outros estados. Albornoz relata em seu livro *Psicoterapia com crianças e adolescentes institucionalizados* uma situação de abrigo-residência, no RS, com condições muito mais favoráveis de acolhimento do que observamos no abrigo do qual se originam as crianças que atendemos.

[9] Ver "Circulação de crianças e desamparo" apresentado no *workshop* "A circulação de crianças: revisitando o interesse prioritário da criança". Rio de Janeiro, UERJ, 12-13 junho 2009.

Vejamos antes, de maneira sucinta, como esses trabalhos clínicos são descritos pelos autores a fim de entendermos melhor a nomeação utilizada no título de seus trabalhos.

A interessante e complexa teorização feita por Maria Cristina Poli (UFRGS[10]) refere-se ao atendimento clínico realizado com adolescentes internos em uma instituição pública brasileira de acolhimento de jovens afastados de suas famílias (FEBEM[11]). Discute a particularidade da construção subjetiva na adolescência, marcada pela característica de saída da família e entrada em instituição estatal, contrastando duas situações singulares: a construção subjetiva na adolescência, concebida como momento da constituição do *sinthoma*[12], e o papel da situação social nesse processo, especificamente no caso de instituições de abrigamento. Para a autora, a sociedade reserva um duplo lugar de exclusão para esses jovens: como dejeto, excluídos do princípio organizador do laço social, e identificados a esse princípio, portanto como aqueles que estão fora de sua norma. Esse lugar em que são colocados pelo imaginário social acabaria por criar dificuldades na elaboração e sustentação do laço social. O título do livro, *Clínica da exclusão: a construção do fantasma e o sujeito adolescente* (Poli, 2005), refere-se à consideração dos efeitos dessa dupla exclusão social na constituição do sujeito, especialmente a partir do atendimento de adolescentes, considerando-se a adolescência como processo em que a posição subjetiva constituída na infância é reafirmada ou reconfigurada.

A expressão "clínica do território", utilizada por Júnia Vilhena (2002), visa ressaltar a importância do território como agenciador de subjetividades a partir de trabalho clínico realizado em posto de saúde de uma favela carioca. No artigo, a autora destaca a influência do lugar em que se vive na constituição da identidade, ao mesmo tempo que caracteriza a favela como um contexto que oferece dificuldades nessa construção. O território favela

---

[10] Universidade Federal do Rio Grande do Sul.

[11] Fundação Estadual do Bem-estar do Menor.

[12] O conceito de sinthoma, desenvolvido por Lacan em seu seminário de 1975-1976, é amplamente desenvolvido no livro de Poli. Usamos anteriormente o termo sintoma no sentido mais genérico do termo.

se caracterizaria por oferecer aos seus moradores sucessivas experiências de desenraizamento: trata-se em grande parte de pessoas que vieram de diferentes lugares, em especial do nordeste; ocorrem deslocamentos das fronteiras por intervenção pública, migração motivada por busca de emprego, mudanças forçadas pela valorização das áreas urbanas antes ocupadas. A autora propõe, então, que a instabilidade da favela, aliada à identidade fixada que a sociedade tem das pessoas que nela vivem, afeta negativamente a construção da subjetividade de seus moradores. Essa pesquisa está relacionada ao trabalho da professora e pesquisadora na PUC-RJ, onde se realizam diversos outros trabalhos de atendimento clínico. Para o propósito desta discussão citaremos, a seguir, um deles.

A dissertação de mestrado de Maria Alice Maranhão (2009) traz a nomeação "clínica nas trincheiras". Seu trabalho de pesquisa refere-se ao atendimento clínico a crianças realizado no espaço físico de uma escola situada numa favela. Em sua análise, a autora destaca a particularidade do atendimento a essas crianças que vivem num território específico, caracterizado como uma "trincheira": a favela. Dedica-se especialmente ao estudo da influência do ambiente "favela" na construção da identidade das crianças atendidas, tendo como base a teoria de D. W. Winnicott. Verifica a importância de considerar o território como "agenciador da subjetividade", buscando na clínica "fortalecer o sujeito para que ele possa transformar o social" (Maranhão, 2009: 105). O título *Clínica nas trincheiras: sobre o atendimento clínico a crianças em uma favela do Rio de Janeiro* se refere à consideração da influência do ambiente da favela na formação subjetiva e também no trabalho de atendimento clínico.

Não pretendemos, com essa apresentação do trabalho de outros autores, contrastar as propostas apresentadas, analisando o atendimento realizado; buscamos apresentar a particularidade do trabalho e sua relação com a nomeação escolhida por esses autores para caracterizar o que consideram como uma especificidade de sua clínica.

Após o estudo desses trabalhos, a pergunta que nos colocamos é se, ao usar uma nomeação para marcar o que se considera como uma especificidade clínica, não se correria o risco de cristalizar um atributo, como por exemplo: excluído, entrincheirado, desamparado, territorializado. Utilizar uma nomeação na publicação não quer dizer que o autor na sua prática clínica esteja cristalizando essa qualificação, mas nos perguntamos o efeito que essa nomeação possa ter sobre aqueles que leem o texto e tenham uma prática de atendimento. Nomear, nesse caso, não poderia contribuir para fixar a criança ou adolescente nesse lugar de excluído, entrincheirado, desamparado, reforçando o lugar que o imaginário social tradicionalmente destina a essas pessoas? Ao formular essa questão, levamos em conta longos anos de trabalho com crianças pobres e o peso do imaginário social veiculado não só através das políticas públicas, mas também pelas pessoas que trabalham diretamente com elas. Nesse sentido, a responsabilidade da inserção da psicanálise é ainda maior.

Ao propor uma clínica do sujeito nos referimos ao singular irredutível a qualquer qualificação. Nos atendimentos, consideramos o peso da realidade social, tendo como foco a emergência do sujeito. Buscamos a construção de uma escuta clínica que leve em conta a especificidade social dessas crianças e adolescentes sem com isso reduzi-los a efeitos da determinação social, o que poderia tamponar desse modo o efeito sujeito (Rosa, 2007). Consideramos que, nessa situação, na qual se entrelaçam a instituição de cuidados (abrigo) e a instituição jurídica (Juiz da Infância, da Juventude e do Idoso), mais atento ainda deve estar o analista no trabalho de favorecer que a criança saia de um discurso fechado, que é o de seus pais, da assistente social, do educador: um discurso *coisificante*, apresentado como um discurso da realidade, em que a criança, em geral, nada tem a dizer. Enquanto analistas, buscamos permitir à criança sair do discurso impessoal para se tornar sujeito de seu discurso (Bolzinger, 1993). Tarefa nada fácil quando a criança vive uma situação tão precária em nível familiar, social e institucional; mas, ainda assim, consideramos fundamental que lhe seja oferecida essa possibilidade.

Algumas elaborações de Miriam Debieux Rosa (2007), pesquisadora da USP e PUC-SP, acerca de atendimentos com jovens de periferia, fortalecem o que podemos considerar uma a questão da ética psicanalítica:

> Há diferentes formas de evolução frente ao mesmo processo que tende a suprimir sua condição de sujeito, processo de coisificação coletiva que

> pode, entre outras formas, induzir à submissão cega ou ao fechamento autístico. Diante do impacto traumatizante de uma consciência clara da impotência frente ao Outro consistente e insistente em barrar qualquer acesso à condição de uma lógica fálica e desejante, o sujeito cala-se. Constrói uma barreira sólida e necessária, que tem sua expressão no que chamo de *emudecimento do sujeito e de apatia necessária, rompida por alguns, por reações violentas*. Observo nessa suspensão temporária – às vezes da vida inteira, mas temporária e não estrutural – um modo de resguardo do sujeito ante a posição de resto na estrutura social. Uma proteção necessária para a sobrevivência psíquica, uma espera, uma esperança. Penso assim pela facilidade com que, muitas vezes, algumas situações de escuta fazem surgir ali, onde parecia haver apenas vidas secas, o sujeito desejante, vivo (Rosa, 2007: 192; grifo nosso).

Outra pergunta que surgiu para nossa equipe é se nomear essa clínica poderia ser uma forma de tamponar a angústia do analista frente a uma clínica tão distinta do habitual. Essa pesquisa foi feita por 18 meses somente pela pesquisadora, o que a fez hesitar em dar continuidade pela angústia que lhe causava. Não somente pelo que ouvia dos jovens pacientes, mas também pela dificuldade em vislumbrar um encaminhamento para suas vidas frente à precariedade familiar, institucional e social das crianças e dos adolescentes. Nesse caso é ainda mais forte a afirmação de Mougin-Lemerle de que pode ser muito "assustador" trabalhar com crianças em análise (refere-se ao consultório particular) – "seu sofrimento se diz com mais espontaneidade e mais violentamente que o do adulto e requer uma disponibilidade mental e corporal para receber os enunciados duros e gestos surpreendentes" (Mougin-Lemerle, 1993: 157).

Podemos exemplificar com algumas situações ligadas às crianças, mas também aos adolescentes: 1. chamada a fazer o reconhecimento do pai – morto de maneira brutal: um corpo já desfigurado –, a adolescente narrou que olhou o interior dos lábios para ver se o nome dela estava ali gravado. 2. situações de rupturas e mudanças múltiplas de moradia em que a criança se sente perdida, angustiada, completamente desamparada, sendo difícil entender e acompanhar o relato. 3. adolescente cuja mãe morreu repentinamente: seu pai sumiu de casa e ela, criança, cuidada pelas mais velhas; no início de sua adolescência é acolhida por um primo que mora em outro bairro; este a seduziu, ela ficou grávida numa situação de moradia difícil, o que a fez perambular pela rua com dois bebês, sendo encaminhada à polícia e, depois, para o abrigo. 4. situações de maus-tratos de uma mãe que se droga e que bate, machuca, fere o corpo de um menino de seis anos, levando-o a vagar pelas ruas. Ninguém da família se considerou concernido para ficar com ele, apesar de claro desejo seu de permanecer com seus irmãos ou com o avô paterno com quem morou um tempo (o avô diz que o considerou como neto, mas alega que seu filho não registrou a criança e está preso; e, não tendo a certeza de a criança ser de fato seu neto, não quer mantê-lo junto a sua família).

Frente a todas as dificuldades que encontramos, podemos dizer que para que o trabalho analítico aconteça não é suficiente que a criança ou adolescente queira se tratar, é preciso encontrar um analista que se aventure nessa empreitada.

> Pois é aí que está o grande segredo da descoberta freudiana: o tratamento analítico supõe que um psicanalista se engaje, ou seja, se preste a este laço amoroso designado por Freud sob o nome de transferência. A transferência é o nome deste laço social pelo qual o sujeito deve necessariamente passar para se apreender como tal. Somente pela passagem do amor por um outro, o psicanalista, os efeitos do desconhecimento do eu poderão ser suplantados e o desejo do sujeito se reconhecer como tal (Chaumon, 2004: 97).

O trabalho clínico e de pesquisa precisa avançar e aprofundar em muitos pontos. Sobre o trabalho do analista com criança, consideramos que essa clínica, através da transferência e do desejo do psicanalista, consiste, sobretudo, em "desfazer o que foi, digamos... mal feito na alçada do sujeito: os nós do significante com o gozo no sintoma", para citar uma das fórmulas de Colete Soller (1994) sobre esse tema.

Gostaríamos de abordar brevemente a questão do desejo do analista que deve ser constantemente elaborada. Pois como trabalhar nessa clínica sem cair no lugar daquele que se preocupa com a educação[13], com os cuidados dispensados à criança, tanto os cuidados diários, como de saúde física ou mesmo de vestuário, sem ocupar o lugar de "tia", de "educador" ou de pais para a criança? Se, na psicanálise com crianças no consultório particular, há um consenso de que se deve ser muito prudente no "querer o bem" da criança, nossa prática nos mostra que é impossível não querer o bem dessas crianças tão desamparadas. Não é uma tarefa nada fácil, inclusive porque surgem situações nas quais é importante uma intervenção junto à assistente social, à diretora, ao juiz, ao educador. É preciso que essas intervenções sejam feitas dentro de uma ética para que se mantenha o lugar do analista junto à criança. Nas palavras do professor Marco Antonio Coutinho Jorge, podemos dizer que essa ética é a do amor advertido pelo desejo do analista.

Alguns exemplos podem situar essa problemática: 1. um bebê de um ano com apenas 5 kg – internação da adolescente com seu filho (cujo pai é o próprio da adolescente): sugestão dada à assistente social de internar a criança no hospital para ganhar peso sem a mãe. 2. interferir, através de recomendações no relatório pedido pelo juiz, indicando que seria melhor que o filho da adolescente, nascido de uma relação incestuosa, não fosse adotado pela própria família desta, embora essa seja uma recomendação do ECA. 3. chamar a atenção para maiores cuidados com uma criança que, frequentemente, vem à sessão com pouco agasalho, sandálias, tosse e catarro no peito; ela acabou tendo uma pneumonia com breve internação hospitalar. 4. orientar a assistente social a falar para essa mesma criança sobre a decisão do Juiz quanto à destituição do pátrio poder de sua mãe e à possibilidade de ela ser adotada por uma outra família, permitindo à criança sair de um tempo de espera, de indecisão sobre sua situação, de falta de informação sobre sua situação: por que ela continuava no abrigo? 5. interferir junto à assistente social para agilizar o processo de três irmãos que aguardavam, depois de mais de um ano sem visitas, a decisão de voltar

[13] Importante lembrar que a psicanálise com crianças foi fundada historicamente nas aspirações analíticas com finalidade pedagógica ou social – Hermine Von Hug-Hellmuth, Ana Freud, S. Morgenstern (*apud* Costa, 2007).

para a mãe ou de serem adotados. Lastimavelmente, após um ano, quando essa mãe apareceu no abrigo para falar com as assistentes sociais, disse que tudo aconteceu por culpa do avô, seu pai, que ela queria as crianças de volta; mas não pôde vê-los, pois havia uma proibição do juiz nesse sentido. Depois disso, a mãe novamente desapareceu.

Frente a todas as dificuldades encontradas nesse trabalho clínico, a iniciativa da pesquisadora de formar uma equipe de pesquisa com alunos do mestrado e doutorado e a participação de uma aluna da graduação, fazendo o que chamamos de "sala de espera", possibilitou um ânimo novo ao trabalho de atendimento e pesquisa. Observamos que o encontro semanal para discussão dos casos atendidos, o estudo de textos e a escrita de artigos têm sido fundamentais para sustentar o trabalho clínico.

Para finalizar, consideramos que a nossa clínica visa possibilitar, à criança e ao adolescente, o resgate ou mesmo a construção de uma narrativa sobre sua própria história a fim de possibilitar ao sujeito contar-se de um modo diferente, pois:

> Não há discurso, nem enunciado ou significante que poderia dar ao sujeito uma identificação única, que lhe garantiria uma identidade, que lhe diria – "você é isto". Não há nada que poderia parar a valsa das questões sobre o ser, nada que fixaria de uma vez por todas as orientações de seu desejo. Há uma barra sobre o Outro, uma incompletude do conjunto dos significantes, não há sentido último que permitiria (re) ligar o sujeito ao mundo (Chaumon, 2004: 94).

Referências bibliográficas

ALBORNOZ, A. C. G. (2006). *Psicoterapia com crianças institucionalizadas*. São Paulo: Casa do Psicólogo.

BOLZINGER, C. (1993). L'enfant, ses parents et le psychanaliste. Em *L'enfant et la Psychanalise*. Paris: Editions Esquisses Psychanalitiques.

CHAUMON, F. (2004). *Lacan – la loi, le sujet et la jouissance*. Paris: Michalon Ed.

COSTA, T. (2007). *Psicanálise com crianças*. Rio de Janeiro: Jorge Zahar Ed.

ELIA, L. (2007). *O conceito de sujeito*. Rio de Janeiro: Jorge Zahar Ed.

FERENCZI, S. (1992). *A criança mal-acolhida e sua pulsão de morte*. Em *Obras completas*, v. IV. São Paulo: Martins Fontes.

FREUD, S. (1912/1996). Recomendações aos médicos que exercem a psicanálise. Em *Edição standard brasileira das obras completas de Sigmund Freud*, v. XII. Rio de Janeiro: Imago.

————. (1913/1996). Novas recomendações sobre a técnica da psicanálise. Em *Edição standard brasileira das obras completas de Sigmund Freud*, v. XII. Rio de Janeiro: Imago.

————. (1919/1996). Linhas de progresso na terapia analítica. Em *Edição standard brasileira das obras completas de Sigmund Freud*, v. XVI. Rio de Janeiro: Imago.

LACAN, J. (1969/2003). Notas sobre a criança. Em *Outros escritos*. Rio de Janeiro: Jorge Zahar Ed.

————. (1975-1976/2007). *O Seminário, livro 23: o sinthoma*. Rio de Janeiro, Jorge Zahar Ed.

MARANHÃO, M. A. F. A. (2009). *Clínica nas trincheiras: sobre o atendimento clínico a crianças em uma favela do Rio de Janeiro*. Dissertação de Mestrado. Rio de Janeiro: PUC.

MOUGIN-LEMERLE, R. (1993). De la décision de cure avec un enfant. Prolégomènes à toute cure qui voudra se présenter comme analytique. Em *L'enfant et la psychanalise*. Paris: Éditions Esquisses Psychanalytiques.

PETRI, R. (2008). *Psicanálise e infância: clínica com crianças*. Rio de Janeiro: Companhia de Freud.

POLI, M. C. (2005). *Clínica da exclusão: a construção do fantasma e o sujeito adolescente*. São Paulo: Casa do Psicólogo.

ROSA, M. D. (2007). Uma escuta psicanalítica de jovens da periferia – a construção de laços fraternos e amorosos. Em *A lei e as leis – direito e psicanálise* (pp. 183-194). Rio de Janeiro: Revinter.

SOLLER, C. (1994). L'enfant et le desir de l'analyste. Em *L'enfant et le desir de l'analyste*, v. 17, 7-11. Toulouse: Series de la découverte freudienne.

TEIXEIRA, A. (2000). Sujeito sem qualidades, ciência sem consciência. Em *Dez encontros entre psicanálise e filosofia* (pp. 235-249). Belo Horizonte: Opera Prima.

VILHENA, J. (2002). Da cidade onde vivemos a uma clínica do território. Lugar e produção da subjetividade. Em *Pulsional – Revista de Psicanálise*, v. XV, nº 163, 48-54. São Paulo: Escuta.

WINNICOTT, D. W. (1939/2002). A mãe separada do filho. Em *privação e delinquência* (pp. 195-213). São Paulo: Martins Fontes.

————. (1977). *Paediatrics and psychiatry in through paediatrics to psychoanalysis*. London: The Hogarth Press.

Discurso do analista em uma prática social

Gabriella Dupim, Marina Espinoza e Vera Besset

Resumo

Considerar a psicanálise como um discurso pautado na existência do inconsciente e do sujeito nos faz refletir acerca de sua presença em instituições. Muitas vezes, estas têm sua lógica de funcionamento a partir de outro discurso, baseado no velamento do sujeito. Esse fato coloca questões que nos fazem pensar em que medida a psicanálise pode ser exercida na instituição. Partimos, então, da prática em um projeto de reinserção familiar e da teoria dos quatro discursos conceituados por Lacan. Propomo-nos refletir sobre nossa inserção nesses locais guiadas pelo discurso do analista, que se apresenta na contramão daquele que impera no lócus institucional, o discurso do mestre. Apostamos que intervenções apoiadas no ato analítico possam produzir efeitos que ultrapassam os consultórios particulares, sempre respeitando os princípios da psicanálise.

Palavras-chave: discursos; instituição; reinserção familiar.

Abstract

The psychoanalyst's discourse in social practice

Considering psychoanalysis as a discourse guided by the existence of the unconscious and the subject makes us reflect about its presence in institutions. Many times, those systems have their functioning logic derived from another discourse, based on the subject's concealment. This fact raises questions that make us think to what extent psychoanalysis can be practiced in such institutions. So, we start our practice in a project of familial reinsertion, by applying Lacan's theory of the four discourses. We propose to reflect about our insertion in those places guided by the analyst's discourse, which acts reversely to the master's discourse that prevails at the institutional locus. We trust that interventions supported by the analytical act can produce effects that go beyond the private offices, always respecting the principles of psychoanalysis.

Key words: discourses; institution; familial reinsertion.

INTRODUÇÃO

O presente artigo é fruto de uma pesquisa mais ampla desenvolvida no âmbito do mestrado na qual se procurou investigar como a psicanálise pode servir de aporte a um trabalho com famílias no campo da assistência social na sua interseção com a justiça. Neste recorte pretende-se contemplar a especificidade do trabalho de um psicólogo orientado pelos pressupostos teórico-clínicos da psicanálise na experiência do projeto de reinserção familiar.

Para tal, utilizaremos a teoria dos quatro discursos propostos por Lacan (1969-1970/1992) que nos indica em cada um dos discursos – do mestre, da histérica, da universidade e do analista – uma determinada configuração que implica em diferentes modos de estabelecer o laço com o Outro. Ao mesmo tempo, temos como hipótese que, nessa prática, tanto a justiça quanto os trabalhadores sociais atuariam a partir do discurso do mestre, o que contribuiria para fixar determinado modo de operar. Do contrário, ao permitir que o saber circule entre os discursos, a presença do discurso do analista traria a essa prática consequências inéditas. Trata-se, portanto, de refletir sobre as experiências referentes ao abrigamento de crianças e adolescentes à luz do saber da psicanálise. Pretendemos, assim, ilustrar em que implica se dirigir ao sujeito a partir do discurso do mestre e do discurso do analista.

O PROJETO DE REINSERÇÃO FAMILIAR: DE QUE PRÁTICA SE TRATA?

A instigação para elaboração desse trabalho surge a partir da prática durante três anos em uma instituição parceira da Fundação para a Infância e

Adolescência (FIA), órgão vinculado à Secretaria de Estado de Assistência Social e Direitos Humanos. Trata-se do Projeto de Reinserção Familiar (PRF). O termo reinserção é utilizado tanto nas políticas de saúde mental quanto da assistência social para designar o retorno de adultos ou crianças ao convívio familiar. São pessoas que estiveram institucionalizadas durante um período e ainda possuem referência à família de origem, quer dizer, às pessoas com as quais viviam ou que lhes eram próximas antes de serem institucionalizadas. Sobre esse tema, concordamos com Novaes que "a reinserção na família de origem é o objetivo sempre que possível, mas jamais quando há prejuízo para a criança, como nos casos em que existem abusos, maus-tratos, drogas, etc." (Novaes, Vilhena, Moreira & Zamora, 2009: 17).

As atuais políticas públicas valorizam a convivência familiar durante o período em que as crianças se encontram no abrigo. A reaproximação da família, a partir de um trabalho como o Projeto de Reinserção Familiar, tem o intuito de evitar a reincidência da situação que provocou o abrigamento da criança. O Projeto de Reinserção Familiar (PRF) foi constituído em 2002 junto ao Programa de Atenção a Crianças e Adolescentes portadores de necessidades especiais da Fundação para a Infância e Adolescência (FIA) com o intuito de acompanhar o período pré e pós-reinserção dessas crianças e adolescentes e de seu entorno familiar. Uma Organização Não-Governamental (ONG) assumiu o Projeto de Reinserção Familiar com uma equipe composta apenas de psicólogos devido à falta de recursos e infraestrutura da própria FIA para realizar o acompanhamento com as famílias das crianças abrigadas.

A efetivação do Projeto de Reinserção Social é realizada por profissionais de psicologia que acompanham o entorno familiar das crianças abrigadas. A metodologia de trabalho consiste em visitas domiciliares frequentes aos familiares de referência, aos abrigos e aos dispositivos da rede social, assim como em entrevistas e reuniões com os responsáveis na sede do projeto.

O recurso das visitas domiciliares viabiliza o acompanhamento das famílias pelos profissionais responsáveis por cada caso, considerando o contexto em que vivem, fornecendo subsídios para que a família se responsabilize e se autorize por sua função parental, desautorizada pelo Estado com a destituição temporária ou permanente do pátrio poder. O processo de reaproximação familiar é lento e gradual, posto que durante a permanência no abrigo os vínculos afetivos entre as crianças e seus familiares tornam-se muitas vezes frouxos, o que dificulta a desinstitucionalização.

Além do acompanhamento junto às famílias, as articulações em parceria com juizados, conselhos tutelares, centros de referência em assistência social (CRAS), centros de atenção psicossocial (CAPS), centros comunitários, hospitais, entre outros dispositivos de rede, têm por intuito ampliar a possibilidade de suporte ao entorno familiar no processo de reinserção. Trata-se de fornecer subsídios para que cada família, em sua particularidade, possa se responsabilizar pela função que exerce, legitimando sua autonomia e consequente cidadania.

A partir dessa experiência no Projeto de Reinserção Familiar, notamos que, embora as leis vigentes no país sejam claras em relação às medidas adotadas para a institucionalização de crianças e adolescentes, o que ocorre na prática ainda está muito longe dessa realidade. Acreditamos que as instâncias responsáveis pelo abrigamento, movidas pelo que Lacan (1959-1960/1988) intitulou como o afã de querer o bem do sujeito, intervêm tentando *proteger* a infância da pobreza. Concordamos com Santiago e Santiago que, "nessa tarefa de gestão das desordens familiares, o Estado dá provas, muitas vezes, de uma intromissão sem limites na esfera da vida privada" (Santiago & Santiago, 1996: 83).

O Estatuto da Criança e do Adolescente, por sua vez, determina que a falta de recursos materiais não justifica a medida de abrigamento, tornando-se necessário que os profissionais desse campo mostrem-se mais atentos ao fazerem valer a lei. Os dados de um estudo estatístico[1] revelam, no entanto, que o principal motivo para o abrigamento é constituído pela falta de recursos materiais. São dados contraditórios, se considerarmos a lei e o que dela se efetiva na prática.

---

[1] Fonte: IPEA/DISOC (2003). Levantamento Nacional de Abrigos para Crianças e Adolescentes da Rede SAC. Esses dados foram retirados do *Plano Nacional de Promoção, Proteção e Defesa do Direito de Crianças e Adolescentes à Convivência Familiar e Comunitária* estabelecido em 2006: 60.

Em sua maioria, as instâncias que determinam o abrigamento trabalham, a nosso ver, a partir de um modelo de família idealizado. Modelo segundo o qual uma boa educação para uma criança só seria possível no seio de uma família sem problemas. Entendemos que, muitas vezes, a intervenção do Estado e a separação da criança de sua família são necessárias. Em alguns casos, um afastamento temporário concomitante a um trabalho sério junto à família de origem torna possível a reinserção. Em outros, a violação dos direitos da criança e do adolescente é tão grave que as medidas jurídicas são irreversíveis, culminando no encaminhamento da criança ao sistema de adoção e na destituição do pátrio poder dos responsáveis.

Atuando, grande parte do tempo, a partir de um *ideal* de família, o discurso da justiça invade a vida privada institucionalizando indiscriminadamente crianças e adolescentes em nome do *bem* normatizador. Tais medidas acabam gerando, por um lado, a desautorização dos responsáveis e, por outro, a vitimização das crianças, que ficam abrigadas durante longos anos, excluídas da convivência familiar. Na instituição, a psicanálise se insere como avesso do discurso do mestre vigente nessa prática que considera o sujeito como objeto de tutela. Considerá-lo como objeto implica em abordá-lo de forma autoritária, acreditando portar um saber a *priori* sobre ele, o outro, a criança e a família.

O discurso do analista considera o outro como sujeito e opera a partir do *não-saber*, ou seja, de um saber inconsciente, considerando a particularidade do sujeito, e da contingência de cada caso. Trata-se de um discurso que, incluindo a castração, a impossibilidade de tudo saber, pode acolher as contingências de cada caso. Veremos, adiante, de que modo a noção de discurso proposta por Lacan (1969-1970/1992) nos fornece ferramentas para pensar uma prática de reinserção familiar de crianças e adolescentes.

A PRODUÇÃO DOS QUATRO DISCURSOS

Os quatro discursos propostos por Lacan (idem) são ferramentas criadas pelo autor para pensar o laço social. Ele propõe quatro discursos – do mestre, do universitário, da histérica e do analista – que nos auxiliam refletir sobre o modo de articulação entre o campo do sujeito e o campo do Outro. Cada discurso é representado por um matema, estrutura composta por letras que indicam ao mesmo tempo uma articulação e uma impossibilidade entre os dois campos.

A estrutura de um discurso é formada a partir da relação de um significante com outro significante, e as letras ou os elementos dispostos nos discursos resultam da lógica do significante inscrita na linguagem (Cohen, 2006). Os elementos são: S_1, S_2, *a*, $\$$. A flecha ($\rightarrow$) refere-se à articulação do campo do sujeito com o campo do Outro, a impossibilidade é apresentada através das duas barras paralelas alocadas entre as partes inferiores dos binômios, e a barra (__) significa divisão. O que se encontra abaixo da barra é o material recalcado, podendo variar em cada discurso.

O S_1 representa o significante-mestre ou primordial, aquele que funda o sujeito. O S_2 é o significante no campo do Outro, também concebido como saber do Outro. Ele abrange todos os outros significantes que provêm do Outro e se distingue do significante-mestre. O $\$$ surge a partir da intervenção do S_1 no campo já constituído de outros significantes, quer dizer, do S_2. Dessa operação se produz uma perda, um resto que constitui o motor para o funcionamento de cada discurso representado por uma letra: o objeto *a*.

As letras presentes nos discursos estão sempre ordenadas na mesma sequência: S_1, S_2, *a*, $\$$. A partir dessa série os elementos circulam em quatro lugares fixos determinados por cada discurso: agente, outro, produção e verdade. A produção de um discurso é determinada pela posição que cada elemento ocupa. Cada discurso aponta a relação do sujeito com o campo do Outro como condição de estabelecimento do laço social.

$$\begin{array}{ccc} \text{Sujeito} & & \text{Outro} \\ \dfrac{\text{agente}}{\text{verdade}} & \begin{array}{c}\rightarrow \\ \backslash\backslash\end{array} & \dfrac{\text{outro}}{\text{produção}} \end{array}$$

A passagem de um discurso a outro opera a partir da permutação dos elementos nos lugares fixos, o que corresponde a um quarto de giro, provocando um movimento circular. O discurso inaugural é o discurso do mestre e todos os demais se configuram a partir de um quarto de giro de seus elementos. Para a psicanálise, a partir do discurso que a caracteriza, é possível que o sujeito faça uma retificação subjetiva enquanto fala. Como neste artigo a proposta é abordar a prática institucional referida ao discurso do mestre e a prática de um profissional de psicologia orientado pela psicanálise, priorizaremos o debate apresentando apenas esses dois discursos: o do mestre e o do analista.

Discurso do Mestre

$$\frac{S_1}{\$} \rightarrow \frac{S_2}{a}$$

No discurso do mestre (Lacan, 1969-1970/1992: 29) temos no lugar de agente o significante mestre (S_1), "que é a função de significante sobre a qual se apoia a essência do senhor" (ibid.: 18). No lugar da verdade o sujeito barrado ($\$$), no lugar do Outro o saber (S_2) "enquanto campo próprio do escravo" (idem) e no lugar do produto o objeto *a* como pura perda.

O discurso do mestre ou do Senhor se apoia na dialética hegeliana do senhor e do escravo proposta na *Fenomenologia do espírito*. Para Lacan, "um verdadeiro senhor não deseja saber absolutamente nada – ele deseja que as coisas andem" (Lacan, 1969-1970/1992: 23). E é por isso que o saber fica do lado do escravo (S_2), no que ele porta um *savoir-faire* que quer dizer um saber fazer (ibid.: 20).

Mas o que essencialmente o escravo sabe? O escravo sabe o que o senhor quer, mesmo que o próprio senhor não o saiba. Portanto, ele ocupa o lugar do S_2, que é fundamentalmente o de um saber que não se sabe (ibid.: 33). O S_2 é nomeado como o outro significante que permeia o campo do Outro. Sobre o discurso de Hegel, Lacan nos diz que este "repousa na substituição do senhor pelo Estado, através do longo caminho da cultura, para chegar ao saber absoluto" (ibid.: 82). Assim, no discurso do mestre os quatro elementos podem ser entendidos a partir dos seguintes lugares (ibid.: 97):

$$\frac{\text{significante-mestre}}{\text{sujeito}} \rightarrow \frac{\text{saber}}{\text{gozo}}$$

Desse esquema podemos inferir que o sujeito está ligado ao significante mestre, do mesmo modo que o gozo impõe limite ao saber. No discurso do mestre a dominante, aquela que ordena o discurso e os diferencia, é ocupada por S_1. No lugar da produção, daquilo que se produz, do resto, está o objeto *a*. O *a* tem ligação com o que Marx denominou ser a função de mais-valia, quer dizer, mais-de-trabalho, o excedente que não se paga, como o tempo que o proletário expende, e que não é ressarcido, se deslocando de casa para o trabalho. Para Lacan (1969-1970/1992) a mais-valia é um mais-de-gozar, um gozo que não se paga, que no discurso do mestre ocupa o lugar do produto com o objeto *a*. Isso quer dizer que no mais-de-gozar está implicado um desperdício a partir de uma repetição, resultando desse processo uma perda de gozo (ibid.: 48). Assim, nos diz Lacan, "o saber trabalhando produz, digamos uma entropia" (ibid.: 50). Esse autor utiliza esse termo, entropia, extraído da física, precisamente da termodinâmica, que faz referência à perda de energia em um sistema necessária à continuação do movimento da engrenagem.

O discurso do analista é um discurso inédito no qual o objeto *a* ocupa o lugar de agente, "razão pela qual se manifesta uma posição política, uma vez que ele provoca a divisão no sujeito ($) e se instaura o saber de uma verdade recalcada" (Cohen, 2006: 58). Esse discurso se dirige a um saber – inconsciente – sobre o $. O saber, S_2, está no lugar da verdade de um semidizer, uma verdade não-toda, enquanto que o que se produz é o significante-mestre, S_1. O analista na posição de *a* implica o sujeito em fazer emergir seus significantes-mestres que se encontram recalcados.

Discurso do Analista

$$\frac{a}{S_2} \rightarrow \frac{\$}{S_1}$$

A particularidade desse discurso (Lacan, 1969-1970/1992: 29) está em ser o único que considera o lugar do outro como sujeito (barrado) por se posicionar diante deste como semblante de objeto *a*. Quer dizer que ele não é o objeto *a*, o analista apenas se faz de, aparenta ser esse objeto para dar lugar ao analisante enquanto sujeito do inconsciente. Desse lugar de objeto *a* o analista coloca-se em posição de causa de desejo (ibid.: 39), de não-saber, impulsionando o sujeito a falar sobre o que ele próprio sabe – inconscientemente – e que desconhece sobre si. No discurso do analista o S_2 fica no lugar da verdade, pois, assim como a verdade, o saber, só se pode ter acesso a ele pela metade. A verdade é sempre não-toda, "ela só é acessível por um semidizer, não pode ser inteiramente dita porque, para além de sua metade, não há nada a dizer" (ibid.: 53). Assim, esse autor afirma que em uma interpretação o saber deve ter a estrutura da verdade.

Como vimos, o discurso do mestre se dirige ao Outro enquanto objeto com um saber absoluto sobre o mesmo. Em contrapartida, surge o discurso do analista que se endereça ao sujeito dividido. A seguir discutiremos à luz do projeto de reinserção familiar em que implica trabalhar a partir do discurso do mestre e do discurso do analista.

O discurso do analista como avesso ao discurso do mestre: articulações em uma prática

Neste artigo nos interessam as formulações acerca do discurso do mestre e do analista, que nos auxiliam a pensar no que difere a posição dos trabalhadores sociais e do analista numa organização social (Besset, Cohen, Coutinho & Rubim, 2007). Partimos da hipótese de que os trabalhadores sociais assim como o Estado atuariam a partir do discurso do mestre, enquanto que a presença do discurso do analista nessas instituições provocaria efeitos inéditos. O Estado, ou aquele que governa, pode ocupar no discurso do mestre o lugar de agente. Mas quais as consequências de se posicionar desse lugar? Posicionar o mestre a partir de agente implica em se dirigir ao outro enquanto objeto, o que significa portar um saber *a priori* e absoluto sobre esse outro. Retomemos o discurso do mestre.

Discurso do Mestre
Estado/trabalhadores sociais

$$\frac{S_1}{\$} \rightarrow \frac{S_2}{a} \quad \textit{Criança/Familiares}$$

Como vemos no discurso acima (Lacan, 1969-1970/1992: 29), os trabalhadores sociais bem como o Estado ou aquele que o representa, no caso dessa prática, a justiça, estão na posição de agente (S_1). A criança e seus familiares estão no lugar da perda, do resto, como objeto dejeto de que ninguém quer saber. "No discurso do mestre encobre-se a divisão do sujeito e a impossibilidade de um saber todo" (Cohen, 2006: 55). Quer dizer que o mestre não se interessa pelo sujeito, pois não quer saber da castração, da barra que divide o sujeito, marcando que não se pode ser todo, nem tudo saber. Ele se endereça ao outro, nesse caso as famílias contempladas no projeto de reinserção familiar, enquanto objeto de gozo, suscetível a mera manipulação.

Concordamos com Besson, Dinardo, Enrico, Melo e Delbene (2005) que, no âmbito jurídico, há uma exclusão do sujeito, uma vez que este é tratado enquanto indivíduo e, assim, não é dividido pela lei, quer dizer, pela lei do desejo. Esses indivíduos, donos de suas ações, são representados por significantes únicos que os fixam em dada posição. Assim, encontramos nos bancos dos tribunais os delinquentes, os assassinos, os estupradores, as vítimas. Essa categorização dificulta a tomada de responsabilização pelo ato uma vez que para a justiça existem apenas o culpado e a vítima.

Podemos pensar que os conselhos tutelares, bem como outras instâncias que representam o poder judiciário, de um modo geral, são regidos pela mesma lógica. Quando se denuncia uma família por negligência ou maus-tratos, se considera que há uma vítima (a criança) e o culpado (os familiares responsáveis). Mas em que implica abordar alguém a partir desses modos de classificação? A que serve estabelecer um culpado e uma vítima no caso do abrigamento de crianças?

Em nossa prática ouvimos com frequência, tanto nos abrigos quanto nas instâncias de rede social, falas impregnadas dessa dicotomia: vítima-culpado. A rigor, a maioria das crianças tem como principal motivo ao abrigamento a falta de recursos materiais (Brasil, 2005). Os pais seriam então culpados pela pobreza, por não terem condições de prover melhor os filhos? De todo modo, isso que ocorre na prática não está condizente com o que a lei estabelece como razões para a institucionalização. O relato a seguir demonstra como a categorização do par vítima-culpado dificulta uma tomada de posição diferente do sujeito.

Uma mãe que teve seu filho, portador de deficiência física e mental, mantido em um abrigo para menores durante cerca de oito anos se queixava muito da dificuldade de ir vê-lo. Essa dificuldade se fundamentava justamente no fato de se sentir muito culpada toda vez que ia visitá-lo. Nessa culpa havia uma parte que dizia respeito às suas próprias dificuldades em lidar com a separação e o abandono do filho. Essa culpa era reforçada pela equipe do abrigo que, com frequência, a intimidava dizendo que ela não era boa mãe, havia abandonado a criança. Era melhor, diziam ainda, que ela não o procurasse mais para que ele pudesse ter uma boa mãe, sendo encaminhado para a adoção.

Estabeleceu-se assim um ciclo vicioso, pois cada cobrança por parte da equipe do abrigo fazia com que essa mãe ficasse mais tempo ausente. Um dia, essa mesma mãe pôde, de alguma forma, expressar esse desconforto, pois se sentia ainda mais culpada e isso a impedia de se aproximar de seu filho. Cria, então, a seguinte solução: gostaria muito de ter dinheiro para *pagar* por todos os anos em que seu filho esteve na instituição. Instala-se um estranhamento, uma vez que o abrigo em pauta é público, o que ela não desconhecia. Diz que, se pudesse pagar, se sentiria confortável para falar sobre tudo de que discordava, como o modo como os profissionais do abrigo se referiam a ela, pois não estaria *devendo* mais nada. As entrevistas com essa mãe corroboram a afirmação abaixo:

> O desafio que o trabalho com esses pais nos coloca é, com base no saber específico do qual dispomos, o da psicanálise, fazer valer a *douta ignorância*, atribuindo saber, mesmo que suposto, ao sujeito que nos fala. Delineia-se, assim, uma orientação despida de qualquer objetivo pedagógico, que especifica essa modalidade de atendimento (Besset, 2005: 88-89).

Esse caso é exemplar do despreparo dos profissionais que trabalham com as famílias das crianças e adolescentes abrigados. Nessas instituições, é possível observar alguns fatos inusitados, como o dos técnicos que se apegam a determinada criança que passam a chamar de filho, pedindo para serem nomeados, conforme o caso, de mãe; ou de profissionais, independentemente de seu cargo ou função, que desencorajam familiares a visitarem seus filhos, netos e sobrinhos.

O fragmento proposto anteriormente ilustra a posição autoritária exercida por muitos trabalhadores sociais, que encarnam o poder da justiça dialetizado no binômio culpado-vítima com fins de desautorizar os familiares e reforçar a culpabilização dos mesmos. A psicanálise não valoriza a culpa, pois esta está a serviço da tirania do supereu, do gozo e não serve à responsabilização. A culpabilização é uma herança do pensamento judaico-cristão, no qual confessar a culpa absolve o culpado dos pecados. Isso em nada serve para uma tomada de posição diferente, para uma possível retificação subjetiva. Segundo Miller (2004: 126), "a culpa é o efeito, sobre o sujeito, de um Outro que julga, portanto um Outro que encerra valores que o sujeito teria transgredido".

A seguir discutiremos outros dois casos que nos ajudam a pensar o lugar da psicanálise na interseção com a assistência social e a justiça. O primeiro revela o alcance da presença do discurso do analista em uma situação pontual: uma audiência. O segundo demonstra os limites do discurso do analista em uma prática enraizada pelo discurso do mestre.

O primeiro caso refere-se a uma audiência em que se determinaria o futuro de Bruno após quase sete anos de abrigamento. Foram convocados os avós maternos, a mãe, o pai e a madrasta, esposa de seu pai, além dos profissionais de referência do abrigo e a psicóloga que o acompanhava pelo PRF. Bruno está visivelmente ansioso, anda de um lado para o outro, fala com os familiares e vai ao banheiro inúmeras vezes. De sua fala se podia compreender: mamãe-casa. Apesar do comprometimento mental[2], Bruno entendia que algo muito importante seria determinado ali e por aquele

[2] Bruno foi diagnosticado por profissionais do abrigo como portador de retardo mental moderado.

senhor de toga, que ele chamava de *batman*, como o super-herói. O herói que ia *salvá-lo*, que ia determinar se ele voltaria para a casa da mãe. Assim, nessa audiência foi determinada a reinserção de Bruno.

No exemplo acima a presença do discurso do analista em um lugar no qual habitualmente circula apenas o discurso do mestre provocou uma ruptura, mesmo que temporária, em determinado modo de funcionar. Aquele que encarnava o mestre, o juiz, se dispôs a ouvir, a querer saber sobre o sujeito e as partes que trabalhavam junto à família. Sem impor seu saber absoluto, a *priori*, sobre o outro. Isso tornou possível considerar o desejo do sujeito, daquela criança, e o saber-fazer daquela família.

Como veremos no fragmento a seguir, o discurso do analista também está sujeito a limites. O alcance do saber da psicanálise só é possível quando aqueles que encarnam o lugar do mestre estão dispostos a ousar se interrogar sobre a normatização e padronização de condutas tais como ditadas na atualidade. Para explicitar melhor o que queremos trazer, falaremos de Isabela, uma jovem de dezessete anos prestes a atingir a maioridade, portadora de transtorno psíquico leve. Desde bem pequena viveu em abrigos, mas agora sua situação encontrava-se num impasse. Frente à proximidade de seus dezoito anos, limite para o abrigamento, as instâncias sociais estavam frente ao desafio de resolver a questão de Isabela. Os técnicos afligiam-se não propriamente preocupados com o destino da menina, como se poderia supor, mas com a resolução do caso. Eis as circunstâncias: Isabela é acompanhada pelo Projeto de Reinserção há alguns anos, no qual era cogitada a possibilidade de ela viver com a mãe.

Um caso muito difícil com inúmeros contratempos que não permitia que fosse tomada nenhuma decisão sem antes entender como Isabela havia sido abrigada e se havia um desejo da mãe e da filha de ficarem juntas, mesmo sem nunca terem convivido antes. Outro agravante: a mãe de Isabela, que fazia tratamento em dispositivos da saúde mental, era diagnosticada por esses serviços como portadora do transtorno bipolar. Ela se valia disso para não receber a menina, pois dizia não ter capacidade nem para cuidar de si. No entanto, vivia com o marido e dois filhos pequenos, pelos quais parecia se responsabilizar.

As visitas à casa da mãe de Isabela eram sempre muito conturbadas. A mãe gritava e dizia que não era a culpada pela situação da menina, mostrava sempre inúmeros documentos sobre os encontros com os juizados e não queria saber da mesma. Ela era de fato uma pessoa muito instável e por vezes muito agressiva, demonstrando muita raiva quando alguém tocava no assunto Isabela. Algumas vezes não nos recebia, em outras tratava-nos com rispidez e ironia. Assim, a transferência oscilava ora positiva ora negativa[3], muitas vezes impossibilitando as visitas por alguns meses. A psicóloga responsável pelo caso questionava-se sobre a possibilidade de um trabalho nessas condições. Até porque, ponderava-se, se a mãe afirmava não gostar da menina, por que apostar na reinserção de Isabela? Sendo assim, optou por se distanciar dessa perspectiva para poder ouvir a história da mãe: o que ela tinha a dizer?

Ela conta, então, que teve a menina ainda adolescente e sua mãe, a avó de Isabela, decidiu pelo abrigamento da menina sem consultá-la. Acreditava que a menina havia sido adotada ainda pequena e somente há alguns anos soube que Isabela estava em um abrigo. A jovem sempre que via a psicóloga perguntava sobre a mãe e os irmãos, dizia querer vê-la. Foi acordado então que, em algumas visitas à casa da mãe, Isabela acompanharia a psicóloga. Assim, mãe e filha poderiam aos poucos conhecer uma à outra. O acompanhamento seguia, desse modo, sem objetivar a reinserção familiar. Se isso fosse possível seria apenas uma consequência, pois ainda era cedo para qualquer decisão.

Tendo em vista esse cenário, surge a demanda da direção do abrigo implicada pela Fundação da Infância e Adolescência (FIA) para que Isabela fosse reinserida na família materna o quanto antes. Essa demanda se ancorava num motivo exclusivamente político, e para essas instâncias pouco importava o sujeito em questão. Mas como seria essa mudança abrupta

---

[3] O termo transferência foi concebido por Freud (1915 [1914]/1986) para designar os sentimentos ambivalentes do paciente destinados à figura do analista. O mesmo afirma que a transferência não é exclusiva da situação analítica e que a diferença essencial consiste no uso que se faz dela em uma análise. A transferência reveste o analista de confiança, podendo despertar no paciente uma transferência positiva, motor do tratamento, ou negativa, revelando sua faceta de resistência.

para Isabela e sua família? As instâncias que determinam o abrigamento queriam fazer valer a lei, ou seja, resolver o problema. Como Lacan (1969-1970/1992) nos ensina, o mestre quer apenas que as coisas andem. No discurso do mestre, o sujeito ($) fica encoberto, embaixo da barra, não é levado em consideração.

A norma estabelece que, a partir dos dezoito anos, os jovens não ficam mais sob a tutela do juizado da infância e juventude nem da Fundação da Infância e da Juventude. Por essa razão, não podem continuar nos abrigos do Estado. Então, a questão que se coloca é: o que fazer com esses jovens criados em abrigos após atingirem a maioridade legal? Quando eles têm autonomia, quer dizer, não têm comprometimento mental, ganham a liberdade e fazem o que bem entendem. E quando são portadores de transtornos psíquicos, como era o caso de Isabela? Ela não tinha e nunca teria condições de se gerir sozinha. Mas também não se tratava de colocá-la de qualquer forma na casa da mãe repentinamente.

A partir desses pressupostos, um estudo de caso foi enviado a FIA, justificando e desencorajando o retorno de Isabela ao convívio familiar, pois essa medida, naquele momento do acompanhamento, implicaria em um retrocesso na possibilidade de se construir um laço entre mãe e filha. Pulando essa etapa a reinserção certamente não se sustentaria. No abrigo havia outras moças maiores de idade que continuavam ali no lugar da exceção, pois não tinham sequer referência familiar e nem para onde ir.

Desse modo, a reinserção seria feita por imposição da lei, sem o consentimento de quem acompanhava o caso e sem o desejo de Isabela e de sua mãe. Uma equipe foi formada para interceder no caso na data marcada para a inserção da menina na casa da família, já que o termo reinserção não faz sentido algum nesse episódio. O pior acontecera, a mãe de Isabela tivera um surto de ira e agredira fisicamente a assistente social. Isabela chorava copiosamente, em pânico, frente à iminência de ficar ali, pedindo a todos que não a deixassem com a mãe.

Esse fragmento revela que o Estado, como mestre, está a serviço de um bem normatizador, sem espaço para a contingência. Aquele que ocupa o lugar do mestre acredita ter um saber absoluto sobre o outro e não permite a emergência do sujeito nem das exceções. A presença do discurso do analista nas instituições também esbarra em seu limite. Nem sempre é possível fazer circular os discursos para que um outro modo de funcionar possa suceder.

Onde há um analista está presente o discurso do analista, que nos ensina que "ninguém pode conhecer o bem do sujeito antes dele próprio" (Ansermet, 2003: 12). Mas qual seria a especificidade do saber da psicanálise? Rabinovich (2000: 31) nos esclarece que "o analista sabe que lhe cabe ser objeto em posição de causa de desejo". Ele sabe que não porta um saber sobre o que é melhor para o sujeito e que precisa sustentar um não-saber para que o sujeito por si mesmo se interrogue sobre o que sabe sobre seu desejo.

A esse saber que não se sabe, como nos lembra Besset (2005), atribuímos o saber inconsciente de cada sujeito. Esse saber não pode ser transmitido pelo Outro, tal qual pretende aquele que encarna o discurso do mestre, que acredita portar um saber absoluto sobre o sujeito, fixando-o na posição de objeto passivo, mero receptor de conhecimento. Assim, "ao recusar o lugar de quem sabe sobre o sujeito e sobre aquilo que o causa, o analista abre a via de um percurso" (Besset, 2001: 161).

O discurso do psicanalista permite-nos pensar outro conceito de fundamental importância, que sustenta a possibilidade de a psicanálise coexistir nos mais variados meios, fora da clínica. Esse conceito é o desejo do analista. A partir dessa consideração, Rabinovich define que:

> O desejo do analista definido como um vazio, como um lugar onde algo poderá se instalar, morar, torna evidente que o que se deve instalar ali, na prática da psicanálise, é o desejo do paciente como desejo do seu Outro, o da historicidade própria do paciente, o das circunstâncias próprias de sua vida. Não se trata de colocar em jogo o desejo de um Outro *generalizado* ou generalizável, razão que invalida por si só o desejo entendido como desejo de reconhecimento do Outro (Rabinovich, 2000: 15).

O desejo do analista (Quinet, 2003) apresenta uma estreita relação com o não-saber e a posição adotada pelo analista, de objeto *a*, causa de desejo, que ocupa o lugar de agente no discurso do mesmo. Desse modo, o desejo do analista fundamenta a possibilidade do exercício da psicanálise, pois é a partir desse desejo que o analista se consente enquanto tal, pois trata-se de uma autorização. Segundo Besset (2005: 93), "essa posição de ignorância do analista ou de não-saber sobre o desejo do sujeito pode ser uma das vias de caracterização de sua função na cena analítica".

Considerações finais

A discussão do presente artigo teve o intuito de demonstrar como os discursos do mestre e do analista se inserem na lógica institucional em uma prática com famílias no âmbito do setor social através de exemplos dos efeitos produzidos por cada um desses discursos. Acreditamos, portanto, que a presença da psicanálise nas instituições depende muito mais da posição ética daquele que efetiva a ação do que das estratégias utilizadas para fazer valer o exercício de tal orientação.

A incidência do discurso do analista no projeto de reinserção familiar denuncia a impossibilidade de um saber que seja para todos. Isso caminha na contramão da lógica contemporânea ditada pelas políticas de abrigamento que vitimizam as crianças e culpabilizam os responsáveis. Pautados na presença de um psicólogo atravessado pelos pressupostos teórico-clínicos da psicanálise de orientação lacaniana, podemos apostar na contingência como um saber, uma invenção, particular a cada sujeito, frente aos desafios impostos pela vida.

Referências bibliográficas

ANSERMET, F. (2003). *Clínica da origem: criança entre a medicina e a psicanálise.* Rio de Janeiro: Contra Capa.

BESSET, V. L. (2001). Quem tem medo da angústia? Em *Revista Latino Americana de Psicopatologia Fundamental*, v. IV, nº 1, 11-18.

————. (2005). Clínica com adolescentes: de que pai se trata? Em *Psicologia em Revista*, v. 11, nº 17, 86-95. Belo Horizonte: PUC.

BESSET V. L.; COHEN, R. H. P.; COUTINHO, L. G. & RUBIM, L. M. (2007). A psicanálise na cultura: novas formas de intervenção. Em *Psicologia em Revista*, v. 13, nº 1, 27-40. Belo Horizonte: PUC.

BESSON, S.; DINARDO, E.; ENRICO, G.; MELO, M. L. & DELBENE, T. P. (2005). La intervención analítica en el ámbito jurídico. Em *Los resultados terapéuticos del psicoanálisis* (pp. 163-169). Buenos Aires: Grama ediciones.

BRASIL. (2005). *Estatuto da Criança e do Adolescente*. Secretaria Especial dos Direitos Humanos; Ministério da Educação, Assessoria de Comunicação Social. Brasília: MEC.

———. (2006). *Plano Nacional de Promoção, Proteção e Defesa do Direito de Crianças e Adolescentes à Convivência Familiar e Comunitária*. Presidência da República. Secretaria Especial dos Direitos Humanos. Conselho Nacional de Promoção, Proteção e Defesa dos Direitos da Criança e do Adolescente. Secretaria Especial dos Direitos Humanos. Brasília-DF: Conanda.

COHEN, R. H. P. (2006). *A lógica do fracasso escolar: psicanálise e educação*. Rio de Janeiro: Contra Capa.

FREUD, S. (1915 [1914]/1986). Puntualizaciones sobre el amor de transferencia (Nuevos consejos sobre la técnica del psicoanálisis, III). Em *Obras completas*, v. XII. Buenos Aires: Amorrortu editores.

LACAN, J. (1959-1960/1988). *O Seminário, livro 7: a ética da psicanálise*. Rio de Janeiro: Jorge Zahar Ed.

———. (1969-1970/1992). *O Seminário, livro 17: o avesso da psicanálise*. Rio de Janeiro: Jorge Zahar Ed.

MILLER, J.-A. (1998). *Los signos del goce*. Buenos Aires: Paidós.

———. (2004). Sobre a honra e a vergonha. Em *Ornicar?*, nº 1, 118-139. Rio de Janeiro: Jorge Zahar Ed.

NOVAES, J.; VILHENA, J.; MOREIRA, A. C. G. & ZAMORA, M. H. (2009). As crianças que ninguém quer: a clínica psicanalítica em uma instituição de portas abertas. Em *Arquivos Brasileiros de Psicologia*, v. 61, nº 1. Disponível em: <http://www.psicologia.ufrj.br/abp/>. Acessado em 16/06/2009.

QUINET, A. (2003). *A descoberta do inconsciente: do desejo ao sintoma*. Rio de Janeiro: Jorge Zahar Ed.

RABINOVICH, D. S. (2000). *O desejo do psicanalista: liberdade e determinação em psicanálise*. Rio de Janeiro: Companhia de Freud.

SANTIAGO, A. L. & SANTIAGO, J. (1996). A psicanálise em face da familiarização do mundo: pontos para uma investigação sobre a família. Em *Opção Lacaniana – Revista Brasileira Internacional de Psicanálise*, nº 17, 83-88. São Paulo: Edições Eolia.

A CLÍNICA DA PSICANÁLISE NO CAMPO DA SAÚDE MENTAL

Instituição de saúde mental e formação do analista

Sonia Leite

Resumo

O trabalho pontua algumas experiências em instituições de saúde indicando a prevalência do modelo médico e de seus discursos para práticas institucionais distintas. Destaca, por um lado, a contribuição da ética da psicanálise para esse campo introduzindo, por outro, a ideia de que a trajetória do psicanalista na saúde mental é um momento propício para a formação permanente e para a renovação de uma aposta na psicanálise.

Palavras-chave: saúde mental; ética psicanalítica; formação permanente.

Abstract

Mental health institution and psychoanalyst ongoing training

The paper points out some experiments in health institutions indicating the prevalence of the medical role and its discourses for different institutional practices. It highlights, on the one hand, the ethical contribution to this field and, on the other hand, it introduces the idea that the psychoanalyst's path in mental health is a propitious situation for continuing education and the renewal of an opportunity for psychoanalysis.

Key words: mental health; psychoanalytic ethics; ongoing training.

É também que se, nessa corrida para a verdade, é apenas sozinho, não sendo todos, que se atinge o verdadeiro, ninguém o atinge, no entanto, a não ser através dos outros.
(Lacan, 1945/1998: 212)

Partindo da premissa de que o psicanalista, a partir de sua ética específica, tem algo a contribuir para o campo da saúde mental, seria possível definir, por outro lado, uma função para o campo da saúde mental[1] no que diz respeito à práxis do psicanalista? Responder a essa questão traz à tona a temática da formação permanente do psicanalista e talvez se constitua numa forma peculiar de pensar a questão da interdisciplinaridade[2] na saúde mental.

Relato a seguir, brevemente, algumas experiências que ocorreram em diferentes momentos do meu percurso e das quais extraio alguns pontos para pensar a formação permanente do analista.

PRIMEIRA EXPERIÊNCIA

Na década de 1990 realizei, com a participação de alguns alunos, uma pesquisa com os psicólogos que prestaram o primeiro concurso público para as Unidades Médicas do Estado do Rio de Janeiro[3]. Até então o único concurso existente havia ocorrido em 1986, para lotação das Unidades Psiquiátricas do Estado do Rio de Janeiro. A diferença das Unidades Psiquiátricas em relação às Unidades Médicas é que estas últimas não haviam sido

[1] Utiliza-se, aqui, a noção de saúde mental num sentido foucaultiano, ou seja, como campo de saber que inclui as instituições, os discursos e as práticas.

[2] Considera-se a ideia de interdisciplinaridade na perspectiva de um conjunto de disciplinas que, apesar de caracterizadas a partir de seus objetos específicos de investigação, podem contribuir para problemáticas que sejam comuns aos diferentes campos de saber.

[3] Trata-se de dezoito Hospitais Estaduais dos quais quatro são Hospitais Colônias (dois psiquiátricos, um de hanseníase e o outro de doenças infectocontagiosas), sendo os demais Hospitais Gerais e Institutos Especializados (hematologia, infectologia, cardiologia e diabetes-endocrinologia) (Leite, 1997).

ocupadas por psicólogos até a data do concurso, nem mesmo informalmente. Tratou-se, portanto, de um momento propício à criação de práticas de trabalho para as quais não havia nenhuma inscrição, nenhuma referência a qualquer atividade profissional de cunho psicológico. A pesquisa foi efetivada três anos após a realização do referido concurso, e a maioria dos profissionais, à época, era constituída por recém-formados.

Resumirei, a seguir, alguns dados revelados pela investigação:

1) A prática psicológica predominante se caracterizava como uma resposta à demanda médica, ou seja, à *demanda institucional*. Alguns profissionais nomearam essa posição de *paramédica*, caracterizando-a como uma forma de complementação do trabalho do médico; em outras palavras, "daquilo de que o médico não dava conta" – como bem expressou uma entrevistada –, carregando de tensão a relação entre esses profissionais. A maioria dessas demandas – cunhadas como *emergenciais-circunstanciais* – relacionava-se às situações de crise institucional. Nesse sentido, as práticas psicológicas se constituíram como práticas disciplinadoras do comportamento e do espaço institucional cujo objetivo principal era viabilizar o trabalho do médico. Como indicou uma entrevistada: "A psicologia é sempre convocada para colocar ordem nas enfermarias, acalmar o paciente indócil...".
2) Essa posição *paramédica*, ao revelar a predominância do modelo médico na prática do psicólogo, tornou evidente a presença de uma identificação dos psicólogos com esse modelo. Um dos efeitos de tal identificação se explicitou, por exemplo, na quase inexistência de propostas de trabalho por parte da equipe de psicólogos nas Unidades Médicas (apenas *seis* em dezoito Unidades) que, na sua maioria, como foi indicado, abrigavam pela primeira vez esse profissional. Por outro lado, nas poucas Unidades em que os psicólogos construíam um projeto de trabalho, o que se verificava era a presença de uma atitude investigativa das relações institucionais instituídas, fato que permitiu a construção de práticas de trabalho inovadoras.
3) Os psicólogos entrevistados indicaram a precariedade da formação profissional e sua inadequação às praticas institucionais como algumas das principais causas das dificuldades na construção da prática profissional.

Quanto a isso dois aspectos foram destacados: a) a ausência de estágios na área institucional durante a formação[4] e b) uma ênfase na *teoria* psicanalítica, um *excesso* – como indicaram alguns – durante o curso de graduação, considerado como *limitador* da prática institucional.

4) Os psicólogos que tinham como referência teórica a psicanálise indicaram, ainda, a impossibilidade de utilização desse saber no campo institucional. Ou seja, desejavam *ser psicanalistas* naqueles contextos, mas não sabiam como articular a psicanálise, enquanto teoria, às práticas institucionais.

Os dois últimos pontos chamaram particularmente a atenção pelo fato de destacarem os efeitos causados pelo ensino da psicanálise na universidade, um ensino que pode tornar-se produtor das resistências à psicanálise, inviabilizando sua efetiva transmissão.

A análise do item três (b) aponta, na realidade, para o fato de que a difusão da psicanálise na universidade, ou seja, a difusão de seus significantes, quando desatrelados do rigor que deve permear o ensino dos conceitos e da sua ética, transforma a psicanálise em mais uma *teoria* psicológica que *pode* ou *não* ser aplicada a um determinado campo de atuação profissional.

Como ensina Freud (1923/1977), no artigo "Dois verbetes de enciclopédia", publicado em 1923, a definição da psicanálise envolve um tripé – espécie de *nó borromeano*[5] – em que se articulam, indissoluvelmente, os conceitos, o tratamento e a investigação.

Apesar de a proposta aqui não ser a demonstração do caráter borromeano da definição da psicanálise, cabe lembrar que Lacan, a partir da década de 1970, ao introduzir a perspectiva topológica no campo psicanalítico, nos fornece os parâmetros para tal. Em sua conferência "O saber do psicanalista" (Lacan, 1971-1972: aula de 4/11/1971), ao indagar sobre o

---

[4] Posteriormente a maioria dos cursos de psicologia introduziu em seus currículos disciplinas e estágios ligados ao trabalho institucional.

[5] Na década de 1970, durante um jantar, Lacan se depara com as armas da família Borromeu: três círculos em forma de trevo simbolizando uma tríplice aliança e tendo como especificidade o fato de que, se cada um dos anéis for retirado, os outros ficarão livres. A partir de então ele reelabora os registros real, simbólico e imaginário, apoiando-se no nó, para demonstrar sua articulação.

que seria a topologia, declara que é aquilo que se aborda em primeiro lugar por relações não assimétricas, por relações deformáveis. Indica que é esse o caso dessas espécies de círculos flexíveis, os três círculos do nó. Cada um deles é uma coisa fechada, flexível e que só se sustenta encadeado aos outros. Nenhum se sustenta sozinho. Considera que as relações aí são de pura significância, pois é na medida em que esses três termos (real, simbólico e imaginário) são três que vemos se estabelecer, pela presença do terceiro, uma relação entre os outros dois. É isso que o nó borromeano quer dizer.

No centro do nó borromeano encontra-se o objeto *a*, indicativo da falta, o que nos permite incluir no tripé freudiano (os conceitos, o tratamento e a investigação), constitutivo do campo psicanalítico, a noção de castração. Tal fato permite considerar que nesse contexto sempre resta algo a dizer, assim como sempre resta um indizível.

Não me proponho, aqui, fazer avançar a demonstração da articulação do tripé freudiano com o nó borromeano, mas é importante frisar que Lacan não se contentou em estudar o nó borromeano a três e, mais adiante (Lacan, 1975-1976/2007), acrescentou um quarto elo à cadeia nos legando um caminho frutífero para a investigação do tema.

O tripé freudiano é o que formaliza logicamente a ética do sujeito, ética que, portanto, deve estruturar tanto o ensino quanto a práxis da psicanálise. É também essa perspectiva que permite considerar que a psicanálise pode se atualizar em qualquer contexto institucional, desde que aí haja o *desejo do analista*, operador capaz de dar sustentação à presença da psicanálise no mundo (Lacan, 1967/s.d.).

Tal fato não significa desconsiderar a presença de algumas especificidades na prática do psicanalista em instituições. Pode-se considerar, entretanto, que tais especificidades dizem mais respeito às diferentes formas de expressão das resistências que aí se atualizam do que, propriamente, à função do psicanalista. Essa função, articulada ao aforismo lacaniano do *inconsciente estruturado como uma linguagem* e à perspectiva de que os laços sociais se constituem na forma de discursos, rompe com a oposição interno-externo e, consequentemente, com as demais dicotomias – psicanálise-instituição, sujeito-sociedade, privado-público. Essa abordagem permite ainda o ultrapassamento de ideias preconcebidas do tipo "psicanálise só no consultório", que decretam a impossibilidade da psicanálise na instituição[6]. E outras que, partindo do princípio de que "qualquer lugar é um consultório *particular*", acabam por ignorar os efeitos da presença dos diferentes discursos na clínica quando realizada na instituição (Lacan, 1969-1970/1994).

Reconhecer tais especificidades não significa, entretanto, supor a existência de *outra* psicanálise aplicada à instituição, ou mesmo da psicanálise *aplicada* à instituição[7], mas de afirmar que um impossível sempre emerge, seja qual for o contexto[8] em que o psicanalista exerça sua prática. Impossível que aponta para o real em jogo na experiência e que exige um trabalho de recriação da psicanálise, sustentada nos seus parâmetros fundamentais.

Quanto ao item quatro da pesquisa, isto é, sobre a presença de um *querer ser psicanalista* expresso por alguns entrevistados, Lacan (1967/s.d.) nos indica que não existe o *ser* do analista, mas, de fato, um *des-ser*. Em outras palavras, a função do psicanalista se define como da ordem do verbo, do ato, não se tratando, portanto, de um substantivo. Dentro dessa ótica não é possível institucionalizar a formação do psicanalista da mesma maneira que a formação universitária de um médico ou de um psicólogo, como bem descreve Freud (1926/1977). De fato, é a análise pessoal – que faz parte de outro *tripé* que agrega ainda o estudo dos conceitos e a supervisão dos casos clínicos – o lugar onde esse *querer* deverá encontrar sua causalidade inconsciente, ou seja, deverá ser motivo de análise (Lacan, 1964/2003).

De qualquer modo, esse dado da pesquisa ressalta a presença daquilo que Lacan (1945/1998), ao introduzir a noção de tempo lógico, denominou de *momento de evidência* ou de *exclusão lógica* e que parece antecipar a

---

[6] Por mais paradoxal que possa parecer e apesar de a prática do psicanalista nas instituições já possuir uma história, ainda é muito frequente ouvir afirmações semelhantes. Mais grave, ainda, quando são os próprios psicanalistas que sustentam essa impossibilidade que, apesar de recoberta com novas roupagens, indica as mesmas resistências à psicanálise.

[7] Apesar de alguns psicanalistas defenderem a ideia de *aplicação* da psicanálise às instituições, como afirmou a psicanalista Elizabeth Juliboni durante um seminário sobre Psicanálise e Instituições no Corpo Freudiano Escola de Psicanálise, a questão é muito mais de *implicação* do psicanalista na instituição, perspectiva que melhor traduz a necessária *insistência* do psicanalista nos princípios fundamentais da psicanálise.

[8] Para uma maior reflexão sobre a questão do *contexto* vide Figueiredo, 1997.

ocorrência de uma passagem. *É preciso* querer ser *psicanalista, e não qualquer outra coisa, para num ato conclusivo tornar-se psicanalista?*

SEGUNDA EXPERIÊNCIA

Na mesma década de 1990, comecei a trabalhar num ambulatório público de psiquiatria com o objetivo de atender sujeitos psicóticos. Contudo, naquele momento, a configuração institucional impossibilitava qualquer outra prática além da medicamentosa com os pacientes psicóticos, pois havia se estabelecido, naquela instituição, uma espécie de *divisão psicopatológica do trabalho*, como bem definiu um colega (Nicacio, 1996), sustentada na lógica do "especialismo".

De um lado os psiquiatras, com a função de recepção dos pacientes graves, os chamados doentes mentais, ofereciam um tratamento exclusivamente medicamentoso e, de outro, os psicólogos que acolhiam somente as pessoas com uma demanda psicológica já constituída, excluindo-se, nessa proposta, os casos mais graves.

Apesar dessa *divisão psicopatológica do trabalho*, havia algo ali que era comum aos dois grupos. Tanto os psicólogos quanto os psiquiatras consideravam a impossibilidade da psicanálise naquele contexto. Ou seja, admitiam a psicanálise na prática da clínica privada, mas não no serviço público, na instituição. Tinham como principio que a clínica psicanalítica dependia de um contexto *espacial* definido e não de certos princípios teórico-clínicos fundamentais, ou seja, do *tripé* freudiano.

Uma pergunta emergiu, marcando decisivamente a trajetória institucional: *você vai insistir ou desistir do seu desejo pela psicanálise?*[9].

O desejo pela psicanálise nos reporta, aqui, ao que Lacan (1964/2003) chamou de *desejo de Freud*, ao indicar que o campo da prática analítica permanece na dependência desse desejo original, que tem um papel simbólico prevalente e fundamental na transmissão e permanência da psicanálise.

---

[9] Parte da história desse percurso se encontra descrita no trabalho: O psicanalista, seu desejo e a instituição de saúde mental (Leite, 2006).

Como indiquei em outro trabalho (Leite, 2008), o percurso do psicanalista na instituição de saúde mental é, em última instância, uma reedição simbólica da trajetória freudiana e de suas relações com as práticas e com o discurso médico instituído. Trata-se, portanto, para cada psicanalista, de um reencontro com os impasses que deram origem à psicanálise. *Tempo de compreender*, de elaborar e, também, tempo de hesitação à medida que *não há no fato em si uma evidência pura*. Em outras palavras, no que diz respeito à função do psicanalista, é somente pela via da experiência, construída num certo lapso de tempo, que algo se afirma. Mas, como se trata de tempo lógico e não cronológico, "O tempo de compreender pode reduzir-se ao instante de olhar, mas esse olhar, em seu instante, pode incluir todo o tempo necessário para compreender" (Lacan, 1945/1998: 205).

Portanto, a questão formulada, longe de ser pessoal, tende a retornar para todo psicanalista, sendo parte constitutiva da formação permanente. Indica a necessária renovação do *sim* à psicanálise e da reafirmação do desejo do analista, momento de travessia dos impasses institucionais.

O significante *impasse* é bastante frutífero para se pensar essa temática, pois um impasse, como indica Lacan (1972-1973/1985), é um índice da presença do Real, *daquilo que não cessa de não se inscrever*, exigindo do psicanalista um trabalho de simbolização e de elaboração da experiência.

Nesse sentido, ultrapassar um *impasse* é viabilizar um *passe*[10], sustentado no saber desejante – *gaio saber* – articulado ao desejo do analista. Algo aqui se aproxima, então, daquilo que Lacan (1945/1998) denomina de *momento de concluir*, pois é somente o *ato* do psicanalista que evidencia, em seus efeitos, a presença da ética da psicanálise.

Apesar da solidão desse momento, esse processo não é possível sem a presença de alguns outros interlocutores fundamentais capazes de viabilizar os bons encontros institucionais.

---

[10] Constitui-se, aqui, fundamentalmente, o que Lacan (1957-1958/1997) denominou de *pas-de-sens* que, ao jogar com a homofonia, pode ser lido tanto como *nenhum sentido* quanto como *passagem de sentido*, indicando um instante de sideração que permite a emergência de algo da ordem de uma criação. Ver também "Sobre a experiência do passe" (Lacan, 1973/s.d.).

TERCEIRA EXPERIÊNCIA

Recentemente, a partir da inserção numa Emergência Psiquiátrica, pude ouvir de um experiente médico plantonista depois de me apresentar como psicanalista: "Psicanalista? Mas o que uma psicanalista tem a fazer aqui? Se pelo menos fosse uma psicóloga...".

O psicanalista só pode responder, efetivamente, a essa interrogação no ato de sua práxis, mas, de qualquer modo, a questão levantada me trouxe à memória a pesquisa realizada com os psicólogos e a ideia aí predominante de que o lugar reservado para esses profissionais seria o de *paramédico*, ou seja, um lugar e uma prática capazes de responder à demanda do médico, ou seja, à demanda da instituição. O retorno dessa questão se justifica na medida em que o hospital e as instituições correlatas são um lócus privilegiado da reprodução dos ideais do campo médico.

Como considera Lacan (1971/1972), há aí uma realidade social totalmente sólida e instituída que funda a posição do médico a partir de uma imagem antiga, arcaica, que cria em torno de si uma espécie de mito ideal do "bom médico". A questão gira em torno da doação do(s) objeto(s) médico(s), do *bom objeto médico*, que se articula, efetivamente, ao desejo de curar, fundamento da prática médica[11]. Alerta que, nesse campo, nós (analistas) é que somos sempre os intrusos. Ou ainda, como destaca Alberti (2000), a relação do psicanalista com o hospital (e as instituições correlatas) é sempre contingente, e não necessária, como é o lugar do médico, o que impõe a manutenção permanente de uma indagação sobre as possibilidades efetivas de intervenção do psicanalista em tais contextos.

MOMENTO DE CONCLUIR

Lacan (1967a/s.d.), em uma Conferência pronunciada em Sainte-Anne, em 1967, um mês após sua "Proposição de 9 de outubro de 1967", destaca

[11] Nesse sentido lembramos que a trajetória freudiana se constitui numa travessia que parte do campo médico em direção à construção de outro campo de saber fundamentado em outras premissas, passagem do *desejo de curar* para o *desejo de saber*.

a existência de uma posição psiquiátrica definida historicamente por Foucault. Segue afirmando que o enclausuramento do louco foi um momento propício para a delimitação dos sintomas, mas ao preço de o louco ter sido tomado mais como objeto de estudo do que como alguém capaz de fomentar pontos de interrogação para a clínica psiquiátrica. Conclui que tal posição não é simples, pois o psiquiatra, querendo ou não, é integrado a uma ordem hierárquica que o coloca em um lugar de autoridade e de defesa dessa mesma posição.

Lacan não pretende questionar a posição do psiquiatra, visto que, como afirma, *ele só pode ser o que ele é*. Chama, porém, a atenção para o fato de os psicanalistas conservarem, em suas reuniões nas sociedades científicas, algo que é da mesma ordem do que denomina a distância que caracteriza o psiquiatra em relação ao seu objeto. Faz, assim, uma aproximação entre o discurso corrente das instituições médicas e aquele das instituições psicanalíticas! Essa aproximação coloca em relevo aquilo que, uma década antes, ele havia pontuado sobre a *situação da psicanálise e a formação do psicanalista*, título de um artigo de 1956, ou seja, o fato de que a maneira como se concebe a psicanálise tem efeitos na formação dos psicanalistas e, consequentemente, na presença da psicanálise nas instituições sociais.

Lacan, nessa mesma Conferência (ibid.), faz referência à presença de uma identificação imaginária[12] do psicanalista com o modelo médico-psiquiátrico – da mesma forma que os psicólogos da nossa pesquisa – cuja consequência mais imediata é, por um lado, uma ausência de progressos concernentes às verdades analíticas na experiência psiquiátrica e, por outro, como afirma Mannoni (1979), um processo de *medicalização* da psicanálise.

É essa medicalização que, ao introduzir as chamadas mudanças técnicas, acaba por retirar da psicanálise o seu *veneno*, como bem expressou Freud (1933 [1932]/1977). A consequência de tal processo é a descaracte-

---

[12] Toda identificação imaginária supõe a referência a algum ideal. Nesse caso específico o que se destaca é a função do médico como modelo privilegiado no campo social que implica uma posição de saber-poder, já indicada por Foucault (1990). Essa posição é uma antinomia à posição do analista que implica, exatamente, um luto em relação aos ideais sociais (Leite, 2002).

rização da psicanálise enquanto práxis dirigida ao sujeito desejante, transformando-a numa prática a serviço da demanda social-institucional.

Ao iniciar seu percurso, na década de 1950, fazendo a critica aos pós-freudianos e às instituições psicanalíticas, Lacan apontava exatamente para tais descaminhos, ou seja, para o risco da institucionalização da psicanálise e da pulverização de seu campo quando determinadas condições e princípios não fossem sustentados. Foi por reconhecer que a psicanálise corria o risco de perder sua força discursiva que empreendeu, nesse período, o seu retorno a Freud; e foi também por considerar a existência desse risco que indicou a necessária sustentação de um desejo *precavido* por parte dos psicanalistas.

O fato é que a entrada do psicanalista nas instituições de saúde aponta para a emergência de uma tensão que pode conduzir o psicanalista a abdicar da especificidade de sua função, reatualizando as seguintes questões: "Você vai insistir com o desejo pela psicanálise?". Ou ainda: "Aquilo que você quer seria, de fato, psicanálise?".

Nesse sentido, retomando a interrogação que foi posta no início do presente trabalho, considera-se que o campo da saúde mental pode funcionar como alteridade, capaz de fomentar questões fundamentais para a formação permanente do analista. O fato é que os impasses põem à prova o desejo do psicanalista, propiciando um momento de renovação de uma passagem e evocando algo fundamental, que é o retornar-se psicanalista.

Por outro lado, abre-se a possibilidade da extensão do saber e da experiência adquiridos no âmbito da *psicanálise em intensão*, ou seja, da experiência psicanalítica, momento em que o psicanalista pode contribuir, junto a outros profissionais, com uma ética que se desdobre no coletivo.

O trabalho do psicanalista no campo da saúde mental depende do desejo do analista, fato que destaca que essa práxis não se sustenta na busca de um *bem* para o sujeito, mas antes numa ética do *bem dizer* capaz de singularizar a fala do sujeito e, consequentemente, sua posição no mundo. Encontra-se aqui a contribuição fundamental da psicanálise ao campo da saúde mental no sentido de um resgate do sujeito; para o psicanalista, o encontro com esse campo e suas instituições pode se constituir num momento propício de renovação da aposta na psicanálise.

Sem pretender esgotar o tema proposto, indico, provisoriamente, o seguinte esquema demonstrativo:

Formação Permanente do Psicanalista

INSTITUIÇÕES SOCIAIS

↓

TRÊS TEMPOS LÓGICOS

↓	↓	↓
instante de ver	*tempo de compreender*	*momento de concluir*
↓	↓	↓
desejo de *ser* psicanalista	desejo de saber	desejo do psicanalista
↓	↓	↓
querer ser psicanalista	desejo pela psicanálise	saber desejante
↓	↓	↓
identificação imaginária	identificação simbólica	encontro do real
↓	↓	↓
ilusão/ideal	desejo de Freud	*passe*

REFERÊNCIAS BIBLIOGRÁFICAS

ALBERTI, S. (2000). Psicanálise: a última flor da medicina. Em *Clínica e pesquisa em psicanálise* (pp. 37-56). Rio de Janeiro: Rios Ambiciosos.

FREUD, S. (1923 [1922]/1977). Dois verbetes de enciclopédia. Em *Edição standard brasileira das obras psicológicas completas de Sigmund Freud*, v. XVIII. Rio de Janeiro: Imago.

————. (1926/1977). A questão da análise leiga. Em *Edição standard brasileira das obras psicológicas completas de Sigmund Freud*, v. XX. Rio de Janeiro: Imago.

————. (1933 [1932]/1995). XXXIVème leçon: eclaircissements, applications, orientations. Em *Nouvelle suite des leçons d'introdution à la psychanalyse – Oeuvres Complètes Psychanalyse*, v. XIX. Paris: Presses Universitaires de France.

FIGUEIREDO, A. C. (1997). *Vastas confusões e atendimentos imperfeitos*. Rio de Janeiro: Relume-Dumará.

LACAN, J. (1945/1998). O tempo lógico e a asserção de certeza antecipada: um novo sofisma. Em *Escritos*. Rio de Janeiro: Jorge Zahar Ed.

———. (1956/1988). A situação da psicanálise e a formação do psicanalista em 1956. Em *Escritos*. Rio de Janeiro: Jorge Zahar Ed.

———. (1957-1958/1997). *O Seminário, livro 5: as formações do inconsciente*. Rio de Janeiro: Jorge Zahar Ed.

———. (1964/2003). Ato de fundação. Em *Outros escritos*. Rio de Janeiro: Jorge Zahar Ed.

———. (1967/s.d.). Proposição 9 de outubro de 1967. Em *Documentos para uma Escola II – Lacan e o Passe*, ano XIV, nº 0. Rio de Janeiro: Letra Freudiana.

———. (1967a/s.d.). Petit discours aux psychiatres de Sainte-Anne. Em *Pastout Lacan*. Disponível em: <http://www.ecole.lacnienne.net/bibliotheque.php>.

———. (1969-1970/1994). *O Seminário, livro 17: o avesso da psicanálise*. Rio de Janeiro: Jorge Zahar Ed.

———. (1971/1972). Interventions sur l'exposé de P. Lemoine. Em *Lettres de l'École Freudienne*, nº 9, 68-78.

———. (1971-1972). Le savoir du psychanalyste. Entretiens à Sainte Anne. Disponível em: <http://www.psiconet.org/lacan/textos>.

———. (1972-1973/1985). *O Seminário, livro 20: mais, ainda*. Rio de Janeiro: Jorge Zahar Ed.

———. (1973/s.d.). Sobre a experiência do passe. Em *Documentos para uma Escola II*, ano XIV, nº 0. Rio de Janeiro: Letra Freudiana.

———. (1975-1976/2007). *O Seminário, livro 23: o sinthoma*. Rio de Janeiro: Jorge Zahar Ed.

LEITE, S. (1997). O psicólogo e algumas práticas no serviço público estadual de saúde. Em *Psicologia: Ciência e Profissão*, ano 17, nº 1, 35-39. Brasília: Conselho Federal de Psicologia.

———. (2002). Das relações sujeito-instituição: uma leitura psicanalítica. Em *Revista Mal-estar e subjetividade*, vol. II, nº 2, 145-160. Fortaleza: UNIFOR.

———. (2006). O psicanalista, seu desejo e a instituição de saúde mental. Em *Psicanálise: teoria, clínica e conexões* (pp. 203-211). Fortaleza: Edições Livro Técnico.

————. (2008). As resistências do psicanalista (e outras) na saúde mental. Em *Revista Estudos e Pesquisa em Psicologia*, ano 08, n º 1, 83-93. Rio de Janeiro: UERJ.

MANNONI, M. (1979). *La theorie comme fiction*. Paris: Éditions du Seuil.

NICACIO, E. M. (1996). Agenciamentos sociais, subjetividade e sintoma: a seleção hierarquizada da clientela em um ambulatório público de saúde mental. Em *Physis: Revista de Saúde Coletiva*, nº ½, v. 6, 79-99. Rio de Janeiro: UERJ/IMS.

Psicanálise e instituição: entre clínica e política

Taísa Serpa e Roberto Calazans

Resumo

O trabalho visa discutir a inserção de psicanalistas em instituições de saúde mental regidas por políticas públicas que podemos chamar, com Alain Badiou, de "políticas de representação". Estas impedem que o sujeito responda em seu próprio nome, ignorando as vicissitudes do desejo. A psicanálise, por sua vez, deve sustentar sua ética a partir do desejo que se orienta pela escuta do sujeito.

Palavras-chave: psicanálise; saúde mental; clínica.

Abstract

Psychoanalysis and institution: clinical and political aspects

The paper aims to discuss the inclusion of psychoanalysis in mental health institutions ruled by public policies that we can call, with Alain Badiou, "political representation". Such policies prevent the subjects to respond in their own names, ignoring the vicissitudes of desire. Psychoanalysis, in turn, must sustain its ethics based on the desire to be guided by listening to the subject.

Key words: psychoanalysis; mental health; clinic.

INTRODUÇÃO

O campo da saúde mental há muito deixou de pertencer somente à psiquiatria. Foi-se o tempo em que a loucura estava somente sob o jugo do saber médico. O início dessas transformações remonta às décadas de 40 e 50 do século passado, quando a comunidade terapêutica na Inglaterra e a psicoterapia institucional francesa despontam como as primeiras experiências de reformulação da assistência psiquiátrica prestadas até então. Na década de 60 o psiquiatra italiano Franco Basaglia protagoniza um processo de desinstitucionalização e de questionamento fortemente político do modelo manicomial, no qual as ações das novas instituições que substituem os manicômios trilham um percurso sociopolítico em detrimento da clínica, visto que a tradição basagliana acabou sendo atrelada a um movimento que enxergava a clínica como mais uma das formas de segregação dos indivíduos. Esse movimento italiano influencia diversos outros países, que passam a repensar a assistência psiquiátrica prestada, bem como a própria política de saúde mental.

O Brasil, um dos países fortemente influenciados pelo processo de questionamento do saber psiquiátrico advindo da Itália, protagoniza desde o fim da década de 70 um processo de reconstrução do campo da saúde mental sem precedentes. Reconstrução que parte de questões político-sociais, com as denúncias ao caráter segregador da psiquiatria no início dos anos 80, para num momento posterior atingir também a esfera jurídica com a aprovação de diversas leis estaduais de saúde mental e da lei federal 10.216 de reforma da assistência psiquiátrica brasileira em 2001, além das resoluções e portarias aprovadas ao longo dos vinte anos do processo de reforma psiquiátrica.

É na sequência desse movimento que Tenório (2001) assinala que no nosso país o campo da saúde mental divide-se entre a vertente da reabilitação psicossocial, influenciada pela experiência política e social advinda da Itália, e a vertente clínica, que encontra na psicanálise sua sustentação e fundamentação. A reabilitação psicossocial, conceituada por Ana Pitta (1996) como a restituição de um estado anterior e à normalidade do convívio social ou profissional, é normalmente colocada como a proposta a quem cabe a tentativa de fazer valer o que preconiza a legislação, ou seja, a reinserção social. A reinserção seria o fim último de uma proposta de recuperação da cidadania, que é um dos pilares da política de saúde mental brasileira. Inclusão, reinserção social, autonomia, recuperação da cidadania: palavras de ordem da reforma psiquiátrica, mas que sempre nos remetem ao risco de se instituir um ideal de bem aplicável a todos. Todas essas propostas devem ser levadas a contento, desde que balizadas por parâmetros clínicos, pois a cidadania não pode ser pensada como um ideal normatizador que deva ser obrigatoriamente atingido por todos. Autonomia e cidadania são construções particulares somente possibilitadas por uma prática clínica que considere a subjetividade, o sujeito em sua singularidade.

Justamente por isso, a inserção da psicanálise nas instituições de saúde mental não pode se dar por outra via que não seja a de sustentar sua ética. Como afirma Laurent (1999):

> O analista há de ajudar a impedir que, em nome da universalidade ou de qualquer universal, seja humanista ou anti-humanista, esqueça-se a particularidade de cada um. Essa particularidade é esquecida na saúde mental. É preciso recordar que não há que se tirar de alguém sua particularidade para misturá-lo com todos no universal, por algum humanitarismo ou por qualquer outro motivo (Laurent, 1999: 14).

Se a cidadania é da ordem de uma construção própria a cada sujeito, cada um a construirá como pode desde que lhe seja dada a possibilidade de se situar, de se questionar frente a seu mal-estar. Eis a grande contribuição da psicanálise ao campo da saúde mental. Eis também o motivo pelo qual a psicanálise é convocada a incidir no campo político, mais particularmente na política de saúde mental. Se pensarmos com Badiou (1999) que a política é a representação, por meio de organizações, dos interesses em conflito e dos ideais de determinados grupos, que ela é um mecanismo de representação "que não representa ninguém" e voltarmos à fala com Laurent, que o analista há de ajudar a impedir que se esqueça a particularidade de cada um, temos que a incidência da psicanálise no campo político é da ordem de uma convocação que toca à ética de que a psicanálise não pode abrir mão.

O processo de reforma psiquiátrica, tal como o conhecemos no Brasil, esforça-se há mais de vinte anos para combater a história de segregação promovida por uma cultura manicomial de anos, mas muitas vezes o faz preconizando uma política de desinstitucionalização que acentua a cidadania enquanto um ideal formatado a ser alcançado. Cabe à psicanálise a tarefa de sustentar sua ética do desejo, que se orienta pela escuta do sujeito, advertindo que o ruir das muralhas do manicômio não é o suficiente para combater a exclusão. Às novas instituições da saúde mental é conferido o papel de efetivar ideais de bem e de cura, conferindo uma prática com caráter normatizador que funciona com um saber prévio, muitas vezes assumindo um viés superegoico, fazendo com que essas instituições sejam regidas pelo discurso do mestre (Rinaldi, 2006).

Como sustentar o discurso do analista e a ética da psicanálise num campo tão plural quanto o da saúde mental? Campo este em que encontramos diferentes concepções de ética, de política e de sujeito; em que as noções de coletivo e individual, política e clínica, ética e política estão ainda um tanto quanto imbricadas. Se a política é mecanismo de representação dos ideais de determinado grupo, como sustentar uma ética do desejo que implica em reconhecer a subjetividade, em reconhecer o sujeito enquanto ser único?

Se por um lado o psicanalista não deve recuar frente ao trabalho nas instituições de saúde mental e frente às possíveis incidências no campo político que fundamentam tais instituições, faz-se necessário à psicanálise afirmar sua especificidade sustentando sua ética não a despeito do que a política de saúde mental preconiza, mas incidindo aí mesmo, onde a política reformula a saúde mental. É Laurent (1999) quem afirma que os analistas haverão de pedir algo à saúde mental. Pedir uma rede de assistência que seja democrática e que seja capaz de respeitar os direitos de cidadania construídos por cada sujeito inserido nesse campo.

Quando pensamos a possibilidade de a psicanálise se constituir enquanto diretriz primordial no campo da saúde mental, sobretudo na política que o fundamenta, não o fazemos com o intuito de instituir a psicanálise enquanto verdade última, mas justamente pelo contrário, ou seja, a psicanálise propõe um saber *não-todo*, pressupõe que a verdade está do lado do sujeito. Essa aposta no sujeito desejante implica a posição ética da qual a psicanálise não deve recuar. Se o campo da saúde mental no Brasil se vê, de acordo com

Musso Greco (2001), dançando em gelo liso entre a clínica e a política, o analista pode, a partir de sua inserção nas instituições, incidir tanto na clínica quanto na política, tendo na ética da psicanálise o ponto de aglutinação de qualquer intervenção. Faz-se necessário pensar a relação da psicanálise com a política para que seja possível conceber a clínica psicanalítica em instituições regidas por políticas públicas; mas talvez ainda mais importante seja pensar uma política da psicanálise, aquela a qual Lacan aproximou da ética psicanalítica em seu texto "A direção do tratamento e os princípios de seu poder" (1958/1998). Valendo-se da tripartição tática, estratégia e política, proposta por Clausewitz, general e estrategista militar prussiano, equivale a esses termos, respectivamente, interpretação, transferência e finalidade da análise. Dentro desse ponto de vista, tática e estratégia organizam-se a partir de uma política. Para Alberti (2008), se a política da psicanálise deve se orientar a partir da falta-a-ser do psicanalista – pois os efeitos de sua ação sempre lhe escapam –, é na interpretação que o psicanalista é mais livre. Poder sustentar que a verdade tem estrutura de ficção: é essa a contribuição que o psicanalista pode introduzir na política, chamando a atenção para o fato de que as coisas podem ser de outra maneira quando não estão dando certo da maneira como estão sendo conduzidas (idem).

Essa identificação do que está ou não dando certo de que fala Alberti e, a partir dela, a incidência no campo político para efetuar aquilo para o que Laurent (1999) convocou os psicanalistas só podem ser construídas na instituição, como discorrido anteriormente. Se há uma particularidade na saúde mental, ela reside no fato de que a política nesse campo é construída no cotidiano da instituição; boa parte da legislação aprovada nas conferências nacionais saem das reivindicações nas conferências municipais, reivindicações intimamente ligadas à realidade que cada equipe vivencia nas instituições diariamente. Mas como se insere o analista na instituição de saúde mental?

1. Psicanálise pura e psicanálise aplicada à terapêutica

A presença dos psicanalistas nas instituições de saúde é hoje uma realidade. Contudo, os analistas não têm deixado de encontrar dificuldades para exercer sua prática sem que necessitem por isso revogar sua ética, qual seja, a ética do desejo que orienta a clínica do sujeito. De acordo com Rinaldi (2006), as instituições, em sua maioria, funcionam segundo o discurso do mestre, uma vez que pressupõem um ideal de bem geralmente normatizador, sustentado por um saber prévio sobre o sujeito, e justamente por isso esse discurso constitui-se, conforme formulado por Lacan (1969-1970/1992), como o avesso do discurso do analista, visto que este último pressupõe que o saber encontra-se do lado do sujeito do inconsciente.

A incidência dos psicanalistas nas instituições e em outros campos de trabalho que não o consultório já havia sido pensada por Freud. Em sua conferência "Linhas de progresso da terapia psicanalítica" (Freud, 1919/1976), Freud chama atenção para a necessidade de ampliar o âmbito da prática psicanalítica às camadas mais pobres, levando a psicanálise, por exemplo, às instituições públicas de saúde. "Qualquer que seja a forma que essa psicoterapia para o povo possa assumir, quaisquer que seja os elementos dos quais se componha, os seus ingredientes mais efetivos e mais importantes continuarão a ser, certamente, aqueles tomados à psicanálise estrita e não tendenciosa" (ibid.: 211).

No entanto, não deixa de salientar o risco a que devemos estar atentos, o de se fundir o "ouro puro da análise livre com o cobre da sugestão direta" a partir dessa aplicação em larga escala da psicanálise. Levando em conta essa preocupação proveniente de um cuidado com a manutenção de certos princípios, dos quais a psicanálise não deve recuar, muito se tem discutido acerca dessa inserção da psicanálise nas instituições, nos dispositivos públicos, nos hospitais, colocando à prova certas ferramentas de trabalho dos analistas, tais como o divã, o tempo e o pagamento.

A incidência da psicanálise em outros campos de trabalho que não o consultório e as próprias exigências da contemporaneidade mergulhada no discurso capitalista ocasionam, por vezes, a reivindicação, por parte de classes profissionais e do poder público, de resultados da clínica psicanalítica, o que tem acontecido também por meio das inúmeras tentativas de regulamentação da profissão de psicanalista e da cobrança feita ao psicanalista de resultados a partir de avaliações. A necessidade que urge e à qual o analista é convocado é pensar a psicanálise numa perspectiva oposta às psicoterapias, pensar a prática psicanalítica em sua vertente pura e aplicada, discutindo, principalmente, os efeitos da psicanálise aplicada à terapêutica.

Lacan (1964/2003), em seu "Ato de fundação" da Escola Francesa de Psicanálise, institui três seções, a saber, seção de psicanálise pura, seção de psicanálise aplicada e seção de recenseamento do Campo Freudiano, das quais nos interessam nesse trabalho as duas primeiras. Lacan iguala a psicanálise pura à práxis e à doutrina da psicanálise propriamente dita, "que não é nada além da psicanálise didática" destinada ao estudo e à pesquisa dos conceitos psicanalíticos, à formação de analistas, não sendo, em si mesma, uma técnica terapêutica. Já a psicanálise aplicada, Lacan a institui enquanto clínica e terapêutica. A partir da "Proposição de 9 de outubro sobre o psicanalista da Escola", Lacan (1967/2003) trabalha ainda com os termos *extensão*, que seria a função da Escola como presentificadora da psicanálise no mundo, e *intensão*, a didática, que prepara operadores para ela, sendo, dessa forma, psicanálise pura e psicanálise aplicada indissociáveis. "A prática analítica como tal, que convoca à psicanálise pura, inscreve-se nela. Precisamente nesse sentido, não há psicanálise aplicada sem psicanálise pura" (Matet & Miller, 2007: 5).

Autores como Naveau (2007) têm discutido a disseminação da psicanálise aplicada à terapêutica nas instituições. Esse autor adverte para a exigência ética de que a psicanálise aplicada à terapêutica seja psicanálise, embora o efeito terapêutico seja levado em conta. Que se trate de psicanálise e não de psicoterapia. "Afirmamos haver uma separação nítida a ser operada entre a psicanálise aplicada à terapêutica e a psicoterapia" (ibid.: 9). Ainda que a psicanálise aplicada coloque em xeque os *standards*, ou seja, os modelos que a clínica psicanalítica pode assumir, não devemos recuar nos princípios que norteiam nossa prática. Barros (2003: 41) diz que o *standard* como modelo é representado pelos "comportamentos rituais" que permitem, quando tomados em conjunto, reconhecer um psicanalista e situá-lo em um coletivo; a norma termina por elevar o modelo ao plano de regra universal. Dessa forma, quem não segue tal modelo não é reconhecido dentro do *standard*. Diz ainda o autor que na oposição entre *standard* e princípio em psicanálise o primeiro representa o que se repete sem invenção, a reprodução do mesmo, enquanto o segundo se refere à singularidade, ao caráter único e irrepetível de um objeto ou ato. Cottet (2007: 27) corrobora e adverte: "Uma prática esclarecida não se degrada, nem abandona nada de seus princípios, ao deformar seus conceitos a fim de ampliar seu campo de experiência. Admitamos a afirmação de Bachelard, segundo a qual a riqueza de um conceito científico se mede por sua potência de deformação".

Mas o que está em jogo então na psicanálise aplicada à terapêutica? Em que ela difere da psicoterapia? Naveau (2007: 12) aponta que a psicoterapia visa à identificação, àquilo pelo qual a identificação é tornada possível; a psicanálise caminha no sentido contrário à identificação: a destituição do sujeito. "A psicanálise conduz o sujeito à sua divisão". Em "Televisão", Lacan (1973/2003) é questionado sobre essa diferenciação entre a psicanálise e a psicoterapia e responde que, na medida em que o inconsciente está implicado, existem duas vertentes da linguagem: a do sentido e a do signo. A vertente do sentido é aquela que está do lado da sugestão, se faz passar pelo bom senso, tido como senso comum; diz Lacan que é aqui que a psicoterapia estanca, não porque não exerça um certo bem, mas por ser um bem que leva ao pior. Isso leva Lacan (ibid.) a pontuar que o inconsciente lembra-nos que à vertente do sentido, que nos fascina na fala, o estudo da linguagem opõe a vertente do signo.

A psicoterapia estaria situada na vertente do sentido e a psicanálise, na vertente do signo. Segundo Elia (2006), esse "pior" apontado por Lacan é o resultado da operação pela qual o Outro, como destinatário da demanda sempre terapêutica, se põe em posição de responder a ela de modo provedor, impedindo que o sujeito faça a experiência de sua castração.

2. CLÍNICA PSICANALÍTICA NA INSTITUIÇÃO: A CONSTRUÇÃO DO CASO CLÍNICO COMO OPERADOR DE UMA PRÁTICA FEITA POR MUITOS

Podemos, portanto, entender que a clínica psicanalítica deve trilhar um caminho contrário ao da psicoterapia, especialmente no sentido de não visar a eliminação do sintoma, mas, antes, possibilitar a emergência de uma construção singular do sujeito com relação ao seu sintoma. É essa a clínica do sujeito que se sustenta por uma ética do desejo. Como Lacan aprendeu com Joyce e expõe no livro 23 de seu seminário público (1975-1976/2007), o sujeito pode lançar mão de uma invenção frente ao desarranjo que sua relação com o Outro lhe causara. Quando o analista não recua de seu direcionamento clínico ao caso único, ele está sustentando o discurso da psicanálise na instituição; e esse é o índice de presentificação da clínica psicanalítica não só na instituição, mas onde quer que seja. Obviamente a prática nas instituições tem particularidades. Situamos nesse aspecto a prática entre vários: método proposto por Antonio di Ciaccia – inicialmente na Bélgica em uma instituição para crianças autistas.

Tal método serve-se do múltiplo para favorecer a possibilidade de obtenção de uma certa destituição subjetiva necessária para o trabalho com o sujeito psicótico. Tal destituição subjetiva, ao produzir uma rasura egoica e destituir aquele que estaria no lugar de sujeito suposto saber, pluraliza a transferência e tempera os efeitos de perseguição e de erotomania relativos à instauração do sujeito suposto saber para um sujeito psicótico. De acordo com Bastos e Freire (2005), ao multiplicar os parceiros, a prática entre vários deslocaliza o saber por meio do qual o Outro se afigura avassalador para o psicótico.

Stevens (2007) fala da necessidade de fabricar uma instituição que dê lugar a uma instituição particular para cada caso, ou seja, de produzir uma instituição que permita a existência, no interior dela mesma, de tantas instituições quantos forem os sujeitos que nelas se tratam, e de nos deixarmos guiar pela realidade psíquica, feita de linguagem mais do que pela realidade social. Essa prática se guia por quatro eixos que se complementam: a desespecialização, a formação, a invenção e a transmissão. A desespecialização é tomada não somente no próprio projeto institucional como no trabalho de cada um. A prática entre vários se distingue do que se pode chamar interdisciplinaridade ou multidisciplinaridade, na qual cada um trabalha segundo sua especialidade. Ela é o contrário porque na instituição o psicanalista não é um especialista do sujeito. Ele é desespecializante, fura a instituição e o trabalho analítico através de uma construção do caso que atravessa todos os pontos de vista dos especialistas. Não há reuniões entre os representantes das diversas disciplinas, o que há é a reunião clínica, na qual se buscam as invenções de cada sujeito e se traçam estratégias de acordo com a construção de cada caso. Tudo na instituição é articulado a essa lógica do caso único, construção contínua, que pressupõe a aposta numa ética que se orienta pelo desejo.

Apesar de ter como eixo a desespecialização, é de suma importância que todos os operadores da instituição façam sua formação em psicanálise para aplicá-la à terapêutica, esse é um segundo eixo proposto pela prática entre vários. Já o eixo das invenções nos diz que a orientação psicanalítica dessa clínica requer que estejam os profissionais permanentemente atentos à construção particular de cada sujeito. Não se trata de interpretar ao infinito, mas de estar pronto para ouvir a surpresa. O trabalho consiste em permitir ao sujeito inventar pontos de basta, que o autor chama também pontos de ancoragem. Não se trata de sustentar qualquer coisa de qualquer jeito. Deve haver uma regulação, e a reunião semanal é o lugar essencial do dispositivo institucional. Todos participam da formalização dos casos clínicos, tiram suas consequências no cotidiano. Aqui aloca-se o eixo da transmissão.

Fica claro, portanto, que esse método não pode ser pensado fora da lógica da construção do caso, uma vez que se compreende que existe um modo singular de saída construído por cada um frente à ruptura efetiva do laço social causada pelo desencadeamento de uma psicose. E não podemos perder de vista o fato de que esse modo singular pode muitas vezes divergir ou mesmo contrariar a estratégia genérica que a política preconiza como ideal comum a todos. É de suma importância deixar um espaço aberto para a emergência de algo que não consta no "projeto da equipe". Só assim será possível advir algo da verdade subjetiva de cada sujeito ali onde só há um saber instituído previamente, à revelia do sujeito.

Viganò (1999) propõe um retorno à origem etimológica dos termos "caso" e "clínica" e, para compreendermos melhor o que está em jogo em uma construção de um caso clínico, vamos segui-lo:

> *Caso* vem do latim *cadere*, cair para baixo, ir para fora de uma regulação simbólica; encontro direto com o real, com aquilo que não é dizível, portanto impossível de ser suportado.

> A palavra *clínica* vem do grego *kline* e quer dizer leito. A clínica é ensinamento que se faz no leito, diante do corpo do paciente, com a presença do sujeito. É um ensino que não é teórico, mas que se dá a partir do particular; não é a partir do universal do saber, mas do particular do sujeito (ibid.: 51).

Para esse autor, o discurso do analista é o que constitui a construção do caso clínico, pois parte sempre do particular. Portanto, defende Viganò, o discurso do analista não se apresenta somente quando se inicia uma análise, pois pode se constituir como uma forma de trabalhar que pode ser reproduzida na instituição. Torna-se necessário manter aberto o espaço para o sujeito da palavra – sujeito desejante – introduzir o particular do sujeito no universal da instituição. Além disso, a construção de um caso comporta uma provisoriedade que produz um furo no saber dogmático da instituição, este que geralmente leva a uma conduta repetitiva na qual, uma vez definidos diagnóstico e projeto terapêutico, não há mais necessidade de escutar o sujeito.

No âmbito da construção do caso clínico, Alfredo Zenoni (2000) propõe que sejamos "aprendizes da clínica", recolhendo das produções do sujeito os indicadores para a condução de seu tratamento. Em se tratando da psicose como estrutura clínica, entendemos que para esses sujeitos a foraclusão do Nome-do-Pai impossibilitou uma estruturação pela via do arrimo fálico que institui um ponto de ancoragem na linguagem e permite o sujeito se inserir no discurso, no laço social. Mas a ruptura desse laço, precipitada pelo surto, pode se constituir como uma possibilidade de resposta por parte do sujeito, desde que lhe seja oferecida uma escuta no nível do trabalho subjetivo. Trata-se de entender o surto, ou um momento de crise como momento favorável a uma invenção singular e não como uma sintomatologia a ser extirpada. Alexandre Stevens (2007) nos lembra que nossa tarefa não é a de interpretar ao infinito, mas a de estarmos prontos para escutar a surpresa, um momento em que o sujeito pode inventar um ponto de basta que possa fazer as vezes do ponto de basta da função paterna que não operou para esses sujeitos, concedendo-lhes novas balizas, "um novo enquadre para sua realidade" (ibid.: 82).

Cabe-nos agora pontuar o trabalho em equipe como eixo fundamental para a construção do caso, entendendo que o que pontuamos como prática entre muitos se constitui como um método de inserção da psicanálise nas instituições de saúde mental; entretanto, a construção do caso é o ponto de sustentação dessa prática por ser também a posição do analista onde quer que desenvolva sua clínica. Figueiredo (2004) aponta que na saúde mental essa lógica da construção do caso diverge um pouco do trabalho mais específico do psicanalista, e isso se dá justamente pela heterogeneidade da equipe, o fato de esta ser composta por diversos profissionais e diversos referenciais teóricos, além de diferentes níveis de formação: "Mas é justamente por meio desse trabalho coletivo que a discussão do caso deve ir na direção de aprendiz da clínica, ou seja, colher das produções do sujeito os indicadores para seu tratamento, e não ao contrário, impor o modelo da reabilitação em sua dimensão pedagógica e moral" (ibid.: 83).

Viganò (1999) ressalta que no âmbito da saúde mental acontece de o saber do mestre ser substituído pelo debate democrático. Apesar de esse caminho ser um tanto quanto inevitável, a construção do caso pode levar, através desse debate, a um ponto de orientação, a uma autoridade que faça a equipe tomar uma decisão; não uma decisão tomada pela maioria mas imposta a partir do saber extraído do sujeito. "Minha proposta é que seja a construção do caso a produzir uma nova autoridade, que eu chamaria autoridade clínica" (idem).

3. Conclusão

Para compreendermos o campo da saúde mental tal como se organiza hoje, o retorno às origens da psiquiatria preventiva dos EUA torna-se capital. Tal movimento, articulado na década de 60 do século passado, institui uma nova concepção da assistência psiquiátrica: a saúde mental baseada numa ordenação em torno da Classificação Internacional de Doenças, a CID, que define, através do recurso à fenomenologia dos sintomas apresentados, a patologia a ser tratada. Diagnosticado o transtorno, define-se o tratamento, com seu objetivo específico: a eliminação do sintoma, visto que este evidencia o sofrimento do sujeito, algo que não vai bem, além de apontar para uma inadaptação ou restrição na ordem do social, e isso precisa ser extirpado, pois, como Miller (2001) acentua, a saúde mental não tem outra definição que não seja a da ordem pública e não há critério mais evidente de perda da saúde mental que qualquer perturbação dessa ordem.

A nova organização da saúde mental, apesar de propor uma horizontalização das ações e a abertura a outros campos do saber que não a medicina, não conseguiu ultrapassar uma lógica do todo, que visa o universal desconsiderando a singularidade do sujeito. Barreto (2010) acentua que um aspecto essencial dessa lógica do todo seria a busca de parâmetros universais que fundamentariam o tratamento dos transtornos. Mas a ética da psicanálise está na contramão dessa lógica, pois atua segundo a lógica do *não-todo*, ou seja, na singularidade da relação do sujeito com seu desejo e seu modo de gozar. O discurso analítico se situa exatamente onde não é possível inscrever um universal: no caso a caso, no um a um. Uma vez que a psicanálise faz da singularidade do desejo o guia de sua ética, esta não pode de forma alguma coincidir com a moral. E é justamente por isso que a psicanálise se coloca na contramão de qualquer discurso que coloque a ética na medida da moral. Por inscrever-se numa lógica do *não-todo*, a psicanálise propõe a construção do caso clínico: teorização a partir do um. E nessa medida também se coloca num outro lugar do que aquele ocupado pela psiquiatria, especialmente a de orientação fortemente biologicista, que tem uma tendência a universalizar as abordagens de cada transtorno, a partir de dados estatísticos, com o intento de eliminar o sintoma. Ora, a psicanálise deve caminhar na contramão desse discurso, uma vez que não se visa à eliminação do sintoma. A construção do caso impõe um direcionamento clínico que não se sujeita ao discurso da moral; antes, visa o resgate de significantes que compõem a história de cada sujeito, com seu sintoma, que, ao invés de eliminado, deve ser atrelado à possibilidade de criação singular. A política de saúde mental, ao propor a reinserção social, normalmente pressupõe a eliminação do sintoma, uma vez que o sintoma é visto como perturbador da ordem. Seguir esse discurso comporta o risco de, ao invés de ultrapassar a exclusão, apenas criarmos outra forma de exclusão, ou o que Viganò (1999) pontuou como "criar outros espaços onde se faz barulho sem falar".

Não se trata de propor um direcionamento clínico em detrimento da política, obviamente que não há possibilidade de se fazer clínica na saúde mental na ausência da política pública; é claro o fato de que no campo da saúde mental política e clínica caminham juntas, mas isso não quer dizer que devam ser tomadas como sinônimos. Se pensarmos que sustentar o discurso analítico na instituição é não recuar em tomar a singularidade do desejo do sujeito como guia de nossa ação, então a posição do analista não pode ser outra que não a de possibilitar o aparecimento do particular do sujeito (clínica) no geral do que a instituição preconiza (política pública). A política pública por definição é representativa – como acentua Badiou (1999) –, não há como ser de outra forma, e muito do que se avançou em termos de reforma psiquiátrica se deve justamente a os profissionais terem bancado que as coisas não poderiam continuar como estavam; só assim se conseguiu tamanho avanço em termos de política. Mas agora temos outros desafios à frente. Se a política pública dominante na saúde mental é a desinstitucionalização, o que temos feito para evitar um novo processo dessa ordem, que pode substituir o antigo "modelo hospitalocêntrico" por um "modelo capscêntrico"? Justamente por isso somos convocados a sustentar um direcionamento clínico como guia de nossa ação.

REFERÊNCIAS BIBLIOGRÁFICAS

ALBERTI, S. (2008) A política da psicanálise e a da saúde mental. Em *Estud. pesqui. psicol.*, Rio de Janeiro, v. 8, n. 1. Disponível em: <http://pepsic.bvsalud.org/scielo.php?script=sci_arttext&pid=S1808-42812008000100002&lng=pt&nrm=iso>.

ALBERTI, S. & FIGUEIREDO, A. C. (2006). *Psicanálise e saúde mental: uma aposta*. Rio de Janeiro: Companhia de Freud.

BADIOU, A. (1999). Ética e política. Em *Conferências de Alain Badiou no Brasil.* Belo Horizonte: Autêntica.

BARRETO, F. P. (2010). A psicanálise aplicada à saúde mental (uma contribuição ao tema da prática lacaniana nas instituições). Disponível em: <www.clinicaps.com.br>.

BARROS, R. R. (2003). Sem standard mas não sem princípio. Em *Os usos da psicanálise* (pp. 39-48). Contra Capa: Rio de Janeiro.

BASTOS, A. & FREIRE, A. B. (2005). A prática entre vários: princípios e aplicação da psicanálise. Em *Efeitos terapêuticos na psicanálise aplicada* (pp. 93-109). Rio de Janeiro: Contra Capa.

COTTET, S. (2007). O psicanalista aplicado. Em *Pertinências da psicanálise aplicada* (pp. 27-31). Rio de Janeiro: Forense Universitária.

ELIA, L. (2006). O começo da análise não pode fazer com que a neurose comece a cessar. Em *Psicanálise e saúde mental: uma aposta* (pp. 47-54). Rio de Janeiro: Companhia de Freud.

FIGUEIREDO, A. C. (2004). A construção do caso clínico: uma contribuição da psicanálise à psicopatologia e à saúde mental. Em *Revista Latinoamericana de Psicopatologia Fundamental*, ano VII, nº 1, 75-86.

FREUD, S. (1919/1976). Linhas de progresso na terapia psicanalítica. Em *Edição standard brasileira das obras psicológicas completas de Sigmund Freud*, v. XVII. Rio de Janeiro: Imago.

GRECO, M. G. (2001) Dançando em gelo liso entre a clínica e a política. Em *Psicanálise e psiquiatria – controvérsias e convergências* (pp. 111-120). Rio de Janeiro: Rios Ambiciosos.

LACAN, J. (1958/1998). A direção do tratamento e os princípios de seu poder. Em *Escritos*. Rio de Janeiro: Jorge Zahar Ed.

————. (1964/2003). Ato de fundação. Em *Outros escritos*. Rio de Janeiro: Jorge Zahar Ed.

————. (1967/2003). Proposição de 9 de outubro de 1967 sobre o psicanalista da Escola. Em *Outros escritos*. Rio de Janeiro: Jorge Zahar Ed.

————. (1969-1970/1992). *O Seminário, livro 17: o avesso da psicanálise*. Rio de Janeiro: Jorge Zahar Ed.

————. (1971/2003). Lituraterra. Em *Outros escritos*. Rio de Janeiro: Jorge Zahar Ed.

————. (1973/2003). Televisão. Em *Outros escritos*. Rio de Janeiro: Jorge Zahar Ed.

————. (1975-1976/2007). *O Seminário, livro 23: o sintoma*. Rio de Janeiro: Jorge Zahar Ed.

LAURENT, E. (1999). O analista cidadão. Em *Curinga – Revista da Escola Brasileira de Psicanálise – MG*, nº 13, 12-19. Belo Horizonte: EBP.

MATET, J.-D. & MILLER, J. (2007). Apresentação. Em *Pertinências da psicanálise aplicada* (pp. 1-5). Rio de Janeiro: Forense Universitária.

MILLER, J.-A. (2001). Psicanálise pura, psicanálise aplicada e psicoterapia. Em *Phoenix – Revista da Delegação Paraná da Escola Brasileira de Psicanálise*, nº 3, 9-44. Curitiba: EBP.

NAVEAU, P. (2007). A psicanálise aplicada ao sintoma: o que está em jogo e problemas. Em *Pertinências da psicanálise aplicada* (pp. 9-16). Rio de Janeiro: Forense Universitária.

PITTA, A. (1996). *A reabilitação psicossocial no Brasil hoje*. São Paulo: Hucitec.

RINALDI, D. (2006). Entre o sujeito e o cidadão: psicanálise ou psicoterapia no campo da saúde mental? Em *Psicanálise e saúde mental: uma aposta* (pp. 141-148). Rio de Janeiro: Companhia de Freud.

STEVENS, A. (2007). A instituição: prática do ato. Em *Pertinências da psicanálise aplicada* (pp. 76-85). Rio de Janeiro: Forense Universitária.

TENÓRIO, F. (2001). *A psicanálise e a clínica da reforma psiquiátrica*. Rio de Janeiro: Rios Ambiciosos.

VIGANÒ, C. (1999). A construção do caso clínico em saúde mental. Em *Curinga – Revista da Escola Brasileira de Psicanálise – MG*, nº 13, 50-56. Belo Horizonte: EBP.

ZENONI, A. (2000). *Psicanálise e instituição. A segunda clínica de Lacan*. Belo Horizonte: Abrecampos.

Imagem do corpo: medicina, psicanálise e sociedade

Mara Viana Sternick

Resumo

A partir dos estudos do anatomista *Andrea Vesalius*, a autora descreve a imagem do corpo pela via da perspectiva histórica da medicina. Dessa forma, é demonstrado que a imagem que interessa a essa ciência sempre foi diferente do que vem sendo propagado na atualidade através da exibição de corpos modificados por incansáveis demandas da cultura, que merecem ser investigadas à luz da psicanálise.

Palavras-chave: corpo; medicina; psicanálise.

Abstract

The body image: medicine, psychoanalysis and society

Stemming from the studies of the anatomist Andreas Vesalius, the author describes the image of the body through the historical perspective of medicine. Thus, it is shown that the image that mattered to this science was always different from what is being propagated nowadays, through the display of bodies modified by relentless demands of culture, which deserve to be investigated in the light of psychoanalysis.

Key words: body; medicine; psychoanalysis.

A medicina, como toda ciência positivista, é baseada em evidências obtidas através de dados estatísticos. Sabe-se que o sujeito não interessa ao médico, mas sim seu corpo como objeto de investigação da doença. É bem verdade que existem doenças que se tornam enigmas para os médicos; é aí que o analista é convocado. Onde a medicina encontra seu limite, a psicanálise deve advir.

É importante notarmos que os avanços tecnológicos da medicina podem beneficiar o tratamento e facilitar o diagnóstico do médico, pois ele conta hoje com aparelhos de última geração capazes de precisar, por meio de imagens, informações obscuras ao exame clínico, por exemplo a ressonância magnética, a tomografia computadorizada, a densitometria óssea, a ultrassonografia, a radiografia, dentre outras. Pensamos que estas são as imagens do corpo que interessam à medicina. Nota-se que a partir dessas imagens a ciência aumenta, a cada dia, o investimento nas práticas médicas que visam um corpo perfeito. O diagnóstico feito por imagens – consideramos a imagem como um recurso auxiliar na medicina contemporânea, usada principalmente quando a doença não aparece no campo do visível – é um diagnóstico extraído através do real do corpo.

Não desconsideramos a importância desse tipo de avanço científico, ao contrário, mas interrogamos o papel que a medicina vem desempenhando ante a infinita demanda da cultura por mudanças das imagens do corpo. Por exemplo, com relação às cirurgias de mudança de sexo demandadas pelos homossexuais. As *estatísticas médicas* mostram que o índice de sujeitos que passam ao ato, suicidando-se após a transformação da imagem de seu corpo nesses casos, é altíssimo, com prevalência de aproximadamente um terço dos operados[1]. Embora a psicanálise não seja uma clínica baseada em evidências, aqui sublinhamos apenas que mudar a imagem do corpo pode produzir efeitos devastadores.

Temos também as mudanças da imagem do corpo por meio da arte. Lembremos a da artista francesa Orlan, que ganhou fama ao fazer um "manifesto da arte carnal": ela implantou um par de chifres na testa e costuma se metamorfosear sempre, tratando seu corpo como objeto de consumo obsoleto, fazendo uso das operações plásticas como prática corrente. Sua

[1] Informação obtida através de consulta ao site: <http://www.ncbi.nlm.nih.gov/pubmed/17135115>. Acesso em 29 de abril de 2010.

performance é considerada por muitos como *Body Art*. Enfim, o corpo mapeado, examinado, exposto, cortado, aberto e comercializado.

Foi a partir do discurso psicanalítico, e mais especificamente do ensino de Lacan, que se tornou possível pensar que a psicanálise não é um apêndice da medicina. No entanto, não podemos desconsiderar os benefícios do avanço que a medicina tem alcançado em suas pesquisas e simplesmente buscar um discurso que faça oposição a ela. Podemos pensar que, apesar de serem *epistemes* distintas, psicanálise e medicina podem fazer uma interface desde que uma conheça o limite da outra.

Aliás, isso já havia sido apontado por Lacan. Em fevereiro de 1966, Lacan proferiu uma conferência intitulada "Psicanálise e medicina" (Lacan, 1966/2001) no *Collège de Médicine des Hôpitaux* em Paris. Durante sua exposição, a prática médica foi por ele interrogada e, embora fosse médico de formação, sustentou seus questionamentos endereçados a uma plateia que supomos composta eminentemente por médicos. Os médicos e a medicina têm uma ética, decerto, mas é preciso reconhecer – não é nosso propósito desenvolver essa questão, que implicaria um desvio do tema que desenvolvemos neste trabalho – que as considerações quanto ao sujeito (ou quanto à subjetividade) tomam caminhos diferentes na psicanálise e na medicina.

Nessa conferência, Lacan forjou o neologismo *epistemossomática* com a intenção de ressaltar a necessidade de os médicos levarem em conta a ética. A que Lacan estaria se referindo?

Temos aqui duas perspectivas interessantes a averiguar. A primeira visa decifrar esse "neologismo lacaniano". Assim, segundo Dias (2001/2003: 21), o termo *episteme* é "utilizado para caracterizar o que se produziu enquanto ciência na Antiguidade Clássica; significa colocar-se em boa posição; encontrar-se em boa posição para apropriar-se de um saber". Sabe-se que o termo *somático* diz respeito ao corpo. Portanto, poderíamos dizer que *epistemossomática* sugere um saber sobre o corpo.

Quanto à segunda perspectiva, embora nos aproxime do que supomos ser a "sugestão lacaniana", propomos abordá-la tendo como mote a imagem do corpo. Nesse sentido, consideramos necessário fazer um recorte histórico reportando-nos à filosofia socrática.

O *SABER* DA CIÊNCIA

Se a ciência visa um conhecimento sobre o real, será que, nessa perspectiva, este poderia ser confundido com a verdade? A medicina como ciência quer conhecer e saber sobre a doença. Hipócrates, considerado o pai da medicina, não deixou de preocupar-se com questões psíquicas, embora as atribuísse aos humores, portanto ao mau funcionamento do corpo. Vemos com o referido filósofo a verdadeira função médica, mesmo que ela possa ser pensada em relação à ausência de recursos médicos naquela época.

Hoje, mesmo após o advento da psicanálise, a psiquiatria biológica – e não toda psiquiatria – requer exames que mostrem alterações neuronais por meio de imagens ou verifiquem alterações físicas. Parece-nos que a direção dos novos avanços deveria ser o campo das "doenças nervosas", mas muitas vezes se tenta retomar o legado hipocrático, ou seja, localizar as doenças da "alma" no corpo.

Chama-nos a atenção que a medicina contemporânea desconsidere o impossível, por exemplo o envelhecimento natural, e pratique o tratamento das compulsões através de técnicas cirúrgicas, sedação da angústia e modificações extremas de imagens do corpo – como víamos na face do cantor Michael Jackson, na luta contra a idade verificada no corpo musculoso da cantora Madona e ainda nos transexuais, que insistem em optar pela mudança de sexo através de atos cirúrgicos. Opomo-nos, sim, a qualquer promessa "miraculosa" de modificações das imagens do corpo. Modifica-se o corpo e a imagem externa, mas e a imagem inconsciente?

Lacan formulou com sua conceituação de "real" o que é da ordem do impossível. Nessa orientação pensamos que tanto a psicose quanto a morte dizem respeito ao real, e poderíamos dizer que seriam nomes diferentes do real, dentre outros. Entendemos que a medicina já sabe disso e, muitas vezes, insiste em negá-lo.

Em relação à morte, lembramos dois momentos da História, ambos por volta dos anos 470 a.C. O primeiro, quando Sócrates e seu discípulo Platão abordaram o saber e indicaram que o conhecimento sobre a verdade encontra-se no próprio sujeito. O segundo, quando Sócrates descreveu a sensação de sua morte, visando ilustrar, com o real da morte, um saber sobre a verdade. Assim, antes de seu fim, o filósofo pôde conversar com seus seguidores sobre a imortalidade "da alma"[2].

Cabe ressaltar que em nenhum momento Sócrates desafiou o corpo: ele sabia que morreria ao tomar o veneno. Contudo, o fato de em pleno século XXI nos ocuparmos e escrevermos sobre ele prova que sua teoria estava certa, ou seja, que ele se tornou imortal.

Quando o referido filósofo enuncia "só sei que nada sei", já anunciava um saber que encorajava aqueles que o escutavam a procurarem o conhecimento das verdades eternas em suas próprias reflexões. Podemos verificar isso no diálogo estabelecido entre Sócrates e Mênon a partir de uma provocação que esse último lança ao mestre. Mênon pergunta a Sócrates se a virtude pode ser ensinada ou se ela pode ser adquirida por exercício. Sabiamente, o mestre respondeu-lhe não saber o que é a virtude e, por não sabê-lo, não poderia dizer como ela é. Irritado com a resposta obtida, Mênon não insistiu, pois desejava que a resposta sobre a virtude estivesse associada à fama, à glória e à boa reputação.

Mesmo que seja de modo limitado, gostaríamos de propor a possibilidade de pensarmos que a medicina – ou certa vertente da medicina – poderia encontrar apoio na leitura feita por Mênon sobre a virtude, visto que a fama e a glória podem ser alcançadas ao se descobrirem avanços em qualquer campo. Nessa mesma corrente, pensamos que a proposta que Sócrates dirige ao interlocutor, de descobrir a virtude em si mesmo, poderia ser de algum modo o que indica a teoria da reminiscência freudiana. A teoria que encontramos nesse diálogo escrito por Platão sustenta que não se aprende e nem se ensina nada, pois a alma apenas recorda o já visto e conhecido por meio de vivências. Apenas vagas recordações das verdades eternas, que um dia foram contempladas pela alma, vêm à tona novamente.

Segundo essa perspectiva de leitura, poderíamos dizer que Freud (1909/1969) considerou a noção de reminiscência conforme a filosofia socrática, pois, na primeira de suas "Cinco lições de psicanálise", ele retomou a importante expressão que já anunciara em carta ao amigo Fliess,

[2] Dados consultados no site: <http://www.educ.fc.ul.pt/docentes/opombo/hfe/momentos/escola/socrates/mortedesocrates.htm#Morte1>. Acesso em 5 de fevereiro de 2010.

no âmbito da teoria da reminiscência, como uma fórmula paradigmática para a histeria: "nossos enfermos de histeria sofrem de reminiscências. Seus sintomas são resíduos mnêmicos de experiências especiais [traumáticas]" (ibid.: 13). Dito à maneira platônica, "nada se pode aprender senão o que já se sabe: o pensamento é um diálogo da alma com ela própria" (Koyré, 1982: 41).

Aristóteles trata essa questão de modo diferente daquele proposto por Sócrates, pois não prescinde dos ensinamentos advindos do Outro. Na perspectiva aristotélica, o ensinamento só pode ser transmitido através de alguém que aprendeu antes (Penna, 2003: 22).

Transportando essas questões para a atualidade, ainda que de um modo um tanto rápido, poderíamos considerar as ideias de Sócrates e de Freud. Em meados de junho de 2009, foi exibido um programa na TV *Globo News* no qual o jornalista Jorge Pontual entrevistou o médico fisiatra Dr. John Sarno, que explicava com todo rigor o problema das dores emocionais a partir do que ele considerava serem elucidações bastante consistentes, por serem baseadas e solidificadas no campo da ciência. Ao leitor de Freud não passou desapercebida a semelhança do que expunha o médico com o que escrevera o colega vienense em 1923.

Entendemos que Dr. Sarno fez um esboço bem próximo ao feito por Freud em seu texto "O eu e o isso" (1923/1969). Nesse texto, é explicado mais uma vez o funcionamento homeostático do aparelho psíquico. É certo que tanto Dr. Sarno quanto seu livro, que se tornou *best-seller*, são um grande sucesso no meio americano. Seus escritos têm sido vistos como referências para explicações das dores psíquicas e a proposta neles contida é considerada por muitos como "novidade". A proposta do Dr. Sarno é oposta ao que o físico Thomas Kuhn (1962) apontou em sua obra *Estrutura das revoluções científicas*, pois para este autor uma revolução científica deve ser baseada no acúmulo de conhecimentos que, além de vir acompanhado de teoria e de método, deve conter um olhar antes desconhecido ao cientista de modo tal que a forma de conhecimento deve ser sempre revolucionária.

Resgatemos o que vem da prática da anatomia, ou da ideia de anatomia, servindo-nos de Andrea Vesalio, o primeiro anatomista.

Nascido em Bruxelas no ano de 1514, Andrea Vesalio tornou-se professor da Universidade de Pádua em 1534 e, além de ter se inspirado no gênio renascentista Leonardo da Vinci, inspirou-se também em Galeno, a quem acabou se opondo depois. Aos vinte e dois anos de idade experienciou pela primeira vez a prática de dissecção de cadáver: inicialmente fermentou as partes dissecadas, depois retirou a pele e contou todos os ossos do corpo humano, finalmente partiu para o estudo dos órgãos e dos músculos.

Vesalio foi um opositor aos escritos que compõem a obra de Galeno. Sua forma desafiadora de trabalhar encontrou resistências, pois existia apenas o tratado galênico para consultas médicas. Opor-se a escritos com mais de 1300 anos não era tarefa fácil, por isso Vesalio foi considerado louco por muitos e recebeu inúmeras críticas, contudo não se intimidou e "corrigiu" mais de duzentos erros de Galeno. Completou, em Pádua, sua obra fundamental *De emanes corporis fabrica* (Vesalio, 1543), que abordou a construção do corpo humano e foi publicada na Basileia no ano de 1543. Apesar de o poderio da Igreja estar francamente consolidado, as atividades de Vesalio como anatomista puderam ser realizadas sem a interferência do clero, pois a cidade de Pádua era parte da República Veneziana. Seus estudos foram realizados em Paris durante os anos de 1553 a 1556, época na qual o estudo anatômico era feito às escondidas por ser considerado como uma prática ilegal, e isso persistiu por muitos séculos. Quando realizado, os corpos eram de indivíduos criminosos e/ou indivíduos condenados à morte. Ainda assim, os corpos podiam ser dissecados apenas com fins educativos, como demonstrações públicas apresentadas em anfiteatros, que ganhavam o nome de "Teatros de Anatomia", comandadas por membros da Universidade. Podemos notar a importância adquirida pela anatomia através da arte de Rembrandt, que retrata em sua obra "Lição de Anatomia do Dr. Nicolas Tulp" (Rijn, 1632) uma dissecação de cadáver (imagem 1)[3].

---

[3] Imagem retirada do site: <http://usuarios.cultura.com.br/jmrezende/pinturas.html>. Acesso em 28 de julho de 2009.

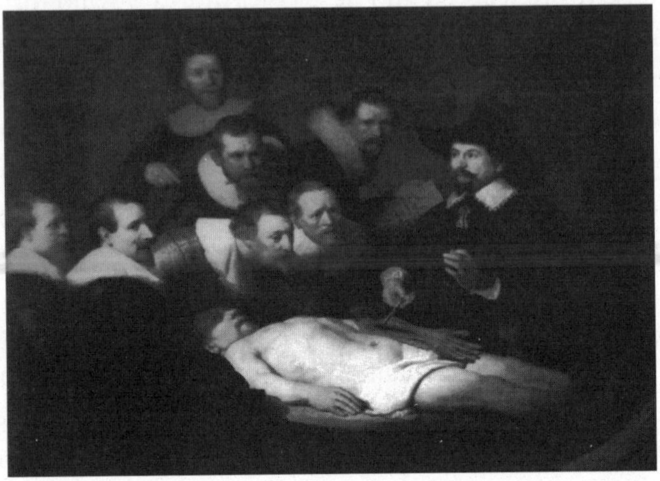

Lição de Anatomia do Dr. Nicolas Tulp – Rembrandt van Rijn, 1632. Mauritshuis, Holanda

Observamos nessa tela algumas particularidades. Um homem, provavelmente um professor, que realiza a dissecação do corpo de um possível criminoso e a ideia de apresentação pública, expressa pelo olhar dos outros homens que não o direcionam à dissecação e sim a um pretenso público, como interpretamos.

Curiosamente, ao descobrirem uma dissecação de cadáver feita por Vesalio, ele também foi condenado à morte. Contudo, foi a partir desse grande nome que a anatomia ganhou um lugar nos estudos médicos.

Lembramos outra "modalidade da anatomia" exposta em nome da arte pelo médico anatomista Gunther Hagens, que fundou em 1993 o Instituto de Plastinação de Heidelberg, em sua exposição *Bodyworlds*: corpos humanos submetidos a sua técnica de *plastinação de cadáveres* em várias posições e dissecados "em detalhes". Esses corpos expostos causam mal-estar em uns e fascínio em outros, mas uma coisa é certa: sua exposição foi um sucesso de público em Londres.

A IMAGEM DO CORPO ENTRE A PSICANÁLISE E A MEDICINA

A partir do século XVII aparece o *corpo máquina*: foi assim que a medicina passou a pensar o corpo. De forma diferente da medicina, para a qual a ideia de corpo faz parte da História, a psicanálise considera que o corpo anuncia algo a ser decodificado. É inegável que para a medicina existe um saber sobre o corpo, enquanto para a psicanálise esse saber é atravessado pelo inconsciente. Vemos que o interesse de ambas é o mesmo – ou seja, a verdade –, contudo trata-se de verdades distintas. Embora advinda da ciência, a psicanálise não é a ela identificada.

Durante dois anos um grupo de cinco estagiários de psicologia[4], atualmente graduados, realizou atendimentos clínicos e entrevistas com várias crianças após internação em um grande hospital geral em Belo Horizonte, o Hospital Felício Rocho. Alguns médicos observaram que algumas crianças apresentavam "alterações de comportamento" no pós-cirúrgico, mas, curiosamente, no relato dos médicos e dos psicólogos do hospital, escutamos que o mal-estar dessas crianças não estaria relacionado apenas ao desconforto ocasionado pela cirurgia, porque os médicos consideravam haver algo que não conseguiam explicar, pois estaria localizado além disso.

Nossa escuta de seus relatos durante as supervisões nos levou a circunscrevermos um ponto em comum: a angústia que se anunciava de diversas formas em cada criança que havia sido operada. Não podemos deixar de registrar a sensibilidade dos médicos ao "sinal de angústia" enviado pelas crianças operadas, especificamente de uma anestesista pediátrica, cujo interesse era o de indagar esse comportamento da criança que nomearam como "transtorno de ajuste". Motivamo-nos então a buscarmos a questão da angústia e sua conexão com o corpo, mais especificadamente a questão sobre como a imagem do corpo encontrar-se-ia alterada por uma cicatriz, seja física ou psíquica, que marca a realização de uma cirurgia no corpo.

Seria interessante interrogarmos o destino do sujeito portador de um corpo segundo o parâmetro da (im)possibilidade de o discurso psicanalíti-

[4] A supervisão durante dois semestres ficou sob nossa responsabilidade; os estagiários eram: Bruno Lage Andrade Santos, Cássia Keily Vidal Cunha, Danúbia Drumond Guerra, Maria Natalina de Lima Manduca e Wanderlúcio Nunes de Paula. Esses estagiários atendiam crianças cujo diagnóstico de "transtorno de ajuste" era feito pela anestesista pediátrica Dra. Maria Amélia Neves, que na época desenvolvia uma pesquisa quantitativa sobre o tema para sua dissertação de mestrado, defendida no departamento de Pós-Graduação da Pediatria da UFMG.

co fazer laço com o discurso da ciência. Como pensar a posição do sujeito no mundo atual com a evolução da ciência?

A psicanálise é um saber que considera o corpo de um sujeito de linguagem, convidando-nos a pensá-lo nessa perspectiva. Portanto, uma das funções do analista seria oferecer ao sujeito da contemporaneidade a oportunidade de falar de seu corpo, de sua imagem em uma dimensão diferente do discurso da ciência. Aliás, a psicanálise segue na contramão do sentido que a ciência oferece, pois se atém à dimensão inconsciente, lá onde inicialmente parece haver nenhum sentido. Dito de outro modo, o saber universal não interessa a psicanálise e sim o saber particular de um sujeito (Quinet, 1989).

Por ora nos voltaremos para o tema da indicação de cirurgia para crianças: elas não têm qualquer margem de escolha, apenas submetem-se a elas. Sabemos que, com o anúncio de uma cirurgia, frequentemente aparece a angústia e muitas vezes não há tempo hábil para uma elaboração desse procedimento pelo sujeito. Freud (1926/1969) nos alerta que a angústia surge essencialmente diante de algo que se apresenta como um perigo interno, ou seja, um perigo pulsional ante o qual o sujeito encontra-se indefeso. Portanto, a angústia aparece como um recurso do aparelho psíquico frente ao pulsional.

Sabemos com Freud que a pulsão é uma força constante e se satisfaz ao atingir seu alvo. No "Além do princípio de prazer", Freud (1920/1974) nos diz sobre um estado de equilíbrio, uma *homeostase*, como se a pulsão ao atingir esse ponto não precisasse mais de uma exigência de trabalho interno: esse estado de inércia aconteceria com a morte. Afora isso, há sempre uma insistência da pulsão em ser representada constantemente.

Pensemos em um sujeito que se submete a uma cirurgia não eleita por ele. Diante do imprevisível, ele fica sem recursos psíquicos para lidar com o atravessamento da realidade. Como há um trabalho psíquico interno sempre, a pulsão continua a se movimentar, mas não encontra uma ancoragem, e isso faz o sujeito se angustiar.

O "desenvolvimento da angústia" é compreendido por Freud (1926/1969) de duas maneiras. A primeira, como um sinal de alarme para o sujeito preparar-se ante a iminência da presença de um desconforto interno que ele não conseguiu nomear outrora, como é o caso da repetição de vivências decorrentes de uma situação traumática. Nessa direção a angústia é vista por Freud como "angústia sinal", que permitiria ao sujeito criar recursos que obstaculizassem um desenvolvimento maior da própria angústia; contudo, os recursos criados nem sempre são eficazes. A segunda maneira de desenvolvimento da angústia proposta por Freud ocorreria sem que houvesse qualquer sinal que pudesse vir servir de preparo para o sujeito defender-se ante um perigo interno – o pulsional – ou um perigo real externo. No caso especifico da criança, pensamos que algo atravessa a dimensão da dor, pois ocorre em seu corpo um corte real precisamente no momento em que a imagem de seu corpo está em processo de consolidação.

Em seu texto "Posição do inconsciente" (1964 [1960]/1998), Lacan cita o *mito da lamela*, que anuncia a encarnação da parte faltante; o mito ressitua a questão do objeto perdido freudiano. Segundo Patrick Valas (2009), a lamela é parte de si mesmo que o sujeito deve abandonar para entrar na linguagem, e é isso que o faz desejante ao mesmo tempo que mortal. Lacan tomará de Wiliam Shakespeare, em *O mercador de Veneza*, a expressão "uma libra de carne", o que nos permite pensar em um pedaço perdido do corpo pago com a carne, ou melhor, com uma libra de carne.

No entanto, uma observação se faz necessária antes de prosseguirmos: existem pessoas que elegem perder essa "libra de carne", outras a perdem por questões de sobrevivência e, nesse sentido, estamos nos referindo às escarificações e cirurgias de remoção de órgãos, respectivamente. Em ambas as situações, o sujeito se coloca à mercê do Outro, porém podemos marcar uma diferença: aqueles que não elegem por vontade consciente fazer uma marca no corpo se angustiarão com isso.

Lacan (1966/2001) participou de uma mesa redonda na Salpêtrière[5] na qual ele ressaltava que a persistência em ignorar o sujeito advindo da ciência moderna apenas reforçaria a falha epistemológica entre o saber científico sobre o corpo e o que seria possível a esse corpo – habitado por um sujeito de desejo passível de gozo – apresentar como fenômeno (Ribei-

[5] Fruto de seu texto "Psicanálise e medicina".

ro, 2004: 49). A medicina apoia o corpo no modelo positivista da ciência: o corpo para a ciência médica é silencioso. Enfim, a imagem do corpo que interessa para medicina é a de um corpo doente.

Para a ciência não interessa o subjetivo, mas sim o que é da ordem do universal, o que pode ser estatisticamente comprovado ou baseado em evidências, e isso definitivamente não interessa para a psicanálise. A leitura feita pela ciência é a do fenômeno, ou seja, baseada nas aparências, e estas nem sempre são fidedignas em relação à vida interna. Em contrapartida, a psicanálise interessa-se pelo engano, ou pelo menos por aquilo que não interessa para a ciência.

A diferença é que a medicina dá "sentido" ao corpo, e a psicanálise subverte o "sentido" dado pela medicina e convida o sujeito a falar desse corpo. Dito de outro modo, a experiência psicanalítica nos convida a repensar as questões sobre o corpo em uma outra dimensão – a do desejo inconsciente – e, nesse sentido, oferece ao sujeito maneiras de falar de seu corpo e de seu sintoma associado à causalidade psíquica.

CORPO, IMAGEM E SOCIEDADE

Apresentamos algumas situações em que três sujeitos deixaram seus corpos visíveis ao mundo. A primeira, a do escocês John Kamikase ao ofertar seu corpo para fazer experiências inusitadas, promovendo automutilação em público e levando multidões "ao delírio" em seus *shows* de exibição. No segundo caso, o americano Andrew Fischer aluga sua testa por vinte e cinco mil dólares para tatuarem publicidade, lançando a moda do *outdoor* humano. Na terceira situação, o suíço Tim Steiner vende sua pele coberta de tatuagens por dois milhões de dólares, ficando o comprador com direito à exposição pública de seu corpo tatuado durante três a quatro semanas por ano. Tim já recebeu a metade da quantia do pagamento e receberá o restante após sua morte, ocasião em que sua pele deverá ser transformada em *abajures*.

Dependendo do ponto de vista, essas exposições são consideradas arte. Mas para nós a questão é outra: se há alguém que exibe o corpo e goza com isso é porque conta com o gozo escópico do Outro, cujo olhar foi convocado pela exposição do corpo marcado, visível ao mundo. Há algo indizível que está além de ver e ser visto, e esse enigma merece ser decifrado.

O costume de marcar o corpo é bastante antigo e se modifica conforme as crenças e as culturas de cada povo. Na cultura africana, por exemplo, para que o corpo exista ele deve ser marcado. Essas marcas vão desde anéis no pescoço às escarificações. Os africanos fazem do corpo a identidade de seu povo. No entanto, as marcações no corpo podem ocorrer dependendo da leitura de época, da cultura, da crença e da estrutura de cada um. O corpo marcado pode ainda ser sinônimo de beleza, nobreza, potência ou religiosidade. Alberti e Ribeiro (2004: 9) lembram que, nas culturas pré-colombianas, as pessoas "incluíam o *piercing* como forma de marcar momentos simbólicos relevantes, como a assunção de um novo rei e a apresentação de uma rainha favorita". As autoras dizem ainda que, na Inglaterra, "o *piercing* na cabeça do pênis era usado como recurso para manter o volume fálico" (idem).

No entanto, essa prática usada na contemporaneidade pode nos indicar algo que está além do que é visto, até porque, hoje e nas nossas sociedades ocidentais pelo menos, os órgãos genitais não ficam expostos. Nesse sentido temos que interrogar o sujeito que fura seu órgão genital: qual é o propósito desse ato?

Com relação à religiosidade, Costa (2003) postula que o corpo marcado ganha seu apogeu na Idade Média, pois as marcas serviam para designar aqueles que eram rechaçados pela sociedade (prostitutas, judeus, carrascos, leprosos, entre outros). Estes estariam à margem da prática cristã, e as marcas seriam um modo de destruir a ideia de que essas criaturas fossem feitas "à imagem e semelhança de Deus".

Na contemporaneidade, entretanto, essas marcas são provocadas com outro objetivo. Nossa hipótese é que a exibição de um corpo coberto de furos, tatuagens, *piercings* e escarificações provocaria imediatamente a sonorização da voz do Outro em uma expressão de horror.

Por isso, interrogamos: qual sentido tem para um sujeito marcar seu corpo? Talvez encontremos sentido onde não há sentido, ou seja, no inconsciente. Mas há um objeto que deve estar presente no campo do visível, o objeto olhar, este que se presentifica para que o horror, quando exposto, possa causar impacto. São arranjos pulsionais diante do olhar.

Mas o sujeito corta, machuca, marca o corpo para gozar ou para barrar o gozo? Gozar do corpo ou no corpo? O que determinados sujeitos objetivam ao marcarem seus corpos, na contemodernidade, promovendo escarificações ou cobrindo-os com tatuagens e *piercings* em excesso?

Pensemos na seguinte hipótese: um sujeito deveria tratar seu corpo como forma de expressão de seu pensamento e da mesma maneira que lida com o mundo externo. Nesse sentido, pode-se dizer que um corpo marcado reúne uma gama de informações e, se estas eram antes fragmentadas, poderiam, ao serem inscritas no corpo, agregarem-se de tal maneira que o corpo poderia servir como borda, como lugar de inscrição pulsional ou como materialização de gozo. Dito de outro modo, as marcas de um corpo podem emoldurar um pensamento. Acontece, porém, que os pensamentos não param, e a pulsão, por "não cessar de não se inscrever", continuará a acossar o sujeito fazendo surgir novas marcas. Por isso, uma tatuagem chama a outra, trata-se de um "gozo a mais".

Nesse sentido, o corpo portará uma marca no campo do visível para tentar tratar o invisível. E o que é o invisível ao corpo visível? A exibição do corpo marcado põe em cena o que a fantasia do sujeito não deu conta de barrar; ela chama o olhar do Outro, mas este não é um olhar qualquer, é um olhar aterrorizado, de horror, como um olhar que enuncia a morte, pois o excesso de furos, adereços e marcas coloca inevitavelmente em evidência a imagem – que não existe – da morte. Curiosamente, os *piercings*, em sua grande maioria, são colocados em lugares próximos aos furos do corpo, aos lugares vazios do corpo. Freud, como vimos, chamava esses furos espalhados pelo corpo de "zonas erógenas"; são elas que fundamentam o corpo erógeno como *habitat* da pulsão. No lugar do furo, do vazio, o horror, o olhar petrificado como o olhar mortífero de Medusa que paralisa o outro. Mas, paradoxalmente, essa exibição que provoca no Outro a deposição de seu olhar ao admirar o corpo exposto, furado, funciona como um chamamento à lei.

A única maneira de articular o visível e o invisível é a amarração dos três registros segundo a proposição de Lacan do nó borromeu. Não foi em vão que Lacan situou o corpo em meio a esse seu nó. O corpo está presente no registro do imaginário, ou seja, no campo do visível. Pensemos: o real é o registro pulsional, invisível aos olhos humanos, e o simbólico é o registro responsável por se interpor entre o visível e o invisível, entre o imaginário e o real. Mas é justamente por haver insuficiência do simbólico em revestir completamente o real que o olhar do Outro é convocado.

É bem conhecida a falência do pai na modernidade. O olhar do pai cedeu seu lugar ao olhar de vários Outros, que admiram com seus olhares lá onde o pai não forneceu nenhum significante que pudesse fazer face ao vazio. Freud chamou de *Schaulust* o prazer de ver. Com Lacan, sabemos que, na fase do espelho, o sujeito é visto por outro e esse outro o vê mesmo antes de ele saber que aquilo que vê é sua própria imagem. Freud (1905/1969) qualifica o prazer de ver com o termo *voyeur*.

Dez anos depois a versão freudiana é outra, pois, em "A pulsão e os destinos da pulsão" (1915/2004), o terreno da discussão sobre esse ponto é mais sólido e ele se sente à vontade para descrever as condições para que a pulsão se satisfaça. Para isso bastaria que alguns caminhos fossem percorridos pela pulsão, sendo um deles o retorno ao próprio eu. O corpo do sujeito é, pois, o objeto da escopofilia.

A partir daí, o postulado de Freud (1915/2004) é que essa pulsão é uma formação narcísica. Se, em "Três ensaios sobre a sexualidade" (1905/1969), o postulado freudiano sobre ver e ser visto concernia à atividade e à passividade – a escopofilia como passiva e ao lado do masoquismo –, Freud, em seu estudo sobre o narcisismo (1914/2004: 153), postula que o narcisista estaria numa posição igualmente passiva e seria substituído por outro "eu, estranho".

A fim de encaminhar uma reflexão a partir dos postulados freudianos que expusemos acima, poderíamos pensar que a condição para que um sujeito goze numa posição passiva é que seu corpo tenha sofrido antes por alguma coisa. No caso que estamos estudando, o sujeito realmente sofreu com as escarificações, as tatuagens, os *piercings*, que perfuraram e deixaram marcas em seu corpo.

Com o objetivo de nos aproximarmos de um entendimento do postulado freudiano sobre ver e ser visto, partimos de sua indicação de que um dos caminhos de satisfação pulsional é o retorno em direção ao próprio eu. A proposta de Freud (1915/2004) é que a pulsão teria quatro saídas: a transformação no contrário, o retorno ao próprio eu, a sublimação e o recalque. Baseando-nos nessas indicações, desenvolveremos duas possibilidades.

A primeira diz respeito à posterior proposição de Freud sobre o eu. Em suas palavras: o "eu é primeiro, e acima de tudo, um eu corporal" (1923/1969: 40). Poderíamos dizer, então, que há uma equivalência entre os termos *eu* e *corpo*. O sujeito quer ser visto, embora o objeto da pulsão escópica não seja o olho em si – isso seria da ordem do visível –, mas o que está por trás disso: o invisível do corpo.

O que está em jogo é o caminho pulsional de transformação no contrário: ser visto equivale a ser amado pelo fato de o sujeito se odiar. Pensemos: o sujeito, ao marcar seu corpo, não está preocupado com o mundo externo. Partindo do pressuposto acima estabelecido de que a pulsão se satisfaz no retorno ao eu, poderíamos dizer que o próprio eu é sua fonte de prazer, pois "incorpora" a parte prazerosa do mundo, uma vez que seu corpo é autoerótico.

Porém há que se considerar que a pulsão só se satisfaz parcialmente. Assim, não basta furar, escrever, marcar, desenhar sem que o outro veja: a parte desprazerosa é odiada e projetada no mundo sob a forma de hostilidade, por isso o olhar do outro é convocado. "No cruzamento de dois olhares, o da Medusa e o de Perseu, que representam respectivamente, no mito, a figura do Outro e a do sujeito, um objeto cai: o olhar como objeto *a* com seu duplo aspecto: causa de desejo e fonte de angústia" (Quinet, 2002: 93). Portanto, o olhar se torna um só.

Propomos pensar aqui, mesmo que de forma introdutória, o olhar do pai. Deus não tem olho e tudo vê. O pai me ama e me espanca. Aliás, só porque me espanca é que me ama, assim Freud diz sobre a fantasia infantil de espancamento.

A segunda possibilidade é pensarmos a questão das marcas do corpo: relacionamo-las a duas saídas pulsionais, a transformação no contrário e o retorno ao próprio eu, em três tempos. Em um primeiro tempo, o outro marca o sujeito: o sadismo aparece como exercício de violência contra outra pessoa tomada como objeto. No segundo tempo, há uma substituição do objeto pelo eu do indivíduo e, com isso, há mudança da finalidade pulsional de ativa para passiva. Num terceiro e último tempo, há uma terceira pessoa e esta é buscada como objeto para assumir o papel de sujeito, tendo em vista a alteração da finalidade pulsional, ou seja, a passividade. Dito de outro modo, se num primeiro tempo existe um corpo que sofre durante a perfuração com "corpos estranhos", ou com as agulhadas na feitura de tatuagens, o corpo tomado como objeto para o eu e palco do sadismo transforma-se em masoquista, pois o sujeito começa a sentir prazer nas perfurações. Ele mesmo passa a olhar seu corpo, mas, não satisfeito com isso, quer que o outro veja: quer ser visto. Isso significa que o sujeito aponta para algo "a mais" do que seu corpo: não satisfeito com o olhar, ele chama também a voz do Outro. Mas quem é esse Outro?

Se há um corpo escrito, há também um corpo que tenta se inscrever. Inspirado na escrita de Joyce, Lacan inventou um quarto elo, que chamou de *Nome-do-Pai*, responsável por enlaçar os três registros. Supomos que, enquanto um corpo não tiver a inscrição do significante do *Nome-do-Pai*, ele poderá ser modificado em forma de atos, à semelhança do ato de Édipo que, ao furar seus próprios olhos, mudou o rumo de sua história: sua visão passou a ser invisível aos olhos, pois vem de seu interior; contudo, ele sabe sobre o pai.

Referências bibliográficas

ALBERTI, S. & RIBEIRO, M. A. C. (orgs.). (2004). *Retorno do exílio: o corpo entre a psicanálise e a ciência.* Rio de Janeiro: Contra Capa.

CLAVREUL, J. (1983). *A ordem médica. Poder e impotência do discurso médico.* São Paulo: Editora Brasiliense.

COSTA, A. (2003). *Tatuagens e marcas corporais.* São Paulo: Casa do Psicólogo.

DIAS, L. M. (2001/2003). *Há transmissão sem clínica?* Belo Horizonte: Autêntica.

FREUD, S. (1905/1969). Três ensaios sobre a teoria da sexualidade. Em *Edição standard brasileira das obras psicológicas completas de Sigmund Freud*, v. VII. Rio de Janeiro: Imago.

————. (1909/1969). Cinco lições de psicanálise. Em *Edição standard brasileira das obras psicológicas completas de Sigmund Freud*, v. XI. Rio de Janeiro: Imago.

————. (1914/2004). À guisa de introdução ao narcisismo. Em *Obras psicológicas completas de Sigmund Freud*, v. I. Rio de Janeiro: Imago.

————. (1915/2004). Pulsão e os destinos da pulsão. Em *Obras psicológicas completas de Sigmund Freud*, v. I. Rio de Janeiro: Imago.

————. (1920/1974). Além do princípio de prazer. Em *Edição standard brasileira das obras psicológicas completas de Sigmund Freud*, v. XVIII. Rio de Janeiro: Imago.

————. (1923/1969). O ego e o id. Em *Edição standard brasileira das obras psicológicas completas de Sigmund Freud*, v. XIX. Rio de Janeiro: Imago.

————. (1926/1969). Inibição, sintoma e ansiedade. Em *Edição standard brasileira das obras psicológicas completas de Sigmund Freud*, v. XX. Rio de Janeiro: Imago.

LACAN, J. (1964 [1960]/1998). Posição do inconsciente. Em *Escritos*. Rio de Janeiro: Jorge Zahar Ed.

————. (1966/2001). O lugar da psicanálise na medicina. Em *Opção Lacaniana – Revista Brasileira Internacional de Psicanálise*, n ° 32, 8-14. São Paulo: Edições Eolia.

KOYRÉ, A. (1982). *Estudos de história do pensamento científico*. Rio de Janeiro: Forense Universitária.

KUHN, T. (1962/2000). *Estrutura das revoluções científicas*. São Paulo: Perspectiva.

PENNA, L. M. D. (2003). *Há transmissão sem clínica?* Belo Horizonte: Autêntica.

VALLAS, P. (2009). *As dimensões do gozo*. Rio de Janeiro: Jorge Zahar Ed.

QUINET, A. (1989). *O corpo e seus fenômenos*. Belo Horizonte: Publicação interna do Simpósio do Corpo Freudiano.

————. (2002). *Um olhar a mais*. Rio de Janeiro: Jorge Zahar Ed.

RIBEIRO, M. A. C. (2004). O traço que fere o corpo. Em ALBERTI, S. & RIBEIRO, M. A. C. (orgs.). *Retorno do exílio: o corpo entre a psicanálise e a ciência* (pp. 47-58). Rio de Janeiro: Contra Capa

Sobre um tratamento psicanalítico da psicose

Fernanda Mara Lima

Resumo

Nossa proposta é apresentar como a elaboração lacaniana de alíngua implica numa reformulação do próprio conceito de linguagem para em seguida sustentar a tese de que um trabalho com alíngua pode direcionar o tratamento na clínica com psicóticos.

Palavras-chave: alíngua; linguagem; psicose.

Abstract

On a psychoanalytic treatment of psychosis

Our proposal is to show how the development of Lacanian "lalangue" involves a recasting of the very concept of language in order to sustain the thesis according to which working with "lalangue" can direct the treatment at the clinic with the psychotic.

Key words: *lalangue*; language; psychosis.

O desejo de escrever a partir de um trabalho desenvolvido no departamento de psicanálise desta Universidade, do lugar de mestranda, se deve à aposta em que é possível estabelecer um laço entre a psicanálise, a universidade e a sociedade, tema deste livro.

A inserção da autora num Centro de Atenção Psicossocial infanto-juvenil possibilitou um encontro com o real da clínica a partir do qual sustenta-se a tese de que o trabalho com alíngua pode direcionar um tratamento psicanalítico com psicóticos.

Foi com um lapso, ou mesmo ato falho, que Jacques Lacan, ao se remeter ao *Vocabulário de psicanálise* de Laplanche e Pontalis, o substituiu por *Vocabulário de filosofia, Lalande*. O termo surgiu dessa forma no Seminário *O saber do psicanalista* (1971-1972), quando ocorreu uma fusão entre o artigo (*la*) e o substantivo (*langue*) que resulta em *lalangue*. Assim, o conceito nasce valorizando a homofonia e desprezando qualquer valor gramatical.

Miller define alíngua da seguinte maneira: "[...] é a fala antes de seu ordenamento gramatical e lexicográfico. Trata-se certamente, também, do questionamento do conceito da fala, concebida, agora, não como comunicação, mas como gozo" (Miller, 2000: 101). Portanto, alíngua não está comprometida com o significado das palavras. O essencial de alíngua não é o sentido, mas sim o gozo (Miller, 1996-1997/1998: 72).

Em *O Seminário, livro 20: mais, ainda*, Lacan diz: "Alíngua serve para coisas inteiramente diferentes da comunicação" (Lacan, 1972-1973/1985: 188). Estamos diante do gozo do blablablá que se refere ao gozo da palavra, que não é comunicação com o Outro na sua fase essencial. Essa palavra não visa reconhecimento nem compreensão e, portanto, não é endereçada ao Outro. A fala que não faz laço com o Outro é uma modalidade de gozo. Alíngua é o gozo da palavra, que é o mesmo que dizer que a palavra é gozo.

Alíngua é, na verdade, um depósito de significantes oriundos do Outro. São os detritos da língua falada pelo Outro, restos que aprisionam e deixam marcas no corpo do sujeito. São os primeiros significantes passados ao *infans* pelo Outro. São os significantes que a criança recebe – e não aprende – do Outro primordial, o Outro materno. Por isso alíngua deve ser considerada, a justo título, materna (Lacan, 1975/1976).

Segundo Lacan, alíngua pode ser definida como "[...] uma peneira que se atravessa, por onde a água da linguagem chega a deixar, na passagem, alguns detritos [...] (Lacan, 1975/1998: 11). Ele afirma que com esses depósitos e detritos cada um terá que se arranjar. Portanto, podemos ouvir de uma criança palavras como, por exemplo, "talvez", "ainda não", antes mesmo que ela chegue a formular uma frase inteira. Nesse momento, podemos dizer que ela escutou essas palavras sem apreendê-las. "Alíngua nos afeta primeiro por tudo que ela comporta como efeitos que são afetos. Se se pode dizer que o inconsciente é estruturado como uma linguagem, é no que os efeitos de alíngua, que já estão lá como saber, vão bem além de tudo que o ser que fala é suscetível de enunciar" (Lacan, 1972-1973/1985: 190).

Miller destaca uma ruptura em dois tempos na teorização lacaniana, indicando a diferença entre a verdade que fala no lapso e no ato falho e um gozo que fala (Miller, 1996-1997/1978: 74). Assim, teríamos num primeiro tempo do ensino de Lacan uma direção clínica pautada nas atualizações do inconsciente: os atos falhos, os sonhos, os lapsos; posteriormente, teríamos uma mudança a partir do conceito de alíngua, que remete ao gozo. Em sintonia com essa ideia, vale a pena citar Tânia Coelho: "O valor é colocado em *lalangue*, alíngua – a língua enquanto puro campo de ressonâncias, onde o significante aparece o mais separado possível do sentido e da relação a um outro significante e o mais propício ao gozo" (Coelho, 2006: 273).

Nossa proposta é pensar de que maneira o conceito de alíngua pode nos servir de orientação na clínica com psicóticos. Até porque essa clínica nos coloca algumas questões das quais não podemos recuar. Pois, se com neuróticos nos deixamos orientar pela transferência, que se sustenta pelo desejo do analista e com a suposição de saber por parte do analisando, qual seria a direção de trabalho com psicóticos, uma vez que o saber não é suposto e sim realizado pelo próprio sujeito? Além disso, como pensar a produção da transferência para sujeitos que vivem os signos da demanda do Outro como pura invasão? Como construir estratégias que possibilitem a instauração da transferência?

Para avançarmos nessas questões, nos dedicaremos à apresentação de alguns fragmentos do trabalho clínico com Leci e da escuta analítica de sua mãe, Vera.

Primeiramente vamos circunscrever o lugar de Leci para sua mãe. Vera relatava que não suportava Leci, pois ela chorava, gritava, gemia e lhe batia sem parar. Convocada a falar sobre o que achava que acontecia com Leci,

Vera, bastante agressiva, respondeu: "Como assim o que está acontecendo com ela? Não faz sentido! Nada do que ela faz tem sentido. Ela ri e chora ao mesmo tempo. É uma esquizofrenicazinha. Ela é um muro! Nada tem sentido!". Ela não conseguia construir sentido para o que se passava com a filha. Não lhe era possível articular o choro, o grito e os tapas da filha a um apelo, a uma demanda.

Se "a fala só é fala na medida em que alguém nela crê" (Lacan, 1953-1954/1983: 272), é, portanto, necessário que à criança seja endereçada uma mensagem particularizada. "Isso fala dele, antes que isso se enderece a ele, e é lá que ele se apreende" (Lacan, 1960/1998: 849). Assim, a ausência de uma mensagem dirigida ao filho que o particularize é o mesmo que não oferecer significação às suas manifestações. Assim, é possível delinear o lugar de Leci para a mãe: era um "muro" que nada sentia e que gritava e chorava sem parar desde bebê. Era justamente por isso que não havia uma história a contar sobre a infância ou as preferências de sua filha. Na verdade, o lugar que Leci tinha para sua mãe era tão somente o do horror.

Nesse ponto devemos nos remeter ao que Lacan afirma sobre o lugar que a criança pode vir a ocupar como objeto *a* no fantasma da mãe (Lacan, 1969/1987). Nesse caso, quando a criança torna real, no sentido de realizar, o objeto *a* no fantasma da mãe, é como se a criança se tornasse um campo estrangeiro. Dizemos campo estrangeiro, pois o grito da criança, por não ter sido tomado como um apelo, não cavou um lugar para esse sujeito. A criança fica como um lugar estrangeiro em relação à mãe que, a partir daí, não pode construir uma história particularizada dessa criança.

Agora vamos nos dedicar ao tratamento de Leci, uma criança de seis anos, no qual gostaríamos de destacar quatro tempos de um trabalho com a fala.

Primeiro tempo: Leci mostrava um grande interesse pelo DVD da Xuxa. Quando o escutava, balançava-se acompanhando o ritmo. Certa vez não encontramos o DVD e Leci me machucou com mordidas e arranhões. Mas foi justamente nesse dia que, pela primeira vez, escutamos uma palavra sua: "DVD". Leci, no desespero, deixou escapar uma palavra. No aperto, uma palavra apareceu (Maleval, 2007).

Segundo tempo: Leci colocava na boca tudo o que encontrava pela frente. Giz de cera, bolinha de gude, areia, papel, etc. A intervenção pretendeu barrar esse movimento dizendo que algumas coisas, ao serem colocadas na boca, machucam e outras não. Para produzir um corte nesse gozo, propusemos, então, algo que ela pudesse pôr na boca sem que se machucasse. Ofereci biscoito na cozinha do serviço e ela aceitou. Nos atendimentos seguintes ela passou a me levar até a cozinha, onde procurávamos biscoito. Num dia em que tínhamos biscoitos de chocolate e biscoitos salgados, perguntei qual era a sua preferência e ela respondeu "choco"! Essa foi, portanto, sua segunda palavra no tratamento.

Terceiro tempo: a mãe de Leci decidiu que não mais se submeteria às exigências da filha. Para Vera não era nem possível aguardar no serviço a conclusão do atendimento de sua filha. "Não vou ficar aqui dentro do serviço esperando até quando ela resolver que vai embora".

Vera se dirigia à analista e afirmava que iria dar uma volta e depois retornaria para buscar a filha, pois não queria ficar ali à mercê de sua filha. Inclusive dizia que se fosse obrigada a ficar interromperia o tratamento de sua filha. A analista, diante da agressividade de Vera, não sustentou a importância da presença da mãe no serviço de tratamento da filha naquele momento. A analista não barrou o ato caprichoso da mãe e disso resultou um ato agressivo por parte de Leci dirigido à analista. Parece que a analista trouxe em cena a absolutização do Outro louco.

Nos atendimentos seguintes Leci gritou, bateu, mordeu, fez movimentos estranhos, num certo *frisson* de frente para alguns objetos. Se eu me aproximasse ou falasse, ou mesmo olhasse para ela, todo o seu comportamento se intensificava. Entretanto, uma nova produção chamou atenção: ela estava bastante falante. Falava quase sem parar, mas sem que pudéssemos entender uma palavra sequer. As falas consistiam num estado de significantes grudados, desprovidos de significação. Um acoplamento de significantes sem qualquer sentido compartilhado. Uma falação, uma lalação sem pausa, sem trégua.

Se por um lado toda uma série de manifestações podia apontar para o fato de que eu havia encarnado para ela o seu Outro invasor e, por isso, a voz, o olhar, minha presença seriam da ordem do horror, por outro sua produção sonora chamava muita atenção. Uma fala que não era endereçada. Uma comunicação que não comunicava nada. O que fazer diante disso? Foi feita uma aposta com a seguinte intervenção: "Você está bastante falante hoje, o que será que você quer me dizer?". Diante disso, ela foi até o muro do serviço, apontou para uma imagem desenhada e disse: "Mar!".

Notificar o recebimento de uma mensagem foi nossa tarefa. Secretariar e testemunhar foi a nossa parte no trabalho que Leci já estava realizando. Essa mensagem que não era possível entender, pois não comportava um sentido compartilhado socialmente, foi tomada como tendo endereço. E isso trouxe consequências importantes para o tratamento.

Testemunhamos que Leci foi até o muro do serviço e produziu uma palavra, um som. Nesse ponto é importante destacar que Vera situava sua filha num lugar de horror, que nomeava de "muro", sem qualquer possibilidade de construir algum sentido, alguma história para essa menina. E, assim, Leci permanecia anônima no desejo da mãe.

O interessante é apontar que foi ali mesmo, no "muro", que Leci apontou para um desenho e falou. No discurso da mãe, "muro" é o lugar onde a filha se localiza. E foi no muro do serviço que Leci produziu um som e sorriu. Foi exatamente no ponto de tormento, o "muro", que Leci produziu um reviramento.

"Muro" consistia numa alíngua materna que visava Leci. Alíngua é a marca no corpo de um depósito de significantes oriundos da fala materna. Alíngua visa o sujeito e, por não ter sido subjetivada, é da ordem de puro horror.

Essa menina transforma a alíngua materna que a visava como sujeito numa possibilidade de algum laço com o Outro. Assim podemos inclusive destacar que houve um deslocamento de Leci desse lugar devastador que satura a falta materna, lugar de objeto *a* no fantasma materno.

Se para Maleval (2007) fazer uso da função fala implica em ceder do objeto do gozo vocal, então poderíamos, a partir do testemunho do trabalho com Leci, afirmar que essa menina pôde abrir mão de sua estratégia autista? Pôde operar alguma perda de gozo? Ou pelo menos alguma perda do objeto vocal pôde se realizar?

Respondemos que sim, pois de uma posição em que se empanturrava com tudo que tivesse a sua volta passou a colocar apenas objetos comestíveis na boca, além de poder escolher um tipo de biscoito e não outro. Ora, esses acontecimentos apontam para uma posição de sujeito com uma maior abertura para o Outro. Estamos nos referindo a um trabalho do sujeito cuja direção apontou para a localização de gozo, com consequências para o laço social. Assim, podemos afirmar que todos os acontecimentos que nos apontam para a possibilidade de algum laço social são decorrentes de uma posição de sujeito que pôde ceder do objeto de seu gozo vocal.

"DVD", que foi sua primeira palavra no CAPSi, compareceu numa situação crítica; a segunda se deu a partir da demanda do Outro, quando a menina aponta para o biscoito de chocolate e diz: "choco". Já a terceira palavra se dá quando aponta para o "muro" e fala "mar", o que consistiu num momento crucial no seu tratamento, radicalmente diferente dos anteriores.

Assim, chegamos ao quarto tempo: Leci realizava um novo trabalho, que consistia em entrar numa sala de atendimento e me deixar do outro lado. Eu batia na porta, chamava por ela e entrava. Assim que a encontrava, dizia "Achei você!" e ela saía correndo, e eu a seguia. Ela se divertia bastante e não parava de rir. Muitas vezes ela me levava para uma sala e depois saía e fechava a porta. Ela me deixava do outro lado. Eu esperava um pouco e ia procurá-la e, quando a encontrava, dizia: "Achei você!". Ela gargalhava e saía correndo.

Certa vez ela passou pela televisão que estava desligada. Foi um olhar rápido, mas depois passou a olhar para a televisão com bastante atenção. O que aconteceu foi que, com a televisão desligada, a sua imagem ali se refletia. Então eu disse: "Olha só, quem está ali é a [...]!" – e falei o seu nome. Depois lhe perguntei quem estava ali, e ela, olhando-me fixamente, respondeu dizendo seu nome.

Esse foi um tempo de trabalho em que sua fala era endereçada e se prestava à comunicação. As palavras iniciais de Leci foram "DVD", "Choco" e "Mar". E agora incluía outras, como o próprio nome e, no momento em que concluímos o atendimento, dizia: "Tchau, Nanda!".

Para concluir, afirmamos que é com os efeitos do trabalho com Leci que respondemos à pergunta de Lacan aos analistas: "[...] que alegria encontramos nós naquilo que constitui nosso trabalho?" (Lacan, 1967/2003: 367).

REFERÊNCIAS BIBLIOGRÁFICAS

BASTOS, A. & FREIRE, A. B. (2006). Sobre o conceito de alíngua: elementos para a psicanálise aplicada ao autismo e às psicoses. Em *Psicanalisar hoje* (pp. 107-122). Rio de Janeiro: Contra Capa.

BRUNO, P. (1991). *Autismo e psicose infantil.* Rio de Janeiro: Revista do Corte Freudiano.

COELHO, T. (2006). *Sinthoma: corpo e laço social.* Transcrição do seminário ministrado por Tânia Coelho no PPGTP/IP/UFRJ e na Seção Rio da EBP. Rio de Janeiro: SEPHORA/UFRJ.

HENRY, F. (1998/2003). Lalengua de la transferencia en las psicosis. Em *La psicosis ordinaria* (pp. 131-158). Buenos Aires. Paidós.

LACAN, J. (1953-1954/1983). *O Seminário, livro 1: os escritos técnicos de Freud.* Rio de Janeiro: Jorge Zahar Ed.

———. (1960/1998). Posição do inconsciente. Em *Escritos.* Rio de Janeiro: Jorge Zahar Ed.

———. (1967/2003). Alocução sobre as psicoses da criança. Em *Outros escritos.* Rio de Janeiro: Jorge Zahar Ed.

———. (1969/1987). Deux notes sur l'enfant. Em *Ornicar?*, nº 37, 13-14. Paris: Navarin.

———. (1971-1972). *O Seminário, livro 19: o saber do analista/... ou pior.* Inédito.

———. (1972-1973/1985). *O Seminário, livro 20: mais, ainda.* Rio de Janeiro: Jorge Zahar Ed.

———. (1975/1976). Conferénces et entretiens dans des universités nord-américaines. Em *Scilicet,* nº 6/7, 5-63. Paris: Seuil.

———. (1975/1994). Pequeno discurso de Jacques Lacan aos psiquiatras. Em *Dizer 10,* 87-97. Rio de Janeiro: Escola Lacaniana de Psicanálise (publicação interna).

———. (1975/1998). Conferência em Genebra sobre o sintoma. Em *Opção Lacaniana – Revista Brasileira Internacional de Psicanálise,* nº 23, 6-16. São Paulo: Edições Eolia.

MALEVAL, J.-C. (2007). "Sobretudo verbosos" os autistas. Em *Latusa – Revista da Escola Brasileira de Psicanálise, Seção Rio de Janeiro*, n° 12, 69-91. Rio de Janeiro: Contra Capa.

MILLER, J.-A. (1996). Teoria d'alíngua (rudimento). Em *Matemas I*. Rio de Janeiro: Jorge Zahar Ed.

————. (1996-1997/1998). O monólogo da apparola. Em *Opção Lacaniana – Revista Brasileira Internacional de Psicanálise*, nº 23, 68-76. São Paulo: Edições Eolia.

————. (2000). Os seis paradigmas do gozo. Em *Opção Lacaniana – Revista Brasileira Internacional de Psicanálise*, nº 26/27, 87-105. São Paulo: Edições Eolia.

Construções sobre a clínica do paciente psicossomático

Cláudia Pitanga

Resumo

O presente trabalho refere-se à clínica do paciente psicossomático. Foram desenvolvidos dois eixos fundamentais de pesquisa, tendo como referência o ensino de Jacques Lacan: o primeiro diz respeito ao funcionamento do inconsciente no caso dos fenômenos psicossomáticos e o segundo, às possibilidades de trabalho analítico com pacientes que no lugar do sintoma apresentam os fenômenos psicossomáticos.

Palavras-chave: psicossomática; holófrase; gozo.

Abstract

Constructions about the clinic of the psychosomatic patient

This study refers to the psychosomatic patient clinic. Two fundamental lines of research have been developed, having Jacques Lacan's teachings as reference: the first one concerns the functioning of the unconscious in the case of the psychosomatic phenomena, and the second one concerns the possibilities of analytical work with patients that present psychosomatic phenomena in place of symptoms.

Key words: psychosomatics; holophrase; *jouissance*.

Para tratar do tema deste livro, intitulado "Psicanálise, Universidade e Sociedade", escolhi tomar como via de articulação o trabalho de pesquisa desenvolvido em uma instituição pública, considerando que o espaço público da instituição se tornou o lugar de inserção do psicanalista e que, através da universidade, foi possível desenvolver esse trabalho. A pesquisa é baseada nas dificuldades de sustentação do trabalho analítico com pacientes acometidos por graves doenças psicossomáticas que interrogam as bases da psicanálise pela sua peculiaridade. Foi possível o desenvolvimento de dois eixos fundamentais de pesquisa, tendo como referência o ensino de Jacques Lacan: o primeiro diz respeito ao funcionamento do inconsciente no caso dos fenômenos psicossomáticos e o segundo, às possibilidades de trabalho analítico com pacientes que no lugar do sintoma apresentam os fenômenos psicossomáticos.

As instituições de saúde atualmente têm, enquanto unidades de uma rede de saúde, importante função social no sentido de que atendem a uma população e, por isso mesmo, são alvo de demandas de várias ordens, tendo condições de escutar os sintomas contemporâneos como prova da existência do sujeito.

Especificamente, a instituição à qual me refiro é uma instituição de reabilitação física, a saber, a Associação Fluminense de Reabilitação, que tem por função, enquanto prestadora de serviços do SUS (Sistema Único de Saúde), resgatar, através de uma intervenção interdisciplinar, a funcionalidade do corpo de pacientes acometidos por doenças debilitantes que têm como consequências sequelas físicas. Desse modo, congrega de forma muito peculiar uma diversidade de manisfestações corporais por dar ao corpo um estatuto de intervenção. Ela é composta por uma equipe interdisciplinar com várias especialidades como: fisioterapia respiratória e motora, terapia ocupacional, fonoaudiologia, serviço social, medicina e psicologia, além de uma oficina de órteses e próteses. É assim, no cargo de psicólogo, que o psicanalista é inserido na equipe. O discurso psicanalítico estabelece, desse modo, um diálogo com o discurso médico. A psicanálise encontra aí a sua faceta de extensão, no sentido dado por Lacan na "Proposição de 9 de outubro de 1967 sobre o psicanalista da Escola" (Lacan, 1967/2003).

O Setor de Psicologia sustenta a sua prática de atendimentos no saber psicanalítico e recebe para as entrevistas iniciais pacientes que, de alguma forma, sinalizam uma demanda que se diferencia de um pedido médico.

As condições institucionais favorecem, pela possibilidade de tempo e de frequencia, um trabalho em transferência, ficando as condições para que o trabalho analítico ocorra submetidas ao que se passa no par analisando/analisante, como um pedido de ser escutado que deve ser sustentado pela fala e pelo estabelecimento do lugar de sujeito suposto saber.

Dentre a diversidade de formas clínicas que de alguma maneira engendram as questões corporais de um modo muito contundente, destaca-se a clínica dos pacientes que apresentam graves doenças psicossomáticas, as quais podem comprometer não só a funcionalidade do corpo, mas a própria vida do indivíduo. Trata-se de dificuldades particulares encontradas na escuta do "doente psicossomático", termo usado no sentido que é utilizado por Lacan na "Conferência de Genebra sobre o sintoma" (Lacan, 1975/1998), como indivíduos que não têm outra maneira de viver senão apresentando um modo de resposta – permanente ou em surtos de tipo psicossomático em forma de lesão no corpo – às experiências traumáticas (ibid.).

Guardando a subjetividade própria de cada sujeito, percebem-se alguns aspectos pontuais como dificuldades no que se refere ao pedido de atendimento, pois, inicialmente, o psicanalista é mais um especialista a ser indicado pelo médico, às dificuldades em formalizar a transferência, como também à constituição de uma demanda de análise, mas principalmente a algo que se destaca na fala desses sujeitos que parecem ter abolido a dimensão simbólica.

Os fenômenos psicossomáticos marcam, desse modo, uma distinção com relação às formas histéricas estudadas por Freud, uma vez que o que se apresenta pelo corpo não está ao alcance da interpretação. Certamente esses fenômenos são da ordem de um escrito, mas não são passíveis de decifração como as conversões histéricas, pois são escritos como hieróglifos que não podem ser lidos. As manifestações psicossomáticas se apresentam na análise indicando a particularidade dessa escuta. Nessas condições, qual seria a direção de trabalho a seguir?

O analista é então convocado no seu posicionamento ético, ao fazer uma oposta, se as condições assim favorecerem, de uma passagem do fenômeno para algo que ganhe um estatuto de interpretação, sustentado pelo desejo de analista. Assim seguimos com os apontamentos de Lacan quanto ao campo da psicossomática e, mais especificamente, aos fenômenos psicossomáticos, uma vez que estes só têm valor para a psicanálise porque mantêm uma relação com a lei do desejo.

Em momentos distintos no seu ensino, Lacan pôde tratar do campo da psicossomática por caminhos diferenciados, que se constituem como balizas para a elucidação dos dois eixos deste trabalho.

O primeiro apontamento de Lacan sobre o campo da psicossomática se encontra em *O Seminário, livro 2: o eu na teoria de Freud e na técnica da psicanálise*. Na lição intitulada Introdução ao *Entwurf*, Lacan fez uma instigante delimitação no que diz respeito ao campo da psicossomática. Nessa lição é trabalhada a relação de objeto do ponto de vista da pulsão e da função do narcisismo. Para Lacan, o narcisismo é o divisor de águas entre o campo da psicossomática e o da neurose na erotização dos órgãos que entram em jogo na relação narcísica, imaginária com o outro, na qual o eu se forma – a sua *bildet*. Ou seja, trata-se da tomada do corpo pela linguagem. Segundo Lacan, a relação narcísica "[...] estrutura ao mesmo tempo a relação do eu ao outro e a constituição do mundo dos objetos" (Lacan, 1954-1955/1985: 126). O campo da psicossomática se situa nos órgãos e pedaços do corpo que estão fora do alcance do imaginário como algo do corpo que, no autoerotismo, permanece somente como pedaço de carne. No campo da psicossomática não se trata nem do imaginário e nem mesmo do simbólico; está-se, portanto, no nível do real.

É preciso testar o alcance desse ponto no sentido de o órgão não ter sido subvertido pela linguagem, como podemos exemplificar em um dos casos de Freud, o "caso Lucy", no qual a paciente sentia um cheiro insistente de pudim queimado e ao mesmo tempo tinha uma analgesia no nariz. Podemos dizer que nesse caso o nariz não tinha a função que comumente tem como órgão do sentido, pois foi particularmente investido por significantes que marcaram essa paciente (Freud, 1893/1976). Na psicossomática, por sua vez, não há uma representação investida naquele órgão, não há possibilidade da constituição de um sintoma e nem mesmo de uma nomeação. Há, no sintoma de conversão histérica, uma relação simbólica, no sentido freudiano, entre a causa determinante e o sintoma histérico. Destaca-se assim uma distinção clara entre o sintoma de conversão histérico como formações neuróticas e os fenômenos psicossomáticos, nos quais não há relação simbólica e nem mesmo endereçamento ao Outro como no sintoma. Os fenômenos psicossomáticos não estão ao alcance da interpretação.

La-Sagna (1996), em seu artigo "Lesões sensíveis à palavra", trabalhou o paradoxo existente entre o sintoma e os fenômenos psicossomáticos, pois enquanto o sintoma atinge as funções do organismo sem causar danos, a lesão psicossomática causa danos ao organismo que podem se agravar e colocar a vida do paciente em perigo, mas também podem simplesmente desaparecer.

O segundo apontamento de Lacan com relação à psicossomática está em *O Seminário, livro 3: as psicoses* (Lacan, 1955-1956/1985), na lição O falo e o meteoro, na qual ele fez uma aproximação entre a psicossomática e a psicose. Nesse seminário ele vinha trabalhando a questão do significante na psicose e introduziu a psicossomática sob a ótica da psicose. Em ambas há uma estruturação diferenciada dos sintomas neuróticos, pois não há a intermediação do simbólico, sendo casos particulares de resposta frente ao real impossível de simbolizar. Na psicose a resposta se dá pela via do delírio, e na psicossomática com erupções no corpo material do sujeito. É verificado na clínica do paciente psicossomático o que pode ser caracterizado por fenômenos psicossomáticos em uma sequência que ocorre posteriormente a eventos da vida do sujeito.

Quanto à aproximação feita por Lacan entre a psicossomática e a psicose, Salafia (1990) argumenta que os fenômenos psicossomáticos estão situados em um plano de exterioridade com relação às estruturas clínicas, sejam neuróticas, perversas ou mesmo psicóticas, plano este que nomeou de heterogeneidade. Os fenômenos psicossomáticos, assim, coexistem com a estrutura de funcionamento psíquico. De todo modo, os fenômenos psicossomáticos dizem respeito a algo que fica à margem do alcance do que está envolvido na organização psíquica estrutural como resto que não se rendeu à tomada do corpo pela libido intermediada pela relação de objeto. Esse resto, essa parte do corpo que permaneceu fora da organização estrutural, sofre efeitos mortíferos por permanecer como corpo do Outro, marcando uma forma problemática de efeito do traço unário. É um resto não contado pela articulação significante, que fica à mercê da pulsão de morte, pulsão sem representação. Os fenômenos psicossomáticos ficam como um fora de discurso, como um ponto estanque na estrutura.

Mais tarde, em *O Seminário, livro 11: os quatro conceitos fundamentais da psicanálise* (1964/1998), Lacan fez uma das mais importantes indicações sobre a questão da psicossomática, tendo como ponto fundamental o termo holófrase. Mais de uma vez Lacan fez uma aproximação entre a psicossomática e a psicose pela via da holófrase. Ambas seriam formas possíveis de consequências do holofraseio dos significantes S_1 e S_2, sendo também incluída nessa categoria a debilidade mental. A psicossomática seria um dos possíveis efeitos da aglutinação do par significante S_1 e S_2. É um incidente na cadeia significante em que, por não haver intervalo entre os significantes, não há a *afânise* do sujeito e, também, não há a queda do objeto *a*, causa de desejo. Essa aderência significante produz marcas no corpo do sujeito como um signo que não é convertido em sintoma. Essa escrita indecifrável seria uma configuração do traço unário que se refere a uma fixação de gozo (ibid.).

Em 1975 Lacan aborda novamente a psicossomática com relação ao gozo, na "Conferência em Genebra sobre o sintoma" (Lacan, 1975/1998), e indaga sobre qual seria a espécie de gozo que está em jogo na psicossomática. Ele responde que se trata de uma incorporação significante sob um certo *imprimatur* que tem como efeito uma fixação de gozo no corpo.

Nesse sentido, a direção do trabalho analítico, seguindo a trilha de Lacan, seria a tentativa de construção de sentidos para a lesão, sentidos que passam a ser relacionados aos eventos traumáticos da vida do sujeito para a revelação do gozo específico ligado àquela lesão. A aposta da convocação do trabalho analítico de forçamento da instância simbólica seria distanciar o traço da inscrição corporal. A produção subjetiva conduziria a um afastamento do par de significantes S_1 e S_2, o que seria, assim, uma via para a leitura da inscrição ilegível.

A aposta de trabalho analítico com o sujeito que apresenta lesão psicossomática coloca em jogo o desejo de analista que, diante de uma escrita enigmática, demanda o estabelecimento de condições para que, posteriormente, essa leitura possa ocorrer, fazendo uma passagem como um grande divisor de águas: do fenômeno ao sintoma.

Através dos casos acompanhados nessas condições foi possível verificar as possibilidades de uma entrada em análise, colocando a cadeia significante em causa a partir de significantes extraídos do discurso relacionados à história de vida do sujeito, dando início a um trabalho analítico propriamente dito. Desse modo, os significantes holofraseados que encarnam perigosamente no corpo podem ser questionados, sendo possível dar a eles outros destinos e articulações (Pitanga, 2006).

Desse modo, a via apontada por Lacan tem relação com a passagem do fenômeno para algo que tome valor de sintoma de forma que seja então passível de alguma interpretação. Podemos chamar a atenção para uma dificuldade adicional que se impõe nessa empreitada e que diz respeito ao discurso médico como aliado do discurso da ciência, esta que diante dos fenômenos psicossomáticos mantém o fenômeno como objeto de investigação e intervenção permanente e, mais uma vez, exclui o sujeito, que fica proscrito de seu próprio corpo.

"O lugar da psicanálise na medicina" (Lacan, 1966/2001) foi um outro momento do seu ensino em que Lacan tratou do campo da psicossomática, inserindo a questão do gozo. Nessa conferência Lacan fez recomendações aos médicos de que não há uma equivalência entre desejo e demanda, ou seja, aquilo que o paciente pede pode não ser aquilo que deseja. Sendo assim, é no registro de resposta a essa demanda do doente com relação ao médico que está a chance de sobrevivência da posição médica propriamente dita. Pois tudo indica, segundo Lacan, que não é a cura que o doente pede ao médico, mas que o autentique na sua condição de doente. Foi então endereçado aos médicos que ele propôs, em substituição ao termo "psicossomática", o termo "falha epistemossomática" para definir o efeito do progresso da ciência na relação da medicina com o corpo. Para ele, o que foi excluído foi exatamente a dimensão do gozo do corpo, proscrita pela dicotomia cartesiana. Assim, a demanda do doente endereçada ao médico pelo estabelecimento de uma suposição de saber deveria ser escutada pela via da dimensão do gozo e da não-coincidência entre demanda e desejo. Essa dimensão do gozo no corpo abre para a experiência de tensão e de dor, revelando uma dimensão do organismo que fica velada por esse discurso médico. A leitura do médico poderia conduzir o sujeito àquilo de que se trata e que tem relação como o a lei do desejo.

O sujeito, diante das manifestações que seu corpo lhe impõe, pode vir a fazer um estranhamento e, a partir daí, ser possível a ele o encontro com algo que representa um "sem sentido" que não mais pode ser explicado completamente pelo saber médico. Esse "sem-sentido" que o seu corpo material porta pode proporcionar a experiência do real, e a angústia se presentificar para o sujeito. Essa poderia ser a aposta para uma entrada em análise: quando o discurso da ciência não dá conta do estranhamento causado pelo corpo, porque do gozo implicado não se tem notícias. Pelo "sem sentido" dos fenômenos do seu corpo o sujeito pode então estabelecer um endereçamento de outra ordem pela transferência ao analista na posição de sujeito suposto saber.

Podemos concluir que a função das entrevistas preliminares teria, nesses casos, particular importância no sentido de apostar em uma articulação da demanda. O trabalho que de forma peculiar se manifesta com esses pacientes seria apostar nessa passagem. Se o fenômeno psicossomático puder ser colocado em um lugar enigmático para o sujeito, o qual solicita uma decifração, o trabalho estará então na direção apontada por Lacan com relação à passagem do fenômeno para o estatuto de sintoma.

REFERÊNCIAS BIBLIOGRÁFICAS

FREUD, S. (1893/1976). Estudos sobre histeria. Sobre o mecanismo psíquico dos fenômenos histéricos: comunicação preliminar. Em *Edição standard brasileira das obras completas de Sigmund Freud*, v. II. Rio de Janeiro: Imago.

LACAN, J. (1954-1955/1985). *O Seminário, livro 2: o eu na teoria de Freud e na técnica da psicanálise*. Rio de Janeiro: Jorge Zahar Ed.

———. (1955-1956/1985). *O Seminário, livro 3: as psicoses*. Rio de Janeiro: Jorge Zahar Ed.

———. (1964/1998). *O Seminário, livro 11: os quatro conceitos fundamentais da psicanálise*. Rio de Janeiro: Jorge Zahar Ed.

———. (1966/2001). O lugar da psicanálise na medicina. Em *Opção Lacaniana – Revista Brasileira Internacional de Psicanálise*, nº 32, 8-14. São Paulo: Edições Eolia.

———. (1967/2003). Proposição de 9 de outubro de 1967 sobre o psicanalista da Escola. Em *Outros escritos*. Rio de Janeiro: Jorge Zahar Ed.

———. (1975/1998). Conferência em Genebra sobre o sintoma. Em *Opção Lacaniana – Revista Brasileira Internacional de Psicanálise*, nº 23, 6-16. São Paulo: Edições Eolia.

LA-SAGNA, C. (1996). Lesões sensíveis à palavra. Em *Opção Lacaniana – Revista Brasileira Internacional de Psicanálise*, nº 17, 60-62. São Paulo: Edições Eolia.

PITANGA, C. (2006). *Psicanálise e psicossomática: por uma análise possível*. Dissertação de Mestrado. Rio de Janeiro: UERJ.

SALAFIA, A. (1990). A questão do irreal na clínica psicanalítica. Em *Arriscado – Revista da Escola de Psicanálise de Niterói*, nº 5, ano V, 119-137. Rio de Janeiro: EPN.

A PSICANÁLISE NO HOSPITAL UNIVERSITÁRIO

Bruna Americano e Flávio Bastos

RESUMO

O tema "Psicanálise, Universidade e Sociedade" nos remete à importância de pensarmos a inserção da psicanálise na universidade a partir da experiência clínica em um hospital universitário. Para tanto, retomaremos a teoria dos quatro discursos em Lacan no intuito de desenvolver algumas questões que nos são colocadas ao nos depararmos com tal prática institucional. Como se articulam os discursos do médico, do analista e do universitário no hospital universitário? Há articulação possível em tal contexto? Poderá o analista assumir o lugar de agente e promover uma mudança no laço social num local referido ao discurso médico? São questões que o artigo discute, uma vez que, além de universitário, trata-se de um hospital público e como tal ocupa uma posição privilegiada na sociedade.

Palavras-chaves: discursos; hospital geral; psicanálise; universidade.

ABSTRACT

Psychoanalysis at the university hospital

Based on our clinical experience in a university hospital, the theme "Psychoanalysis, University and Society" shows us the importance of thinking about the inclusion of psychoanalysis at the university. For that purpose, we make use of Lacan's four discourses' theory in order to develop some questions that appear with the institutional practice. How do the physicist, the analyst and the university discourses articulate with one another at the university hospital? Is that articulation possible in such a context? Can the psychoanalyst occupy the place of the agent and promote a change in the social bond in a context which refers to the medical discourse? Those issues are discussed in this article, since the university hospital is also public, and therefore, occupies a relevant position in society.

Key words: discourses; general hospital; psychoanalysis; university.

O tema deste livro, "Psicanálise, Universidade e Sociedade", remete à importância de se pensar a inserção da psicanálise na universidade a partir da experiência clínica em um hospital universitário. Nossa atuação tanto no Hospital Universitário Pedro Ernesto, no Rio de Janeiro, quanto no Hospital de Clínicas Gaspar Vianna, em Belém, bem como o estudo da teoria dos quatro discursos de Lacan suscitam algumas questões importantes no que diz respeito à articulação dos discursos do médico, do psicanalista e do universitário na instituição hospitalar.

Como se articulam os discursos no hospital universitário? Como o analista enquanto agente de um discurso poderia promover alguma mudança num local predominantemente referido ao discurso médico? Tais questões tornam-se significativas neste livro, pois, além de serem hospitais universitários, ambos públicos, eles são de grande importância para a sociedade.

A inserção da psicanálise no hospital geral propõe levar em conta a dimensão subjetiva do hospitalizado. Logo, a articulação entre o discurso do médico e o do psicanalista aparece como uma possível forma de levantar a questão do sujeito diante da cientificidade da medicina. Mas como isso poderia se dar?

Em "Psicanálise: a última flor da medicina", Alberti (2000: 39) observa que "o hospital é um campo de entrecruzamentos discursivos em que pretendemos verificar o lugar daquele que, em princípio, seria seu maior interessado: o paciente". A assertiva da autora nos remete à teoria dos quatro discursos postulados por Lacan (1969-1970/1992) em *O Seminário, livro 17: o avesso da psicanálise*. Nesse seminário são apresentados os quatro discursos que fazem laço social: o do mestre, o da histérica, o do psicanalista e o do universitário.

A teoria dos discursos é a aplicação no laço social de uma teoria do sujeito em Lacan, sendo, portanto, efeito da lógica do *inconsciente estruturado como uma linguagem*. Os matemas dos discursos, ao articularem quatro letras – S_1, S_2, $\$$, *a* – em quatro lugares diferentes – verdade, agente, Outro, produção –, constituem "a estrutura mínima de todo e qualquer liame social, sempre concebido como fundado exclusivamente na linguagem" (Jorge, 2002: 19).

É válido notar que os discursos apresentados por Lacan, enquanto trazem a marca da impossibilidade em sua estrutura, recobrem as profissões ditas como impossíveis por Freud: psicanalisar, governar, educar, a que Lacan acresce: fazer-se desejar. Esta impossibilidade intrínseca à estrutura do discurso se configura pelo fato de que "todo discurso é, por um lado, uma tentativa de estabelecer uma ligação entre o campo do sujeito e o campo do Outro e, por outro, a confirmação de que um impossível radical vigora entre sujeito e Outro" (ibid.: 27). Isso se denota no fato de que jamais a produção dá conta da verdade que movimenta o discurso. Algo sempre escapa: o objeto *a*.

Os discursos, enquanto aparatos de linguagem que apresentam formas de o sujeito se relacionar com os significantes e com o objeto, são tratamentos do gozo sob o registro do semblante, e cada um se refere a um determinado regime de gozo. Eles mostram como entre o sujeito e o objeto causa de seu desejo, subtraídos do real, se interpõe o muro da linguagem, com o que se evoca a inexistência de um gozo natural.

A linguagem se interpõe e opera uma separação entre sujeito e Outro, do que resulta o afastamento entre $\$$ e *a*. Dessa forma, a verdade que jaz sob a barra restará para sempre enigmática, na medida em que ela passa pela linguagem e, portanto, só poderá ser semidita, o que impossibilita que a produção do discurso dê conta dela, o que a mantém inapreensível. Assim, a operação discursiva jamais visa à produção de verdade, mas sim a um mais-gozar que não é extrínseco ao campo da linguagem, já que o próprio objeto *a* se inscreve na estrutura discursiva.

A passagem de um discurso a outro se dá a partir de um quarto de giro, em que as letras passam a ocupar diferentes posições, fazendo com que em cada discurso haja sempre um agente, movido por uma verdade, a partir da qual põe o outro a trabalhar com o intuito de obter deste uma produção. O agente é sempre ator sustentado numa verdade particular para cada um dos discursos.

A operação que se dá na passagem de um discurso a outro não é cronológica, não havendo continuidade. Trata-se de uma operação de ruptura, pois não se mantém uma estabilidade entre o discurso anterior e o consecutivo. Há uma descontinuidade tanto na mudança de um discurso a outro quanto na produção do próprio discurso, na medida em que esta é disjunta da verdade.

Para que o discurso promova efeito, ou seja, haja produção de um resto, é necessário que o agente intervenha sobre o Outro, o que resulta em enlaçamento. No hospital, o laço social se dá fundamentalmente através do discurso do mestre e não do discurso do analista. Assim, como o analista poderia introduzir uma brecha nesse discurso de dominação para que o discurso do analista, único que introduz o sujeito no lugar do outro, possa justamente fazê-lo emergir?

Para tanto, é preciso situar o discurso médico na teoria dos quatro discursos. Afirmamos que o médico opera privilegiadamente por meio do discurso do mestre. Tal discurso é formalizado por Lacan a partir da dialética hegeliana do senhor e do escravo. Nele, o que está em jogo é a tentativa do mestre de, a partir do saber fazer do escravo, obter um "saber de mestre", teorizar a partir da prática do outro.

No discurso do mestre, o Outro aparece como quem tem os meios para que se goze; então, o que o mestre pede ao escravo é que produza um mais-gozar. A verdade do mestre é que há um sujeito recalcado por baixo da lei, e a fantasia lhe está interditada sob a barra. A castração e a fantasia estão recalcadas; logo, pode-se dizer que, se é o discurso do mestre que instaura a fantasia, é o discurso do analista, inaugurado por Freud, que a evidencia "em seu caráter originariamente constituinte, estruturante para o sujeito" (Jorge, 1988: 29).

Ao operar pelo discurso do mestre, o médico se apresenta fundado sobre a verdade. Ele afirma saber "a doença" e acaba tomando o doente por aquela. Com isso, o paciente é destituído de sua subjetividade, sendo desprendido do que lhe ocorre: ele não é convocado a falar, mas sim a se submeter a um discurso que pretende falar de sua verdade.

Entretanto, não é apenas do lado do paciente que a subjetividade é obliterada. O próprio médico abre mão da sua, pois o discurso do mestre se sustenta independentemente da subjetividade daquele que o enuncia – pois não se pode esquecer que é o sujeito que está recalcado nesse discurso – e daquele que o escuta.

O médico, segundo Jorge (ibid.), anula-se enquanto sujeito e só fala enquanto funcionário da instituição médica, como instrumento do discurso médico. Isso porque o discurso do mestre se sustenta na objetividade e na cientificidade, ainda que se saiba que a verdade do mestre é que ele é um sujeito. Verifica-se, assim, que a lógica institucional transcende a particularidade do médico que examina, tal como primava a medicina hipocrática.

Além do discurso médico, em nossa experiência, por estarmos inseridos no hospital universitário, verificamos também a incidência do discurso universitário em nossa prática. Este se pretende completo, sem falhas, constituindo, ao lado do discurso do mestre, um dos discursos da dominação. Nesse discurso, o saber é agente da ordem de um mestre recalcado e se sustenta neste. Dessa forma, o discurso do universitário nada quer saber da verdade do sujeito, pois a verdade que lhe interessa é a do mestre: S_1 no lugar da verdade pretende justamente obliterar a verdade.

Tendo como dominante o saber, o discurso do universitário trata o outro como um objeto *astudado*[1] a fim de produzir um sujeito moldado a partir do saber previamente constituído, não dando espaço para a emergência do sujeito do inconsciente, pois produz um sujeito como mais-gozar completamente separado dos significantes mestres que o constituem.

Como consequência tem-se que, afastado de seu S_1, o sujeito abdica da palavra diante do saber do mestre que ocupa a dominância do discurso. Tal fidelidade ao saber do mestre, que faz calar o sujeito, é tão reverenciada na academia que não é à-toa que a esta são tão caras as referências e citações a seus ilustres "mestres da verdade".

Para que a psicanálise possa se inserir num contexto atravessado pelo discurso do mestre e pelo discurso universitário, faz-se necessário um rigor

---

[1] Termo cunhado por Lacan em referência à posição de objeto *a* ocupada pelo estudante no discurso do universitário.

teórico que consolide o trabalho do psicanalista no hospital. É necessário um trabalho com a equipe para que, através da transferência de trabalho, o psicanalista, ao introduzir o discurso do analista, faça girar os discursos. O discurso do psicanalista faz uma verdadeira subversão ao fazer oposição ao do mestre, dando lugar de sujeito ao outro, levando em conta a singularidade.

O discurso do analista é o único que tem como produção puros significantes, isto é, o único no qual S_1 não se apresenta como semblante de dominação, lei ou mestria, mas sim como o significante particular do sujeito. Se no discurso do mestre o objeto *a* aparece em sua feição *mais-gozar*, no discurso do analista o objeto *a* aparece como *causa de desejo*. Ele convoca o sujeito, $\$$, a produzir o significante S_1.

Para a psicanálise, a suposição de alguma verdade e do saber está do lado do sujeito e não do médico. O sujeito é marcado por uma história singular. Assim, acredita-se que ele tenha algo a dizer sobre o que o acomete e que, ao falar sob transferência, ele possa expressar sua verdade e implicar-se naquilo que está vivenciando. A psicanálise trabalha a partir da fala, apostando na diferença e na particularidade de cada caso, e não tem como parâmetro os valores das publicações científicas.

Num hospital, o olhar médico ocupa-se, a princípio, das questões orgânicas e trabalha principalmente com a ausculta dos fenômenos do corpo, que exclui o sujeito de sua subjetividade. A contribuição psicanalítica advém do resgate da dimensão de sujeito e daquilo que do corpo não pode ser simbolizado.

A psicanálise se ocupa daquilo que a medicina não suporta: há algo do real da doença que não pode ser elaborado simbolicamente. O discurso psicanalítico pode atravessar o discurso médico uma vez que este, como todos os demais, porta uma impossibilidade. A medicina não pode saber como cada doença vai se comportar em cada um. Ao proferir um diagnóstico, o médico dá um nome ao conjunto de sinais e sintomas apresentados pelo paciente. Isto é, ele aponta uma doença que, muito possivelmente, produz efeitos sobre um sujeito que não seriam levados em conta senão pelo discurso do analista, que oferece um espaço para que o sujeito disso possa falar. Porém sabemos que nem tudo pode ser dito e nem simbolizado, existe um real da clínica em jogo.

Verifica-se, assim, que a inserção da psicanálise num hospital universitário pode facilitar um giro nos discursos que vigoram mais exacerbadamente tanto no hospital quanto na universidade, a saber, o discurso do mestre e do universitário, resgatando um lugar para o sujeito muitas vezes excluído pela prática médica.

REFERÊNCIAS BIBLIOGRÁFICAS

ALBERTI, S. (2000). Psicanálise: a última flor da medicina. Em *Clínica e pesquisa em psicanálise* (pp. 37-55). Rio de Janeiro: Rios Ambiciosos.

CLAVREUL, J. (1983). *A ordem médica. Poder e impotência do discurso médico.* São Paulo: Editora Brasiliense.

JORGE, M. A. C. (1988). *Sexo e discurso em Freud e Lacan.* Rio de Janeiro: Jorge Zahar Ed.

————. (2002). Discurso e liame social: apontamentos sobre a teoria lacaniana dos quatro discursos. Em *Saber, verdade e gozo: leituras de O Seminário, livro 17, de Jacques Lacan* (pp. 17-41). Rio de Janeiro: Rios Ambiciosos.

LACAN, J. (1969-1970/1992). *O Seminário, livro 17: o avesso da psicanálise.* Rio de Janeiro: Jorge Zahar Ed.

Psicanálise, sociedade e cultura

Angústia ou desamparo na obra de Camille Claudel

Rita Manso de Barros e Vivian Ligeiro

Resumo

No intuito de tecer uma articulação entre os conceitos de *angústia e feminino* recorremos a uma breve menção à vida e à obra da escultora francesa Camille Claudel. Seguindo a indicação freudiana de que o correlato da angústia de castração para a mulher é o medo da perda de amor, a biografia de Claudel e o legado de sua obra serviram-nos para ilustrar a intrínseca relação entre a mulher, o amor e a angústia. Para isso foi necessário também articular, de forma secundária, o conceito de devastação, que aparece em destaque no pensamento de Lacan, e o conceito de desamparo (*Hilflosigkeit*), oriundo do pensamento freudiano.

Palavras-chaves: angústia; feminino; devastação; desamparo; Camille Claudel.

Abstract

Angst or devastation in Camille Claudel's work

In order to articulate the concepts of *angst* and *feminine*, we present a brief study about the life and work of Camille Claudel, the French sculptor. According to the Freudian theory, in which the correlative to the castration angst, for a woman, is the fear of losing love, Claudel's biography and work legacy have shown us the intrinsic relation between womanliness, love and angst. In order to make that articulation we also had to connect the concept of devastation, originally in Jacques Lacan's work, to the Freudian concept of helplessness (*Hilflosigkeit*).

Key words: angst; feminine; devastation; helplessness; Camille Claudel.

Um pouco de luz vence muitas trevas.
(Paul Claudel)

A PALAVRA AOS POETAS

Na produção artística da escultora francesa Camille Claudel, para muitos visivelmente autobiográfica, reconhecemos invariavelmente os temas da separação, da perda e do desamparo. Devido à forma impiedosa com a qual ela expunha esses temas, alguns de seus trabalhos desencadearam no público o horror: "Quem nunca sentiu a angústia das trevas não pode carregar consigo a obra de Camille Claudel", afirmava Gerard Bouté (Bouté *apud* De La Chapelle, 1997: 194), um dos comentadores de sua obra.

Chama a atenção o furor com que a artista criava e destruía suas próprias obras. Lidando com materiais pesados, numa arte comum àqueles dotados de grande força física, a escultura era um trabalho incomum às mulheres de sua época. Quando boa parte delas empregava seu dinheiro em chapéus e vestidos, Camille buscava o motivo que a levara a se dedicar a uma arte masculina.

Ao nos posicionarmos como psicanalistas, tendo a teoria como referencial e a clínica como apoio, podemos compreender que o artista situa sua arte como uma das formas de o Nome-do-Pai se representar. É o suporte, a sustentação para uma linguagem possível de ligação ao Outro, a possibilidade de ligação a uma realidade que encobre o horror do encontro com o real. É também uma forma de dar conta do objeto *a*, pois, como a escrita, a escultura é "uma forma de contorno da falta que a pulsão faz", mas, como àquela, "só recentemente, na história da civilização ocidental, as mulheres começaram a ela recorrer" (Manso de Barros, 2007: 173).

Utilizando-se da criação, era como mulher que Camille Claudel, deixando transbordar a posição feminina nela, colocava em cena o que havia de *ausente que a atormentava*[1]. Mais uma vez, no que pese a falta de ineditismo, nos apoiamos na orientação de Freud (1933/1996) que não só deixou aos artistas, poetas e à ciência a difícil tarefa de desvendar os mistérios da feminilidade, como também obteve deles caminhos possíveis para avançar no desvendamento desse mistério.

UMA EXISTÊNCIA SINGULAR: FRAGMENTOS DA BIOGRAFIA DE CAMILLE CLAUDEL

Camille Claudel nasceu em 1894, em Tardenois, região nos arredores de Paris. Era irmã de Paul Claudel (1868-1955), escritor e diplomata, que criou inúmeras peças importantes da literatura francesa e esteve no Rio de Janeiro em fevereiro de 1917 em missão diplomática. Seu pai, Louis Claudel, era de origem burguesa e exercia um cargo de funcionário do Imposto que o obrigava a viajar constantemente e a mudar-se de cidade várias vezes com a família.

Louis casou-se com Louise Cervaux, e desse casamento vieram quatro filhos: o primeiro morreu com quinze dias de vida, seguindo-se Camille, Louise e Paul. Louise nunca se conformou com a morte prematura do primeiro filho e rejeitou Camille desde o primeiro dia de vida da menina até a sua morte. A mãe elegera como favorita a filha que portava seu nome, Louise, o oposto de Camille: sempre levou uma vida previsível em relação aos padrões morais da época, era dócil, aprendeu a tocar piano, casou-se cedo e teve filhos.

Camille era a preferida do pai, que sempre a incentivou em sua carreira artística, nunca economizando gastos quando se tratava da vocação de sua filha. Começou a esculpir cedo, servindo-se dos pais, irmãos e empregados como modelos. Autodidata, com apenas quinze anos já havia feito trabalhos admiráveis.

[1] Frase de Camille que aparece numa carta a Rodin, em 1886: “Há sempre algo de ausente que me atormenta” (Wahba, 1995: 93).

Foi quando se mudou para Paris, por volta de 1881, que sua carreira artística começou a florescer. Contou com o apoio do escultor Alfred Boucher, que pediu a Rodin que dispensasse atenção a algumas de suas alunas, particularmente a Camille, que se tornou a primeira discípula mulher de Auguste Rodin.

Embora não fosse, nessa época, tão famoso, Rodin estava em pleno vigor produtivo. Recebia diversas encomendas e tinha muitos ateliês. Tinha uma vida pessoal polêmica, várias amantes e uma companheira, Rose.

A partir dessa convivência nasceu uma grande admiração recíproca entre Camille e Rodin, que conviviam e trabalhavam incansavelmente. Camille aprendeu muito com o mestre, sobretudo sobre técnica, mas sempre apresentou seu estilo próprio. Tornaram-se amantes numa relação que durou cerca de quinze anos. Em 1888 Camille abandonou a casa dos pais e mudou-se para o ateliê que Rodin construiu para que eles pudessem viver e trabalhar juntos.

Anos depois, entre idas e vindas, o relacionamento amoroso de Camille e Rodin teve seu fim definitivo, já que Rodin escolheu casar-se com Rose. Foi uma grande decepção para Camille, já que muito desejava ser sua esposa legítima. Ela permaneceu, a partir de então, sozinha, sem o apoio da família e mal vista diante da sociedade por ser uma artista solteira abandonada pelo amante.

Mudou-se para seu próprio ateliê e começou a enfrentar grandes dificuldades financeiras. Com trinta e quatro anos passou a viver solitariamente, totalmente isolada do mundo e das pessoas em seu ateliê invariavelmente fechado, em péssimas condições de higiene. Dedicava-se incansavelmente ao trabalho de esculpir. Dessa época podemos destacar uma de suas peças, *A implorante*, parte do grupo *A idade madura* (*L'âge mûr*), que expôs em 1894. Quando foi exposta, foi muito elogiada, porém a escultura incomodou muitos devido à forma impiedosa com que expôs a decadência e o sofrimento.

MULHER, ANGÚSTIA E DEVASTAÇÃO

Freud (1937/1996) acentuava a perspectiva da incompletude feminina expressa pelo *Penisneid*, na mulher, e pela rejeição, no homem, de assumir uma posição passiva diante de outro homem como o repúdio à feminilidade em ambos os sexos. No caso da mulher, a inveja fálica seria um dos maiores obstáculos ao final de sua análise, sendo o rochedo com o qual haveria de se confrontar para o resto de sua vida o obstáculo até onde sua análise poderia ser levada. Lacan (1962-1963/2005), no entanto, propõe: "à mulher nada falta". Sendo assim, o *Penisneid*, que Freud em "Análise terminável e interminável" (1937/1996) descreve como o ponto último com o qual a mulher tem que se haver, não é um termo final para Lacan.

É bem verdade que a mulher da época de Lacan, fruto do movimento feminista, do ideal do amor livre oriundo do movimento *hippie*, começava a aumentar sua intimidade com a posição fálica: votava, trabalhava, ocupava posições importantes no mundo do trabalho, usufruía o sexo sem a preocupação de engravidar com a invenção dos anticoncepcionais. Contudo, nessa época ele observa que a relação da mulher com o gozo (fálico) era menos embaraçada do que a do homem, pois este último se depara com a detumescência, experiência visível e estranha aos habitantes do corpo feminino. A detumescência estaria diretamente ligada ao momento em que o desejo é "satisfeito" ou, como nos diria Lacan, quando o desejo "teve um falso fim" (Lacan, 1962-1963/2005: 194); ela é o valor assumido pelo falo em seu estado de esgotamento, quando o objeto cai do sujeito masculino em sua relação com o desejo. Sendo assim, a relação do homem com o gozo é complicada e limitada pela detumescência, fonte de sua angústia, ligada a um órgão que falha ou então que nem sempre está disponível.

Contudo, existe um ponto em que a angústia da mulher é maior do que a do homem. A angústia da mulher está relacionada ao desejo do Outro: o sujeito não sabe o que o Outro quer dele, não sabe que objeto o Outro quer para esse desejo. A mulher se angustia por estar diante de um Outro sempre faltoso, e ela não sabe como completá-lo. Nesse ponto, podemos ver a aproximação nas propostas de Freud e Lacan sobre a angústia.

Freud (1924/1996) aponta que ao se pensar na neurose nas mulheres podemos claramente verificar a presença de um complexo de castração, mas o que se torna intrigante é como poderíamos falar sobre "angústia de castração" onde a castração já foi efetivada. Dessa maneira, o autor reafirma o que já anunciara anteriormente (Freud, 1924/1996): o correlato para a mulher da angústia de castração, que o menino sofre quando se dá conta da diferença sexual, é o medo de perder o amor. Por conseguinte, deduz-se que a situação de perigo que coloca a mulher frente ao enigma do desejo do Outro, ou seja, o que lhe causa angústia é o medo de perder o amor, que se encontra enraizado em sua primeira experiência de amor. Eis o ponto que pretendemos alcançar neste trabalho: o primeiro objeto de amor, conforme enunciado por Freud, para ambos os sexos, é sempre uma mulher. Contudo, não podemos falar em amor homossexual da menininha. O próprio Freud resolve esse impasse afirmando que a menina assume a posição fálica, ativa, na conquista do amor da mãe. Com a percepção da diferença sexual, ao se conceber numa posição inferiorizada por não ter o pênis, no mínimo com um pedaço de carne a menos para ter prazer, a menina responsabiliza sua mãe, o protótipo da ideia-Deus para os seres humanos, como aquela que a trouxe ao mundo em prejuízo.

A partir de 1923 houve uma profusão de textos na obra de Freud que discorreram a respeito da sexualidade feminina, que ainda não havia sido estudada de forma mais profunda pelo autor. Em "Sexualidade feminina" (1931/1996), Freud nos convida a rever o complexo de Édipo da menina, incluindo sua longa e intensa ligação pré-edipiana com a mãe. Assim como o menino, a menina também teve sua mãe como primeiro objeto de amor. A fase pré-edipiana é duradoura, intensamente apaixonada e ainda é a origem de todo desenvolvimento neurótico feminino. Esse período, por sofrer a ação do recalque, permanece obscuro e esquecido pelas mulheres, mas deixa-lhes uma profunda marca.

A menina se afasta da mãe devido à inveja do pênis, voltando-se para o pai. Esse desenlace, nunca efetivado completamente, não se traduz por uma simples mudança de objeto, pois é marcado por hostilidade, já que a menina culpa a mãe por ser castrada, ou seja, por tê-la trazido ao mundo desprovida de um significante que a represente como mulher, ao mesmo tempo que confronta a mãe com o enigma de sua própria feminilidade. Tal relação tem efeitos tanto para a mãe quanto para a filha, o que Freud (1931/1996) comparou a uma verdadeira *catástrofe* enquanto Lacan (1974/1993) usará o termo *devastação*. Sendo assim, vemos em ambos os autores a sensível percepção do quanto esse período de relação estreita da menina com a mãe traz como efeito de destruição. *Katastrophe*, em grego, corresponde a um acontecimento decisivo que leva ao final de uma tragédia. Na teoria freudiana, de fato o encontro com o real da incompletude leva-a a sua própria castração no nível imaginário, conduz a menina à castração simbólica e possibilita sua entrada no processo civilizatório, separando-a da mãe e aproximando-a do amor ao outro e à busca de objetos outros. Já o termo devastação, muito mais forte, produz a ideia de um terreno do qual a vida foi subtraída e que levará algum tempo para se reconstruir. Basta lembrar da desolação em Hiroshima e Nagasaki, das cidades varridas pelas águas na região serrana do Rio de Janeiro ou pelos tsunamis no Japão após o terremoto de 11 de março de 2011. O acontecimento funesto, a grande calamidade íntima na vida da menina exigirá dela um longo esforço, trabalho de se reconstruir, ainda que seja tirando vida do mármore, ou letras do papel em banco, ou contornos do vazio emoldurado pela renda.

Como exemplo do que queremos abordar, lançamos mão da correspondência de Camille Claudel a fim de nos aproximar do que há de catastrófico na relação mãe e filha. Retomando sua história, lembremos que Camille é a mais velha dos três filhos de Louise Claudel e nasceu em seguida à morte do primeiro filho homem. Sabemos que a Sra. Claudel não aceitou essa morte, tampouco o nascimento de Camille preencheu-lhe o vazio deixado pelo filho morto. Durante o período em que Camille esteve internada, sua mãe fez de tudo para mantê-la afastada, reclusa num hospital psiquiátrico o mais longe possível dela, proibindo-a inclusive de escrever cartas aos parentes, queixa manifestada por Camille em sua correspondência como algo muito doloroso. Esse trecho foi extraído de uma carta da Sra. Claudel ao diretor do asilo em que Camille se encontrava reclusa:

> Eu recebi uma nova carta de minha filha C. Claudel informando-me de que está muito infeliz e que deseja ser transferida para Saint-Anne, em Paris. Eu me pergunto como ela se encontra aí para me enviar cartas por outros intermediários e não pelo médico ou por vocês mesmos. Eu me encontro excessivamente preocupada com isso porque ela bem pode da mesma forma

> enviá-las a outras pessoas [...] eu não quero, sob nenhum pretexto, retirá-la de vocês [...] quanto a recebê-la novamente em minha casa ou reenviá-la à sua própria residência, como ela estivera outrora, jamais, jamais. Eu tenho 75 anos, eu não posso ocupar-me de uma garota que tem ideias tão extravagantes [...] que nos detesta e está pronta a nos fazer toda sorte de mal que puder [...]. Guardem-na, eu lhes imploro [...]. Por fim, ela porta todos os vícios, eu não quero revê-la, ela nos faz tanto mal (Lessana, 2000: 244).

Precisamente por ser a primeira relação de amor da menina, comporta extrema ambivalência e terminará quase sempre em ódio dirigido à mãe ou aos herdeiros dessa relação. A menina poderá permanecer para sempre ligada à mãe (ou a seus substitutos) esperando que esta lhe dê uma identificação feminina, já que só recebe do pai uma identificação viril.

Embora a devastação represente ruína, destruição, ela traz um quê de deslumbramento, de fascínio, capturando o olhar e deixando aquele que a vê capturado pela imagem que o toma e imobiliza até a petrificação (Brousse, 2006), ainda que momentânea. Partindo da raiz etimológica que implica o substantivo utilizado por Lacan, *le ravage*, Lessana (2000) nos adverte sobre a proximidade entre os substantivos que trazem a mesma origem: *ravissement* e *ravinement*, respectivamente arrebatamento e deslumbramento. O que nos permite inferir que há algo de duplamente fascinante e devastador no enigma trazido pela imagem da mãe.

Em carta ao irmão Paul Claudel (Cassar, 2003) Camille revelava, aos setenta e cinco anos, sua preocupação insistente com o destino dado ao retrato de sua mãe feito pela própria artista aos dezessete anos. Esse retrato foi perdido, não se sabe ao certo como. Jacques Cassar, biógrafo de Camille Claudel, afirma que há indícios de que a mãe de Camille o teria destruído.

> Penso nesse belo retrato que tinha feito dela na sombra de nosso belo jardim. Os grandes olhos em que se lia uma dor secreta, o espírito de resignação que reinava sobre toda sua face, suas mãos cruzadas sobre os joelhos em completa abnegação: tudo indicava a modéstia, o sentimento do dever puxado ao excesso, era bem isso nossa pobre mãe (*apud* Wahba, 1995: 80).

Tudo indica que ao fazer esse retrato Camille tentara simbolizar o que havia de enigmático em sua mãe, o enigma insondável que essa mulher representou para ela e que a assombrou até o fim de sua vida:

> Para Camille, no fim de sua vida, aquele retrato tomara o valor da existência intemporal de sua própria mãe e representava sobre a tela o que a mãe tinha de inatingível: dor secreta, espírito de resignação, abnegação completa, modéstia, sentimento de dever levado ao extremo... A jovem perscrutou a expressão e dor do rosto de sua mãe, a postura de seu corpo, ela realizou em ato uma versão de enigma que representava aquela mulher, sua mãe (Lessana, 2000: 178).

Nunca saberemos ao certo o que esse retrato significou para Camille e para sua mãe, que supostamente o destruiu, mas isso nos parece deixar como questão a existência atemporal da mãe na vida da filha, já que essa carta foi escrita quando Camille estava avançada em idade.

O envolvimento de Camille com Rodin – como o de muitas outras mulheres, é destacado por Freud ao afirmar que o primeiro casamento de toda mulher é com sua mãe, sendo portanto fonte de muitas brigas, propiciando que a relação pré-edipiana deixe marcas decisivas na futura eleição de objeto da mulher – parece ter servido para a escultora repetir o enredo de abandono, separação e desamparo que ela viveu com a mãe. "O marido da mulher algum tempo depois pode tornar-se herdeiro da relação pré-edipiana com a mãe. Assim, facilmente pode acontecer que a segunda metade da vida da mulher venha a ser preenchida pela luta contra o marido, do mesmo modo como a primeira, mais breve, fora preenchida pela rebelião contra a mãe" (Freud, 1933/1996: 132).

A idade madura, obra cuja versão final data de 1898, contém três peças: *Clôtho*, *O homem* e *A suplicante*. Esse grupo de três, como era denominado pela artista, põe em cena o abandono de Rodin em favor de Rose e essa relação de triangulação – um homem entre duas mulheres: uma jovem, *A suplicante*, e uma velha, *Clôtho*. Enquanto a jovem mulher de joelhos estende seus braços em direção ao homem, este, em desequilíbrio, é levado pela mulher velha. A jovem, como o seu próprio nome diz, coloca-se em posição de súplica e tenta tocar as mãos do homem, mas não as encontra.

TEU OLHAR ERA DE ADEUS... EU ESTRANHEI

Essa posição de súplica da mulher que implora ao homem que com ela fique faz-nos lembrar o poeta em sua magistral frase: "Quando olhaste bem nos olhos meus, e teu olhar era de adeus, juro que não acreditei, eu te estranhei..."[2], trazendo o encontro com o absolutamente estranho enquanto familiar e a dor que essa estranheza carrega com o consequente desamparo.

O homem, que ama de forma fetichista, goza de um pequeno detalhe, "de um pequeno detalhe pequeno *a*" (Miller, 1998: 110). Dessa forma, o sujeito do lado masculino tem sua estrutura de gozo bem circunscrita, limitada, no registro do contável e do catalogável. Ao contrário, estando mais à mercê do ilimitado do gozo Outro, na mulher, aquela que ama de forma erotomaníaca, o que prevalece é a imposição ao parceiro de uma demanda igualmente ilimitada. Miller (*ibid.*) localiza a devastação no retorno ao falasser feminino dessa demanda de amor insaciável em seu aspecto de infinito. Esse retorno traz efeitos do ilimitado, da estranheza da mulher ao ser tomada por um gozo que habita o corpo. A devastação se coloca num campo do para além do sintoma, na medida em que é marcada pelo infinito do não-todo, e no que há de ausência de limites do gozo feminino.

No *Seminário 20*, ao demarcar a posição feminina como aquela que tem referência não apenas ao gozo fálico, mas também ao gozo Outro,

[2] Letra da música de Chico Buarque de Holanda, "Atrás da porta": Quando olhaste bem nos olhos meus/ E o teu olhar era de adeus/ Juro que não acreditei/ Eu te estranhei/ Me debrucei/ Sobre teu corpo e duvidei/ E me arrastei e te arranhei/ E me agarrei nos teus cabelos/ No teu peito (Nos teus pelos [verso original vetado pela censura])/Teu pijama/ Nos teus pés/ Ao pé da cama/ Sem carinho, sem coberta/ No tapete atrás da porta/ Reclamei baixinho/ .../ Dei pra maldizer o nosso lar/ Pra sujar teu nome, te humilhar/ E me vingar a qualquer preço/ Te adorando pelo avesso/ Pra mostrar que inda sou tua/ Só pra provar que inda sou tua...

Lacan (1972-1973/2005) desloca o feminino da falta – ilustrada pelo *Penisneid* – para o excesso, este da ordem do infinito do gozo feminino. Portanto, o que aparece como incompletude, como falta da qual a mulher se queixa ao se endereçar ao outro em sua demanda insaciável de amor, se revela, por outro lado, como algo demasiado e ilimitado expresso em seu gozo.

De acordo com Drumond (2011), a devastação implica em dificuldades do sujeito nas relações de troca, seja a troca amorosa, o relacionamento sexual ou a maternidade. Se uma mãe não se separa dos objetos de seu corpo em sua relação com a filha, a devastação será a consequência desse deslumbramento narcísico que busca mais o amor desenfreado do que o desejo. Por fim, considera que:

> [...] a devastação tem um lado de reivindicação fálica, ligado ao desejo da mãe, e um lado não todo fálico, um modo de gozar, que se articula ao deslumbramento do corpo e que deriva de toda a dificuldade de se simbolizar o gozo feminino. Ela se origina no ponto em que a filha espera uma identificação feminina que se revela impossível. Para o sujeito feminino, é sempre difícil desprender-se dos impasses do gozo, ali onde a deixou o desejo materno (Drumond, 2011).

Conclui-se, então, que "o que é ser mulher" e "o que o Outro quer de mim" são questões equivalentes e indissociáveis concernentes à angústia experimentada pela mulher, endereçadas à mãe e aos herdeiros dessa primeira relação de amor. Percebemos então o duplo estatuto do amor na vida psíquica feminina: por meio do amor ela pode tentar reivindicar seu lugar como mulher para apenas dessa forma conseguir construir um sentido frente ao não-senso da angústia. Portanto, no momento em que se encontra despojada do amor, ela se perde toda, não apenas uma parte. Estando à mercê da angústia, e para de certa forma triunfar sobre ela, a mulher nada terá a perder. Mas perderá o nada que a constitui. Desafiadoramente.

REFERÊNCIAS BIBLIOGRÁFICAS

BOUTÉ, G. (2004). *Camille Claudel: le miroir de la nuit.* Paris: Editions de l'amateur.

CASSAR, J. (2003). *Dossier Camille Claudel.* Paris: Maisonneuve & Larose.

DE LA CHAPELLE, R. M. P. (1997). *Camille Claudel.* São Paulo: Pinacoteca do Estado.

FREUD, S. (1924/1996). A dissolução do complexo de Édipo. Em *Edição standard brasileira das obras psicológicas completas de Sigmund Freud,* v. XIX. Rio de Janeiro: Imago.

———. (1931/1996). A sexualidade feminina. Em *Edição standard brasileira das obras psicológicas completas de Sigmund Freud,* v. XXI. Rio de Janeiro: Imago.

———. (1933 [1932]/1996). Conferência XXIII: feminilidade. Em *Edição standard brasileira das obras psicológicas completas de Sigmund Freud,* v. XXII. Rio de Janeiro: Imago.

———. (1937/1996). Análise terminável e interminável. Em *Edição standard brasileira das obras psicológicas completas de Sigmund Freud,* v. XXIII. Rio de Janeiro: Imago.

LACAN, J. (1962-1963/2005). *O seminário, livro 10: a angústia.* Rio de Janeiro: Jorge Zahar Ed.

———. (1972-1973/1995). *O seminário, livro 20: mais, ainda.* Rio de Janeiro: Jorge Zahar Ed.

———. (1974/1993). Televisão. Em *Escritos.* Rio de Janeiro: Jorge Zahar Ed.

LESSANA, M.-M. (2000). *Entre mère et fille: un ravage.* Paris: Fayard.

MANSO DE BARROS, R. M. (2007). A escrita feminina. Em *Escrita e psicanálise* (pp. 173-184). Rio de Janeiro: Companhia de Freud.

MILLER, J.-A. (1991-1992/2005). *De la naturaleza de los semblantes.* Buenos Aires: Paidós.

———. (1998). O osso de uma análise. Em *Agente – Revista da Escola Brasileira de Psicanálise – Bahia,* nº especial. Salvador: EBP.

WAHBA, L. (1995). *Camille Claudel, criação e loucura.* Rio de Janeiro: Rosa dos Tempos.

Sítios visitados

BROUSSE, M. H. *Ravage et désir de l'analyste*. Disponível em: <http://www.lacanian.net/Ornicar%20online/Archive%20OD/ornicar/articles/mbr0207.htm>. Acessado em 11/03/2011.

DRUMMOND, C. *A devastação*. Disponível em: <http://www.ebp.org.br/biblioteca/pdf_biblioteca/Cristina_Drummond_A_devastacao.pdf>. Acessado em 11/03/2011.

Sobre Paul Claudel. Disponível em: <http://www.paul-claudel.net/node/25/>. Acessado em 14/03/2011.

Escrita e laço social na psicose

Julia Leite

Resumo

Focalizamos o "empuxo à escrita" na psicose a partir da articulação histórica entre arte e loucura e do testemunho de alguns poetas e escritores que revelam a literatura como uma experiência nas proximidades do real. Tomamos a problemática relação do psicótico com a linguagem, observada por Freud e Lacan, para pensar a escrita como suplência e possibilidade de sustentação subjetiva no laço social.

Palavras-chave: escrita; laço social; psicose.

Abstract

Writing and social bond in psychosis

We focus on the "thrust to writing" on psychosis from the historical relationship between art and madness and the testimony of some poets and writers who reveal literature as an experience close to the real. We take the problematic relationship of the psychotic with language, observed by Freud and Lacan, to think of writing as a substitute and a possibility of subjective support to the social bond.

Key words: writing; social bond; psychosis.

Introdução

> *Aqui está minha vida – esta areia tão clara*
> *com desenhos de andar dedicados ao vento.*

Aqui está minha voz – esta concha vazia,
sombra de som curtindo o seu próprio lamento.

Aqui está minha dor – este coral quebrado,
sobrevivendo ao seu patético momento.

Aqui está minha herança – este mar solitário,
que de um lado era o amor e, do outro, esquecimento.

(Apresentação, Cecília Meireles, 1949)

Nossa proposta é explorar uma certa ressonância entre loucura e literatura ou, como coloca Branco (1988a), um certo tangenciamento entre os fenômenos de linguagem presentes na psicose e a escrita poética. Tal articulação foi extraída da clínica psicanalítica da psicose e, mais especificamente, da experiência de condução de uma oficina de escrita em um hospital-dia de uma instituição pública de saúde mental[1].

Inicialmente, podemos pensar nos escritores que, embora assolados pela loucura, conseguem fazer florescer uma escrita que lhes permite, senão passar ao largo de um destino psiquiátrico, pelo menos construir sólidas pontes para uma acolhida no laço social. O próprio exercício da literatura implicaria, conforme demonstram alguns poetas e escritores, incursões pelos abismos do real. Como coloca Jorge (2009), o artista testemunharia o inconsciente amparado pela fantasia em sua dimensão de velamento do real, não deixando de mostrar no bojo de seu ato de criação algo de obscuro, uma certa indicação do impossível para além do objeto e de sua representação fascinante.

[1] A partir da década de oitenta do século passado, no Brasil, inicia-se a instalação de um aparato assistencial substitutivo ao manicômio apoiado em uma mudança das políticas públicas no campo da saúde mental que interroga a estrutura do saber psiquiátrico e a prática dele decorrente. São criados vários serviços abertos, alternativos à internação psiquiátrica, e redimensionados os dispositivos de trabalho, as chamadas oficinas, que, embora componham um universo heterogêneo de intervenções (ligadas à arte, à recreação, à cultura e ao trabalho), passam a conjugar, de modo geral, as dimensões clínica e social do trato com a loucura. A esse respeito, ver Guerra (2008: 23-58) em sua discussão sobre a história e os fundamentos da prática das oficinas em saúde mental.

Eis o trajeto que seguimos para refletir sobre o fato clínico, que nada tem de aleatório, configurado pela tendência de alguns psicóticos a se entregarem ao trabalho da escrita. Aliás, são o gozo vinculado à letra em sua face de ruptura da cadeia significante, como aponta Lacan, e o tratamento da palavra pelo processo primário, na perspectiva freudiana, que estão na origem de muitos estudos sobre a psicose. Tratemos de abordar o "empuxo à escrita" (Maleval, 2009: 138) em sua potência de articulação com a clínica da psicose.

Começamos com um exemplo que põe em relevo, justamente, uma certa tensão entre palavra e imagem para ressaltar a dimensão de escrita. Fernando Diniz, reconhecido como artista por sua exuberante e extensa produção plástica (30 mil trabalhos entre pinturas, desenhos, esculturas e móbiles), também foi interno por longos anos do Centro Psiquiátrico Pedro II. Foi levado para o hospital psiquiátrico aos 26 anos, quando uma estranha vertigem tomou conta de seu espaço cotidiano: tinha a impressão de que os prédios se inclinavam sobre ele. Entre suas obras encontramos os "tapetes digitais", tramas estruturadas com tinta, agulha e linha a partir de lençóis velhos apanhados no lixo e que têm como ponto de partida suas mãos e dedos. Já em suas primeiras telas o caos subjetivo aparece no espaço pictórico: objetos próximos ou sobrepostos em composições abstratas. Aos poucos a tela é dividida em pequenos espaços, cada um ocupado por um objeto, e, mais tarde, os objetos ganham um chão. Fernando queria ser engenheiro, mas dizia: "O livro de engenharia é um monte de pedras, pedras e pedras. A caldeira é de tijolos sobre tijolos, tudo igual. Aí tira o mistério do mundo" (Diniz *apud* Lima, 2009: 187). Ao longo de sua vida, ele pesquisa, estuda, experimenta, afirmando o mistério das coisas, e inventa para si um espaço singular: "mudei para o mundo das imagens", diz ele (Diniz *apud* Lima, 2009: 192).

Para Lacan, o radical comprometimento da dimensão simbólica na psicose e os fenômenos de linguagem daí decorrentes estariam ligados a um incremento da potência de criação artística. Se em um primeiro momento de sua elaboração teórica tratava-se de um exercício do significante e, portanto, da questão do sujeito no simbólico, na década de 60 impõe-se a vertente do objeto pulsional e do gozo não regulado pelo significante.

Recoloca-se, então, a discussão sobre o inconsciente: a linguagem torna-se tributária de um tratamento do significante e do gozo. Veremos como a arte pode funcionar em sua dimensão de trabalho e de possibilidade de suplência[2] nessa dupla vertente para um sujeito sem o recurso da fantasia, como na psicose.

Consideramos importante retomar uns poucos momentos da história de entrelaçamento dos domínios da loucura e da arte, buscando articular algumas consequências do aporte da psicanálise para pensar as peculiaridades da construção de alternativas de circulação no laço social. Pensamos, particularmente, na oficina de escrita como um espaço potencial de constituição de um lugar original de pertença, composto no rastro da própria fratura que confina o psicótico em um fora, como diz Rabinovitch (2001). Trata-se de interrogar a criação como efeito de estrutura e suas implicações para a direção da clínica na psicose.

Tanto Freud quanto Lacan destacam a problemática da relação do sujeito com a linguagem como referência distintiva da psicose. Lacan relaciona as "modalidades originais" que a linguagem assume na loucura (Lacan, 1946/1998: 168) à carência de um significante primordial, o Nome-do-Pai, que organizaria a cadeia simbólica. Daí os "transtornos de linguagem", importância já indicada na contribuição freudiana sobre a psicose, assumirem um valor capital na discussão dos efeitos de significação e da inscrição do sujeito na estrutura, com consequências para a elaboração teórica específica sobre a psicose. Inscrevendo a lei paterna, lei da castração, suporte da ordem simbólica, o Nome-do-Pai possibilita a operação que funda a significação fálica e o papel do significante na economia do desejo.

Freud se refere de forma original ao "inconsciente a céu aberto na psicose", e Lacan chama a atenção para uma "desordem provocada na junção mais intima do sentimento de vida no sujeito" (Lacan, 1956/1998: 565).

---

[2] A noção de suplência não se faz de forma unívoca no ensino de Lacan. Na década de 50 a suplência é uma resposta à foraclusão do Nome-do-Pai na psicose, basicamente construções significantes. Entretanto, na discussão do caso do pequeno Hans, o conceito já é estendido à neurose. Na década de 70, com o abandono da primazia do simbólico, impõe-se o conceito de *sinthoma*, que diz respeito ao que mantém atados os três registros, cumprindo a função de estabilização qualquer que seja a estrutura (Rollier *apud* Guerra, 2007: 126-127).

Neologismos, frases cortadas, palavras soltas, salada de palavras testemunham a decomposição da função significante da linguagem; assim também o demonstram a fragmentação do corpo e o desligamento do mundo.

ARTE E LOUCURA: FLORES DO ABISMO

Ao longo da história, a sociedade respondeu aos fenômenos da loucura com processos de segregação representados pela internação no hospital psiquiátrico e mesmo pela sua cristalização no registro da doença. Paradoxalmente, variadas linhas de composição da loucura com a arte foram construídas por loucos, artistas, alienistas, entre outros, a ponto de constituir uma direção de trabalho privilegiada nas práticas terapêuticas do campo da saúde mental.

Seguiremos alguns pesquisadores brasileiros que contribuem para um rico rastreamento e discussão das configurações históricas de onde emergem as relações da loucura com a arte e sua confluência para uma transformação do trabalho clínico. Elegemos para esse percurso Elisabeth Araújo Lima, João Frayze-Pereira e Luiz Carlos Mello, todos interessados, a partir de referenciais teóricos e experiências diversas, em circunscrever questões que remetem a pontos de mútua influência entre tais domínios (Lima, 2009; Frayse-Pereira, 1995; Mello, s.d.).

Tomamos emprestada a expressão "flores do abismo", título do trabalho de Luiz Carlos Mello, para pensar a produção artística em sua abertura para o real, daí sua afinidade, e não confusão, com o trabalho (artístico) na loucura, revelador mais radical do indizível em sua dimensão de dor e não só de fruição.

Por volta do século XII, no mundo árabe, a música, a dança, os espetáculos e as narrativas estavam entre as práticas de cura da alma. Essa tradição mantém-se ainda no século XV, quando surgem, na Europa, os primeiros hospitais para insanos. A influência do Renascimento também contribui para um interesse pela loucura como passível de acolhimento, apesar de trazer a desacomodação, a diferença. Nos séculos XVII e XVIII, entretanto, com a emergência do tratamento moral, passa a vigorar a valorização da razão e do trabalho (em seu valor disciplinar). As artes, remetendo à paixão e à linguagem, ambas tradicionalmente ligadas à própria insanidade, desertam do campo do tratamento.

No final do século XIX há uma interessante confluência de dois movimentos: à entrega espontânea de alguns internos nos hospícios às atividades artísticas agrega-se o interesse de alguns artistas pela loucura. A mudança enraíza-se no Romantismo, que aproxima a arte da expressão subjetiva de seu criador e dos movimentos de vanguarda em seu questionamento das convenções acadêmicas que regiam a produção artística.

Na Inglaterra e na Escócia surgem as primeiras coleções de trabalhos artísticos de internos de grandes hospícios. Alguns médicos começam a estudar a produção plástica dos loucos, entre eles expoentes da psiquiatria clássica, como Kraepelin e Jaspers, buscando a compreensão do quadro da doença. Em 1907, o ensaísta francês Marcel Reja escreve *A arte nos loucos: desenho, poesia e prosa* e é um dos primeiros a chamar a atenção para a qualidade estética das obras. Em 1922, Hans Prinzhorn, psiquiatra e crítico de arte alemão, lança o livro *Expressões da loucura*, defendendo que o poder criador subsiste na loucura e recusando a exclusão dos trabalhos do campo da arte. Seu interesse é buscar o que singulariza o estilo de cada subjetividade. Nas décadas de 20 e 30, várias exposições artísticas acontecem na França, Alemanha e Suíça, causando impacto e reações contrárias ao valor artístico das obras. Aliás, na vigência do nazismo, a arte produzida nos asilos é denominada "arte degenerada".

No Brasil, em 1923, o paraibano Osório César, psiquiatra, músico e crítico de arte, frequentador dos salões de arte modernista, casado com Tarsila do Amaral, começa a estudar a arte dos alienados no Hospital Psiquiátrico do Juqueri, em São Paulo, comparando-a com a arte primitiva das crianças e de vanguarda. Em 1929 escreve o livro *A expressão artística dos alienados* e, em 1934, cria a Escola Livre de Artes, pois observara que grande parte dos internos desenvolvia espontaneamente várias formas de arte: pintura, escultura, poesia e música.

Em 1945 o pintor Jean Dubuffet inicia uma das mais importantes pesquisas da Europa e cria o conceito de "arte bruta", definindo-a como uma arte espontânea e fortemente inventiva, feita por pessoas não inseridas no meio artístico. Desejoso de descobrir produções artísticas que fomentassem sua investigação, ele encontra nos trabalhos artísticos feitos no interior dos hospícios o caráter radicalmente inédito e imaginativo que aponta como abrindo novos caminhos para a arte.

Em 1946 a psiquiatra Nise da Silveira, movida pela luta contra a hegemonia das práticas médicas no trato institucional com a loucura, cria o Ateliê de pintura no Centro Psiquiátrico Pedro II, no Rio de Janeiro. Acolhida no Setor de Terapêutica Ocupacional e Reabilitação, propõe incluir a arte na atenção aos internados, contribuindo de maneira decisiva para a discussão dos rumos futuros da clínica institucional da psicose. Desde a primeira exposição de trabalhos, entretanto, o interesse do público e de artistas é maior do que o do meio psiquiátrico. No Brasil, o crítico de arte Mario Pedrosa exalta, como Dubuffet, o valor artístico da produção do hospício, denominando-a "arte virgem". Em 1949 Osório César faz uma exposição no MASP acompanhada de debates com intelectuais.

Convém apontar que o processo de criação e as obras eram encarados de forma diversa por psiquiatras e artistas. As pesquisas médicas, muitas vezes limitadas pela busca de elementos para construir um saber sobre os estados patológicos do psiquismo foram, entretanto, atravessadas pelo diálogo com a psicanálise e pelos questionamentos introduzidos pela arte moderna. Também no âmbito da saúde mental a arte é tomada não apenas em seu valor terapêutico, mas em sua potência de socialização. Podemos dizer que as perspectivas de acolhida da loucura no laço social, reabertas pelo movimento da reforma psiquiátrica, conjugam-se em torno de sua riqueza criadora.

O escritor e a linguagem

Manoel de Barros escreve que a poesia designa "a armação de objetos lúdicos / com emprego de palavras imagens cores sons / etc. – geralmente feitos por crianças pessoas esquisitas loucos e bêbados" (*apud* Branco, 1988c: 44). Deixemo-nos levar pelo testemunho de poetas e escritores sobre essa experiência tão especial da escrita em sua vertente de limiar entre o simbólico e o real para retomar, por outras vias, sua proximidade com a relação do psicótico com as palavras e o laço social.

No campo da literatura, uma das marcas da passagem para a episteme da modernidade é o questionamento do ideal representacional através de novas experimentações de linguagem. Foucault assinala que, a partir de então, a literatura trabalhará a linguagem na dimensão do desvio, da dispersão e da fratura (Laia, 2001). Eis o viés escolhido para eleger alguns depoimentos de Guimarães Rosa, Clarice Lispector e Manoel de Barros: uma certa junção entre potência e ruptura do simbólico pela escrita, experiência muitas vezes compartilhada pelo leitor.

Comecemos com Guimarães Rosa, entrevistado por Pedro Bloch, em 1963:

> Você conhece meus cadernos, não conhece? Quando eu saio montado num cavalo, por minha Minas Gerais, vou tomando nota de coisas. O caderno fica impregnado de sangue de boi, suor de cavalo, folha machucada. Cada pássaro que voa, cada espécie tem voo diferente. Quero descobrir o que caracteriza o voo de cada pássaro, em cada momento. Não há nada igual neste mundo. Não quero palavra, mas coisa, movimento, voo (Bloch, 1963/1989).

Seu esforço é dirigido a uma subversão deliberada da linguagem, uma tentativa de capturar algo que precede a ordenação simbólica do real, que implica um arranjo entre a representação de coisa e a representação de palavra. Trata-se de explorar voluntariamente a dimensão do indizível, a materialidade das palavras (Bittencourt & Silva, 1988).

Clarice Lispector tem um texto vigoroso que nos presenteia, em inúmeras ocasiões, com algo de sua experiência de escrita. Escolhemos um trecho de *A descoberta do mundo*:

> Eu disse uma vez que escrever é uma maldição. [...] Hoje repito: é uma maldição, mas uma maldição que salva. [...] É uma maldição porque obriga e arrasta como um vício penoso do qual é quase impossível se livrar, pois nada o substitui. E é uma salvação. Salva a alma presa, salva a pessoa que se sente

> inútil, salva o dia que se vive e que nunca se entende a menos que se escreva. Escrever é procurar entender, é procurar reproduzir o irreproduzível, é sentir até o último fim o sentimento que permaneceria apenas vago e sufocador. Escrever é também abençoar uma vida que não foi abençoada (Lispector, 1999: 134).

Clarice, assim como alguns escritores, transita na delicada dimensão de letra do significante, que funciona como borda, mas também como marca do furo que sustenta o edifício simbólico (Branco, 1988b).

Na poética de Manoel de Barros, há incontáveis flagrantes de sua relação com as palavras, conforme ele explicita em uma entrevista (Branco, 1988c: 184): "Um certo fastio da escrita mesmal penso que me empurra para o oriundo. Sempre achei a importância a natência das palavras. Penso que só com a desarrumação sintática se consegue atingir o acriançamento do idioma. Eu queria chegar ao borrão de cada palavra, aos primeiros vagidos dela".

Continua mais adiante: "É a palavra que vai me desvelando. Eu fico só *a veire*. [...] A palavra me leva para as paixões e para os hospitais. Me deforma e me refaz. A vida da gente se torna texto". É Manoel de Barros quem nos fala da busca de uma linguagem adâmica, próxima das coisas e da sintaxe torta das crianças, dos bêbados e dos loucos (ibid.: 185).

Se a palavra constitui o cenário onde trabalham poetas e escritores, para o psicótico o trato com as palavras é labiríntico, uma vez que há uma ancoragem precária de sujeito, mas também escolha obrigatória. É em busca da dimensão de letra, o real do aparato significante, que se debruça o artista. Já na psicose, quando o perigo da Coisa impõe-se, a escrita pode abrir-se como uma via secundária de construção da potência polarizante do significante (Lacan, 1955-1956/2002: 328).

Buscamos apreender como opera a escrita na psicose e a possibilidade de pensar sua relação com a dimensão de *sinthoma*, que inscreve uma invenção, uma sustentação de lugar no laço social. Ou seja, a literatura como criação possibilita recortar o gozo mortífero em uma versão ímpar. Se a loucura é acolhida por alguns poetas e escritores, na psicose trata-se de trabalho forçado, árduo e ininterrupto.

ESCRITA E LAÇO SOCIAL NA PSICOSE

A diferença dos caminhos percorridos pelo sujeito em sua inscrição na linguagem define as estruturas clínicas: neurose, psicose e perversão. Na psicose, o sujeito é testemunha permanente do real avassalador devido à mediação de um simbólico que falha em seu suporte central. Não conseguindo constituir um saber inconsciente, intervalar, que lhe permita revelar a falta no Outro e aí encontrar seu lugar e, portanto, premido pela ameaça de dissolução, precisa buscar meios de sustentar uma posição de sujeito.

Se o articulador da presença do sujeito na linguagem é o significante fálico, quando sua função não opera devido à foraclusão do Nome-do-Pai, o gozo também não está regulado por objetos fora do corpo. A psicanálise, em sua abertura para a arte, em especial à literatura, amplia as possibilidades de pensar o empuxo-à-escrita como ligado à dimensão estrutural da psicose. Escrever poderá ser uma forma de se liberar do peso da palavra.

Ainda que fale, o psicótico não dispõe de sua língua, do simbólico como base para estabelecer um laço social. Se as palavras, reduzidas ao estado de coisa, carecem de sua qualidade significante, não é incomum que seja no seio mesmo da língua que o psicótico busque guarida. O quanto sua busca resultará em acolhida no laço social não é certo e, muitas vezes, nem experimentado pelo sujeito. É o que indica Manoel de Barros, que criou, aliás, um personagem chamado *andarilho escrevedor*: "poesia é uma aventura errática. Eu a acho parecida com os andarilhos. Os andarilhos não andam por caminhos traçados. Eles fazem seus caminhos. Mas não sabem aonde chegar. E se um dia chegam, eles nem desconfiavam" (*apud* Branco, 1988: 189).

Em um dispositivo de trabalho clínico-institucional como uma oficina de escrita, a escrita, como um certo tratamento do real, pode ser trabalhada como uma articulação entre suas peculiaridades e seu potencial propiciador da fala. Podemos dizer que a ética da psicanálise afirma que a singularidade é convocada de um modo especial na clínica da psicose, uma vez que se trata do esforço de invenção de um saber fora das trilhas da filiação do Outro (Souza, 1999). Ao analista, tocado pelos desafios dessa clínica, um ensinamento sobre a radicalidade da diferença, pois diz respeito a um trabalho sempre precário, ligado ao próprio engendramento do sujeito, de um lugar no simbólico.

Lembramos o poeta e crítico literário Antônio Carlos Secchin, que se refere ao poeta como um "operário do precário". Entre belas e sensíveis colocações sobre sua experiência de criação poética, diz: "Escrevo para desaprender o que eu achava que sabia sobre aquilo que me vai sendo ensinado enquanto escrevo" (Secchin, 2007: 25). Assim, a escrita pode constituir, na psicose, uma via privilegiada para operar de modo original a máquina significante, o constrangimento da letra.

REFERÊNCIAS BIBLIOGRÁFICAS

BITTENCOURT, B. E. & SILVA, M. D. S. (1988). O real do gozo e a concretude da palavra. Em *Coisa de louco*. Belo Horizonte: Mazza Edições.

BLOCH, P. (1963/2009). *Entrevista com Guimarães Rosa*. Disponível no site <www.tirodeletra.com.br>. Acesso em 12/09/2009.

BRANCO, L. C. (1988a). Escrever a loucura. Em *Coisa de louco*. Belo Horizonte: Mazza Edições.

————. (1988b). Palavra em ponto de p. Em *Coisa de louco*. Belo Horizonte: Mazza Edições.

————. (1988c). Entrevista com Manoel de Barros: em idioleto manolês arcaico. Em *Coisa de louco*. Belo Horizonte: Mazza Edições.

FRAYSE-PEREIRA, J. A. (1995). *Olho d'água: arte e loucura em exposição*. São Paulo: Editora Escuta.

GUERRA, A. M. C. (2007). *A estabilização psicótica na perspectiva borromeana: criação e suplência*. Tese de Doutorado. Rio de Janeiro: UFRJ.

————. (2008). Oficinas em saúde mental: percurso de uma história, fundamentos de uma prática. Em *Oficinas terapêuticas em saúde mental: sujeito, produção e cidadania* (pp. 23-58). Rio de Janeiro: Contra Capa.

JORGE, M. A. C. (2009). Testemunhos do inconsciente. Em *Saber fazer com o real: diálogos entre psicanálise e arte* (pp. 41-55). Rio de Janeiro: Cia de Freud.

LACAN, J. (1946/1998). Formulações sobre a causalidade psíquica. Em *Escritos*. Rio de Janeiro: Jorge Zahar Ed.

————. (1955-1956/2003). *O seminário, livro 3: as psicoses*. Rio de Janeiro: Jorge Zahar Ed.

————. (1956/1998). De uma questão preliminar a todo tratamento possível da psicose. Em *Escritos*. Rio de Janeiro: Jorge Zahar Ed.

LAIA, S. (2001). *Os escritos fora de si: Joyce, Lacan e a loucura*. Belo Horizonte: Autêntica.

LIMA, E. A. (2009). *Arte, clínica e loucura: território em mutação*. São Paulo: Summus.

LISPECTOR, C. (1999). *A descoberta do mundo*. Rio de Janeiro: Rocco.

MALEVAL, J. (2009). *La forclusión del Nombre del Padre: el concepto y su clínica*. Buenos Aires: Paidós.

MELLO, L. C. (2009). *Flores do abismo*. Disponível em: <www.museuimagens-doinconsciente.org.br>. Acesso em 12/09/2009.

RABINOVITCH, S. (2001). *A foraclusão: presos do lado de fora*. Rio de Janeiro: Jorge Zahar Ed.

SECCHIN, A. C. (2007). Poesia: escutas e escritas. Em *Berggasse 19 – Revista da Escola Lacaniana de Psicanálise*. Rio de Janeiro: ELP.

SOUZA, N. S. (1999). *A psicose: um estudo lacaniano*. Rio de Janeiro: Revinter.

O SABER NA PARTILHA DOS SEXOS

Elizabeth Rocha Miranda e Manoel Leite

RESUMO

Tomando como ponto de partida a questão de se há partilha dos sexos e se o saber de que se trata no inconsciente é o não-saber sobre o sexo, há partilha sexual de saberes? O texto aborda o saber na partilha dos sexos utilizando-se da elaboração lacaniana do semblante. Se por um lado o real do sexo escapa ao saber, por outro há um saber fazer com esse real através do semblante de ser homem ou mulher.

Palavras-chave: sexo; real; semblante; saber.

ABSTRACT

The knowledge in the sexual division

The following question is taken as the starting point: if there is the gender division, and the knowledge that is dealt with in the unconscious is the not-knowing about sex, is there a sexual division of knowledge? The text addresses the knowledge of the division of sexes by using the Lacanian formulation of *semblant*. If, on the one hand, the real of sex escapes knowledge, on the other hand, there is some know-how related to that real through the *semblant* of being a man or a woman.

Key words: sex; real; *semblant*; knowledge.

Segundo Lacan, Freud introduziu o sujeito do inconsciente como uma "relação nova, original, impensável antes da sua descoberta, mas afirmada por um sujeito com um não-saber" sobre o sexo (Lacan, 1964-1965: lição de 12/05/1965). O inconsciente pode ser definido pela recusa de um ponto de saber, ou melhor, ele se institui "por um significante rejeitado, *Verwofen*, por um significante do qual não se quer saber nada" (idem). Há então, sobre o sexo, uma falha estrutural, uma falta de saber que leva Lacan a dizer que "o sexo, em sua essência de diferença radical, permanece intocado e se recusa ao saber" (idem).

Uma questão pode ser colocada então: se há a partilha dos sexos e o saber em jogo no inconsciente é o não-saber sobre o sexo, há partilha sexual de saberes? Em *O Seminário, livro 21: les non-dupes errent* (1973-1974), mais precisamente na aula de 15 de janeiro de 1974, Lacan responde a essa questão pela via do nó borromeano ao dizer que o saber sobre o sexo passa a revelar o seu aspecto topológico, de enodamento, pela parcela de real que lhe cabe nesse latifúndio que é o sujeito. O que amarra o nó borromeano e sustenta o fato de que sejam três registros R.S.I. é o registro do real. É o real indizível que justifica o axioma "não há relação sexual" (Lacan, 1973-1974: lição de 15/01/1974). "A função que faria a relação, do homem à mulher e vice-versa, não pode ser escrita" (idem).

O real não cessa de não se inscrever e a relação sexual não existe porque não há proporcionalidade entre o fálico e o *não-todo* fálico, entre o lado homem nas fórmulas da sexuação e o lado mulher. Se por um lado a relação sexual não se inscreve, por outro é fato que existe um saber fazer com isso tanto do lado homem quanto do lado mulher. Trata-se de saber como, apesar de tal impossibilidade, o ato sexual acontece e homens e mulheres se relacionam sexualmente.

Em *O Seminário, livro 18: de um discurso que não fosse semblante* (1971), Lacan afirma que todo discurso é, na verdade, semblante. Se o discurso é o que funda e define a realidade para cada sujeito, conforme o próprio Lacan em 1972 (Lacan, 1972-1973/1985: 45), podemos então afirmar que a realidade sempre sexual de todo sujeito é semblante. "O que especifica o ser falante é que ele faz do sexo semblante porque é a fala que assegura a verdade da relação com o gozo. E só podemos meio-dizer essa relação extraindo dela o semblante do que chamamos homem ou mulher" (Lacan, 1971-1972a: lição de 2/12/1971). A impossibilidade imposta pelo impossível da relação sexual é recoberta pelo semblante, que é o que permite a homens e mulheres se relacionarem sexualmente.

O semblante é a possibilidade de lidar com o que do sexo escapa à linguagem, é o que guia o discurso amoroso em direção ao limite imposto pelo real do gozo, velando o real indizível que aí se presentifica. Assim os semblantes homem e mulher são maneiras distintas de velar o real do sexo, distinção que se dá no desenrolar edípico.

O Édipo, recurso freudiano para posicionar os sujeitos como homem ou mulher, é um fato de discurso que se ordena pela primazia fálica: o homem não é sem ter o falo e a mulher é o falo sem tê-lo. Por um lado o significante falo como causa de gozo é o que situa o sujeito pela via do semblante na partilha dos sexos e, por outro, ele impossibilita que a relação entre os sexos exista como tal. Isso se dá "pela intervenção de um parecer que se substitui ao ter para protegê-lo de um lado e para mascarar a falta de outro" (Lacan, 1958/1998: 701). O semblante homem protege o ter fálico, o "acreditando ter", pois ter o falo simbolicamente é também não tê-lo, e o semblante mulher é a mascarada fálica cujo pudor recobre o não ter.

O falo é um significante que está preso ao imaginário do corpo, ao órgão de copulação, mas, ao ser elevado à categoria de significante, ele só pode exercer seu papel enquanto velado (ibid.: 699). "É por isso que o demônio de *Aidos* (*Scham*), (representação do desamparo humano diante dos deuses gregos) surge no exato momento em que, no mistério antigo, o falo é desvelado" (idem). O semblante fálico é a arte de velar o falo ausente na imagem do corpo, ausência velada que cria algo ali onde nada existe. Lembramos a bela demonstração que Velazquez (1599-1660) nos dá do semblante com sua obra as "As fiandeiras"[1], primeiro quadro dedicado ao ofício, ao fazer com as mãos, no qual a agulha que fia e em torno da qual gira a cena não está lá.

O axioma lacaniano "A mulher não existe" não quer dizer que no inconsciente o lugar da mulher não exista, mas sim que ele é um vazio, um

[1] Velazquez. (1655). As fiandeiras. O quadro retrata a história das fiandeiras, também conhecida como "A fábula de Aracne". Trata-se de uma jovem que se vangloriava de tecer tão bem quanto a deusa Palas Atenas, que enfurecida com tal comparação ordena que ela passe o resto de seus dias tecendo e a transforma em uma aranha. O quadro mostra o momento em que a deusa, reconhecida pelo capacete, ergue o braço e amaldiçoa Aracne.

nada onde só encontramos máscaras e semblantes. Isso nos permite verificar a estreita relação entre as mulheres, o nada, as máscaras e o semblante.

Freud observou a proximidade da mulher com o nada, localizando-o inicialmente no corpo e no sentimento de pudor daí decorrente. Para ele o pudor ou seu desvelamento, momento em que aparece a vergonha – *Aidós* (*Scham*)[2] –, é uma qualidade feminina por excelência cuja finalidade é a intenção inicial de mascarar a falta do órgão genital (Freud, 1933 [1932]/2001: 122). A contribuição cultural das mulheres, diz Freud, é a arte de trançar e de tecer que usa como modelo os pelos pubianos, que escondem os genitais. O pudor faliciza o corpo feminino fazendo-o existir, por inteiro, como o falo ainda que ausente.

A tentativa de desvelar o mistério do corpo feminino que o pudor vela acaba por ilustrar justo a função do véu. É o que se observa no quadro de Gustave Courbet (1866), Museu d´Orsay, denominado "A origem do mundo". Nele o órgão genital feminino é apresentado destacado do corpo, inserido em um tronco mutilado, sem o recobrimento do imaginário e do simbólico, ou seja, sem os adereços significantes que constroem o semblante feminino, e o que se vê é da ordem da carne, puro real onde o nada se presentifica, provocando no espectador estranheza e até horror. O quadro é mantido coberto por um "véu", que é o que na verdade desperta a curiosidade e o desejo de olhar. O valor fálico é dado pelo véu do pudor, que é ele mesmo semblante. As mulheres têm um saber sobre a arte de manejar o véu porque sabem do furo, do impossível de representar, sabem do real que se presentifica no sexo.

Freud nos fala do véu de *Aidós* a partir do que ele nomeia como *Penisneid*, sinalizando o quanto, em decorrência da invídia fálica, a menina sente-se inferiorizada, injustiçada, às vezes revoltada, mas sempre possuída pelo incômodo de um menos qualquer, de uma falta-ter que leva à nostalgia da falta-ser, como refere Lacan. O não ter fálico pode trazer para a mulher o sentimento de ilegitimidade, de sentir-se falsa e em falso e até de não ter direito ao saber; algumas chegam a se dizerem ladras de palavras e do saber que por direito pertenceria ao homem.

---

[2] *Aidós*, o demônio do pudor. Palavra grega que significa pudor, modéstia, íntima vergonha. Na mitologia grega, *Aidós* é o Deus do pudor e mora no Olímpo ao lado de Zeus. Quando o falo é revelado surge o desamparo diante da vontade furiosa dos deuses (Bologne,1966/1999).

A história nos mostra que o saber sempre foi dado ao homem, ao todo fálico, o que justifica o fato de algumas mulheres, ao se aventurarem nesse campo, utilizarem-se de um pseudônimo masculino, como Marie Bonaparte ao publicar suas pesquisas sobre o gozo vaginal ou a escritora Amandine Aurora Dupin (1804-1876), que assinava seus livros como George Sand e por vezes também se trajava como um homem para ser aceita nas rodas intelectuais, apesar de ter tido maridos famosos como o maestro e compositor Chopin.

No terreno das religiões podemos citar a jovem de Constantinopla[3], que se fez passar por homem para escapar da proibição de estudar que pesava sobre as mulheres e, ao chegar a Roma, surpreendeu o clero pela cultura, tornando-se o Papa João VIII. Descoberta pelo parto que adveio em pleno exercício de seu papado e punida pela impostura, Papisa Joana, como ficou conhecida, acabou por originar a cadeira papal cujo assento possui um furo de modo a verificar se havia ou não o órgão viril no papa eleito[4] – para que não elegessem para chefe da Igreja outra bruxa, como eram consideradas na época as mulheres que por algum motivo saíam do âmbito dos afazeres que lhes eram destinados. Os exemplos são muitos, mas o fato é que, para além da norma cultural vigente, proibir às mulheres o acesso ao saber denuncia que a elas era atribuído um saber outro que ameaçava o todo fálico. As consequências da *Penisneid* apontadas por Freud – a cicatriz marca do narcisismo feminino, os ciúmes, a reação contra a masturbação, a reivindicação fálica dirigida à mãe –, frequentes na clínica com mulheres, são formas de apresentação da necessidade de velar o nada, soluções do lado do ter fálico, mas que não recobrem a relação da mulher com o saber inconsciente sexual que desliza até um ponto de falta, saber sobre o que ela encontra como pura alteridade.

É notória a preocupação da civilização com o corpo das mulheres e a necessidade de escondê-lo sob vestes e véus. O que nos permite deduzir o objetivo de não revelar o real da Mulher que não existe para não se deparar com a ex-sistência e não fazer com que as mulheres existam uma a uma.

---

[3] Gilberta, nascida em Constantinopla, governou a Igreja por três anos como João VIII.

[4] No tempo de Rebelais ninguém ignorava o refrão popular: "Testículos qui non habet Papa esse non potest" (Lloyd 1964/1966).

A mulher é *hetera*, dizem os gregos, mulher do desejo e a quem cabia o saber sobre o que do sexo escapa à significação fálica, justo por ela ser *não-toda* fálica. Situar-se no *não-todo* fálico, ter acesso a algo do real, não faz com que a mulher tenha mais afinidade com o semblante do que o homem; ao contrário, acarreta descrença no semblante: ela não crê que a mulher exista porque não crê no semblante, tem menos fé no jogo significante que compõe o semblante, posição que faz com que ela necessite mais que os homens do recobrimento do amor. "Elas fazem todas as concessões a seu homem" (Lacan, 1973/2003: 538), como diz Lacan, mas para obter a única coisa que poderia situá-las melhor no semblante mulher, ou seja, ser objeto de desejo e amor do Outro. A descrença no semblante dará à "mulher uma enorme liberdade com o semblante. Ela consegue dar peso até a um homem que não tem nenhum" (Lacan, 1971/2009: 34), diz Lacan. Se ela sabe que homem é apenas um semblante, pode manejar o véu de forma tal a fazê-lo acreditar cada vez mais em seu próprio gozo sexual, pois é preciso ser um homem para acreditar que copular faz gozar, já que a causa de gozo sexual é o significante (Lacan, 1972-1973/1985: 36).

A mulher representa para o homem a verdade do gozo enquanto semblante da relação do homem com a mulher. O semblante é a função primária da verdade já que sua estrutura é de ficção e só podemos meio-dizê-la. A verdade está, como a mulher, sempre do lado *não-todo* fálico, que aponta um real inapreensível do qual a mulher pode se acercar. A mulher sabe do gozo todo fálico, pois ela o experimenta tanto quanto o homem, mas há para ela um saber sobre o real que a faz manejar o semblante com uma liberdade inquietante para o homem; ela pode até fazer de conta que goza: "A mulher varia, louco está quem confia!", diz o dito popular.

Se Freud nos mostra a função de *Aidós* para velar o não ter fálico, Lacan postula outra solução, esta do lado do ser fálico, que consiste em não velar o furo, mas ser o próprio furo, fabricando um semblante mulher com o nada, construindo a feminilidade como máscara. Vale ressaltar que a mascarada feminina não é uma dissimulação, uma mentira, é antes a construção significante de um semblante para velar o nada constitutivo. A mascarada como prática de adereços manipula o parecer ser e assim reafirma a afinidade do objeto com seu invólucro, como enfatiza Lacan em *O Seminário, livro 20: mais, ainda* (1972-1973/1985); mesmo quando se trata do objeto enquanto causa de desejo, o "hábito faz o monge". Se a mulher escolhe a solução do lado do ser o objeto de desejo, ser o falo para o Outro através da mascarada feminina, quando essa estratégia vacila e o "Outro já não reconhece (no objeto que ela é) suas cores" (Soler, 1998: 205), o que aparece é o vazio. É o que ouvimos na clínica sob a forma de "falta de identidade", de "ser uma folha solta perdida na tormenta", "uma sombra caída no espaço", "perdida em si mesma", "sem fio terra", "sem contato" etc. Mas, se as mulheres têm uma relação particular com o nada, os homens têm uma relação particular com o semblante. Para eles a crença no semblante é mais assegurada pelo fato de possuírem o suporte imaginário do falo, o pênis. Eles têm mais fé no significante e a certeza fantasmática de seu parecer ter, de seu semblante homem ser mais fortemente estabelecido. Eles são mais crentes e iludidos com o ter fálico e, consequentemente, mais atrapalhados também. Isso porque precisam sustentar um saber como todo fálico, quando na verdade ele escapa ao falo, escapa ao véu e assusta àqueles que se colocam do lado do Um fálico – lado homem nas fórmulas da sexuação – por revelar a verdade da falta, verdade de algo que resta como real. Freud nos diz que as mulheres fazem trança, e Lacan utiliza-se da trança topologicamente. As mulheres trançam indefinidamente e trançando enredam algo de uma relação, mas sem fechá-la, sem completá-la, deixando-a em aberto. A trança é infinita, apontando para o impossível da sempre almejada complementaridade entre os sexos.

Uma mulher, dirá então Lacan em *O Seminário, livro 21: les non-dupes errent* (1973-1974: lição de 15/01/1974), nunca está forçosamente formada. Ela trança, trança, trança, mas para que ela possa fazer um nó lhe são preciso seis gestos (figura 1), mas isso não fecha a trança, apenas a nodula borromeanamente: a mulher só se produzirá, paradoxalmente, ao imitar o ser falante macho na unidade do seu saber:

> A trança só se produz por imitar o ser falante macho, porque ela pode imaginá-lo, ela o vê estrangulado por essas três categorias que o sufocam. Apenas ele não sabe, até então. Ela o vê imaginariamente, mas é uma imaginação de sua unidade, isso daquilo a que o próprio homem se identifica. Não de sua unidade como saber inconsciente, porque, ao contrário, o saber inconsciente fica aberto (Lacan, 1973-1974: lição de 15/01/1974).

Então, com essa unidade, a mulher trança através do corte produzido pelo não querer saber do homem e o homem mantém o desejo orientado pelo que a mulher vela de real, pelo que ela mantém em aberto, apontando para o *não-todo* fálico, para a alteridade do inconsciente de cada sujeito.

> O saber masculino, no ser falante, é corte, esboça um fechamento, ele inicia para se fechar, e é por não chegar a isso que ele acaba por se fechar sem se dar conta. Ele gira em círculo. Nele, há Um no início, como traço que se repete, aliás, sem se contar, e por girar em círculo ele se fecha, sem mesmo saber que há três rodas (idem).

O saber masculino "fecha" os anéis, mas é preciso enodá-los borromeanamente, o que pode ser feito pela trança, que por sua vez nunca sabe quando fechá-los (na 6ª "trançada"). Isso é topológico. É a produção de um saber em torno de uma falta, é conhecer algo da diferença sexual: "Como poderemos supor que [o ser falante] chegue a conhecer um pouco dessa distinção elementar? Bom, felizmente, para isso, há uma mulher. A mulher não existe [...] mas uma mulher [...] pode se produzir, quando há nó, ou melhor, uma trança" (idem).

O dito de Lacan quanto à mulher ser o sintoma do homem pode ser entendido assim: a mulher é o saber que "trança" os elos dos saberes masculinos num sintoma privilegiado que se chama amor:

> Bom, o amor [...], o amor é a verdade, mas apenas enquanto é a partir dela, a partir de um corte, que começa um outro saber além do saber proposicional, isto é, o saber inconsciente. [...] É a conexidade entre dois saberes enquanto são irremediavelmente distintos. Quando isso se produz, se produz algo [...] inteiramente privilegiado. Quando isso se recobre – os dois saberes inconscientes –, isso dá uma sórdida embrulhada (idem).

"O amor faz o gozo condescender ao desejo", diz Lacan anos antes em *O Seminário, livro 10: a angústia* (1962-1963/2005: 197). O amor é semblante que permite a homens e mulheres viverem a comédia dos sexos, possibilitando que algo do gozo possa circular no laço social através do semblante do Um fálico ou do semblante do não-todo fálico.

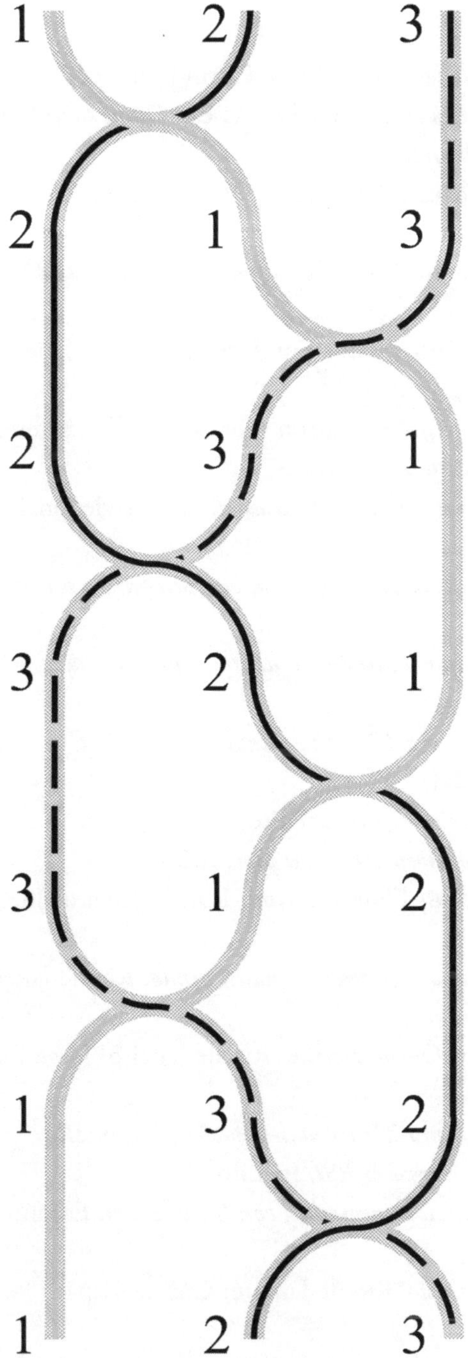

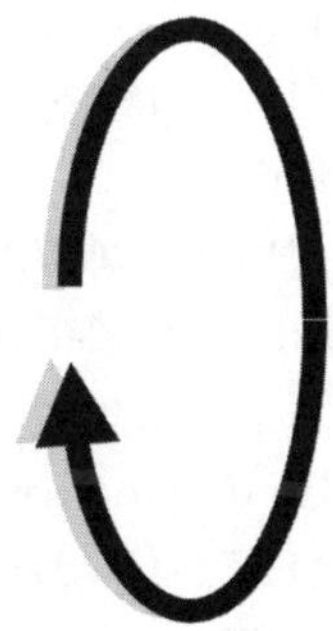

FIGURA 1
A trança da mulher (ao lado) e o saber masculino (acima).
A produção do nó borromeano se dá quando após o 6º movimento da trança (que retorna à posição de "partida", 1-2-3) aplica-se o saber masculino, que, "por girar em círculo, se fecha", unindo as pontas 1 com 1, 2 com 2, 3 com 3.

REFERÊNCIAS BIBLIOGRÁFICAS

Bologne, J. C. (1966/1999). *Histoire de la pudeur*. Paris: Parrin Editeur.

FREUD, S. (1913/2001). El motivo de la elección del cofre. Em *Obras completas*, v. XII. Buenos Aires: Amorrortu editores.

————. (1927/2001). El porvenir de una ilusión. Em *Obras completas*, v. XXI. Buenos Aires: Amorrortu editores.

————. (1933 [1932]/2001). La feminidad. Em *Obras completas*, v. XXII. Buenos Aires: Amorrortu editores.

LACAN, J. (1958/1998). A significação do falo. Em *Escritos*. Rio de Janeiro: Jorge Zahar Ed.

————. (1960/1998). Diretrizes para um congresso sobre a sexualidade feminina. Em *Escritos*. Rio de Janeiro: Jorge Zahar Ed.

————. (1962-1963/2005). *O seminário, livro10: a angústia*. Rio de Janeiro: Jorge Zahar Ed.

————. (1964-1965). *O seminário, livro 12: problemas cruciais para a psicanálise*. Inédito.

————. (1968-1969/2006). *O Seminário, livro 16: de um Outro ao outro*. Rio de Janeiro: Jorge Zahar Ed.

————. (1971/2009). *O seminário, livro 18: de um discurso que não fosse semblante*. Rio de Janeiro: Jorge Zahar Ed.

————. (1971-1972a). *O saber do psicanalista*. Inédito.

————. (1971-1972b). *O seminário, livro 19: ... ou pior*. Inédito.

————. (1972/2003). O aturdito. Em *Outros escritos*. Rio de Janeiro: Jorge Zahar Ed.

————. (1972-1973/1985). *O Seminário, livro 20: mais, ainda*. Rio de Janeiro: Jorge Zahar Ed.

————. (1973/2003). Televisão. Em *Outros escritos*. Rio de Janeiro: Jorge Zahar Ed.

————. (1973-1974). *O seminário, livro 21: les non-dupes errent*. Inédito.

————. (1974-1975). *O seminário, livro 22: RSI*. Inédito.

Lloyd, M. D. C. (1964/1966). *Reproducción humana y conducta sexual*. Espanha: Editorial JIMS.

Soler, C. (1998). *A psicanálise na civilização*. Rio de Janeiro: Contra Capa.

O PERVERSO E A LEI

Maria Helena Martinho

RESUMO

Este artigo aborda um tema crucial da psicanálise, a perversão, para interrogar: por que alguns autores da psicanálise fazem circular a tese de que haja necessariamente algo de demoníaco (maldade, imoralidade, obscenidade) na estrutura perversa? O desafio à lei e a sua transgressão seriam traços fundamentais dessa estrutura? A autora toma o texto "Kant com Sade" (Lacan, 1963/1998), no qual Lacan complexifica a compreensão da relação do perverso com a lei, e discute os limites da lei moral para ressaltar a relação entre a perversão, o desejo, a lei e o gozo.

Palavras-chave: perversão; lei; desejo; gozo.

ABSTRACT

The perverse and the law

This article approaches a crucial subject to psychoanalysis – perversion –, to raise some questions: why do some psychoanalysis authors circulate the thesis that there is something necessarily demonic (evil, immorality, obscenity) in the perverse structure? Would challenging the law and transgressing it be essential traces of this structure? The author takes the text "Kant with Sade" (1963), in which Lacan approaches the understanding of the relationship between the perverse and the law and discusses the limits of the moral law, to highlight the relationship between perversion, desire, law and *jouissance*.

Key words: perversion; law; desire; *jouissance*.

Este texto se propõe abordar um tema crucial da psicanálise, a perversão, na medida em que a escassez de publicações, de discussões sobre o tema e de ilustrações clínicas repercute não somente na clínica, mas também no meio acadêmico, interferindo assim na formação dos psicólogos, muitos destes candidatos a psicanalistas.

As controvérsias em relação ao tema não se restringem exclusivamente a outras áreas de saber, elas se evidenciam também no próprio âmbito psicanalítico. Alguns analistas veem uma estreita correlação entre a estrutura perversa e a perversidade, assumindo diante do sujeito perverso uma posição moralista. O que será problematizado neste texto pode ser formulado a partir de duas questões: por que alguns autores da psicanálise fazem circular a tese de que há necessariamente algo de demoníaco (maldade, imoralidade, obscenidade) na estrutura perversa? O desafio à lei e a sua transgressão seriam traços fundamentais dessa estrutura? Na tentativa de aprofundar essas questões tomarei o texto "Kant com Sade" (1963/1998), no qual Lacan complexifica a compreensão da relação do perverso com a lei e discute os limites da lei moral.

"Kant com Sade" está intimamente associado a *O Seminário, livro 7: a ética da psicanálise* (1959-1960/1997), no qual Lacan separa definitivamente a ética da moral e retoma a ética da psicanálise como ética do desejo, aquela que, de acordo com Freud, vai contra a moral civilizada. No trabalho de 1963, Lacan desenvolve a sua tese a partir de dois textos contemporâneos, publicados no século XVIII – *Crítica da razão prática*, de Kant (1788/2005) e *A filosofia na alcova*, de Sade (1795/1969) –, textos *aparentemente opostos* no que concerne à lei moral: em Kant encontra-se o puritanismo em nome de uma ética religiosa, enquanto em Sade verifica-se a radicalidade da obscenidade em nome de uma ética antirreligiosa. Entretanto, se digo *aparentemente* é porque na verdade a obra de Sade é compatível com a de Kant, ou seja, aquela complementa esta. Ambos os textos são tratados sobre a ética, fundamentados nas mesmas bases filosóficas, só que Kant defende *o bem* e Sade *o mal* como lei da natureza. Ambas as máximas enfatizam o direito como regra universal: a kantiana enfatiza o direito à lei e a sadiana o direito ao gozo.

É interessante observar que entre a publicação de Kant e a de Sade existe um intervalo de apenas oito anos. Cabe aqui lembrar que as máximas kantiana e sadiana foram enunciadas no contexto histórico da Revolução Francesa, momento da exaltação da liberdade conquistada, declarada, época de emancipação do jugo dos poderes do Antigo Regime. É nesse momento de entusiasmo humanista que se promulgam os Direitos Humanos[1], que consagram o movimento das Luzes. Vale ressaltar que o conceito de Direitos Humanos tem a ideia de liberdade de pensamento e expressão e igualdade perante a lei; eles seguem emparelhados com a fórmula dos homens livres, contanto que a liberdade de um termine no limite da liberdade do outro e os direitos de um terminem no limite dos direitos do outro. É, pois, nesse contexto histórico que as máximas kantiana e sadiana são promulgadas.

No texto "Kant com Sade" (1963/1998) Lacan introduz inicialmente a análise da máxima kantiana, em seguida a análise da máxima sadiana. Seguindo o mesmo percurso de Lacan partirei de Kant. Pois bem, qual é a máxima de Kant? De forma extremamente resumida pode-se dizer que o filósofo alemão quer reconciliar a razão com a dimensão prática através da fundamentação de uma lei moral incondicional, categórica e de aspiração universalizante. Se a razão não pudesse postular a realidade objetiva de uma lei moral válida universalmente, então o agir seria determinado pela contingência da causalidade natural ou histórica. O homem seria apenas o resultado de suas circunstâncias, uma vontade livre seria sem sentido e seria então a natureza que forneceria a lei. A fim de exorcizar esse determinismo na dimensão prática, Kant deve primeiramente defender a possibilidade de todos os homens escutarem a voz interior da lei moral. O reconhecimento da presença da lei moral em todos os homens vai permitir a construção de um horizonte regulador de validação da conduta racional. Um horizonte intersubjetivo que levará o homem a guiar suas ações. Kant defende a existência de uma vontade livre e incondicionada do ponto de vista empírico,

[1] Os Direitos Humanos são os direitos e liberdades básicos de todos os seres humanos. A Declaração dos Direitos Humanos da Organização das Nações Unidas afirma: "Todos os seres humanos nascem livres e iguais em dignidade e em direitos. Dotados de razão e de consciência, devem agir uns para com os outros em espírito de fraternidade" (Artigo 1º da Declaração Universal dos Direitos do Homem, adotada e proclamada pela Resolução 217A (III) da Assembleia Geral das Nações Unidas em 10 de dezembro de 1948).

vontade que age por amor *a priori* à lei. Para Kant a verdadeira liberdade consiste em ser livre em relação a todas as leis da natureza. A liberdade consiste em determinar a vontade através da universalidade da razão.

Vejamos a máxima da moral kantiana: "Age de tal maneira que a máxima da tua vontade possa sempre valer como princípio de uma legislação universal" (Kant, 1788/2005: 32). Desse modo, Kant promete uma reconciliação através da determinação perfeita da vontade pela lei. Lacan observa que é dessa maneira que Kant nos introduz à *Razão prática*: "*Man fühlt sich wohl im Guten*. O princípio do prazer é a lei do bem que é o *wohl*, digamos, o bem-estar [...] em *das Gute* renasce o bem que é objeto da lei moral" (Lacan, 1963/1998: 777).

Assim como a máxima kantiana, a máxima sadiana também está à procura de uma purificação da vontade que a libere de todo conteúdo empírico e patológico. Trata-se do direito ao gozo do corpo do outro. Sade diz que: "Todos os homens têm um direito de gozo igual sobre todas as mulheres" (Sade, 1795/1969: 138). Naquilo que concerne às mulheres diz: "quero que o gozo de todos os sexos e de todas as partes de seus corpos lhes seja permitido, tal como aos homens" (ibid.: 139). Em "Kant com Sade", Lacan retoma a máxima sadiana – que não está no texto de Sade, mas que se ajusta muito à *Filosofia na alcova* – e a formula assim: "Tenho direito de gozar de teu corpo, pode dizer-me qualquer um, e exercerei esse direito, sem que nenhum limite me detenha no capricho das extorsões que me dê gosto de nele saciar" (Lacan, 1963/1998: 780). É interessante notar que Sade produz a sua máxima do direito ao gozo – *Tenho direito de gozar de teu corpo, pode dizer-me qualquer um* – a partir dos Direitos Humanos – *Todos os seres humanos nascem livres e iguais em dignidade e em direitos* – que a Revolução francesa havia acabado de proclamar e dos princípios universais da Revolução Francesa – *Liberdade, Igualdade e Fraternidade*. Melhor dizendo, é então em nome do Outro Republicano que Sade pode enunciar a sua máxima de o sujeito gozar do corpo do outro, sem limite. Por essa razão, Lacan afirma de forma convincente que o sujeito da enunciação da máxima sadiana é o mesmo Outro que o da lei kantiana, o mesmo enquanto livre de seu *pathos*, ainda que com objetivos aparentemente opostos, porque o Outro livre tem alternativas possíveis. Para Lacan, Kant enfatiza a "lei" e Sade o "gozo". Entretanto a lei kantiana não é sem gozo e o gozo sadiano não é sem lei.

Qual a intenção de Lacan ao vincular Kant com Sade? Lacan chama atenção para o fato de que Sade manifesta a verdade que há em Kant no momento em que vincula a perversidade sadiana à moralidade filosófica kantiana. Ao atestar que o cume da moralidade é a perversão sadiana, Lacan provocou um escândalo.

A importância de "Kant com Sade" se revela justamente na questão do desejo – o desejo regulado pela Lei do pai. Vejamos então a seguir que relação possível entre a perversão, o desejo e a lei. O desejo incestuoso, transgressor, é o que leva o sujeito a se inserir nos laços sociais. É exatamente o desejo que implica no assassinato do pai, na transgressão, na violação do tabu do incesto que mantém o sujeito numa lei humanizante. É interessante notar que Lacan toma a máxima do pai Ubu[2] – "Viva a Polônia, pois, se não houvesse a Polônia, não haveria poloneses" (Lacan, 1963/1998: 779) – para fazer a seguinte analogia: se não houvesse Lei não haveria sujeito do desejo, pois o desejo é fundado pela Lei. Cada vez que Lacan menciona a perversão escreve a Lei com letra maiúscula, equivalendo a Lei ao desejo, o que a proibição do incesto mitifica sob a forma imaginarizada. Dizer que o perverso está no campo da Lei quer dizer que para ele o Outro é barrado; isso implica na castração do Outro.

Em "Subversão do sujeito e a dialética do desejo" (1960/1998: 839), Lacan afirma que "no perverso o inconsciente não está a céu aberto", explicitando assim uma diferenciação clara entre a perversão e a psicose. Dito de outra forma, a Lei do desejo não funciona na psicose, mas funciona na perversão. Essa tese também é encontrada no texto "De uma questão preliminar a todo tratamento possível da psicose" (1959/1998), no qual Lacan

[2] Personagem central da quadrilogia dramática de Alfred Jarry: *Ubu roi*, *Ubu cocu*, *Ubu enchainé*, *Ubu sur la butte*. Alfred Jarry (1873-1907), conhecido principalmente como o criador da farsa grotesca e selvagem satírica *Ubu roi* (1896, *Rei Ubu*), foi um precursor do Teatro do Absurdo. *Ubu* simboliza a estupidez e avareza da burguesia. Sua ambição pelo poder leva-o a abusar de sua autoridade e cometer atos de crueldade em nome de princípios questionáveis. A frase a que Lacan se refere está em *Ubu roi*, ato V, cena IV (Encyclopaedia Britannica). Vale ressaltar que esse personagem retrata uma espécie de pai da horda primeva, pai real, sem lei.

menciona o efeito do Édipo na perversão: "todo problema das perversões consiste em conceber como a criança, em relação com a mãe, não por sua dependência vital, mas pela dependência de seu amor, isto é, pelo desejo de seu desejo, identifica-se com o objeto imaginário desse desejo, na medida em que a própria mãe o simboliza no falo" (ibid.: 561). Vê-se, assim, que a perversão é gerada a partir do encontro com a castração e no campo da referência fálica.

Em *O Seminário, livro 10: a angústia* (1962-1963/2005), Lacan introduz uma tese que ele mesmo apresenta como nova, ele formula a identidade do desejo e da Lei:

> O mito de Édipo não quer dizer nada senão isto: na origem, o desejo, como desejo do pai, e a lei são uma e a mesma coisa. A relação da lei com o desejo é tão estreita que somente a função da lei traça o caminho do desejo. O desejo, como desejo pela mãe, é idêntico à função da lei. É na medida em que proíbe esse desejo que a lei impõe o desejá-la, pois afinal a mãe não é, em si mesma, o objeto mais desejável. Se tudo se organiza em torno do desejo da mãe, se devemos preferir que a mulher seja outra que não a mãe, que quer dizer isso, senão que um mandamento se introduz na própria estrutura do desejo? O mito de Édipo significa que o desejo do pai é o que cria a lei (ibid.: 120).

Essa tese de Lacan é antinaturalista. Ela é contrária à opinião comum no que se refere às relações entre o desejo e a lei. A opinião comum parece basear-se na tese naturalista que assevera que *a lei é feita para conter e castigar os desejos porque estes não são forçosamente propícios à vida social, coletiva.* É interessante notar que essa concepção comum é a mesma de Kant. Em "Kant com Sade", Lacan reafirma a sua tese "a Lei e o desejo recalcado são uma única e mesma coisa" (1963/1998: 794) para refutar um breve apólogo de Kant no qual este, refletindo sobre a possibilidade de aplicar a lei moral, observa que, se acaso se erguesse um cadafalso diante da porta da dama proibida, ninguém poderia resistir à sua cobiça. O cadafalso aqui é o representante da lei que ameaça de punição. A ideia de Kant é que há desejo e há a lei para limitá-lo. Com isso, Kant tenta mostrar a autonomia da vontade, ou seja, o sujeito pode resistir a seus desejos. Caso resista diante do cadafalso é sinal de que tem a liberdade, a possibilidade de resistir a seus desejos.

É a partir de uma concepção não naturalista do desejo que Lacan pode dizer que *desejo e Lei são idênticos*, na medida em que constituem uma única e mesma barreira em relação ao gozo. Dito de outra maneira: o desejo é uma defesa. O desejo proíbe tanto como a lei: "o perverso se defende, à sua maneira, em seu desejo. Pois o desejo é uma defesa[3], proibição[4] de ultrapassar um limite no gozo" (ibid.: 839).

A tese de são Paulo, citada com frequência por Lacan, postula que é preciso que haja lei para que se tenha um pecador. Em "Kant com Sade", Lacan observa que Sade "deteve-se nisso, no ponto em que se ata o desejo e a lei. Se alguma coisa nele deixou-se prender à lei, para nela encontrar a oportunidade, da qual fala são Paulo, de ser desmedidamente pecador, quem lhe atiraria a pedra?" (ibid.: 802). Dito de outro modo: se Sade é desmedidamente pecador é porque ele está preso ao ponto que ata a lei e o desejo, ou seja, se ele transgride a lei é porque está preso a ela. Nesse sentido, Lacan diz que desejamos através da proibição. É somente pelo fato da Lei "que o pecado, *hamartia*, o que em grego quer dizer falta (*manque*), adquire um caráter desmesurado" (Lacan, 1959-1960/1997: 106).

A partir das elaborações de Lacan verifica-se que *A filosofia na alcova* está longe de poder ser considerada como um tratado do desejo. Essa obra é na verdade um tratado da moral – tal qual a *Crítica da razão prática* –, só que às avessas, pois, enquanto na obra kantiana o sujeito é condenado ao seu bem, na obra sadiana o sujeito é condenado ao seu mal. Ao promulgar o ideal do Mal supremo, Sade apenas reforça o ideal do Bem supremo.

> O direito ao gozo, se fosse reconhecido, relegaria a uma era desde então caduca a dominação do princípio do prazer. Ao enunciá-la, Sade faz com

---

[3] Lacan usa o termo *défense* em duas de suas diferentes acepções: "defesa" e "proibição". Aqui o termo foi traduzido para o português como "defesa".

[4] Nesse ponto o termo *défense* foi traduzido para o português como "proibição".

> que se insinue para todos, por uma fresta imperceptível, o antigo eixo da ética: que não é outro senão o egoísmo da felicidade [...]. Até onde nos leva Sade na experiência desse gozo, ou simplesmente de sua verdade? (Lacan, 1963/1998: 798).

Lacan diz que Sade é "o triunfo da virtude" (ibid.: 799), ironia em relação aos mesmos termos de Sade. Isto quer dizer que Sade não pode definir-se simplesmente pela vontade de gozo, pois este está em toda parte; sem dúvida na perversão há vontade de gozo, mas em uma modalidade específica, é a vontade de gozo do Outro. Tanto na neurose como na perversão o desejo da mãe está barrado, mas na perversão o que está barrado ressurge como vontade de gozo (V), como uma forma de tapear, de desmentir a operação do Nome-do-Pai. Sendo assim, o perverso não precisa necessariamente desafiar a lei moral porque em seu ato perverso ele desmente, de forma velada, a Lei do pai.

> Sade deteve-se no ponto em que se ata o desejo à *lei* [...]. Se alguma coisa nele deixou-se prender à *lei*, para nela encontrar a oportunidade de ser desmedidamente pecador [...] não foi longe demais. Não é apenas que nele, como em todo mundo, a carne seja fraca; é que o espírito é impetuoso demais para não ser tapeado. A apologia do crime impele-o apenas ao reconhecimento indireto da *Lei*. O Ser supremo é restaurado no Malefício (ibid.: 802).

A meu ver, as construções feitas por Lacan em "Kant com Sade" derrubam categoricamente os argumentos que se ouvem com frequência de que o perverso é um associal, que ataca os valores e as normas sociais. O perverso não é um associal porque é justamente no estabelecimento do vínculo social que ele vai encontrar como parceiro as figuras do Outro: Lacan escreve $\$$ a vítima em Sade, a figura da mulher casta e bela, mas não há somente essas figuras na perversão. Em Genet, por exemplo, são figuras muito diferentes; encontramos o juiz, o acadêmico, o sacerdote, todas aquelas figuras identificadas com a ordem, com as normas do Outro. Essas figuras são necessárias justamente para dar o ponto-alvo em que o gozo atravessa essas "vontades boas"[5].

Pode-se concluir com Lacan que a máxima de Sade esbarra no mesmo radicalismo da máxima de Kant. Contudo, Sade aponta para o limite que Kant não vê, na medida em que este supõe que seja necessária uma lei moral absoluta para impedir o homem de ser levado aos extremos. O que Sade revela é que mesmo levado aos extremos o sujeito se depara com a impossibilidade, pois o gozo é barrado na medida em que o sujeito fala, ou seja, o que faz limite ao princípio do prazer é a pulsão de morte, não a lei moral.

REFERÊNCIAS BIBLIOGRÁFICAS

ALTOÉ, S. (org.). (1999). *Sujeito do direito, sujeito do desejo: direito e psicanálise.* Rio de Janeiro: Editora Revinter.

————. (org.). (2007). *A Lei e as leis: direito e psicanálise.* Rio de Janeiro: Editora Revinter.

ALTOÉ, S. & MELLO, M. (orgs.). (2005). *Psicanálise, clínica e instituição.* Rio de Janeiro: Rios Ambiciosos.

BAAS, B. (1991/2001). *O desejo puro.* Rio de Janeiro: Livraria e Editora Revinter.

ELIA, L. (1995). *Corpo e sexualidade em Freud e Lacan.* Rio de Janeiro: Uapê.

————. (1999). O sujeito da psicanálise e a ordem social. Em *Sujeito do direito, sujeito do desejo: direito e psicanálise* (pp. 130-140). Rio de Janeiro: Revinter.

————. (2004). *O conceito de sujeito. Psicanálise Passo-a-Passo,* v. 50. Rio de Janeiro: Jorge Zahar Ed.

————. (2005). Desenvolvimento, estrutura e gozo. Em *Marraio – Revista das Formações Clínicas do Campo Lacaniano,* nº 9, 11-20. Rio de Janeiro: Editora Rio Ambiciosos.

FREUD, S. (1905/2005). Tres ensayos de teoría sexual. Em *Obras completas,* v. VII. Buenos Aires: Amorrortu editores.

[5] "Kant chama de "vontade boa" a vontade que age por dever e somente por dever. Seu imperativo não é hipotético, mas categórico" (Baas, 1991/2001: 139).

————. (1920/2006). Más allá del principio de placer. Em *Obras completas*, v. XVIII. Buenos Aires: Amorrortu editores.

————. (1923/2006). El yo y el ello. Em *Obras completas*, v. XIX. Buenos Aires: Amorrortu editores.

————. (1924/2006). El problema económico del masoquismo. Em *Obras completas*, v. XIX. Buenos Aires: Amorrortu editores.

————. (1924/2006). La pérdida de realidad en la neurosis y la psicosis. Em *Obras completas*, v. XIX. Buenos Aires: Amorrortu editores.

————. (1925/2006). La negación. Em *Obras completas*, v. XIX. Buenos Aires: Amorrortu editores.

————. (1927/2004). Fetichismo. Em *Obras completas*, v. XXI. Buenos Aires: Amorrortu editores.

————. (1940 [1938]/2004). La escisión del yo en el proceso defensivo. Em *Obras completas*, v. XXIII. Buenos Aires: Amorrortu editores.

————. (1940 [1938]/2004). Esquema del psicoanálisis. El aparato psíquico y el mundo exterior. Em *Obras completas*, v. XXIII. Buenos Aires: Amorrortu editores.

GENET, J. (1942/1983). *Nossa senhora das flores*. Rio de Janeiro: Nova Fronteira.

————. (1944/1985). *Pompas fúnebres*. Rio de Janeiro: Nova Fronteira.

————. (1945/1953). *Querele: amar e matar*. São Paulo: Publicações Europa-América.

————. (1946/2005). *Diário de um ladrão*. Rio de Janeiro: Nova Fronteira.

————. (1957/1999). *Os biombos*. Rio de Janeiro: Sete Letras.

————. (1963/2000). *O ateliê de Giacometti*. São Paulo: Cosac & Naify Edições.

————. (1985/2003). *Um cativo apaixonado*. São Paulo: Arx.

KANT, I. (1788/2005). *Crítica da razão prática*. São Paulo: Ícone Editora.

LACAN, J. (1955-1956/1998). De uma questão preliminar a todo tratamento possível da psicose. Em *Escritos*. Rio de Janeiro: Jorge Zahar Ed.

————. (1958/1998). Juventude de Gide ou a letra e o desejo. Em *Escritos*. Rio de Janeiro: Jorge Zahar Ed.

————. (1959-1960/1997). *O Seminário, livro 7: a ética da psicanálise*. Rio de Janeiro: Jorge Zahar Ed.

————. (1960/1998). Subversão do sujeito e dialética do desejo no inconsciente freudiano. Em *Escritos*. Rio de Janeiro: Jorge Zahar Ed.

———. (1962-1963/2005). *O Seminário, livro 10: a angústia*. Rio de Janeiro: Jorge Zahar Ed.

———. (1963/1998). Kant com Sade. Em *Escritos*. Rio de Janeiro: Jorge Zahar Ed.

———. (1968-1969/2008). *O Seminário, livro 16: de um Outro ao outro*. Rio de Janeiro: Jorge Zahar Ed.

———. (1971/2009). *O Seminário, livro 18: de um discurso que não fosse semblante*. Rio de Janeiro: Jorge Zahar Ed.

RABINOVICH, D. (2005). *A significação do falo: uma leitura*. Rio de Janeiro: Companhia de Freud.

SADE, M. (1785/2006). *Os 120 dias de Sodoma ou a escola da libertinagem*. São Paulo: Iluminuras.

———. (1791/1967). *Justine ou os infortúnios da virtude*. Rio de Janeiro: Editora Saga.

———. (1795/1969). *A filosofia na alcova ou escola de libertinagem*. Brasília: Editora de Brasília.

———. (1961). *Novelas*. São Paulo: Difusão Europeia do Livro.

SOLER, C. (2004-2005/2006). *El síntoma y el analista. Formations cliniques du Champ lacanien Collège clinique de Paris*. Espanha: Montserrat Pera.

———. (2006). *¿A qué se le llama perversión?* Colombia: Asociación Foros del Campo Lacaniano Medellín.

O ABUSO SEXUAL NA SOCIEDADE CONTEMPORÂNEA

Luciana Piza

RESUMO

Tema secular e, não obstante, mais atual do que nunca, o abuso sexual vem sendo objeto de grande interesse da sociedade contemporânea que, partindo da premissa do trauma *a priori*, se empenha em punir os culpados e proteger as vítimas. Pretendemos interrogar essa abordagem, apontando as contribuições que a teoria psicanalítica oferece na abordagem desse complexo tema.

Palavras-chave: abuso sexual; sexualidade infantil; fantasia inconsciente.

ABSTRACT

The sexual abuse in contemporary society

An ancient theme, yet more present than ever, sexual abuse is the object of great interest in contemporary society, which, based on the premise of trauma *a priori*, engages in punishing the guilty and protecting the victims. We intend to question this approach, indicating the contributions that psychoanalytic theory offers when tackling this complex matter.

Key words: sexual abuse; child sexuality; unconscious fantasy.

Já se passam mais de cem anos desde que Freud advertiu o mundo de que a sexualidade humana é perversa e, por definição, infantil. Mais do que isso, ele atestou que o infantilismo da sexualidade é o que há de traumático para o sujeito do inconsciente. O trauma, em Freud, é de estrutura, posto que advém do inevitável encontro com o real do sexo, ao qual todo sujeito é introduzido pelo Outro. A despeito de seus esforços, a noção de abuso sexual infantil ganha cada vez mais força na sociedade contemporânea, levando o mundo a crer que há um pedófilo que se completa com uma criancinha inocente.

O que teria sido feito tanto pelos estudiosos e teóricos dos campos da Psicologia, Psiquiatria, Direto e Assistência Social, como pelos tantos segmentos sociais envolvidos na causa da proteção à criança vítima do abuso sexual, com as centenárias descobertas freudianas a respeito da fantasia inconsciente e da sexualidade infantil, com todo seu caráter perverso-polimorfo? Em nosso entendimento, faz-se mister o resgate de alguns fundamentos da teoria psicanalítica para que possamos nos instrumentar de sólidos critérios que permitam discernir os *casos de pura violência* – a exemplo de estupros como o do austríaco Joseph Fritzl, que encarcerou a própria filha no porão de sua casa e nela fez sete filhos, conforme noticiado pela imprensa mundial – dos tantos outros casos em que se fazem presentes tão somente *manifestações sexuais da criança*, que são estruturais – manifestações essas veementemente negadas, dada a resistência ao reconhecimento da sexualidade infantil.

O que verificamos é que, inobstante a abissal distância que os separa, tanto os atos de pura violência, nos quais o desejo do sujeito criança não está implicado, como as manifestações sexuais infantis, em suas mais diversas formas, são unificados pela sociedade contemporânea de forma generalizada sob a denominação *abusos sexuais*. Verificamos que o uso desse sintagma produz, como efeito, o engessamento da criança no lugar de puro objeto, posto que ela é tomada como vítima. Destarte, sua subjetividade resulta sepultada.

A esse efeito de foraclusão do sujeito a psicanálise coloca-se em clara oposição e é nesse sentido que nos propomos interrogar a generalização por meio da qual toda e qualquer manifestação sexual da criança ou mesmo do adolescente – de todo modo, do sujeito do inconsciente – com o parceiro por ele eleito vem sendo negada, no sentido de desconsiderar sua subjetividade e de desimplicar o sujeito em relação a seu desejo e ao seu gozo, imputando a outrem a responsabilidade por um crime do qual a criança ou o adolescente seriam vítimas.

Se pudéssemos trazer os casos de Freud para os dias atuais, certamente veríamos no banco dos réus o confeiteiro do caso Emma, do "Projeto para uma psicologia" (Freud,1895/1950), sendo processado e julgado pelo crime de abuso sexual em nome da proteção aos direitos da criança e do adolescente garantidos pelo Estatuto da Criança e do Adolescente, o ECA. A antiga teoria da sedução permanece reinante nos dias atuais a despeito do seu ultrapassamento, por Freud, nos últimos anos do século XIX, com a descoberta da fantasia inconsciente.

A teoria da sedução constituiu a primeira tentativa de Freud de dar conta da etiologia das neuroses. No período de 1893 a 1896, encontramos uma vasta produção teórica que se destina a sustentar essa teoria, a exemplo dos textos "As neuropsicoses de defesa" (Freud, 1894/1950), "A hereditariedade e a etiologia das neuroses" (Freud, 1896a/1950), "Novas observações sobre as neuropsicoses de defesa" (Freud, 1896b/1950) e "A etiologia da histeria" (Freud, 1896c/1950). Em todos eles, encontramos a noção de que a neurose é desencadeada a partir de experiências sexuais precoces agenciadas por um outro. Essas experiências de sedução – de caráter passivo – seriam, em si mesmas, traumáticas, de modo que delas resultariam os sintomas neuróticos.

Freud afirma ter encontrado fortes evidências de que jazia na raiz dos processos patológicos a lembrança infantil de uma ação aliciadora de adultos ou mesmo de outras crianças mais velhas, de modo que a sedução se define, na primeira teoria sobre a etiologia das neuroses, como patogênica: "[...] foi preciso render-se à evidência e reconhecer que na raiz de toda formação de sintoma encontravam-se impressões traumáticas procedentes da vida sexual precoce" (Freud, 1923 [1922]/1950: 239).

> O acontecimento do qual o sujeito guardou uma recordação inconsciente é uma experiência precoce de relações sexuais com irritação efetiva dos órgãos genitais, resultante de um *ABUSO SEXUAL praticado por outra pessoa, e o período de vida* em que se deu esse acontecimento funesto é a primeira infância *[première jeunesse]* (Freud, 1896a/1950: 151, grifo nosso).

Note-se que, em Freud, encontramos a referência ao termo *abuso sexual* em correspondência com uma experiência sexual infantil passiva e de caráter traumático; em correspondência, pois, com aquilo que constituiria, nesse momento inicial de suas formulações teóricas, o ponto de partida do processo patológico. Dessa feita, verificamos que a noção de abuso sexual tem seu lugar marcado no próprio nascimento da psicanálise, nos primórdios de sua existência, como um dos primeiros passos de Freud no início de um fecundo trabalho de investigação e produção teórica.

Freud atribuía a sedução, de uma forma geral, às babás, governantas e também crianças mais velhas, mas o pai é quem assume lugar importante nesse rol. Em uma de suas cartas a Fliess – "Carta 52" (Freud, 1892-1899/1950: 279) –, Freud afirma: "A histeria se me apresenta cada vez mais como consequência de uma perversão do sedutor; e a herança, cada vez mais, como sedução pelo pai".

Adquire, assim, consistência a tese segundo a qual as experiências sexuais precoces, ocorridas na tenra infância – que vão desde as mais banais até a própria estimulação dos órgãos genitais em atos que se assemelham ao coito –, devem ser entendidas como traumas sexuais infantis que, com a entrada na puberdade, são capazes de levar ao desencadeamento de sintomas histéricos.

Todavia, a declaração que mudaria definitivamente os rumos da teoria psicanalítica veio em 14 de agosto de 1897, em outra carta endereçada a Fliess: "E, em seguida, quero confiar-te o grande segredo que, pouco a pouco, me ficou claro nas últimas semanas. Já não creio mais em minha 'neurótica'" (ibid.: 301). Nessa carta, Freud nos revela ter reconhecido a impossibilidade de se tomar todo pai de neurótico – a quem ele havia atribuído a responsabilidade pela sedução da criança – como pervertido, posto que, se assim fosse, a perversão seria a regra. Destarte, sua teoria de sedução vacila em sua função de explicar a etiologia das neuroses. Entretanto, a maior contribuição dessa carta veio com a declaração de que a fantasia, quando investida de afeto, equivale, no inconsciente, à verdade, de modo que se torna, ela mesma, a realidade de sujeito: "no inconsciente não existe um signo de realidade, de modo que não se pode distinguir a verdade da ficção investida com afeto (Dessa forma, restaria uma solução: a fantasia sexual se apropria do tema dos pais)" (ibid.: 302).

O que Freud põe no centro da questão é que as experiências reais são absolutamente secundárias frente à fantasia, posto que o que está em jogo, do ponto de vista do inconsciente, é a realidade construída psiquicamente pelo sujeito, realidade essa que se prende ao desejo inconsciente e não aos fatos históricos. Essa substituição, que dá lugar central à fantasia, não exclui, contudo, a referência à noção de trauma. Na medida em que a realidade psíquica é a realidade que decide, é ela também que responde pelos possíveis efeitos traumáticos. A fantasia, enquanto realidade subjetivamente apreendida, restitui o trauma.

Em detrimento dos acontecimentos factuais, Freud passa, então, a privilegiar uma realidade que o sujeito constrói para si próprio como um registro de seus desejos inconscientes: "E se já estamos frente aos desejos inconscientes em sua expressão última e mais verdadeira, é preciso esclarecer que a realidade psíquica é uma forma particular de existência que não deve ser confundida com a realidade material" (Freud, 1900/1950: 607).

Essa nova concepção levou-o a substituir a teoria da sedução pela teoria da fantasia de sedução. Note-se que essa virada implica a tomada de uma outra perspectiva na análise da questão do abuso sexual, pois que, em detrimento de sua ocorrência, o que será decisivo para o sujeito é o lugar que essa cena – factual ou não – terá em sua fantasia. Conforme Freud observou em sua carta a Fliess, a ficção investida de afeto equivale à verdade do sujeito, de modo que, mesmo nos casos em que é inegável sua ocorrência, a cena do abuso sexual há que ser investida de afeto para que adquira algum valor para o sujeito – valor esse, acentue-se isso, sempre singular, determinado não por uma atribuição universal e biunívoca entre sedução e trauma, mas pelo lugar a ela atribuído na fantasia pelo sujeito.

Caso não haja tal investimento, a cena do abuso será irrelevante do ponto de vista da realidade do sujeito, que é psíquica. Exemplo disso são os casos citados por Freud de sujeitos que, mesmo tendo em suas histórias experiências que equivaleriam ao abuso sexual, não manifestaram qualquer reação sintomática. Do mesmo modo, vemos que acontecimentos banais, também citados por Freud, podem levar ao desencadeamento de sintomas, inobstante sua aparente irrelevância. O que Freud nos mostra é que, mesmo sendo banal, basta que a cena seja investida de afeto para que se torne absolutamente valorosa para o psiquismo.

Do ponto de vista do inconsciente, não há distinção entre realidade factual e psíquica, posto que a única à qual o sujeito tem acesso é aquela que ele constrói a partir do seu desejo inconsciente. Assim, Freud assevera que:

> Não se tem outra impressão, senão que *tais fatos da infância são de alguma maneira necessários, pertencem ao patrimônio indispensável* da neurose. Se estão contidos na realidade, muito bem; se ela não os concedeu, eles são estabelecidos a partir de indícios e suplementados mediante a fantasia. O resultado é o mesmo e, até hoje, não logramos registrar, por qualquer diferença nas consequências, se quem teve maior participação nesses eventos de infância foi a fantasia ou a realidade (Freud, 1916-1917 [1915-1917]/1950: 337-338; grifo nosso).

Atente-se para a premissa da qual Freud parte, de que a sedução, ou o abuso sexual, é parte do patrimônio *indispensável* da neurose, impondo-se à realidade psíquica como uma necessidade, a despeito de ter materialmente ocorrido. Isso é de toda a importância para o que estamos colocando em questão.

Há, aí, dois aspectos essenciais: em primeiro lugar, o fato de o encontro da criança com o sexo – generalizado pela sociedade contemporânea como abuso sexual e em Freud inicialmente denominado de sedução – apresentar-se no inconsciente como uma exigência pulsional à qual a fantasia atenderá caso a realidade não o faça; em segundo, o fato de que, se há consequências desse encontro para a criança, elas não se devem à eventual ocorrência do ato cometido por aquele que se chamaria de abusador, mas ao investimento libidinal dessa cena, à sua inscrição fantasística como registro de seus desejos inconscientes, bem como ao caráter traumático próprio do encontro com o real do sexo, próprio às manifestações da sexualidade infantil, conforme veremos adiante. Lembremo-nos, afinal, de que Freud creditou à *pulsão* a procedência dessa exigência da fantasia como uma necessidade.

Ao privilegiar a fantasia de sedução em detrimento de sua ocorrência factual, Freud faz surgir a dimensão da criança como autora de fantasias sexuais – autora, portanto, dos abusos que comparecem nessas fantasias, de modo que entra em cena o papel ativo que ela pode desempenhar na sedução. Lembremos que não se trata, aqui, de negar a ocorrência de estupros ou atos semelhantes – atos de pura violência em que o desejo não está implicado –, mas de apontar para a generalização adotada pelo pensamento dominante na contemporaneidade que faz de toda manifestação da sexualidade infantil um crime do qual a criança é vítima e em função do qual se instala uma perseguição segregadora aos pedófilos – perseguição essa que cumpre a função de velar a subjetividade da criança. Faz-se mister trazer à tona aquilo que Freud não se furtou a reconhecer como a força propulsora nos atos dos quais a criança participa como sujeito ativo, e não como objeto inerte.

No novo milênio, o tema do abuso sexual, associado à noção do trauma *a priori*, tem sido objeto de uma intensa mobilização por parte de diversos segmentos da sociedade. O incitamento à denúncia é uma de suas tônicas. Dela resultam processos de investigação aos quais a criança é exposta e nos quais é patente a premência de inquirições invasivas sobre o que há de mais íntimo e inconfessável, bem como de exames que transformam seu corpo de gozo, fragmentado e imaginariamente remendado, em um pedaço de carne, corpo de um delito. Também as notícias midiáticas e as campanhas preventivas são pregnantes, formando-se, assim, um movimento de proteção às crianças e adolescentes vítimas do abuso sexual e de condenação daqueles que, de modo cruel e perverso, ultrajam a inocência pueril.

A Promotoria de Justiça de Defesa da Infância e Juventude-DF, por exemplo, fornece uma cartilha de prevenção do abuso sexual, intitulada *Aprendendo a prevenir: orientações para o combate ao abuso sexual contra crianças e adolescentes* (2006), em que estão apontados os princípios que fundamentam suas ações. Diz esse documento: "O abuso sexual violenta aquilo que caracteriza a infância: dependência, vulnerabilidade, inocência [...]. Denunciar: a melhor forma de combater o abuso sexual" (Cordeiro, 2006: 3).

No campo jurídico – e para a sociedade contemporânea, de uma forma geral – trata-se, em primeiro lugar, de descobrir se ocorreu ou não o abuso sexual. Essa é, afinal, a demanda que, em geral, não só o Poder

Judiciário, como os pais e as escolas endereçam ao psicólogo, sobretudo em seus pedidos de laudo: é mentira ou é verdade? – pergunta pela qual o próprio Freud foi consumido antes da descoberta da realidade psíquica.

A resposta a essa questão é, no estado do Rio de Janeiro, por exemplo, tarefa atribuída à Fundação para a Infância e Adolescência – FIA, órgão do Governo do Estado do Rio de Janeiro ligado à Secretaria de Estado de Assistência Social e Direitos Humanos, que encaminha à Justiça laudos que são usados nos processos como *prova técnica* (Faria & Fontes, 2007), atestando a veracidade ou não dos fatos do abuso alegado. De posse dessa resposta – que é necessariamente suposta, dada a inacessibilidade a esse tipo de verdade –, decide-se, judicial ou socialmente, pela condenação do suposto abusador.

A FIA – Fundação para a infância e a adolescência/RJ atua na dita prevenção do abuso sexual, bem como na proteção à criança feita vítima de tal abuso, através do *Programa de atenção à criança e ao adolescente vítimas de maus-tratos*. Tal Programa possui Núcleos de atenção à criança e ao adolescente (NACA's) destinados a investigar a factualidade do abuso e, nos casos ditos confirmados, a oferecer apoio psicológico às suas vítimas necessariamente traumatizadas.

> A investigação da suspeita de abuso sexual é realizada através de entrevistas, sendo utilizadas várias técnicas e recursos lúdicos, dentre eles jogos, desenhos, bonecos anatomicamente corretos e outros recursos que facilitem a expressão. São produzidos relatórios técnicos que têm contribuído para que o Poder Judiciário responsabilize legalmente os autores da violência (FIA, s.d.).

Suas equipes, compostas por psicólogos, assistentes sociais e advogados, atuam precisamente na investigação da suspeita de violência a partir de notificações de violência contra a criança, como o abuso sexual, provenientes do Poder Judiciário, Ministério Público e Conselhos Tutelares. Nos casos ditos confirmados, a equipe "intervém na dinâmica familiar [...] garantindo e defendendo assim os direitos das crianças e adolescentes vitimizados" (idem).

Posto isso, perguntamos: teria o psicólogo se tornado um investigador a serviço dos processos judiciais, no centro dos quais temos a criança como puro objeto vitimado? É precisamente o que pretende o Projeto *Depoimento sem dano*, idealizado por um Magistrado da 2ª Vara da Infância e Juventude de Porto Alegre "com o objetivo de promover a proteção psicológica das vítimas" (Tribunal de Justiça do Estado do Rio Grande do Sul, 2008) na inquirição de crianças e adolescentes:

> Experiência pioneira no Brasil, o projeto "Depoimento sem dano" foi implantado em 2003 na 2ª Vara, com o objetivo de promover a *proteção psicológica das vítimas*, permitindo a realização de instrução criminal tecnicamente mais apurada [...]. A sistemática permite a realização de audiência, simultaneamente, em duas salas interligadas por equipamentos de som e imagem. Em recinto reservado, a vítima presta depoimento a uma Psicóloga ou Assistente Social. Na sala de audiências ficam Juiz, Promotor, Advogado e partes. *O magistrado faz as inquirições por intermédio do profissional que se encontra com a vítima que, dessa forma, não se expõe a outras pessoas*. Simultaneamente é efetivada a gravação de som e imagem em CD, que é anexado aos autos do processo judicial (idem; grifo nosso).

O Projeto *Depoimento sem dano* não somente recebeu destaque na 3ª Edição do Prêmio *Innovare*, em que obteve menção honrosa (idem), como está sendo proposto em um Projeto de lei no Congresso Federal (PL nº 7.524/2006), que pretende incluí-lo no Código de Processo Penal, segundo informe do Conselho Regional de Psicologia do estado do Rio de Janeiro (CRP-RJ, 2008).

Caberia, pois, interrogar: esse dispositivo seria sem dano para quem? Estaria a criança sendo efetivamente poupada da exposição ou de outros danos? Quem, afinal, é poupado de um dano? Que lugar está sendo conferido à criança nesse dispositivo que se diz protetor ao colocar o psicólogo no lugar de um inquiridor teleguiado por um ponto por meio do qual recebe as instruções do Juiz? Este, do outro lado da sala, junto ao Promotor, advogados e outros, poupa-se do dano de um encontro que pode ser, para ele mesmo, traumático, na medida em que o confronta com o real do sexo exposto a céu aberto nas palavras da criança.

Em que pese a séria oposição marcada pelos Conselhos Profissionais de Psicologia a esse projeto em específico, verificamos que teóricos dos campos da Psicologia e da Psiquiatria, partindo do postulado de que o abuso sexual produz efeitos traumáticos e patogênicos, se enlaçam ao movimento em prol da prevenção e do combate ao abuso sexual, uma vez que a criança é suposta inocente, assexuada e incapaz de fazer escolhas, restando-lhe apenas o lugar de vítima.

Tilman Furniss, psicólogo e autor de referência para os estudiosos do abuso sexual – sendo inclusive recomendado como referencial teórico-técnico pela FIA/RJ (Faria & Fontes, 2007) –, afirma em seu livro intitulado *Abuso sexual da criança: uma abordagem multidisciplinar* que "os relacionamentos sexuais entre adultos e crianças constituem abuso sexual da criança porque os relacionamentos sexuais somente deveriam acontecer por livre vontade e por livre escolha, sem coerção" (Furniss, 1993: 12).

O autor, desse modo, ignora a possibilidade de a criança escolher livremente seus objetos sexuais e o modo como irá se relacionar com eles. Sua abordagem encontra-se fundamentada no pressuposto de que a criança não é madura emocional, social e cognitivamente, de modo que é incapaz de dar o que ele chama de consentimento informado a relacionamentos sexuais.

Ele chega a reconhecer na criança a "participação ativa no abuso sexual" (ibid.: 16) e, não obstante, atesta que isso não equivale a reconhecê-la como responsável por isso: "as atividades sexuais adultas com crianças são realizadas para a satisfação dos desejos sexuais do adulto e não em resposta às necessidades da criança" (ibid.: 22). Diante do inequívoco sentimento de culpa manifesto pelas ditas vítimas do abuso, ele chega a afirmar que:

> [...] as crianças podem sentir-se responsáveis pelo abuso, embora, de fato, jamais possam ser responsáveis [...]. A experiência da criança como participante no abuso explica como as crianças que sofreram abuso prolongado frequentemente expressam fortes sentimentos de culpa, independente do grau de cooperação e da vontade de participar do abuso. O sentimento de culpa da criança origina-se de seu *senso equivocado de*

> *responsabilidade*, que ela deriva do fato de ter sido uma participante no abuso (ibid.: 17; grifo nosso).

É patente, portanto, a negação do desejo sexual da criança e de sua implicação na cena do que convencionou-se chamar de abuso sexual. Partindo dessa premissa, o autor não poderia ser conduzido a outra conclusão senão a de que o abuso sexual, assim como ele o entende, constitui um fator traumático para a criança e que o tratamento psicológico estaria diretamente referido a esse dano, tendo o psicólogo como *tarefa primária* "tratar o trauma decorrente do próprio abuso sexual" (ibid.: 23).

Ainda no campo científico, revela-se do lado da psiquiatria uma teorização bastante semelhante. Encontramos, por exemplo, no artigo "Abuso sexual em crianças e adolescentes: uma revisão de 100 anos de literatura" (2006), publicado na *Revista de Psiquiatria Clínica*, a mesma concepção, cuja lógica guarda o abuso sexual como um trauma que responderia pelo desencadeamento de patologias da infância e adolescência, como distúrbios alimentares e afetivos, comportamentos agressivos e de autodestruição, e outros problemas psiquiátricos: "Uma criança que tenha sido abusada sexualmente será traumatizada por toda a vida" (Aded, Dalcin, Moraes & Cavalcanti, 2006: 207).

A todo esse rol de patologias os autores dessa revisão literária acrescentam que há, para as ditas vítimas de abuso sexual, um aumento do risco de desenvolverem transtorno de estresse pós-traumático, ideação paranoide, transtornos dissociativos, transtorno obsessivo-compulsivo e fobias. Por fim, lembram que "Transtorno de conversão tem sido relacionado a pacientes com história de abuso sexual de longa duração e relações incestuosas" (idem). Quaisquer semelhanças com as fantasias de sedução das histéricas de Freud seriam mera coincidência?

Na base desse movimento, encontramos, portanto, a noção do trauma *a priori*. Parte-se da premissa de que toda e qualquer experiência sexual infantil provém de um ato covarde de um suposto pedófilo – que merece até mesmo a castração química, já adotada pelo Estado da Califórnia/USA e em análise pelos governos de países como a França e até o Brasil, de acordo com a Revista Jurídica *Jus Navigandi* (Heide, 2007). A criança ou o adolescente não participam dessas experiências sexuais senão como vítimas. Desprovidos de desejo, não passam de objetos inertes. Sob esse prisma, são, por conseguinte, criaturas não só assexuadas como dessubjetivadas.

Tal movimento de prevenção do abuso sexual revela-se, em seus próprios fundamentos, impregnado de um moralismo que guarda recalcada a sexualidade infantil anunciada por Freud mais de 100 anos atrás. Como pode o psicanalista, cuja prática está referida não a valores morais, mas à ética do desejo inconsciente, posicionar-se diante de tal questão, se o que ele encontra, não só na teoria que sustenta a sua clínica, mas no próprio relato dos analisantes, são evidências da manifestação da sexualidade infantil, ou seja, da presença, na criança, da pulsão sexual e de sua irrestrita exigência de satisfação? Freud nos deixou um legado segundo o qual:

> Primeiro e acima de tudo, é um erro injustificável negar que as crianças têm uma vida sexual e supor que a sexualidade somente inicia na puberdade [...]. Pelo contrário, bem desde o início as crianças têm uma intensa vida sexual, que difere em muitos pontos daquilo que mais tarde é considerado normal. [...] *Quando abandonadas a si próprias, ou sob a influência de sedução*, amiúde as crianças realizam proezas consideráveis na área da atividade sexual perversa (Freud, 1916-1917 [1915-1917]/1950: 250-251, grifo nosso).

O que Freud, há mais de cem anos, nos mostrou é que na raiz de toda manifestação da sexualidade humana o que se presentifica é a sexualidade infantil, com todo seu teor perverso; é a presença, na criança, de uma disposição originária universal da pulsão sexual, cuja essência é de uma inclinação para todas as perversões. Denominada de perversa polimorfa, essa disposição, que exibe os germes de todas as perversões, somente é demonstrável na criança, posto que até determinado estádio os diques anímicos responsáveis por barrar os excessos sexuais (como o asco, a vergonha e a moral) não foram erigidos. Desde os "Três ensaios sobre a teoria da sexualidade" (1905/1950), sabemos que, se é possível falar de sexualidade no adulto, é porque ele pôde experimentá-la desde muito cedo.

A psicanálise reconhece a criança como um ser que deseja sexualmente e que é capaz de toda e qualquer transgressão sexual, pois que desconhece lei ou proibição. A sexualidade infantil, não centralizada e predominantemente autoerótica, leva a criança de tenra idade a se entregar às mais variadas experiências sexuais com o propósito único de obter prazer, uma vez que está livre das barreiras contra a satisfação pulsional irrestrita. O caráter perverso-polimorfo é responsável por tornar todo e qualquer objeto admissível à criança, se for capaz de proporcionar-lhe prazer.

Cabe, pois, indagar: se a criança considera qualquer objeto para o fim de satisfazer a pulsão, por que não tomar como objeto um outro sujeito que a ela se insinue eroticamente, num jogo de sedução do qual ela pode extrair prazer? Lembre-se que Freud afirmou que "[...] também a vida infantil [...] mostra componentes que desde o começo envolvem outras pessoas como objetos sexuais" (ibid.: 174).

Em seus "Três ensaios sobre a teoria da sexualidade" (idem), Freud diz que: "É instrutivo que, sob a influência da sedução, a criança possa converter-se em um perverso polimorfo, sendo desencaminhada a praticar todas as transgressões possíveis." (ibid.: 173). Contudo, ele completa: "Isso demonstra que traz consigo, em sua disposição, a aptidão para elas" (idem). O que Freud sublinha, por conseguinte, é que a criança não é assexuada e tampouco vítima. Tomada como objeto do Outro, a criança responde como um ser pulsional. E, se ela responde, é porque tem essa *aptidão* para as transgressões sexuais. Destarte, a sedução ou o dito abuso sexual tem por efeito não introduzir, mas, no máximo, despertar a disposição perverso-polimorfa da sexualidade – disposição que faz da criança um ser capaz de gozar de forma autônoma ou não.

Eis, portanto, a desarticulação das experiências de abuso sexual da doença psíquica, uma vez que a sexualidade infantil não é resultante de uma contingência como o assédio sexual imposto por um suposto abusador, mas o substrato mesmo de toda sexualidade humana. Desse modo, não é o abuso o fator traumático na vida do sujeito, mas a própria sexualidade que, uma vez introduzida, impõe um excesso de excitação para o qual não há possibilidade de representação, segundo Freud. Lacan endossa esse postulado, asseverando que "O fato copulatório da introdução da sexualidade é traumatizante. [...] O mau encontro central está no nível do sexual" (Lacan, 1964/1998: 65).

O trauma corresponde à impossibilidade de inscrição simbólica, de representação das excitações excedentes; corresponde à impossibilidade de o sujeito se proteger contra um excesso de excitação que incide sobre o aparelho psíquico. Mais do que isso, Freud mostra que esse excesso inassimilável se apresenta na forma de uma impossibilidade de satisfação. Trata-se de uma excitação frente à qual o sujeito é impotente, de modo que o traumático é a própria desnatureza da pulsão, que não comporta satisfação plena, completude; ao contrário, implica a impossibilidade de satisfação. Eis o furo da castração.

É no afã de recobrir a hiância instaurada pelo trauma que o sujeito construirá sua fantasia, que funcionará como matriz das suas relações com o Outro. A fantasia constitui-se como um ponto de ancoragem de encontros fortuitos que poderão, num futuro que retroage significando o passado, constituir-se como traumáticos caso a cadeia significante dê suporte a essa amarração. Dessa feita, quem dita os efeitos de cada experiência do sujeito não é um saber *a priori* que pretende definir o dito abuso sexual como traumático, mas a associação dessas experiências ao texto da fantasia, que equivale à verdade do sujeito.

Destarte, mesmo nos casos em que é inegável a ocorrência do abuso, essa cena há que ser articulada à fantasia para que adquira algum valor subjetivo. Em havendo uma associação significante com a fantasia, até mesmo acontecimentos banais têm o poder de desencadear sintomas, inobstante sua aparente irrelevância. Caso não esteja associada à fantasia, a cena de abuso será irrelevante do ponto de vista da realidade psíquica.

Na temporalidade própria ao inconsciente, toda e qualquer significação é obtida *a posteriori*: um primeiro significante só pode ser significado quando associado a um outro, em um segundo tempo. A significação traumática segue, pois, o mesmo princípio: o traumatismo é necessariamente segundo, podendo ser definido apenas a partir dos seus efeitos. Somente *a posteriori* é que uma excitação perturbadora pode abalar efetivamente a economia psíquica do sujeito. Segundo Colette Soler (2004), o primeiro tempo do trauma é o do impacto, golpe real, momento de pavor, que imprime suas marcas indeléveis no segundo tempo sob a forma de sequelas, que variam conforme *o sentido que cada um dá ao real traumático*, segundo sua fantasia.

O que opera aí é uma lógica em que um significante não tem qualquer significação até que um outro significante a ele se associe, produzindo seu sentido. E, se o sentido é atribuído num *só depois*, nada pode garantir o efeito de trauma, a não ser a amarração com a fantasia que o recobre.

Se o caráter traumático reside na possibilidade de uma associação estabelecida pelo sujeito num *só-depois*, não há regra na produção de seu sentido; não há experiência que possa ser aquilatada *a priori* como traumática – não antes que o sujeito lhe atribua tal efeito, se o fizer. Um acontecimento exterior só tem eficácia se for capaz de ativar fantasias determinadas pela sexualidade infantil, de modo que as sequelas do trauma real são necessariamente subjetivas – a carga traumática de experiências de sedução deve ser verificada na particularidade de cada caso. Desse modo, cai por terra a noção de que o abuso é traumático *a priori*.

A significação traumática é apanágio do sujeito: não comporta a intromissão de um saber estrangeiro que, do sujeito mesmo, nada sabe. Ela é uma afirmação que só pode ser emanada do próprio sujeito e, para sabermos disso, há que se escutá-lo em um dispositivo que privilegie seu desejo inconsciente e não uma perscrutação obscena de seu corpo e de sua história – perscrutação que, ainda assim, se diz protetiva.

À psicanálise, mais do que os fatos de crime do abuso sexual referidos à moral social civilizatória, interessa a força pulsional que, para encontrar satisfação, coloca a criança em uma relação de excesso com o corpo próprio e com o Outro; interessam as determinações inconscientes que estão em jogo e que ocupam lugar privilegiado no dispositivo analítico, uma vez que dizem dos fatos de desejo e de gozo do sujeito que está implicado nas cenas sexuais denominadas de abuso.

É nesse sentido que questionamos o movimento contemporâneo que quer fazer dos sintomas psíquicos consequências lineares e biunívocas do abuso sexual, a despeito do inconsciente, terreno em que os desdobramentos se decidem na subjetividade de cada história, de acordo com as associações que se estabelecem de forma singular, segundo a lógica temporal que rege o encadeamento significante a partir do qual cada um escreve, na Outra cena, sua história de ficção.

REFERÊNCIAS BIBLIOGRÁFICAS

ADED, N. L. O.; DALCIN, B. L. G. S; MORAES, T. M. & CAVALCANTI, M. T. (2006). Abuso sexual em crianças e adolescentes: uma revisão de 100 anos de literatura. Em *Revista de Psiquiatria Clínica*, nº 33, 204-213. São Paulo: Universidade de São Paulo.

CORDEIRO, F. A. (2006). *Aprendendo a prevenir: orientações para o combate ao abuso sexual contra crianças e adolescentes*. Disponível em: <http://www. mpdft.gov.br/joomla/pdf/cartilhas/Cartilha_Abuso_Sexual>.

CONSELHO REGIONAL DE PSICOLOGIA (CRP). *Depoimento sem dano: o que você pensa sobre isso?*. Disponível em: <http://www.crprj.org. br/2007042401.asp>.

FARIA, M. V. & Fontes, C. N. (2007). Entrevista concedida à pesquisadora e coordenadora do Programa de Atenção à Criança e ao Adolescente Vítimas de Maus-tratos da Fundação para a Infância e Adolescência (FIA).

FREUD, S. (1892-1899/1950). Fragmentos de la correspondencia con Fliess. Em *Obras completas*, v. I. Buenos Aires: Amorrortu editores.

————. (1894/1950). Las neuropsicosis de defensa. Em *Obras completas*, v. III. Buenos Aires: Amorrortu editores.

————. (1895/1950). Proyecto de psicología. Em *Obras completas*, v. I. Buenos Aires: Amorrortu editores.

————. (1896a/1950). La herencia y la etiología de las neurosis. Em *Obras completas*, v. III. Buenos Aires: Amorrortu editores.

————. (1896b/1950). Nuevas puntualizaciones sobre las neuropsicosis de defensa. Em *Obras completas*, v. III. Buenos Aires: Amorrortu editores.

————. (1896c/1950). La etiología de la histeria. Em *Obras completas*, v. III. Buenos Aires: Amorrortu editores.

————. (1900/1950). La interpretación de los sueños. Em *Obras completas*, v. V. Buenos Aires: Amorrortu editores.

————. (1905/1950). Tres ensayos de teoría sexual. Em *Obras completas*, v. VII. Buenos Aires: Amorrortu editores.

————. (1916-1917 [1915-1917]/1950). Conferencias de introducción al psicoanálisis. Em *Obras completas*, v. XVI. Buenos Aires: Amorrortu editores.

————. (1923 [1922]). Dos artículos de enciclopedia: "Psicoanálisis" y "Teoría de la libido". Em *Obras completas*, v. XVIII. Buenos Aires: Amorrortu editores.

Fundação para a Infância e Adolescência. (s.d.). *Programa de atenção à criança e ao adolescente vítimas de maus-tratos*. Rio de Janeiro: Secretaria de Estado de Assistência Social e Direitos Humanos, FIA.

FURNISS, T. (1993). *Abuso sexual da criança: uma abordagem multidisciplinar*. Porto Alegre: Artes Médicas.

HEIDE, M. P. (2007). Castração química para autores de crimes sexuais e o caso brasileiro, ano 11, nº 1400. Disponível em: <http://jus2.uol.com.br/doutrina/texto.asp?id=9823>.

LACAN, J. (1964/1998). *O Seminário, livro 11: os quatro conceitos fundamentais da psicanálise*. Rio de Janeiro: Jorge Zahar Ed.

PINHO, L. M. (org.). (2005). *Estatuto da criança e do adolescente*. Rio de Janeiro: Roma Victor Ed.

SOLER, C. (2004). Trauma e fantasia. Em *Stylus – Revista de psicanálise da Associação dos Fóruns do Campo Lacaniano*, nº 9, 45-59. Rio de Janeiro: AFCL.

Tribunal de Justiça do Estado do Rio Grande do Sul. Projeto "Depoimento sem dano" recebe destaque no Prêmio Innovare. Disponível em: <http://www.tj.rs.gov.br/site_php/noticias/mostranoticia.php?assunto=1&categoria=1&item=40379&voltar=S>.

Sobre os autores

Ademir Pacelli
Professor Adjunto do Instituto de Psicologia/UERJ; Procientista e atual diretor do IP/UERJ; Atividades na graduação e na Pós-graduação em psicanálise; Coordenador-Supervisor clínico de projeto de extensão, Pibic e especialização (Residência em Psicologia) na Unidade Docente Assistencial de psiquiatria do HUPE/UERJ e no CAPS-UERJ, na Policlínica Piquet Carneiro.
Endereço eletrônico: ademirpacelli@uol.com.br

Ana Costa
Professora Adjunta do Instituto de Psicologia da UERJ; Pesquisadora do CNPq; Psicanalista, Analista Membro da Associação Psicanalítica de Porto Alegre.
Endereço eletrônico: ammcosta@terra.com.br

Ana Cristina Figueiredo
Professora Associada do Instituto de Psiquiatria – IPUB/UFRJ; Professora Colaboradora do Programa de Pós-graduação em Psicanálise da UERJ; Líder do Grupo de Pesquisa Clínica em Psicanálise do CNPq.
Endereço eletrônico: anacrisfigueiredo@gmail.com

Ana Paula Britto
Professora da Especialização em Psicanálise, Subjetividade e Cultura (UFJF/MG); Doutoranda do Programa de Pós-Graduação em Psicanálise

– (PPGPSA/UERJ); Mestre em Pesquisa e Clínica Psicanalítica (PPGPSA/UERJ/RJ); Psicanalista.
Endereço eletrônico: a.britto@terra.com.br

ANDRÉ LOPES
Professor Auxiliar do Uni-IBMR e da Pós-graduação em Psicanálise com Crianças: Intervenção precoce do Hospital São Zacharias; Doutorando em Psicanálise (UERJ); Mestre em Ciências da Arte (UFF – 2002); Graduação em Psicologia (UGF – 1995); Psicanalista.
Endereço eletrônico: andreluislopes@gmail.com

ANDRÉA MÁRIS CAMPOS GUERRA
Professora Adjunta no Programa de Pós-Graduação do Departamento de Psicologia da UFMG; Doutora em Teoria Psicanalítica pela UFRJ com Études Approfondies em Rennes II (França); Autora do livro *A psicose* (Zahar, 2010) e de outros livros e artigos científicos; dedica-se atualmente ao tema da juventude e criminalidade.
Endereço eletrônico: andreamcguerra@gmail.com

ANGÉLICA BASTOS
Professora Associada II no Programa de Pós-Graduação em Teoria Psicanalítica da UFRJ; Docente nos Programas de Residência Multiprofissional da UFRJ: Instituto de Psiquiatria, Hospital Universitário Clementino Fraga Filho e Hospital São Francisco de Assis; Bolsista de Produtividade em Pesquisa do CNPq; Psicanalista, Membro da Escola Brasileira de Psicanálise.
Endereço eletrônico: abastosg@terra.com.br

BRUNA AMERICANO
Mestre em Pesquisa e Clínica em Psicanálise pelo Programa de Pós-graduação em Psicanálise da Universidade do Estado do Rio de Janeiro; Psicóloga do município do Rio de Janeiro; Especialista em Psicologia Clínica-Institucional do Hospital Universitário Pedro Ernesto – modalidade residência hospitalar.
Endereço eletrônico: brunapa@hotmail.com

CAIO MATTOS FILHO
Doutorando em Teoria Psicanalítica no Programa de Pós-Graduação em Teoria Psicanalítica da UFRJ, com estágio no exterior no Département de Psychanalyse de l'Université Paris 8 – Saint Denis. Bolsista de Doutorado do CNPq; Psicanalista.
Endereço eletrônico: caiomfilho@yahoo.com.br

CLAUDIA PITANGA
Supervisora do Setor de Psicologia Geral da Associação Fluminense de Reabilitação; Doutoranda do Programa de Pós-graduação em Psicanálise da UERJ; Mestre em Pesquisa e Clínica Psicanalítica pelo Programa de Pós-graduação da UERJ; Psicanalista.
Endereço eletrônico: pitangaclaudia@terra.com.br

DIANA RABINOVICH
Professora titular de Metodologia Psicanalítica da Faculdade de Psicologia da Universidade de Buenos Aires; Doutora em Psicanálise pela Universidade de Paris VIII; publicou no Brasil pela editora Companhia de Freud os seguintes livros: *O desejo do psicanalista*, *Clínica da pulsão* e *A angústia e o desejo do Outro*.

DORIS RINALDI
Professora Adjunta do Instituto de Psicologia da Universidade do Estado do Rio de Janeiro (IP/UERJ); Procientista da UERJ; Pesquisadora do CNPq; Psicanalista, Membro de Intersecção Psicanalítica do Brasil.
Endereço eletrônico: doris@alternex.com.br

ELISABETH ROCHA MIRANDA
Professora do Curso de Especialização em Psicologia Clínica – PUC-Rio e do curso de Especialização em Psicologia na UVA; Doutoranda no Programa de Pós-graduação em Psicanálise da UERJ; Psicanalista membro da Escola de Psicanálise dos Fóruns do Campo Lacaniano (AME).
Endereço eletrônico: bethrm@uol.com.br

FERNANDA COSTA-MOURA
Professora do Programa de Pós-Graduação em Teoria Psicanalítica/UFRJ; Bolsista de produtividade em pesquisa do CNPq; Psicanalista, Membro (AMT) do Tempo Freudiano Associação Psicanalítica.
Endereço eletrônico: fcostamoura@infolink.com.br

FERNANDA MARA LIMA
Mestre em Pesquisa e Clínica em Psicanálise pela Universidade do Estado do Rio de Janeiro; Psicóloga da Secretaria Municipal de Saúde do Município do Rio de Janeiro; Psicanalista participante da Escola Letra Freudiana.

FLÁVIO BASTOS
Mestre em Pesquisa e Clínica em Psicanálise pelo Programa de Pós-graduação em Psicanálise da Universidade do Estado do Rio de Janeiro; Psicólogo; Psicanalista em formação pelo Corpo Freudiano Escola de Psicanálise – Seção Rio de Janeiro.
Endereço eletrônico: flaviobastos@yahoo.com

GABRIELLA DUPIM
Doutoranda do Programa de Pós-Graduação em Psicologia da UFRJ; Bolsista CNPq; Membro do Grupo de Pesquisas CLINP (Clínica Psicanalítica).
Endereço eletrônico: gabidupim@gmail.com

HELOISA CALDAS
Professora Adjunta do Instituto de Psicologia e do Programa de Pós-Graduação em Psicanálise da UERJ; Autora do livro *Da voz à escrita* (Contra Capa editora/2007); Psicanalista, Membro da EBP/AMP.
Endereço eletrônico: helocaldas@terra.com.br

JULIA LEITE
Doutoranda do Programa de Pós-Graduação em Psicanálise – UERJ; Coordenadora do Hospital-Dia e Centro de Atenção Diária Luiz Cerqueira do IPUB / UFRJ; Psicóloga e psicanalista, associada (AE) do Corpo Freudiano – Escola de Psicanálise, Seção Rio de Janeiro.
Endereço eletrônico: julia.leite@ig.com.br

LUCIANA PIZA
Doutoranda em Pesquisa e Clínica em Psicanálise (UERJ); Mestre em Psicanálise, Saúde e Sociedade (UVA); Especialista em Psicanálise e Saúde Mental (UERJ) e em Psicologia Clínica (PUC-Rio); Psicanalista, Participante de Formações Clínicas do Campo Lacaniano.
Endereço eletrônico: lucianafpiza@gmail.com

LUCIANO ELIA
Professor Titular da Área de Psicanálise do Instituto de Psicologia da UERJ; Psicanalista, membro do Laço Analítico Escola de Psicanálise.
Endereço eletrônico: lucianoelia@uol.com.br

MAGALI MILENE
Doutoranda do Programa de Pós-Graduação em Psicanálise, UERJ; Bolsista FAPERJ.
Endereço eletrônico: magalimilene@gmail.com

MANOEL LEITE
Mestrando do Programa de Pós-Graduação em Psicanálise da UERJ; Psicanalista.
Endereço eletrônico: maneleite@gmail.com

MARA VIANA STERNICK
Professora dos Cursos de Especialização da PUC-Betim (MG) e UEMG (Universidade do Estado de Minas Gerais); Doutoranda do programa de Pós-graduação em Psicanálise da UERJ; Psicanalista.
Endereço eletrônico: maravc@terra.com.br

MARCIA MELLO DE LIMA
Professora Adjunta do Instituto de Psicologia da UERJ; Docente do Curso de Graduação e do Programa de Pós-Graduação em Psicanálise do mesmo Instituto; Psicanalista, Membro da Escola Brasileira de Psicanálise (EBP) e da Associação Mundial de Psicanálise (AMP).
Endereço eletrônico: mmello@domain.com.br

MARCO ANTONIO COUTINHO JORGE
Professor Adjunto do Instituto de Psicologia – UERJ; Coordenador Adjunto do Programa de Pós-Graduação em Psicanálise – UERJ; Procientista – UERJ; Doutor em Comunicação e Cultura – UFRJ; Psiquiatra; Psicanalista; Diretor do Corpo Freudiano – Escola de Psicanálise, seção Rio de Janeiro; Membro Correspondente da Association Insistance – Paris/Bruxelas; Autor de *Fundamentos da psicanálise em Freud e Lacan, v. 1: as bases conceituais*; Coautor de *Freud – criador da psicanálise* e de *Lacan – o grande freudiano*; Coorganizador de *Saber, verdade e gozo. Leituras de O Seminário, livro 17 de Jacques Lacan* e *Saber fazer com o real: diálogos entre psicanálise e arte*.
Endereço eletrônico: macjorge@corpofreudiano.com.br

MARIA CRISTINA POLI
Professora do Programa de Pós-graduação em Psicologia Social e Institucional da UFRGS e do Mestrado em Psicanálise, Saúde e Sociedade da UVA-RJ; Pesquisadora do CNPq; Doutora em Psicologia pela *Université Paris 13* e Pós-doutora no Programa de Pós-Graduação em Teoria Psicanalítica da UFRJ; Psicanalista, Membro da Associação Psicanalítica de Porto Alegre.
Endereço eletrônico: mcrispoli@terra.com.br

MARIA HELENA MARTINHO
Professora e Supervisora Clínica do Curso de Especialização em Psicologia Clínica da PUC-Rio; Doutora e Mestre pelo IP/UERJ. Coordenadora e Supervisora Clínica do SPA/UVA. Professora dos Cursos de Graduação em Psicologia e de Especialização em Psicanálise da UVA; Psicanalista membro da Escola de Psicanálise dos Fóruns do Campo Lacaniano – Brasil; Psicanalista membro do colegiado de Formações Clínicas do Campo Lacaniano – Rio de Janeiro.
Endereço eletrônico: mhmartinho@yahoo.com.br

MARINA ESPINOZA
Doutoranda do Programa de Pós-Graduação em Psicologia da UFRJ; Bolsista CNPq; Membro do Grupo de Pesquisas CLINP (Clínica Psicanalítica).
Endereço eletrônico: marinapvieira@gmail.com

NADJA PINHEIRO
Professora da Graduação e do Mestrado em Psicologia da UFPR; Vice-Coordenadora do Laboratório de Psicanálise (UFPR); Psicóloga (UFRJ); Doutora em Psicologia (PUC/RJ); Mestre (UFRJ) e Especialista em Psicoterapia (IPUB/UFRJ).
Endereço eletrônico: nadjanbp@ufpr.br.vcf

RITA MANSO DE BARROS
Professora Adjunta do Instituto de Psicologia da Universidade do Estado do Rio de Janeiro (IP/UERJ); Coordenadora do Curso de Graduação em Psicologia; Vice-diretora do Instituto de Psicologia da UERJ; Professora Associada da Universidade Federal do Estado do Rio de Janeiro; Psicanalista.
Endereço eletrônico: ritamanso@globo.com

ROBERTO CALAZANS
Professor do Mestrado em Psicologia da Universidade Federal de São João del Rei; Doutor em Teoria Psicanalítica pela Universidade Federal do Rio de Janeiro; Pesquisador do Programa Pesquisador Mineiro da FAPEMIG; Psicanalista.
Endereço eletrônico: roberto.calazans@gmail.com

ROSEANE FREITAS NICOLAU
Professora Adjunta do Departamento de Psicologia da UFPA; Doutora em Sociologia (UFC) com Formation Doctorale na École des Hautes Études em Sciences Sociales em Paris (França); Psicanalista.
Endereço eletrônico: rf-nicolau@uol.com.br

SONIA ALBERTI
Professora Adjunta do Instituto de Psicologia da Universidade do Estado do Rio de Janeiro (IP/UERJ); Coordenadora do Programa de Pós-Graduação em Psicanálise do IP/UERJ; Procientista da UERJ; Pesquisadora do CNPq; Analista Membro da Escola de Psicanálise dos Fóruns do Campo Lacaniano.
Endereço eletrônico: sonialberti@gmail.com

SÔNIA ALTOÉ
Professora Adjunta do Departamento de Psicologia Social e Institucional, do Curso de Especialização em Psicologia Jurídica e do Programa de Pós-Graduação em Psicanálise; Procientista, UERJ.
Endereço eletrônico: soniaaltoe@gmail.com

SONIA LEITE
Professora Visitante do Programa de Pós-Graduação em Psicanálise – IP/UERJ; Doutora em Psicologia Clínica – PUC-Rio; Líder do Grupo de Pesquisa Psicanálise e Instituições do CNPq; Autora do livro *Angústia* da coleção Passo a Passo da Jorge Zahar; Psicanalista do Centro Psiquiátrico do Rio de Janeiro; Membro do Corpo Freudiano Escola de Psicanálise.
Endereço eletrônico: soniacleite@uol.com.br

TAÍSA SERPA
Discente do Programa de Mestrado em Psicologia da Universidade Federal de São João del Rei na linha Conceitos Fundamentais e Clínica Psicanalítica – Articulações; Psicóloga do CAPS Dr. Carlos Pereira da Costa – Santos Dumont/MG.
Endereço eletrônico: taisaserpa@yahoo.com.br

VERA BESSET
Professora do Programa de Pós-Graduação em Psicologia (IP/UFRJ); Coordenadora do Grupo de Pesquisas CLINP (Clinica Psicanalítica) – UFRJ/CNPq; Membro Pesquisador da AUPPF; Doutora em Psicologia (Paris V).
Endereço eletrônico: besset@terra.com.br

VINICIUS DARRIBA
Professor Adjunto da Universidade Federal do Paraná, onde trabalha no Mestrado em Psicologia e coordena o Laboratório de Psicanálise; Doutor em Teoria Psicanalítica pela Universidade Federal do Rio de Janeiro; Psicanalista.
Endereço eletrônico: vdarriba@centroin.com.br

VIVIAN LIGEIRO
Professora adjunta do curso de psicologia da Faculdade de Minas (FAMINAS – Muriaé); Mestre em Pesquisa e Clínica em Psicanálise pelo programa de pós-graduação em psicanálise (UERJ); Psicanalista.
Endereço eletrônico: vivianligeiro@hotmail.com

Impresso nas oficinas da
SERMOGRAF - ARTES GRÁFICAS E EDITORA LTDA.
Rua São Sebastião, 199 - Petrópolis - RJ
Tel.: (24)2237-3769